CW00840157

""

Tudo dura apenas um dia,
o que lembra e o que foi
lembrado.

**Marcus Aurelius, Filósofo e
Imperador Romano.**

Lucas Tadeu Marcatti
2019

Uma aventura de bicicleta repleta
de muitas histórias, causos, acontecimentos,
e desacontecimentos, pelos cantos
do velho continente.

EUROPA

PELOS CANTOS DA

MEMENTO
SIMIA REX

Texto, diagramação e Design:
— Lucas Tadeu Marcatti

Fotos:
— Lucas Tadeu Marcatti
— Pág. 14 (Foto 1) e pág. 16 - João Gabriel Gandia

Revisão:
— Lucas Tadeu Marcatti
— Priscila Rando

Pelos cantos da Europa / Lucas Tadeu Marcatti - Rotterdam, Holanda:
Do Autor, 2019. 450 p. ; il. col. ; 150mm x 230mm

1. Viagem 2. Bicicleta 3. Memória 4. Aventura 5. Europa.

Todos os direitos desta edição reservados a
Lucas Tadeu Marcatti.

Notas:

— Alguns nomes de pessoas e endereços foram trocados para preservar
a identidade das personagens;

— Em muitos trajetos não lembrei de usar o GPS ou calcular a rota (erro
de iniciante) em muitos trajetos dentro e entre as cidades e nos que fiz
andando;

— Eu não portava nenhum computador durante a viagem, portanto o
livro foi feito a partir de 8 cadernos manuscritos por mim baseados em
toda a loucura e calmaria pelas quais eu passei. Depois tudo foi redigido
no computador meses após o término da aventura;

— Macedônia do Norte: o nome Macedônia foi alterado para Macedônia
do Norte em 2019, devido a uma disputa política entre Grécia e
Macedônia, pois na Grécia existe uma região com o mesmo nome. E
como essa aventura foi feita no ano de 2016, e a Macedônia do Norte
ainda se chamava apenas Macedônia, resolvi deixar o nome da forma
que era quando passei por lá.

Era o pior ano da minha vida. Quando recebi o convite para sair pedalando por 8 países europeus com uma verba limitada eu ri. Provavelmente eu morreria. Será que eu morreria? A insônia piorou naquelas noites...

"Conhece-te a ti mesmo", *NOSCE TE IPSUM!* Saia da caverna para descobrir o que o mundo traz de real, seu covarde! Jamais terei outra oportunidade?!... Deixa eu pesquisar aqui como faz pra despachar uma bicicleta em um aeroporto...

""

Se uma planta não consegue viver de acordo com sua natureza, ela morre, assim também um homem. Henry David Thoreau

Realmente quase morri, várias vezes inclusive. O lado bom de conhecer pessoas malucas, é que às vezes eles te convencem que aquela loucura faz todo sentido. Certo, Platão?

E foi sentado na colina de Areópago - lugar onde grandes pensadores debatiam fé e razão - tomando um ótimo vinho "cretino", que então concluí: é o melhor ano da minha vida!

E assim que corri meus olhos pelas páginas deste livro, eu retornei o pedalar através do papel Pólen 80g e memórias recentes caíram como relâmpagos em minha mente. Isso não se trata de um simples livro de viagem, então, poupe suas previsões e queime as suas suposições. A imersão vai além da aventura.

Mr. Marcatti entrega uma história real composta de um surpreendente enlevo filosófico. Descobertas e despedidas. Plenitude e solitude. Gratidão e emoção. Contos empíricos e etílicos de um latino-tupi-americano sem dinheiro no banco e vindo do interior (é sério!).

~ Bruno Geraldi ~

Pelos cantos da Europa mostra um escritor sincero, e para quem não o conhece, ele é aquilo ali mesmo, divertido, curioso, corajoso e um pouco rebelde. Um menino bão, daqueles criado no interior, que saiu de uma cidade pequena e resolveu conhecer o mundo, para achar o seu lugar nele.

Lucas Marcatti relata suas histórias de forma imersiva, deixando o leitor dar uma espiada em seu caderno de viagem. Com isso, ele nos deixa com uma reflexão final sobre o tempo em si, passado, presente e futuro. Sobre toda a história, a dele, a do mundo, e a nossa própria, que sem saber, escrevemos todos os dias.

O livro é um presente, um balsamo para nossas feridas mal curadas, nossas promessas nao cumpridas, nossa falta de coragem. Um delicioso livro, que será devorado feito um manjar dos deuses, uma ambrosia.

Acompanhe Marcatti em sua jornada épica, contra moinhos de vento, argonautas e o mais terrível dos inimigos, o seu próprio limite. Junte-se a Lucas Marcatti nessa incrível jornada, onde o mundo gira sobre duas rodas.

"''"

Usando sua bicicleta
Como uma roca de fiar
Tecendo sua epopeia
Para sair de um labirinto
Sua jornada existencial
Mesmo não sabendo tecer
Ele Teseu.

~ Glaubito Andorinha ~

MAIS DE

10 MIL KM

PERCORRIDOS PELOS CAFUNDÓS DA EUROPA

1 RAPAZ LATINO-TUPI-AMERICANO

14 PAÍSES INÚMERAS CIDADES E VILAS **GRANDES ENCONTROS** TROCENTAS MIL CALORIAS QUEIMADAS **ALGUNS DESENCONTROS** I **GRANDE MANUTENÇÃO** NA BICICLETA MUITOS **PNEUS FURADOS** ÓLEO VAZADO MILHARES DE HORAS **PEDALADAS** E ALGUMAS **BOAS** E MÁS **SURPRESAS.**

45° PEDAL
MAIS QUENTE

66.239M
GANHO DE ELEVAÇÃO

1° PEDAL
MAIS FRIO

66.357M
PERDA DE ELEVAÇÃO

I **BICICLETA 2** ALFORJES E I **BOLSA FRONTAL 1** GOPRO
HERO QUATRO I **BARRACA 1** KIT FOGAREIRO A GÁS I **KIT DE
MANUTENÇÃO E PRIMEIRO SOCORROS** I SACO DE **DORMIR**
1 COLCHONETE INFLÁVEL **1** ESCOVA DE DENTE I **CARREGADOR
SOLAR PORTÁTIL 1** POWER BANK 20MIL mAh I **GPS GARMIN
E-TOURING** I CELULAR ALGUMAS **CUECAS E MEIAS 1** PAR DE
TÊNIS I **PAR DE CHINELO** PASSAPORTE **ALGUNS EUROS** GASTOS
MUITA ÁGUA INGERIDA UM POUCO DE **CORAGEM** E
FALTA DE VERGONHA NA CARA TUDO **COM RESPONSABILIDADE**
PARA **MAIS INFORMAÇÕES** E DETALHES:

 LUCASMARCATTI@HOTMAIL.COM    @LUCAS.MCTT    MARCATTI LUCAS

W W W . S I M I A R E X . C O M / L I V R O

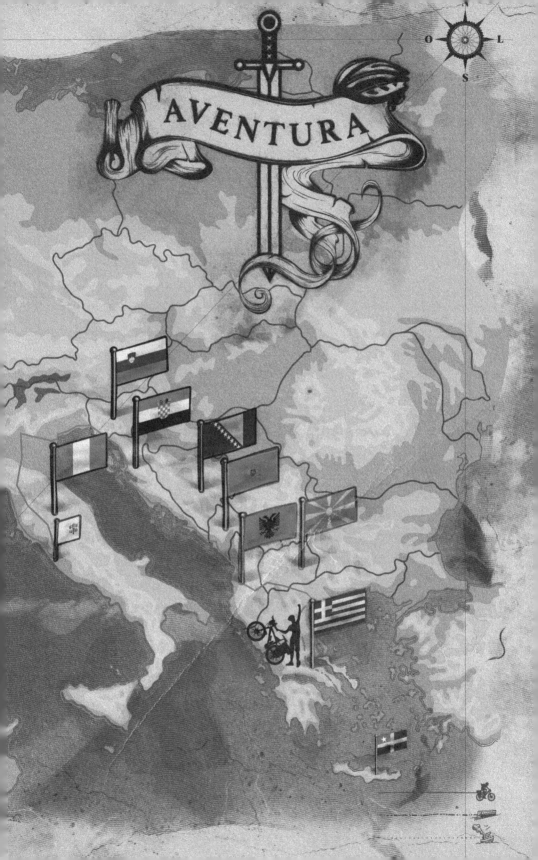

Os Guarani têm uma noção de territorialidade própria e esta é uma territorialidade fluida, ou seja, "território" para eles não é um local definido geograficamente, mas representa a busca por um local/espaço onde seja possível viver e desenvolver-se segundo os preceitos éticos de vida Mbyá (Nhanderecó).

> Nhanderecó: "Nhande" significa nosso (dos Guarani) e "recó" é uma contração/variação de "tekó". Então, "o nosso sistema, cultura, lei, ordem, identidade, modo de ser/estar/viver/ocupar." **O modo de ser Guarani. (Diário de Campo, Vocabulário Mbyá Guarani, 2004)**

E é nesse modo de ser/estar/viver/ocupar que eu me encontrava, era assim que me sentia quando decidi largar a segurança de assalariado para cair na estrada tentar me encontrar - bem clichê, eu sei, mas é verdade! - encontrar a mim, e só a mim mesmo, para comigo mesmo. Para poder viver. Para poder ocupar. Escrever essa parte da minha vida com novas aventuras e histórias. E foi partindo desse conceito Guarani que veio então a ideia de batizar aquela que viria a ser minha fiel companheira, a guerreira Nhanderecó, minha bicicleta, uma mountain-bike que adaptei para essa aventura. E tudo começa com um Latino-Tupi-Americano chamado Lucas e sua fiel companheira de duas rodas, Nhanderecó.

A gente sempre tem algo que quer mudar na nossa vida, mas aí vemos que é difícil, incerto, vai nos levar ao desconhecido, trazer incertezas e, consequentemente, o novo. É, acabamos empurrando pra depois ou mesmo desistindo, normal. Mas aquele incômodo fica lá, não desiste... O que fazer?

Era praticamente impossível tentar conversar comigo mesmo, em solitude, no meio de uma selva de pedra e seus compromissos diários "sociais e antisociais" no qual eu vivia, mesmo quando eu tentava escapar e usufruir mais de uma *vita contemplativa*, fugindo do padrão, sempre havia aquela força centrípeta *modus operandi* que me puxava e que me levava de volta à manada, à *vita activa*. Talvez seja esse o ciclo da vida, não sei...

A ideia era por muitos dito como loucura, com um certo estranhamento e perguntas como: "Por quê e de quem está correndo?"; "Pra que ficar na solidão?"; "Parece tonto, largar o emprego pra andar de bicicleta?!"... Por outros dito (com espanto) como coragem: "Nossa, vai sozinho?!"; "Mas e dinheiro?"; "Não tem medo de morrer?"... E alguns outros dito como: "Adoraria poder fazer o mesmo, adoraria ter *tempo* para fazer o mesmo". Tempo? Hum...

Não sou escritor. Nunca sonhei em ser escritor ou em escrever um livro, um simples artigo que seja. Foi tudo um acaso. Incônscio. Foram mais de 1.300 páginas de cadernos, manuscritas por essa mesma pessoa que aqui vos escreve. Muitas páginas rasuradas, judiadas pela falta de espaço em meus alforjes, várias orelhas nos cantos, dobras mesmo, gotas de café, água e suor, letras apagadas e tinta desgastada. Dezenas de horas de anotações, diálogos de mim para comigo mesmo. Tudo para que, como num salto para trás no tempo - num ato suicida de saudosismo e esperança - eu possa me abrir. Me abrir, de mim mesmo para com você. Num pleonasmo frenético, circunlóquio, em busca de respostas que uma vez respondidas se transformaram em novas dúvidas e questões.

Me distanciei de algumas coisas, lugares e pessoas, para iniciar essa aventura, esse acaso. Me distanciei de muito para me aproximar de mim mesmo, num ato egoísta, mas necessário. Portanto, caro leitor, não espere encontrar neste caderno relatos de um super humano, dizendo que "se você quiser você pode seguir o mesmo caminho", ou ideias mágicas de como sair e se aventurar por aí, de como ser feliz, de como salvar o mundo, de 10 maneiras de se obter sucesso na vida e trilhar uma vida de "Yes, we can", primeiro que sempre achei meio falacioso dizer que quem quer mesmo consegue, é injusto afirmar isso para mim e para pessoas que querem, mas não conseguem, e não porque elas não são capazes, mas sim porque há incongruências sistêmicas e singulares que não nos permitem isso.

Espere, aliás, não espere nada, apenas desfrute, mas desfrute sabendo que tudo aqui foi escrito de forma honesta e humana, com erros, falhas, em sentir que eu fui menos que eu podia ter sido diante de alguns momentos e escolhas, e que com humildade, reconheço não ter conseguido controlar completamente, aprendi sim que posso muitas coisas, mas não posso tudo, e aquilo que posso, eu posso junto. E com essa aventura eu entendi ainda mais o significado e o valor de tudo isso, entendi ainda mais o que significa mudar. Mudar quando existe um desejo e uma determinação, fazer da vontade uma potência, se conhecer. Definir o que se quer mudar. Criar um plano para onde se deseja ir. Nossa... cansa!

Mas é inevitável, nesse tipo de aventura estar consigo mesmo é parte do jogo e se autoconhecer é a peça necessária para o encaixe perfeito das situações. Talvez seja esse o ciclo da vida, não sei...

Contanto parece ser o Eu apenas uma miragem, uma constante mudança. O Eu nada mais é que o Outro. E os Outros é Eu. Eu sou tanto o Outro que me tornei Eu mesmo. Eu, eu mesmo e essa orbe excêntrica chamado Planeta Terra. E começaremos pela histórica e bela princesa Europa.

Boa leitura.

PREPARAÇÃO

Muitas pessoas perguntaram como foi minha preparação para essa aventura e confesso que nem sabia como responder. Na real a preparação foi tão rápida e espontânea quanto o planejamento, tanto que nem gostava de chamar de preparação, foi mais como uma despedida.

Portanto esse aquecimento final veio mais em tom de despedida, despedida de amigos, leprechauns e da linda ilha esmeralda chamada Irlanda.

Eu já tinha um bom condicionamento físico para pedalar, pois eu pedalava 30km por dia de percurso ida e volta do meu trabalho. Foi mais de um ano e meio nessa jornada, o suficiente pra me manter aquecido e preparado pra viagem, mesmo sem fazer ideia, ainda, que eu viria a fazer tamanha façanha no ano de 2016.

Juntei alguns amigos dos que permaneceram na Irlanda e fomos pra curtas aventuras, aproveitei com isso também para testar a bicicleta recém-comprada e os equipamentos que usaria na minha grande aventura. Primeira parada foi lá pela Irlanda do Norte, pedalamos pela costa leste Irlando-Britânica (inventei esse termo), enfretamos um clima bem hostil, muito vento, molhado e gelado, um verdadeiro teste climático!

Outro foi pela região de Bray, do lado de Dublin, pedal mais curto onde passamos a noite na montanha de Bray e nadamos naquele mar gélido pra revigorar as energias.

O último antes de eu partir foi na região de Wicklow, passando pela Ticknock Mountain e pelo lago Guinness, 3 dias pedalando e acampando por aquelas redondezas. Paisagem maravilhosa, muita aventura selvagem, café na floresta, pão na grelha, histórias de terror e um amanhecer fogo-púrpura gelado que foto nenhuma nunca conseguirá demonstrar o que eu via e sentia naquele momento.

Pensamentos confusos de certezas e incertezas pairavam meu semblante e entre um sorriso, uma cambalhota e um aperto por dentro era hora de partir.

Boa viagem, Lucas.

Boa viagem.

hell fire club · wicklow · irlanda

The Irish Rover.

pré-aventura > abril de 2016

———

""

O despertar de mais uma manhã
fria, essa acompanhada de grandes
amigos. A última aventura na
terra dos leprechauns antes de
cair na estrada sozinho rumo ao
desconhecido.

Que clima!

pré-aventura > fevereiro de 2016

""

A ilha esmeralda e
suas intempéries.

**terça-feira,
10 de Maio de 2016
Dublin → Wexford**

A noite anterior (09) havia sido de felizes despedidas, pois eu me despedia deles consciente de minha ida e estava feliz por eles terem comparecido. Poucos? Sim, mas únicos. E após muita risada e adivinhações sobre como seria a aventura, apostas de quantos dias demoraria para eu desistir e voltar correndo de medo, ajustes finais com equipamentos, entre uma piada e outra, era hora de dizer "até um dia", pois era certo que eu iria, mas voltar... isso sim era totalmente incerto. Obrigado Dani, Glauber, Fabi, Laura, Felipe (Joia), João e Pedro, Muriel e Teresa, pelo carinho, pela ajuda e por me aguentarem em momentos de dúvidas e incertezas durante o tempo em que moramos juntos.

O dia seguinte - "O dia do fui" - começou com café da manhã junto com João, Dani e Laura. Era mais uma manhã de despedida, das várias que já presenciei naquela casa, mas dessa vez seria a minha despedida.

Confesso que gostaria de agradecer um a um por tudo o que eles tinham feito até então por mim, mas sentia que quanto mais eu prolongasse a partida, mais difícil seria não chorar... decidi ser rápido e breve.

Acenei com as mãos pela última vez, e já de costas, pulei na minha futura parceira e saí desengonçado pela rua com todo aquele peso na bicicleta, um aperto e medo no coração, um semblante de preocupação e uma lágrima que logo se misturava ao ar úmido de Dublin.

E assim fui sentido à estação de trem O'Connel Central, com um dia bem típico irlandês, chuvoso, frio e nublado. Fui seguindo entre carros, motos, ônibus e latino-americanos (quem mora ou morou lá entenderá).

Já na estação, o primeiro de muitos obstáculos que viriam pela frente, subir a bicicleta toda carregada até o andar de cima e seguir para o trem. Não havia corredores, só escadas e um elevador, fui pelo elevador, a bicicleta - claro - não cabia, tive que retirar as bolsas, empinar a bicicleta e entrar todo apertado.

Já no trem a caminho de Wexford, que era aonde eu pegaria o navio para a França, aconteceu o meu primeiro contratempo, o trem parou de repente no meio do trajeto e fomos informado sobre algum problema nos trilhos e com tempo indeterminado de espera no local. Ó, legal...

Passados uns 45 minutos do ocorrido, o oficial nos informou que teríamos que continuar a viagem de ônibus, e assim foi o primeiro de muitos contratempos passados por mim e principalmente pela Nhanderecó, que foi literalmente jogada no bagageiro do ônibus.

Já em Wexford, peguei minhas coisas e segui até o porto. Estava meio cedo ainda e, como não podia ir direto para o navio, fiquei na parte do escritório da companhia sentado e esperando até liberarem para o check-in e poder seguir navio adentro. Após uma horinha ali sentado, pensando em tudo e nada ao mesmo tempo, segui para a fila junto com carros e motos. Até o clima irlandês veio se despedir de mim, com aquela chuvinha fina interminável, frio e muito vento. Documentação mostrada e bora adentrar o Oscar Wilde (nome do navio) em busca do total desconhecido.

Ajeitei a Nhanderecó certinha e segura na parte debaixo do navio, onde

Muriel e
Teresa

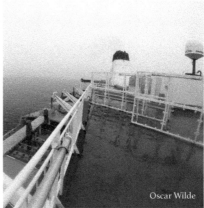

Oscar Wilde

estacionam os veículos, e segui escada acima para o meu lugar. Aquilo pra mim já era algo totalmente diferente, nunca tinha feito algo parecido na vida, e já sozinho e perdido naquele gigante e bonito navio. Passei rapidamente por alguns andares, fui observando que havia quartos, mas ainda não era o andar certo que eu deveria estar, o andar indicado no meu bilhete era mais pra cima e assim fui seguindo para a seção mais barata do Oscar Wilde, um dos últimos andares, onde a plebe se encontra. Sala com poltronas e mais nada. Havia mais um pessoal lá com a mesma ideia (a ideia do econômico). Coloquei um dos alforjes que tinha comigo num canto da sala e fui tomar um banho.

Depois, de banho tomado, subi mais um andar e saí pra ver o mar, o dia estava tão nublado que não se via nada num raio de alguns metros, e também muito frio. Entrei de volta e segui explorar a parte do restaurante. E claro, tudo caro!

Tomei uma sopa de tomate de 3 euros, que parecia mais aqueles molhos de tomates de mercado esquentado no micro-ondas... talvez fosse mesmo?! Enfim, tomei a sopa e subi para dormir, no chão! E essa viria a ser minha primeira demonstração de falta de experiência - das várias que mostrarei - com viagens. Havia deixado o meu saco de dormir e o colchão inflável na bicicleta, e eles fecham a parte debaixo onde ela estava. Moral da história: estendi um pano no chão e dormi ali mesmo. Tinha um casal com um colchão inflável, tamanho king size, que encheram pra dormir, esses, ao contrário de mim, já sabiam dos paranauê.

O navio era ótimo e quase não se ouvia ou sentia o seu movimento. Dormi que igual um anjo no chão, a noite inteira tranquilo, sem barulhos e com a cabeça escorada numa trouxinha de roupas.

E assim foi...

Meu primeiro dia...

De nômade.

1

EU, EU MESMO E NHANDERECÓ

FRANÇA
NORTE

0 KM

quarta-feira,
11 de Maio de 2016
Cherbourg → Valognes

O navio atracou bem cedo no porto da cidade de Cherbourg, já em
território francês. Não fazia ideia do que fazer e fui seguindo o
pessoal do navio no melhor estilo "manada" de ser, segui pelos
corredores e desci as escadas ao encontro da Nhanderecó, desamarrei-a,
ajeitei os alforjes nela e segui, parei na primeira praça que avistei, sentei
no banco e me perguntei:

- Tá, e agora?

Fiquei uns minutos por ali sentado e decidi seguir e pedalar pelas redondezas. Mas não tinha o que ver, cidade portuária, charmosinha e bem
pequenina. Parei numa padaria (sim, na França tem!), comprei um pão
recheado com presunto e queijo, muito bom, grande e barato! Devorei
metade e fiquei pela região matando o tempo.

Segui pedalando pela pequena cidade, avistei um jardim num local
bem calmo, sentei no banco, me ajeitei e escrevi a primeira página do
meu caderno. Algumas crianças, que claramente tinham acabado de sair

da escola, devido aos trajes e ao material escolar, também se juntaram no jardim para fazer nada e passar o tempo, assim como eu. Após escrever no caderno sobre o dia anterior e comer a outra metade do lanche, peguei as minhas coisas e a Nhanderecó e segui viagem rumo à cidade de Valognes, onde eu tinha um couchsurfing marcado para passar a noite.

Coloquei as coordenadas no GPS e segui tranquilo e sem pressa por um caminho super agradável e fácil pelos campos do norte da França, pelos sítios, cercado de muito verde e muita calma. Como percebi que estava, mesmo indo devagar, um pouco adiantado, coloquei um podcast no mp3 para ouvir e deitei numa pequena e charmosa ponte, ao som confortante de um riacho que passava por debaixo, e ali fiquei por 1h30, até me esqueci de onde estava e o que estava fazendo. Não tinha pressa, não queria ter pressa, o som da natureza me parecia dar as boas-vindas oficiais à viagem, ao inesperado e às incertezas dos dias seguintes.

E já quase no horário marcado com a minha host, levantei e decidi seguir em frente. Minutos depois eu já estava perdido novamente, tentando procurar a casa da minha host e não conseguia, pois as numerações nas casas eram estranhas, hora tinha, hora sumia, acabei entrando num lugar errado e depois de algumas tentativas frustadas encontrei a casa da Désirée (lê-se "Dêzirrê"), que viria ser a minha host nessa noite, a mãe dela, Christelle, me recepcionaria.

Não havia muros na casa e, sem saber muito o que fazer, eu fui andando, entrei no quintal com a ideia de bater na porta e ver se alguém se encontrava por lá e logo reparei que havia uma garrafa de cerveja numa mesinha perto da porta, acompanhada de um pacote de bolacha (e não biscoito) e um bilhete:

- Welcome Lucas, we´re at the market, coming back soon. It´s 17h45!
- Caceta, que foda! - Falei em voz alta, conversando comigo mesmo.

Me sentei na cadeira e abri a Leffe (cerveja) e degustei-a sem a menor pressa... ah delícia.

Christelle e seu marido - que esqueci o nome, ah, Laurent! - chegaram minutos depois, de moto. Eles não falavam inglês e nossa comunicação foi no mínimo curiosa, foi através de mímica, um "portucês" (português com francês), já que nem eles falavam português, muito menos eu, francês. No final o que deu mais certo foi conversar através do Google Translator! HAHA! Foi no mínimo divertido. E a recepção deles foi muito calorosa e sincera, duas pessoas adoráveis, e as nossas diferenças com a fala nada os impediram de me tratar da melhor forma possível.

Laurent foi me perguntando e mostrando tudo sobre ele, a casa que estava reformando, a moto, o seu gosto pelo automobilismo, e ela também falou sobre as suas viagens, uma delas caminhando do Norte ao Sul da França quando era mais jovem. Ela andou mais de 750km só com algumas mudas de roupas e muita coragem! Ela também me explicou que nessa viagem foi ajudada por muitas pessoas desconhecidas e que isso a inspirava ainda mais a ajudar. E como me ajudaram, até um minichurrasco eu ganhei!

Désirée chegou por volta das 21h20 e, cara, ela era linda! Um pouco tímida no começo, também pelo fato de ser a primeira vez que ela recebia alguém em casa através do couchsurfing. Comemos, conversamos e com ela entre nós havíamos uma tradutora inglês-francês e não mais o Google Translator. Ela me contava um pouco mais sobre ela e eu contava sobre mim, meus planos, minhas viagens e a minha aventura que mal havia começado. Simpatizei muito com ela, e percebi que ela também havia simpatizado comigo, assuntos e ideias muito parecidos... assim começava algo que mais pra frente vocês, leitores, saberão. Fique na sintonia e descobrirá.

Depois de muito papear, cada um foi para seu canto. Tomei um banho e fui para o quarto, só meu, que eles me reservaram. O quarto da Désirée era do lado, no caminho de volta do banho vi que ela ainda estava acordada, dei boa noite e segui para os meus aposentos. Confesso que o fato de saber que havia uma garota muito bonita e formosa no quarto ao lado me alimentava pensamentos de todos os gostos, mas foram só pensamentos mesmo. E assim foi meu primeiro dia de pedal, super calmo e nada cansativo, percorri só 20km e desfrutei de um conforto que nem eu mesmo poderia imaginar vindo de estranhos para outro estranho.

quinta-feira,
12 de Maio de 2016
Valognes → Omaha Beach

Tomei café da manhã com eles e era hora de dizer tchau, e confesso que queria ficar mais, ter mais tempo e calma para conhecer mais o pessoal da casa, mas pelo jeito assim seria minha viagem, idas e vindas, conhecendo o hoje, sem saber o que será o amanhã. Espero poder revê-los um dia. Peguei minhas coisas, vesti o uniforme de frio, preparei a bicicleta e fui para a estrada novamente, dessa vez sentido a Omaha Beach.

Eu tinha saído da Irlanda, mas a Irlanda não queria sair de mim, o clima e a paisagem estavam exatamente iguais, ou seja, aquela chuvinha eterna, só que sem muito vento, o que já ajuda muito. Apesar do clima chuvoso, o pedal foi bem agradável.

O cenário ali pela região da normandia onde eu estava era bem diferente da França que eu imaginava, com uma estética bem medieval, clima e alguns tipos de construções que remetem à Inglaterra. Aquela região foi palco de muita invasão e brigas entre britânicos e franceses, o que explica a influência na arquitetura, não em tudo, mas evidente conforme andava por lá.

O pedal continuava com um cenário lindo entre vilas e sítios normândicos e a cada música que ouvia no meu mp3, vinha um sentimento e uma lembrança diferente na cabeça. O cheiro da lenha queimando, da fumaça pelas chaminés, do mato cortado... meu olfato captava e trazia de volta muitas memórias da minha infância e adolescência nos confins de Itapira, e eu agradecia a cada instante pela infância que tive, definitivamente o fator principal da construção do meu caráter.

Parei numa pequena comune chamada Saint-Marie-D'Eglise, lugar onde, na II Guerra Mundial, paraquedistas norte-americanos desceram. Inclusive tem um registro bem famoso sobre um dos paraquedistas que ficou enroscado no alto da igreja central da comune e, para lembrar disso, havia uma réplica em tamanho real de um soldado norte-americano, algo um tanto quanto engraçado e inusitado, preso em seu paraquedas, na ponta da igreja. A igreja, claro, se tornou símbolo do lugar e também um museu, explicando tudo o que ocorreu por ali na II Guerra, fatos que instigavam e atraíam turistas para aquela pequena e pacata comune, que deve ter tido seus dias de muito barulho. Eram muitas as marcas deixadas pela guerra e também diversas bandeiras francesas e norte-americanas pelo caminho, até demais na

minha humilde opinião. Após essa pausa para checar a história, visitar o cemitério e a igreja e sacar umas fotos, segui rumo a Omaha Beach por um caminho que continuou muito agradável e fácil, apesar de ainda com o tempo fechado e chuvoso.

Antes de Omaha Beach eu queria passar em Le-Pont-Du-Hoc, que também foi uma indicação da família da Désirée, assim como Saint-Marie, mas como estava ficando tarde, e eu já tinha pedalado 60km com uma chuvinha chata na cabeça, optei por tentar achar um lugar para passar a noite e seguir viagem no dia seguinte.

E seguindo em busca de um local para passar a noite, reparei que sempre tinham plaquinhas nas casas escrito "chambre", ou aluga-se quarto, pessoas que moram ali na casa, mas têm quartos disponíveis para viajantes que não tenham aonde ficar. Achei bacana a ideia e avistei várias durante meu percurso pela França. Parei em uma para perguntar, e fui recebido por uma senhorinha simpática que não falava um "A" de inglês, mas logo entendeu porque eu estava lá, viu minhas condições, roupas, bicicleta cheia, e escreveu num papel o nome de um camping que havia ali perto. Perguntei o valor da noite lá na casa dela, só por curiosidade, mas nem me respondeu, óbvio que ali ela mostrou que eu não era o público-alvo dela, mas ela foi super simpática. Peguei a informação, agradeci e segui perdido pelas ruas estreitas. Após rodar um pouquinho, achei o camping, um lugar muito bom, já estava quase escuro e friozinho, decidi ficar e paguei 7 euros.

A mãe da Désirée, Christelle, me avisou para buscar por campings municipais, que são baratíssimos, desta vez não encontrei um municipal, mas a ideia é ótima. Já instalado, noite tranquila, tomei um banho com calma, escrevi um pouco e comi um sanduíche que a Christelle tinha preparado para eu levar na viagem. Não falei que foram super simpáticos e atenciosos comigo? E assim foi o dia mais francês-americano que já tive na vida.

sexta-feira,
13 de Maio de 2016
Omaha Beach → Couvains

Levantei bem cedo, arrumei todas minhas coisas, preparei e deixei a bicicleta pronta, comi um pão com alguma coisa e segui o rumo da roça em direção a Pont-Du-Hoc e Omaha Beach. Essa parte da normandia pela qual eu passei neste dia ficou muito famosa pelo fatídico "Dia D", dia da chegada dos norte-americanos pela costa das praias que hoje chamam de Utah e Omaha. Na Pont-Du-Hoc é possível ainda ver os bunkers lá instalados para a guerra, e os enormes buracos no chão feitos pelas bombas que aterrissaram por lá. Ao percorrer o local pode-se ver fotos e relatos escritos sobre o que ocorreu ali naqueles dias de guerra e muito sangue. Em frente aos bunkers tinha um paredão de terra, que descendo dava na areia da praia e nas águas, o qual, segundo um dos relatos, era escalado por soldados norte-americanos, que tentavam a invasão e o domínio do inimigo, mas muitos dali não passavam, eram parados (lê-se mortos) pela força inimiga.

No decorrer do caminho por essa região, vi muitas bandeiras francesas, inglesas e alemãs, porém as norte-americanas estavam por todo lado, como se eles quisessem mesmo que todos soubessem que por ali eles passaram, parecia até uma certa imposição da parte deles. Mas, sabe-se lá quem foi que colocou todas aquelas bandeiras por lá, os norte-americanos ou os próprios franceses. Talvez eles tenham ajudado a financiar toda a reconstrução daquela região, e isso explicaria tanto nacionalismo americano em território francês. Mais uma das boas sacadas dos gringos, reforçando ainda mais a cultura deles em territórios longíquos.

Outro grande exemplo dessa "força" foi o memorial americano no qual também passei para visitar, um enorme cemitério, todo luxuoso com lápides brancas em total simetria, enfileiradas uma ao lado da outra, listando em "honra" de todos (ou quase todos) os soldados ali mortos na II Guerra Mundial. Lindo memorial, super limpo e organizado e de visitação grátis. Enquanto caminhava por entre túmulos cheios de flores e mensagens, pensava em todas as vidas e famílias que se foram. Local muito bonito, de atmosfera bem triste, mas eu, pelo contrário, não me sentia triste, um tanto quanto chocado, claro, eram inúmeros túmulos e poderia ser muito mais, sem dúvida!

Mas entre lápides de mármores e mensagens de adeus misturadas com outras ultra nacionalistas "patriotas", me perguntava o porquê de mandar pessoas para a morte e/ou matá-las por motivos de guerra/poder/domínio forçado, para depois criar monumentos caríssimos e cemitérios enormes, todos bonitos, com símbolos do patriotismo e do "heroísmo" dos mesmos, do amor pela nação, amor que muitos são forçados a ter... o porquê de todo esse circo pós-pandemônio... o porquê de criar isso para lembrar com orgulho de todas as vidas perdidas, famílias despedaçadas, laços quebrados... Por que não simplesmente criar a paz? Por que não tentar a união em vez de guerras e dominação forçada? E ao invés de visitar um memorial de guerra, não poderíamos visitar um memorial da transformação, das grandes e boas ideias? Bem, claro que isso é uma alienação da minha parte, uma brisa estranha que me passou em mente, óbvio que isso não é possível, e nunca será, o ser humano é torto por natureza.

Dando fim a essa visita, continuei o caminho sentido sul/sudoeste francês em direção ao castelo de Saint-Michel. Percurso mais uma vez bem tranquilo, sem chuva, um pouco de vento, algumas músicas, podcast, pensamentos que vem e vão, todos sem respostas. Até que no caminho para Saint-Lo eu já estava me sentindo bem cansado, estranho, tinha pedalado uns 45km, achava que poderia mais, mas meu corpo ainda não estava acostumado a nova rotina e estilo de vida. Segui buscando um lugar pra ficar, pedalando e olhando pra todo lado, até que avistei uma estradinha de terra à minha esquerda, um matagal que seguia indo até a parte de trás de um lugar que parecia ser alguma central de abastecimento de água, um "château d'Eau" ou algo assim, e por ali fiquei.

E enquanto esperava o sol começar a cair para montar a minha barraca, descansava sentado, comi um pão com presunto, salame e queijo, chupei uma laranjinha, esperei a noite cair, ajeitei minhas coisas pra dentro da barraca e fui dormir e descansar para o próximo dia.

sábado,
14 de Maio de 2016
Couvains → Coutances

Meu primeiro acampamento selvagem, numa sexta-feira 13! Mas o que me incomodou mesmo durante a noite não foi o Jason, e sim o vento forte e frio. Que noite fria e mal dormida! A minha primeira noite selvagem sozinho pelo inóspito até que não foi tão mal, tirando o fato de que taquei tudo pra dentro da barraca e mesmo antes da escuridão chegar, eu já estava intocado dentro do saco de dormir, rezando pro Jason não aparecer. Medo à parte, dormi como um anjo...não, não dormi.

Já pela manhã acordei e comecei a fazer o que viria a ser o meu ritual diário pelos próximos sete meses, recolher barraca, dobrar saco de dormir, colchonete, colocar tudo na bicicleta, criar coragem e seguir estrada afora. Confesso que fui lento dessa vez, eu estava inchado de tão mal que tinha dormido, corpo pesava o dobro, mas estava lá, firme e forte e pronto para pegar a estrada sentido a algum lugar. Já tudo em ordem e sem banho, máximo água para dar uma bicada, coloquei o próximo destino no GPS e segui rumo da roça, próxima parada seria a pequena cidade de Coutances, lá eu ficaria de hóspede pelo couchsurfing pela segunda vez em menos de três dias, (é, comecei bem, só comecei mesmo, vai terminar assim não).

Bem, antes de se perguntarem, a Désirée e a Līva eu já tinha combinado pelo couchsurfing antes de iniciar a viagem, lá de Dublin ainda. Já perto da pequena cidade de Coutances, num sábado bem ensolarado e agradável - até que enfim -, tentei me achar no GPS, mas vi que estava meio confuso, talvez o endereço estivesse errado, fui seguindo... e nada. Quando cheguei no local indicado não parecia ter casas lá, e sim um mercado de produtos orgânicos, vi uma entrada, estrada de terra e fui seguindo, no fundo do mercado, mais a frente, avistei um conjunto de pequenas casas/apartamentos, era lá, pensei. Fiquei na frente e nada da garota aparecer, não tinha crédito no celular e não tinha plano B. Mas após esperar uns minutos e comunicar os vizinhos que eu não estava perdido e sim esperando por alguém, ela apareceu. Claro, um magrelo com sua magrela surrada e suja, só poderia ser eu, pensei quando ela veio na minha direção e falou: - Lucas?

Līva, letonesa que morava na França, uma jovem super simpática, fez o possível pra me deixar à vontade, apesar de seu flat ser bem pequeno, quarto em cima e o resto tudo embaixo, sala, cozinha, WC, um tudo-em-um bem pequeno, mas pra uma pessoa jovem, tinha o necessário. Papo vai, papo vem, ela preparou um prato que dizia ser típico ali daquela região da Normandia, com batata, queijo da cidade e também me fez experimentar um licor de maçã, também feito na região, licor que não gostei muito, mas tomei.

Um pouco antes do anoitecer, pegamos as bicicletas (a minha dessa vez sem os alforjes, e como estava leve!) e fomos dar uma volta pelo pequeno centro de Coutances, pequeno mesmo, não sei se chamo de cidade ou de vila. Em pleno sábado à tarde e nenhuma alma viva pela rua.

Após o passeio na cidade-fantasma regressamos à casa dela, tomei um banho, que não havia tomado no dia anterior, e me ajeitei ali mesmo na cozinha/sala, coloquei meu saco de dormir no chão e dormi igual numa cama de casal... só que não.

domingo,
15 de Maio de 2016
Coutances → Ducey

Seguindo o ritual, acordei, arrumei tudo, montei a Nhanderecó, me despedi da Līva e caí na estrada, ainda sentido ao Mont-Saint-Michel, lugar no qual eu viveria um dia intenso, inesperado e muito prazeroso.

O pedal foi seguindo bem tranquilo, às vezes ainda estranhando o peso da bicicleta, mas me adaptando, e sol já batendo mais forte na cabeça. Durante o percurso percebi que não havia mais água no cantil e decidi parar e pedir para uma simpática senhora que estava aguando suas flores na parte de fora da sua humilde e florida residência.

Como não falo nada de francês, parei a bicicleta e sorrindo mostrei meu cantil pra ela, que super feliz e não esperando por um cicloviajante a pedir água, foi sorrindo lá dentro de sua residência e saiu sorrindo com água fresquinha e gelada em mãos, ah delícia!

Merci madame, e segui pedalando por caminhos bem tranquilos e verdes, fazendo paradas em parques para descansar, comer e tentar fotografar algo.

Ainda, acreditem ou não, era tudo meio novo pra mim, aquela calmaria, sem ninguém conhecido por perto, sem saber ao certo onde ir. Sei que é cedo ainda pra qualquer tipo de sentimento ou definição de algo, mas me sentia realmente fazendo algo que nunca havia feito até então, imerso no novo.

Chegando nas redondezas de Avranches avistei algo como um centro de conveniência, desses de beira de estrada, era domingo e era uma cidade pequena, portanto quase nada estava aberto, tinha me alimentado pouco também, então decidi ficar por ali. No restaurante aproveitei para usar o wi-fi para procurar por campings pela redondeza e encontrei um camping municipal não muito longe de onde estava, na cidade de Ducey.

Terminei de comer e fui pra estrada em direção a Ducey. Vilarejo ainda menor do qual eu estava antes, mas o camping municipal compensou muito, local muito barato, apenas €4,82, bem que a Christelle tinha comentado... ótimo camping pelo preço, se continuar assim vai ser uma beleza!

Já instalado no meu espaço campal, segui para uma generosa ducha e me preparei para mais uma noite.

Lembram-se da Désirée? Pois então, vínhamos trocando algumas mensagens, ela perguntava como estava indo a viagem e onde eu me localizava, etc. Papo vai, papo vem, até que falei pra ela que no dia seguinte estaria passando por perto do Mont-Saint-Michel e que talvez fosse interessante ir visitar o castelo, perguntei se recomendava a visita e ela super recomendou, mesmo dizendo que a última vez que esteve lá era ainda criança e não lembra muita coisa do local. Ótimo! E de quebra ainda falou que ela poderia se juntar a mim para a visita, já que ela não mora longe de onde eu estava (não de carro pelo menos), e estava com a tarde livre. Caso eu aceitasse a presença dela poderíamos fazer o passeio juntos.

- Claro!!! - Respondi com os olhos brilhando e um sorriso largo nessa face barbada.

Com certeza isso me animou muito e o dia seguinte viria a ser um dia recheado de bons momentos, divertidos e bem prazerosos... diferente da minha noite no acampamento, onde novamente passei frio e dormi mal.

Talvez o meu corpo não estivesse adaptado ainda, portanto era hora de entrar no modo "aventura" de uma vez por todas, com mente e corpo!

segunda-feira,
16 de Maio de 2016
Ducey → Le Mont-Saint-Michel

Bora pra frente que atrás vem gente. Não. Não veio ninguém, não. Aliás, só fui ver seres humanos já pelas redondezas do castelo. Vi muitas ovelhinhas também, mas muitas mesmo! Todas ali, no "quintal" daquele enorme castelo que avistara à minha frente, alguns metros, talvez quilômetros, vai.

E que vista, meus coleguinhas leitores, Monte de São Michel, o mesmo se encontra meio fora do eixo das cidades, na real, fica fora de tudo. E quando a maré sobe, fica ainda mais isolado, entre as águas do mar e o continente.

Foi construída uma ponte que liga o continente até o local, fazendo assim o acesso nas intermediações do castelo super fácil. E com aquele dia bonito de sol fui indo em direção à "ilha", e claro, quis me meter num caminho alternativo, qual seria a graça em ir pela rua normal como todos fazem?

Atravessei uma cerca e um portão de madeira, parei para algumas fotos e fui seguindo, passando bem perto das ovelhas, que ali só o que queriam era comer. Pra variar, o caminho não tinha saída e tive que voltar um pouco e cortar em direção à rua e logo após pegar a ponte em direção ao castelo, junto aos turistas ditos como normais. Désirée marcou de chegar por volta das 16h, e ainda eram 14h, então decidi aproveitar o tempo que tinha para passar num mercado mais próximo e reabastecer meu alforje alimentício, o esquerdo. Passei no Carrefour, comprei o necessário e voltei ao ponto de encontro. Désirée, garota de fala mansa e bem doce, não mostrava muita preocupação quando falava e disse estar à procura de algo diferente na vida, talvez esteja aí o que atraiu um ao outro.

O encontro com ela foi, confesso, uma surpresa. Claro que desde quando fiquei hospedado na casa da família dela, no meu primeiro dia de viagem, eu tinha cogitado o fato de poder rever ela um dia, por aí, pela vida, mas só cogitado mesmo, já sabendo que as chances poderiam ser pífias, quase nulas. Mas por mais otimista que poderia ser, não imaginaria que seria tão rápido o reencontro, e da forma que foi, praticamente um dia de conto de fadas, castelo, plebeu latino-tupi-americano, princesa francesa... ok, exagero à parte, foi um brasileiro e uma francesa num castelo com seus mil anos de idade, só isso.

O castelo realmente é lindo, até agora de todos os que visitei - que não foram tantos assim - esse foi o que melhor me passou a ideia da era medieval, me sentia literalmente no passado, a volta de quem não foi. O lugar estava quase intacto, pequenas vias que te levam ao topo do castelo passando por passagens nada uniformes, quartos enormes e frios, vitrais coloridos e muita planta pelo caminho. Entre eu e ela a conversa fluía bem, apesar de ser em inglês e uma ou outra coisa ficar meio que desentendido, contorna-mos muito bem esse detalhe e fomos andando, conhecendo melhor um ao outro, contando histórias, ouvindo histórias, fazendo história, e o melhor de tudo, fazendo tudo isso na história! Paisagem linda, perfeito cenário para o plebeu - e seu cavalo de duas rodas - e a princesa, paralelamente e alinhados seguirem pelas ruelas estreitas medievais conversando, proseando...

Aliás, comentei sobre esse lance de plebeu e princesa que eu estava na cabeça num certo momento da nossa conversa e risos vieram abaixo, o famoso "quebra-gelo" e o tiro certo na hora certa para a princesa finalmente baixar a guarda e deixar com que o guerreiro latino-tupi-americano a bei-jasse. O primeiro beijo foi como um relâmpago, rápido o suficiente para a princesa não pensar e intenso o suficiente para a princesa se entregar.

O sol foi caindo e os súditos do castelo já avisavam e ordenavam a plebe que se retirassem, e o conto de fadas sairia da Idade Média e, no atravessar de uma ponte, passaria para a era pós-moderna, a era das incertezas e dos fast-foods. Já no presente, saímos em busca de um lugar para comermos e passar a noite, já que ela tinha decidido ficar por ali e voltaria no dia seguinte, pela manhã, para a cidade dela. Perfeito!

Desmontei a Nhanderecó, e coloquei tudo no bagageiro do carro dela, e assim seguimos para comer algo. Jantamos num restaurante bem simples e aconchegante ali mesmo na região de Avranches, não faço a mínima ideia do prato que escolhi, já que não falo nada de francês, só sei falar "A, B, C, D".

Enquanto saboreava um prato simples e gostoso, de nome indefinido, ela ia perguntando sobre o Brasil, política, pessoas, costumes, e eu o mesmo sobre a França. Ela parecia ser uma pessoa bem decidida, mas com um certo mistério no ar, aquele fundo de incerteza. É a idade, independente de onde você é, a crise dos 25-30 acontece com todos, até cachorros devem ter as suas.

Depois de jantarmos e prosearmos seguimos em busca de um aconchego, olha, já era hora, meu corpo gritava por descanso.

Descanso...

Pelo caminho, já quase noite, era possível avistar de longe o imponente Monte de São Michel iluminado e ofuscado pela minha miopia, e um céu purpúreo-rosa-azulado que me levava bem longe dali, ali do lado.

Já no hotel, bem, no hotel, é...

> Sou um guardador de rebanhos.
> O rebanho é os meus pensamentos
> E os meus pensamentos são todos sensações.
> Penso com os olhos e com os ouvidos
> E com as mãos e os pés
> E com o nariz e a boca.
> Pensar uma flor é vê-la e cheirá-la
> E comer um fruto é saber-lhe o sentido.
> **Alberto Caeiro (Fernando Pessoa).**

Essa guria poderia vir a ser uma ótima companhia de viagem, mas não queria criar expectativas, definitivamente expectativas era o que menos ajudaria naquele momento.

Eu poderia aqui dizer, que ela foi uma bonita e feliz surpresa nesse curto tempo de viagem, um dia intenso e fora de época. Esperemos agora o que o futuro nos reserva.

terça-feira,
17 de Maio de 2016
Le Mont-Saint-Michel → Rennes

Acordar numa cama macia, pouco tempo pra sentir falta disso, mas confesso, sentia! E com uma belle femme ao lado? Que audácia, rapaz! Segues assim e garantirá um herdeiro na guarupa da bicicleta até o fim da viagem... enfim, era hora de voltar para a rotina diária. Rotina, quem falou rotina? Suma com essa palavra daqui!

Désirée tinha que voltar a Valognes para seguir com a vida dela, e eu, voltar para Nhanderecó, pois deixei ela num porta-malas, vê se pode! E não é que ela (minha magrela) reagiu?!

Já com tudo pronto, eis que lá no carro, montando a Nhanderecó,

"
O pedal continuava com um
cenário lindo entre vilas e sítios
normândicos e a cada música
que ouvia no meu mp3 vinha um
sentimento e lembrança diferente
na cabeça.

percebo que algo nela estava diferente, algo faltava... o eixo da roda da frente havia sumido! Como irei pedalar sem roda? Merda! Talvez empinando-a? Não. Merda!

Procurei, procurei e nada. Pesquisei nos mapas e perguntamos pra ver se tinha alguma bicicletaria ou loja de peças por perto para comprar um eixo de reposição, e nada! Por Zeus! Fim do mundo! Chamem os astronautas!

Nessa tivemos a ideia de retornar ao estacionamento do Castelo, onde eu havia "estacionado" a Nhanderecó, e bimba! Não é que o maldito eixo ficou por lá, escondidinho na grama, entregue ao mato?! Olha, não acredito muito em sorte, mas essa foi sorte pura e incompetência também. Fiquei tão animado com o dia que estava tendo ontem que esqueci parte de mim jogado na grama. Anta!

Désirée me deixou num estacionamento de beira de estrada, nos despedimos e cada um seguiu o seu caminho, com um certo "pacto" de nos vermos outra vez um dia. E lá estava eu novamente, sozinho e largado no meio de... sei lá onde eu estava.

Sentei um pouco na sarjeta e fiquei assistindo o carro dela sumindo no horizonte, e ali fiquei por uns minutos, quieto, cabeça a pensar... com um certo friozinho no lado de fora. Uma maçã devorada depois e já era hora de cair na estrada novamente, agora sentido Rennes. E sete dias depois já viria, pela primeira vez na viagem, a sentir o impacto de uma grande cidade. Sei que parece pouco, só sete dias, mas aquela calmaria, um certo ar de solitude e o inóspito já estavam de certa forma em mim.

O percurso foi mais uma vez tranquilo, sempre cortando rodovias e seguindo em ruelas e estradas secundárias, entre vilas bem pequenas, sítios e fazendas. A diferença desta vez ficou pelo fato de eu estar saindo da região da Normandia e entrando na região da Britânia, onde se localizam os meus próximos destinos, Rennes e Nantes. Eu já tinha marcado pelo couchsurfing um lugar pra ficar por lá, e assim foi. Cheguei na cidade e fui direto no endereço passado pela Diane, francesa, nasceu no sul da França, mas morava em Rennes, estudou e trabalhava lá.

Garota muito simpática, trabalhava como ecologista e já viajou muito, muito mesmo! Conversamos bastante, ela mostrou fotos e localização no mapa de lugares que já havia estado, e eu falava da minha, recém-iniciada, aventura. Pegamos nossas bicicletas e saímos para um passeio pela região central e também ao encontro do Gallete que ela tanto falava, comida típica da região. E como fazia diferença andar com a bicicleta sem aquele peso todo dos alforjes.

Como dito logo atrás, quando cheguei em Rennes já sentia o impacto de uma grande cidade novamente, mesmo não fazendo ainda muito tempo que havia saído de Dublin, o impacto foi grande. Carros, trânsito, barulho, pessoas pra lá e pra cá, contramão, olhares se cruzando, música alta, falação, uma grande universidade, tudo proporcionado no mesmo local, em curto tempo e espaço.

Chegamos, rua daquelas típica de centro turístico, só para pedestres, com arquitetura pitoresca, ora suja e velha, ora interessante e diferente. Um bar atrás do outro pela rua, mesas para o lado de fora - ah como sentia falta desses típicos bares de verão - muitos jovens bebemorando e jogando conversa fora, alguns bem loucos, meio hippies, com suas artes e o famoso cão amigo (o inseparável), como manda o roteiro. E claro, não poderiam faltar os mendigos e seus "spare change please".

Era a hora do esperado, o famoso e tão falado (pela Diane) gallete! Que, segundo ela, é bem típico ali daquela região da Britânia. O gallete consiste numa massa, tipo panqueca, pedi um com ovo, presunto, queijo e um tipo de linguiça artesanal deles, também típica dali. Muito bom, mas não satisfez minha fome, e fui logo emendando um crepe com batatas fritas!

A noite foi bem legal e tranquila com a simpaticíssima Diane, conversamos bastante, mas já estava ficando tarde e era hora de retornar para um descanso merecido, estava exausto e precisava recuperar energias para seguir no dia seguinte pedalando.

quarta-feira,
18 de Maio de 2016
Rennes → Nantes

Saco de dormir e um confortável sofá, o suficiente para ter uma boa noite de sono naquele momento, e foi isso, noite bem dormida, roupa lavada e era hora de me despedir mais uma vez, a essa altura isso já havia virado rotina.

Olá! Tchau! E ali se foi mais um "Olá-Tchau" acompanhado de muitos "obrigados", dessa vez para a querida Diane, garota super doce e super alegre, mais uma desconhecida que me ajudava nessa confluência sob duas rodas.

E vamos pegar estrada novamente, agora sentido Nantes. O dia começou bem chuvoso e confesso que deu uma puta preguiça de montar toda a bicicleta, mas isso era preciso, seguir era preciso e dias assim eu já imaginava que viriam a fazer parte da aventura. E conforme fui indo o tempo foi melhorando e o GPS me colocando em lugares errados - eu me colocando em lugar errado, melhor dizendo - e chuva voltando a dar as caras, isso mesmo, do jeito que tu lestes aqui, tudo em fração de minutos.

Fui obrigado a parar várias vezes por causa disso. Eis que de repente quando a chuva voltou a dar trégua e eu resolvi continuar, minutos depois ela voltou e voltou com força dessa vez, parecia estar brincando de esconde-esconde comigo, era eu parar ela escondia, era eu andar, ela aparecia!

Mas dessa vez veio muito forte e eu me encontrava num local sem cobertura no meio da estrada, não havia lugar coberto para parar e esperar, decidi então pegar um caminho perpendicular e seguir por uma estrada de terra onde eu havia avistado umas casas à frente, numa dessas havia um balcão aberto, não havia muros nem grades e a chuva torcendo a manga, não tinha escolha, fui para debaixo, adentrando o balcão, e ali fiquei, de braços cruzados e com frio.

Nem 10 minutos depois, a porta da casa na frente onde eu estava se abriu, eu estava coisa de 15 metros da casa, totalmente visível debaixo do telhado e ao lado de um trator velho e muito feno, e da porta saíram dois homens, um pequeno e outro grande - parecia cena de o Gordo e o Magro, versão caipira -, ambos de suspensórios e seus respectivos bonés, só faltou a matinho na boca, ao invés de matinho tinha cigarro mesmo, câncer sabe.

Enfim, fiquei tranquilo na minha enquanto eles caminhavam em minha direção, não achava que estava fazendo algo errado ali em pé, de braços cruzados, passando frio, e pela minha roupagem e bicicleta cheia com alforjes, era evidente que ali estava só a esperar a água, que descia do céu, parar de descer. Se aproximaram de mim e começaram a me lançar perguntas, o que também já imaginava, só que, lógico, tudo em francês - ou sei lá que língua falavam -, só sei que eu não entendia bolhufas! O pior era o tom de voz que o grandão fumante falava comigo, bem agressivo.

Eu tentei explicar da forma que pude, inglês, português, italiano - acho que até grego falei ali viu - só que nada, mostrei o passaporte do Camino de Santiago pra ver se Deus me ajudava, nada também, deviam ser amigos do tinhoso esses dois.

O menorzinho parecia manso, parecia entender que eu estava só esperando passar a chuva e tentava acalmar o grandão, que fazia gestos com as mãos pra mim, gestos de estrangulamento, sério, sem brincadeira, fazendo os gestos e resmungando, maldito! Mal amado!

Enfim, meti o foda-se e saí dali, subi na Nhanderecó e zarpei sem falar mais nada, segui pela lama da estrada entre gotas gordas que caíam das nuvens. Quando já na estrada novamente a chuva deu uma trégua, ficou com dó de mim, e logo viria o sol para secar o mau humor deixado pelo caipira mal amado.

Continuei sentido Nantes, mas a cidade estava bem mais longe do que eu imaginava e eu estava exausto pelas subidas e descidas do dia. Decidi ficar por onde eu estava, que não fazia a mínima ideia de onde era, algum lugar no noroeste da França entre Rennes e Nantes.

Observa aí no mapa e me manda um e-mail me dizendo, te pago um caldo de cana com pastel depois.

quinta-feira,
19 de Maio de 2016
Rennes → Nantes

> (...) Sei que sou novo e não conheço todo o meu planeta, mas desconheço que na Terra tenha montanhas que flutuem sobre colinas. De fato não eram pesadelos, o que me atormentava era o sorriso cruel do meu irmão (...) **Trecho do livro "Devaneios Jogados ao Mar" que havia ganhado do meu amigo e autor do mesmo, Glauber Marciano, o Glaubito.**

De fato não eram pesadelos que tive noite passada, eram só imagens do grandão mal amado do dia anterior que atormentava minha mente, seu rosto estava tão vermelho que parecia uma panela de pressão prestes a estourar.

Seguindo com a vida, levantei mais um acampamento, até que a noite foi tranquila, havia dormido bem. Como eu não tinha nada para comer parei no mercadinho da vila que passava, mas o lugar não me oferecia muitas opções. Comprei umas frutas e pão com creme de avelã para dar uma energia e seguir viagem.

Uns 35km depois encontrei um supermercado Lidl - aí sim! - e comprei meus mantimentos com ótimos preços! Segui viagem, subidas, sol fraco, vento, deu para cansar bem as pernas desta vez. Já em Nantes meu GPS deu tilt, lembra quando você tinha que assoprar a fita do Super Nintendo quando dava tilt? Pois é, quase isso. Já resolvido, e sem precisar assoprar, resetei o GPS e segui procurando um lugar para poder passar a noite.

A cidade de Nantes é ainda maior que Rennes e muito bonita também, primeira impressão foi boa. Depois de rodar e observar por onde passara, percebi que seria difícil fazer um acampamento selvagem, já estava dentro do grande centro e pra voltar e tentar achar algo pra fora da cidade já não era mais viável. Hotéis e hostel, caros, França é em si um país um tanto quanto caro, ainda mais se tratando de grandes centros, apesar de alguns campings até estarem com preços bem razoáveis, pra não dizer bons.

Saí atrás de um pelas redondezas e achei. França sendo uma mãe para ciclistas! Andei mais uns 4km e lá estava o camping de Nantes, perfeita localização, no centro da cidade e lindo! Super bem equipado, com até muito luxo pra ser sincero, óbvio que o foco do camping eram os famosos Motor Homes e suas famílias que infestam toda a Europa no verão, mas sempre tinha lá um espaço para as bicicletas também. E assim foi, preço bom, local bom, serviço bom, me instalei.

Montei minha barraca, deixei minhas coisas dentro e fui para um longo e merecido banho. Até secadores de cabelo tinha no banheiro, pra ter uma ideia do nível do camping. Mas eu pouco usufrui dessas coisas, não precisava.

Estava pronto novamente para mais uma noite na minha mais nova casa, minha casa móvel de 2kg e no meu "aconchegante" colchão de algumas gramas enchido no sopro.

sexta-feira,
20 de Maio de 2016
Nantes

Noite tranquila, acordei com uma preguiça e o dia estava péssimo, bem chuvoso. Tinha lido e ouvido coisas muito boas da cidade de Nantes e queria desfrutar disso. Devido ao fato do dia estar bem ruim para pedalar e eu não conseguir conhecer tudo com tempo, decidi pegar mais um dia por lá e fazer isso com calma, e claro, também aproveitar para descansar.

Pela tarde decidi sair e dar uma volta, o clima já havia melhorado um pouco, peguei a Nhanderecó e me aventurei pelas ruas de Nantes. Cidade muito bonita, bem sinalizada e bem arborizada. Com seu centro parte um pouco moderno e outra parte conservando a história antiga da cidade, com vielas que me levavam a catedrais e jardins históricos bem antigos, também muitos museus, lojas e bares, cada um com sua forma típica e originalidade instalada. Há várias pequenas "ilhas" espalhadas pela cidade, fiz uma parada em uma dessas ilhas/jardim que havia pelo caminho, tinha um estilo "zen", tipo jardim japonês, com árvores típicas do Japão e aquelas pontes de madeira também bem típicas na cultura nipônica, um refúgio para descansar e encontrar silêncio e calma em meio a tantos carros, bondes e seres humanos perdidos.

Ciclovia por todo lado, o que mais me chamou atenção nesse caso foi a ciclovia na avenida central, enorme avenida onde a ciclovia corria pelo meio da avenida e não pelos cantos, como de costume, ciclovia bem larga e bem feita, me sentia até estranho andando por ali e carros vindo de todos os lados, mas logo me acostumei e me vislumbrei com a ideia, e como funciona, lá em Nantes pelo menos.

Fui seguindo, pedalando e desbravando, até que cheguei num dos locais mais falados pelo pessoal sobre Nantes, inclusive a Désirée havia me indicado o tal lugar, disse que eu não deveria sair da cidade sem antes passar por lá, Le Hangar à Bananes, um famoso local de exposições da cidade, mas a grande e mais famosa atração eram as Máquinas Animalescas Gigantes (Les Machines de l'île), tipo animais mecanizados em tamanhos reais.

Chegando lá já dei de cara com um enorme elefante mecânico, andando e em pleno funcionamento, que soltava até jatos d'água pela tromba e fazia sons típicos! Muito bonito e interessante.

Fiquei um tempo por ali, andando e admirando a façanha dos envolvidos. Tirei fotos. Fiz vídeos. Só que já era hora de retornar, mas antes passei no mercado, pois eu merecia um bom jantar, estava na falta de usar meu fogareiro para cozinhar algo e esse era o dia. Parei no Carrefour, fiz uma ótima compra e segui para o camping. Já em casa, ou seja, na barraca, preparei meu macarrão com queijo, salada e um peixe enlatado, que ficou ó, supimpa! Matei 2 litros de suco numa tacada só e ainda deliciei um flan caseiro de sobremesa, tudo super bem aproveitado e por um ótimo preço.

sábado,
21 de Maio de 2016
Nantes → La Rochelle

Tchau querida cidade de Nantes! Levantei acampamento mais uma vez, também já preparei o que viria a ser meu almoço e janta para os próximos dois dias, uma grande baguete, fatiada em 4, recheada com queijo, fatias de filet de frango defumado, salame e alface, junto com algumas maçãs e chocolates. Tudo pronto para cair na estrada novamente e segui viagem rumo a La Rochelle, sentido sul/sudoeste da França.

Foram longos 110km pedalados num só dia, a maioria disso pedalados por vias alternativas que eu acabava seguindo por causa do GPS, um Garmin e-Touring específico para cicloviagens, ou seja, ele sempre calculava rotas alternativas para bicicletas, evitando rodovias e vias para carros, o resultado disso era que nem sempre essas vias alternativas eram fáceis de pedalar e na grande maioria das vezes, para cortar estradas maiores, o GPS acabava me levando pelos caminhos mais longos em meio a pequenas vilas e ciclovias alternativas. Por um lado super seguro, mas por outro, eu acabava pedalando mais, e esse dia foi um exemplo disso, pela estrada convencional eu faria menos quilômetros por menos tempo, mas enfim, fazia parte da aventura e eu ainda estava me enturmando com as funcionalidades do aparelho.

Primeira parte pedalada do dia eu fiz 80km direto e só fui parar numa cidade chamada La Roche Sur Yon para comer, devorei um pedaço do meu sandubão e comprei uma lata de Coca-cola numa vendinha. E olha, que refrescada que foi essa da Coca, nunca fui de beber muito refrigerante, sei lá, nunca tive esse costume em casa, bebia só em domingo o guaraná Mogi de maçã bem gelado, uh delícia! Talvez por isso nunca liguei muito em beber refrigerantes, mas ó, esse refrescou muito, parecia até comercial de TV, faltou só as gostosas suadas e seus lábios carnudos bebendo a droga líquida.

Apesar de já ter pedalado 80km, o que estava sendo minha média diária, havia decidido não ficar onde estava e decidi continuar seguindo com o pedal, ainda era cedo e onde eu estava não havia nada de mais, então decidi seguir direto até La Rochelle. E assim foi, fui seguindo em meio a inúmeras vilas que havia pelo caminho, e cada vila com sua igreja, imponente e sempre central. Toda vez, lá de longe, quando eu avistava o topo de uma igreja, eu sabia que ali havia uma vila ou comunidade, seres vivos, os quais não se via muito por onde passava, era sempre só Eu, Eu mesmo e a Nhanderecó, de vez em quando, de quando em vez, eu via alguma alma passando ou de carro, ou caminhando, ou em suas casas. O bom de quando eu avistava uma igreja é que já era certo que encontraria um banheiro e água para usar, era só rodear a mesma e lá estava!

Segui indo, pedalei mais uns 27km de La Roche Sur e cheguei num vilarejo de nome indefinido, dessa vez um pouco maior que os que eu havia passado anteriormente. E pedalando entre ruas e vielas eu avistei uma placa de camping municipal, opa, campings municipal na França costumam ser baratos e decidi ir verificar. Eis que acho o local, mas parecia não funcionar mais, pelo menos era o que parecia, tinha tudo montado lá para funcionar como um camping, só que estava abandonado. E eu que não tenho nada a ver com isso, por lá fiquei! Olhei bem ao redor pra ver se não havia ninguém, vi que tinha uma cancela fechada e que dava pra passar pelo lado, no meio do mato, e assim foi, passei e adentrei ao local.

Fiquei lá até quase o sol se pôr, escolhi um local onde não dava muito na vista e montei a barraca. Coloquei tudo pra dentro e fui jantar meu sandubão. Os banheiros estavam todos fechados, ainda bem que não precisei do número dois nesse dia, mas havia torneiras do lado de fora, ali consegui água para lavar minhas coisas e isso já era o suficiente, banho pra quê?

domingo,
22 de Maio de 2016
La Rochelle

A noite passada foi bem chuvosa e o dia não começou diferente, chuva e frio! Acordei umas duas ou três vezes durante a noite, pelo menos acho que acordei, ou estava sonhando que tinha acordado, e agora?

Noite molhada, tive que estender a barraca para tentar secar o máximo possível pra não guardar toda ensopada. Aproveitei uma parte coberta de onde eu estava e pendurei a barraca nas janelas, ainda chovia fino no momento. Enquanto isso, eu ia ajeitando minhas coisas com calma e muita preguiça, abusando da sorte também, pois se alguém aparecesse ali eu teria que me explicar, mas ninguém apareceu.

Comi umas bisnaguinhas com Nutella de café da manhã, e pra beber, água! Ai, ai... aquele cafezinho quentinho passado na hora...

Criei coragem e segui a pedalada sentido La Rochelle. Vilas, vilas e mais vilas pelo caminho, todas pequeninas e bem rudimentares, às vezes as vilas ou comunes eram apenas algumas casinhas simples, cada qual com seu charme e algumas sem charme nenhum. Era uma rua que dava numa rotatória que seguia pra duas outras e acabava na estrada de novo, e todas tinham pelo menos uma igreja e a tal da "Marie" que eu via toda hora quando passava por um pequeno vilarejo.

- Quem que é essa "Marie" que coloca o nome nas casas? Me perguntava.

Eis que descubro que "Marie" é tipo a prefeitura do local, uma casa oficial onde o povo do vilarejo pode ir pra resolver coisas burocráticas. Eitcha.

A chuva tinha parado, o tempo melhorou, mas quanto mais eu encostava na costa atlântica francesa, mais o vento aumentava e soprava forte, alguns momentos vinha tão forte que me empurrava um pouco pro lado, o que não me ajudava em nada, muito menos quando eu estava em estradas junto aos carros.

Entre uma vila e outra na Normandia.

"”

Começaram a me lançar perguntas, o que também já imaginava, só que, lógico, tudo em francês - ou sei lá que língua falavam - só sei que eu não entendia bolhufas!

Acabei chegando um tanto quanto cedo em La Rochelle, passei pelo pequeno centro e segui pedalando. Era domingo e tinha muitas pessoas sentadas em bares e restaurante em torno da orla, desfrutando o tímido sol que custava a aparecer e uma passageira chuva que ia e vinha o tempo todo.

O mar estava bem agitado devido ao vento que fazia. Confesso que esperava mais de La Rochelle, criei uma expectativa boba do local, sei lá por quê.

Confesso que meu "modo turista" é horrível, nunca soube ser um turista, no sentido próprio da palavra, sempre que possível fugia - e ainda fujo - de aglomerações e turismo comum em geral, sempre fui mais pelo lado "B" da coisa (percebe-se pelo tipo de viagem que venho fazendo), e isso fez com que meu olhar de turista não ficasse aguçado e acabo não achando graça em muita coisa que deveria ter graça, entende?

Acho que era isso que acontecia naquele momento, o famoso sentido "bicho do mato" era yo en persona, enfim, continuemos...

E como um bicho do mato acanhado, saí à procura de um local pra passar a noite, ali na cidade não parecia ser viável acampar e quando fui seguindo sentido à saída, eis que avisto um camping municipal e fui lá averiguar.

Na França o que não falta é camping, de todo estilo e gosto, na maioria são ótimos e com bons preços e o quanto mais fora da estação verão você for, mas barato será.

Já instalado - 5 euros - não era como o camping de Nantes com aquela puta estrutura, mas era bom. Ali me ajeitei e aproveitei para tomar banho que não havia tomado no dia anterior e descançar melhor, já que noite anterior também havia sido cansativa. Jantei minha baguete, li um pouco e a chuva voltou a cair. Dessa vez, dormir com a chuva beliscando a barraca.

segunda-feira,
23 de Maio de 2016
La Rochelle → Cognac

Aquele ritual diurno diário. Só que não havia mais nada para comer, então antes de continuar passei no mercado para recarregar o alforje. Comprei minha baguete com queijo e salame barato, frango e salada, matei 1 litro de danone em duas goladas, também comprei um creme para a pele - melhor previnir do que remediar - e voltei pro camping para ajeitar as minhas coisas e cair na estrada de novo. Dei mais um giro por La Rochelle, entre ruas estreitas antigas e oficinas de barcos, que eram muitos por lá! Parei num correio para mandar dois cartões postais que havia comprado em Nantes, um para mandar para a minha família lá em Itapira, no "Brasir", e outro pra Dublin pro pessoal da casa onde eu morava. Espero que tenham gostado.

Depois de tudo enviado, segui rumo a Cognac. Mais um dia com um bom ritmo de pedal, tão bom que pedalei 110km num tiro só!

Cognac seria a cidade onde eu tinha combinado com a Désirée de nos vermos novamente, vínhamos conversando sobre essa possibilidade, mas ficou só na possibilidade mesmo, no final ela não conseguiu dia livre do trabalho para isso. Então o foco, que por dois dias era chegar em Cognac pra vê-la, voltou a ser a estrada e seguir viagem.

Talvez daqui em diante a personagem de Désirée dê um tempo nessa minha história, talvez tudo fique apenas na memória daquele dia mágico em Saint-Michel, que foi breve como um raio e forte o suficiente para manter memórias. Você foi uma rápida e estranha surpresa, senhorita de nome estranho.

Ela ainda cogitava viajar comigo algum trecho dessa jornada, mas por enquanto só cogitação mesmo. A partir desse dia evitei ao máximo criar expectativas com isso, enfim... continuei pedalando, pensando muito nisso e já tentando mudar minha cabeça para novos rumos e planos.

O dia para pedalar foi ótimo, sol na medida certa, uma brisa leve que refrescava e dava disposição, mas em certos momentos parecia que não ia, pedalava, pedalava e parecia não sair muito do lugar. Mas fui seguindo, pedalei, pedalei, e parei só para a minha baguete recheada, depois fui indo, firme, até quando bateu os 110km no contador. E faltavam ainda uns 25km pra chegar em Cognac.

Enquanto seguia, eu avistava bonitos lugares à beira de um rio que eu acompanhava, eu ficava pensando:

- Que dia ótimo, vou é dormir fora, e jantar fora também...
- Por que não acampar ali ó? - Passei.
- Olha ali aquele gramado, perfeito! - Passado.

Sei lá, estava com preguiça de parar, via os lugares bonitos, mas ia pedalando no modo automático, até que, finalmente, parei numa entrada que ia direto pro rio e por ali me estabeleci. Saquei meu carregador solar e coloquei pra recarregar meus dispositivos tecnológicos ultra-modernos (lê-se celular velho quebrado e um GPS para bicicleta), e enquanto desfrutava do sol para recarregar todas as energias possíveis me acomodei num banco e mesa que havia no local. Notei alguns carros que iam entrando, paravam, ficavam um pouco e logo davam meia-volta e saíam, mas eu que não tinha nada com isso, continuei no mesmo lugar. E assim foi mais um dia que aqui vos escrevo, mais essa passagem, agora na beira do rio, ao som de pássaros tagarelas e da natureza que me rodeava. Só queria mesmo era um café!

terça-feira,
24 de Maio de 2016
Cognac → Bordeaux

Confesso que poderia ter dormido melhor na noite passada, mas os diferentes sons que vinham lá de fora, mesmo com meu protetor auricular, me perturbavam!

Sei lá, vinham do rio ao lado, não sei se eram peixes gritando, conversando entre si, o boto, ou algum espírito, também não quero saber e de fato nunca saberei! É, meus amigos, acampar, principalmente no selvagem, tem disso, é sempre um olho no gato e outro no peixe.

Estendi a barraca no sol para secar enquanto comia algo de café da manhã e preparava as coisas para continuar, ainda faltavam 13km para chegar em Cognac. Tudo feito, segui o pedal e cheguei em Champagne! Não, em Cognac! Ah, é tudo feito da uva. E mais uma vez alta expectativa pra nada, talvez fosse o nome da cidade... Cognac-nhac-inháquî.

Aproveitei que estava desde o dia anterior babando por um café, sentei numa padaria no centro e pedi um café! Até que enfim um café, caralho! Acompanhado de um croissant - ou algo do tipo - francês direto da teta da vaca - na minha cidade dizemos isso para quando tu comes o produto que é específico de um local/região, no local (in loco), sou caipira uai.

Tem várias padarias (boulangeries) na França, e baguete pra todo lado, até máquina de baguete eu já vi por aqui, sabe aquelas de refrigerantes? Pois então, igualzinha, só que de baguetes! Tudo por sua baguete diária!

Assim como no Brasil e nossos pãezinhos franceses (que de franceses não têm nada, pois não tem esse formato de pão francês na França, se tiver não vi), os pães na França são ótimos, os doces também, a comida no geral... mas o café, ó, até agora, bem "mázomeno".

Já com café tomado e sem muito o que fazer por ali, peguei a Nhanderecó, dei mais um "rolê" pela cidade, como não sabia nada de Cognac (a bebida), e também não estava interessado em saber, peguei o caminho da roça rumo ao meu próximo destino que era Bordeaux, que estava a longos 140km de distância de onde eu me encontrava naquele momento.

Ao longo do caminho reparei que a paisagem havia mudado por onde tinha passado até então. Mais ao norte da França, a paisagem era comandada por flores pequeninas e amareladas de cheiro doce, que não sei o nome, iguais as que eu via na Irlanda no verão, mas essas pequeninas amarelas saíram de cena e deram lugar às uvas! Muitas plantações de uvas, o que fazia total sentido pela região que eu estava passando, região de Cognac e Champagne, região famosa pelas bebidas de mesmo nome, e também pelo vinho. Eram fábricas dessas bebidas por todo o lado e de todo porte.

Já havia pedalado algo em torno de 80km diretos e decidi parar para comer, já era algo em torno das 16h quando cheguei numa pequena cidade entre Cognac e Bordeaux, pensei em talvez ficar por ali mesmo. Parei para comprar uma Coca-Cola (mais uma, merda!), e ali próximo ao caixa vi uns doces na vitrine, não resisti, glicose! Comprei logo dois, enormes!

Peguei tudo e fui procurar um lugar tranquilo pra comer - tipo cachorro quando abocanha o osso e corre para um canto sozinho - sentei e mandei ver em mais um pedaço da minha recheada baguete junto as minhas guloseimas adquiridas. Ô delícia. Enquanto comia eu verificava o mapa e tentava definir a próxima parada.

A comida desceu muito bem e os doces com a Coca serviram realmente como uma bomba energética! Nisso notei que ainda era meio cedo e que o lugar onde eu estava não me atraía em nada, então decidi seguir em frente e parar mais perto de Bordeaux. Coloquei a localização no GPS e fui.

Toda aquela comida havia me dado uma energia enorme, mas dali onde eu estava até a cidade de Bordeaux eram mais uns 50km e eu já havia pedalado 80km, estava bem cansado, mas algo em minha cabeça queria porque queria chegar naquele mesmo dia até o destino desejado, e assim foi!

A luz do sol iluminaria até por volta das 21h30 de acordo com o GPS, então eu tinha aproximadamente mais 50km e 4h30 de luz do dia para chegar ao destino, descansado isso seria totalmente tranquilo, mas cansado como eu me encontrava, isso viria a ser, como foi, um desafio. Coloquei músicas no ouvido, meta na cabeça e segui andando, ou melhor, pedalando!

Me encontrava em meio ao nada, num silêncio estranho e monótono, minhas pernas chegavam a pedalar no automático. Era tanta calma e paz que eu seguia absorvendo cada instante. Incrível como o cheiro de mato e madeira que sentia pelo caminho me transportava há outras época passadas, memórias brotavam na minha cabeça e um sorriso um tanto saudoso comigo mesmo se formava em meu rosto. Coisas do inconsciente, ele é perito nisso, com apenas um sentido te traz lembranças que nem você imaginava que poderia ter novamente. Lembranças boas de uma época livre e inocente, livre como estava, livre e perdido em meio a um país e continente que eu nunca imaginaria poder estar, fazendo o que eu vinha fazendo, da forma que vinha fazendo!

Eu pedalava só, mas parecia que estava seguindo com um bando de outros "eus". Às vezes planejamos tanto pra nada e às vezes o que nunca se planeja acontece, e acontece da forma mais planejada possível, só que sem planejamento, me entende?

E como planejado - sem planejar - cheguei na graciosa cidade de Bordeaux, era algo em torno das 20h40, portanto não haveria muito mais tempo de luz do dia. Nisso pensei rápido no que fazer, e como me encontrava numa região bem residencial (está vendo, não planejei), não tinha onde por a barraca para acampar. O local que eu estava era inundado por casas e indústrias, só me restava tentar achar um hostel/hotel, dormir na rua não era a coisa mais inteligente a se fazer naquele momento, eu tinha guardado um pouco de dinheiro para ocasiões como essas de não planejamentos, e como recompensa pelo longo e produtivo dia, resolvi me presentear e peguei o quarto de hotel mais barato que havia encontrado, fiquei por lá mesmo. Tinha até café da manhã incluso! Recompensa justa.

Eu estava exausto! O quarto veio a calhar e o banho foi revigorante e longo! E assim foi mais um dia, longo e super produtivo. Dessa vez descanso numa cama confortável, pelo menos comparado ao saco de dormir. E com um bom banho tomado e alimentado com o meu último pedaço de baguete, a mesma que me acompanhava desde La Rochelle, lembram? E dormi.

quarta-feira,
25 de Maio de 2016
Bordeaux — Dia 1

Olá Bordeaux, sua lindeza!

Aproveitei o wi-fi do hotel e verifiquei o que havia na cidade para fazer, visitar e onde ficar, tinha decidido tirar um dia de turismo! Segui para um camping que achei online e mais um super excelente camping na França!

Montei a barraca, coloquei tudo pra dentro, peguei a Nhanderecó e saí dar um giro pela cidade. Mais uma vez ciclovia por todo lado, e quanto mais perto eu chegava do centro mais se via da beleza de Bordeaux, que cidade linda e muito bem estruturada!

Bordeaux, como chamam em francês, ou Burdigala, ou Bordèu, ou se preferirem Bordéus, em português. Cidade linda! Andei tanto por suas ruas antigas e recheadas de histórias que por muitas vezes me lembrava muito de quando estive na Itália, passagens pequenas e cheias de curvas, paralelepípedos e ornamentos pra todo lado, história pura! Bordeaux foi uma, dentre tantas, das cidades dominadas pelo Império Romano, e não era difícil de perceber isso, havia referências por toda parte.

A cidade me impressionava tanto pelo lado histórico quanto pelo lado moderno, com grandes avenidas, trens, ônibus, carros, bicicletas e pessoas, tudo bem sincronizado e em plena harmonia, tudo, de todos os jeitos e formas!

E após um longo pedal, decidi que era hora de comer algo e não queria o "de sempre", me sentia muito como um turista ali (e eu era), e decidi praticar "o turista" até o fim, e acabei em um bom restaurante francês, bem no centro, mesas pra fora, cardápio gourmet e ótimo atendimento.

Coloquei minha companheira na minha vista e me arrisquei no cardápio, não conhecia nem entendia nada que lá estava escrito, fui olhando pelo preço, como um bom pobre. Com um conhecimento terrível da gastronomia francesa, resolvi seguir pela intuição e acabei num prato chamado tartare, que consiste em carne crua e ovo cru. Não. Não fazia ideia disso, descobri da pior forma mesmo, ou da melhor, não sei... já emendei logo um acompanhamento de fritas e salada, pra caso viesse a rejeitar o tal tartare. E claro, uma ótima cerveja, eu disse ótima! Eu merecia, poxa.

Não sei se era o fato de eu estar faminto, mas o prato desceu maravilhosamente bem, nunca havia tido tamanha apreciação por carne crua. E o melhor, preço justo e qualidade boa! No dia seguinte de volta à programação normal: pão com mortadela.

E terminada a minha janta, fui para mais um giro pelas redondezas de onde me encontrava para fazer uma boa digestão da comida e saciar meus olhos com as belezas "Bordeauxzianas".

Depois retornei ao camping e lá aproveitei o wi-fi para me atualizar da vida "lá fora". Mais tarde fui para meu "confortável" colchonete para esticar as gambe e adormecer.

quinta-feira,
26 de Maio de 2016
Bordeaux — Dia 2

Segundo o GPS que me acompanhava, eu já havia rodado exatos 1.120km de estrada em 67'46"28 e perdido 34.912 calorias. Viva me jambes!

Resolvi ficar mais um dia em Bordeaux, não só pelo amor à primeira vista que senti pela cidade, mas também devido a problemas técnicos.

E começaria aqui o famoso "Dia Técnico", apenas um de muitos ainda por vir. Há uns dois, três dias, eu vinha sentindo um desconforto na bunda devido ao esforço diário pedalando e notei que o banco que eu tinha na bicicleta não era lá o mais apropriado para uma viagem longa, era aqueles bancos mais finos, mais "estilizado", mas nada confortável, com isso decidi que seria melhor trocá-lo. Peguei minha fiel companheira e fui em busca de uma loja especializada para sua operação, e claro, mais um grande giro pela cidade como bônus. Achei a Decathlon, rede de lojas que vende muitos, mas muitos artigos esportivos de todos os gostos e bolsos, a mesma do Brasil, e lá encontrei um banco (selim), de uma boa marca e num preço super acessível, selim em gel bem mais confortável, mais feio também, mas o que estava em jogo era a saúde da minha bunda e não a beleza do selim. E após a visita pela enorme loja e a aquisição do meu selim novo-feio-confortável, segui para o centro da cidade novamente para um último passeio e um adeus.

Passei numa boulangerie para comprar um doce que a Désirée havia me recomendado, o caneleé. Sentei no pé de uma das inúmeras igrejas que eu via pelo caminho e devorei o doce. Muito bom e gosto de canela (ah vá?). Após a parada doce segui para o Carrefour mais próximo para abastecer meu alforje esquerdo de alimentos para poder seguir viagem no dia seguinte. Depois fui pedalando mais uma vez, perdi as contas já, pela linda parte central da cidade. Ah! Quando eu estava no mercado, aproveitei que estava em Bordeaux e acabei comprando uma garrafa de vinho - Bordeaux (claro) - muito barato e delicioso! A parte do delicioso sou meio suspeito de afirmar, pois não entendo muito de vinho, mas vamos lá, vocês têm que acreditar em mim. Já de volta à casa (leia-se: barraca), aproveitei que ainda restavam algumas horas de luz do dia e estava super animado, troquei o banco da Nhanderecó, e o selim antigo, ótimo e ainda em bom estado, eu dei pra uma das moças da limpeza do camping, ela vinha passando com aqueles carrinhos de golf, falei com ela, ela aceitou e ficou feliz, disse que daria para um sobrinho dela. Depois dei uma ótima geral e limpeza na Nhanderecó e deixei-a pronta para retornar ao campo de batalha.

Tomei um super banho, aproveitando toda a conveniência que o local oferecia, preparei minha jantinha no meu fogareiro, tudo enquanto deliciava meu vinho de Bordeaux em Bordeaux, que privilégio! E de banho tomado, barriga cheia e afazeres técnicos feitos, fui deitar e repousar para os próximos dias que viriam.

Tchau Bordeaux, sua linda!

E lá vamos nós cair na estrada novamente, agora sentido a Arcachon, que não estava na minha mente passar, nem em minha lista, nem sabia que existia tal lugar pra ser sincero, mas como foi recomendação de uma francesa e estava no meu caminho sentido sudoeste, decidi passar por lá e conferir o local. O caminho até lá foi indo tranquilo, fui seguindo o GPS, que de repente me indicou um caminho bem alternativo, em paralelo com a rodovia. Fui cair numa estrada de terra bem ruim, mas muito ruim, toda esburacada e salientada! Tudo bem pedalar numa estrada de terra, mas naquelas condições e com minha bicicleta meio pesada como estava, seria um risco enorme aqueles buracos, mas parecia ser o único caminho, o outro era na rodovia que eu não poderia passar pedalando, proibido.

Mas calma que a coisa iria piorar... o GPS tinha me colocado no meio de alguma plantação, em pleno plantio! E não via nenhuma saída, era um tanto quanto grande o terreno, pra não dizer enorme! Segui pedalando bem lentamente num solo cada vez pior e arenoso, e nada de saídas! Um cara num trator, lá no meio da plantação e que parecia meio bravo comigo, me fazia gestos com as mãos para sair. E era o que eu mais queria. Apertei o passo pra ver se encontrava algo antes que ele decidisse virar o trator pro meu lado. E o GPS mandando seguir, só que não havia saída aonde ele me mandava, maldita tecnologia... brincadeirinha.

Segui o caminho que o GPS apontava e fui indo paralelo a um pequenino canal ao longo da plantação, em certo ponto era impossível pedalar, muita areia fofa! Tive que descer e ir empurrando a Nhanderecó, empurrei-a por mais de 3km. Peso, ó peso. Eis que o Sistema de Posicionamento Global (GPS) falava para virar à direita, "gire a destra", apitava o infeliz tecnológico.

Só que com meus olhos, via que se virasse à direita a coisa iria piorar ainda mais, acho que o GPS havia entrado em conflito com o GPS do trator, só pode! Pelo mapa eu percebi que a estrada pavimentada não estava longe de onde eu me encontrava, era atrás da grande cerca que me rodeava, entre o canal e a enorme plantação. Parei e por segundos tinha que decidir...

- Seguir empurrado a magrela por aquele terreno arenoso por mais sei lá quantos quilômetros, ou pular a cerca e cortar caminho? - Pensei.

Bem, sei lá se cortaria, mas parecia uma alternativa interessante. E na adrenalina furiosa que o senhorito Lucas aqui se encontrava, decidi pelo mais perto - porém não menos perigoso - e pulei a cerca de uns 3 metros de altura. Tirei todas as coisas da Nhanderecó, os dois alforjes traseiros, a barraca, a bolsa dianteira e os cadeados, joguei do outro lado, logo em seguida mandei a Nhanderecó, taquei-a nas minhas costas e com força fui descendo ela com calma do outro lado.

Eu e meus outros Eus.

"

Às vezes planejamos tanto pra nada e às vezes o que nunca se planeja acontece, e acontece da forma mais planejada possível, só que sem planejamento, me entende?

Logo após fui eu mesmo, me chutei daquela colheita maldita. Recoloquei tudo na Nhanderecó mais rápido que pitstop de Fórmula 1 e saí correndo dali. Meio que com um pulo eu ganhei uns 5km de caminho, e me livrei do terreno arenoso esburacado e do motorista de trator locão.

Ah! Que calmaria... Como a minha adrenalina havia subido de uma hora pra outra devido ao infortúnio anterior, toda aquela energia aos poucos ia se dissipando e eu ia entrando no meu estado natural novamente. E fui seguindo sentido Arcachon, rodeando um lago, fui seguindo, ouvia o trem passar e também o barulho de água, dessa vez um rio. Humm... quebrei à direita e segui pro meio do mato, lá vai novamente Lucas e Nhanderecó em busca de adrenalina... Bonita trilha, fui seguindo sempre atento aos lados pra ver o que poderia me surpreender, e eis que fui surpreendido. O trem passou bem perto de mim, parei e fiquei observando-o, e as pessoas que nele estavam, observando-me, me sentia uma atração turística.

- Olhe lá, aquele era um tipo de primitivo que gostava de se aventurar com sua bicicleta. Bicicleta era um meio arcaico que os humanos de antigamente usavam para passear e desbravar novos lugares, assim como eram os cavalos décadas anteriores àquelas.

Parei em frente ao rio, olhava para todos os lados e nada de sinal de vida, hum... Talvez esse cavaleiro aqui merece um refresco após um longo e difícil dia, não? Sim! E assim foi, tirei toda a roupa e fui para a água pelado! Nu! Água gelada! Amendoim!

Fiquei boiando na água deixando a corrente me levar e voltava de braçadas, todo aquele cansaço, como mágica, desapareu. E após um longo e merecido banho gelado e natural, me vesti só com as partes de baixo, subi na Nhanderecó e segui meu caminho. Já em Arcachon avistei a placa de um camping municipal e fui conferir, bom preço e por lá fiquei. Montei a barraca, coloquei todas as minhas coisas dentro e saí pra conhecer as redondezas. Fui seguindo pela pequena e bonita orla, parei numa barraca local de artesanato e comprei uma pulseirinha, daquelas de pano, e sempre que as pessoas as vêm em meu braço, elas perguntam onde comprei...

- Essa bem colorida com tons de azul claro, rosa e amarela comprei em Arcachon, França! Essa em Cusco, essa no Marrocos...

Após adquirir mais essa simples lembrança, coloquei-a no meu pulso esquerdo e segui pedalando para Le Dunne, principal atração de Arcachon.

Deixei a Nhanderecó sozinha no meio de alguns arbustos e árvores e segui duna acima andando. Lindo! Tanto o percurso até lá, quanto as dunas em si, de areia macia e branca e com a vista do mar sem fim no horizonte. Fiquei lá por um tempo, sentado, sozinho. Depois peguei a Nhanderecós, limpei toda a areia que nela havia e segui caminho de volta, agora ladeira abaixo. Não foi um dia fácil de pedal, mas o final foi muito reconfortante e agradável. A grande surpresa ficou por conta da bonita Arcachon, lindas paisagens, com seu mar e suas dunas de areias brancas como ainda não havia visto nessa viagem, uma grande recompensa após um longo dia.

Arcachon.

""

Essa bem colorida com tons de azul
claro, rosa e amarela comprei em
Arcachon, França! Essa em Cusco, essa
no Marrocos...

sábado,
28 de Maio de 2016
Arcachon → Biscarrosse

Esse foi um daqueles dias que se não tivesse acontecido, não faria falta alguma. Estava descendo agora em direção à Biarritz, peguei uma parte bem ruim de estrada, com muitos ressaltos no chão e toda hora que eu passava em um a bicicleta pulava, e foi num desses pulos que um dos alforjes resolveu pular também, pular pra fora do bagageiro! O alforje se desprendeu do bagageiro, bateu na roda e caiu no chão, sorte minha que eu não estava em alta velocidade. Parei, arrumei o alforje de volta, verifiquei se nada mais grave havia ocorrido e segui rezando para não comprometer a bicicleta.

Depois resolvi parar numa vila chamada Biscarrosse, lá percebi que algo não estava certo com a Nhanderecó, estava andando estranha, bambeando, desbalanceada... pois é, o pneu dianteiro estava furado! Antes do pneu furado e do alforje fujão já havia chovido também, ou seja, que dia!

Logo após o almoço vi que não valeria a pena continuar pedalando muito, vinha enchendo o pneu e indo até que murchasse de novo, mas tinha decidido parar por ali mesmo, fiquei por Biscarrosse.

Sentei no banco de uma praça, no centrinho, e por ali fiquei, boiando e vendo as pessoas pra lá e pra cá. Nessa conheci uma finlandesa que estava perdida por lá também, ela estava fazendo trabalho voluntário pelo WorkAway, trabalhava como aupair, mas não estava gostando e blá-blá-blá.

Falamos por mais de uma hora, muito simpática ela, tomamos um sorvete no quiosque da praça, nos despedimos e saí procurar onde passar a noite. Não estava afim de pagar camping de novo, e fui pro selvagem mais uma vez.

Rodei perto de um camping que havia no local, e achei um lugar legal entre a areia da praia e uma floresta de pinhos, ou árvores bem parecidas com pinhos, havia também um estacionamento para carros mais pra frente e uma infraestrutura para pedestres e ciclistas, bonito bosque. Resolvi ficar por ali e armar o cafofo.

Mas primeiro a parte técnica, coloquei minhas coisas num canto e fui consertar o pneu furado. Algumas pessoas passavam por uma trilha que era perto de onde eu estava sentado, que levava à praia. Não sei o que elas pensavam sobre a minha pessoa perdida ali no meio das árvores, com a bicicleta de cabeça pra baixo e sem a roda dianteira, mas também pouco importava isso. Pneu arrumado, fui inventar de lixar as pastilhas de freio que estavam já um pouco gastas e sujas, tudo certo e fui colocar as pastilhas de volta e acabei mexendo aonde não devia, cutuquei o pistão e um óleo vazou do suporte de freio. Moral da história: sem freio dianteiro daqui por diante! Burrico!

Esperei até quase o sol se pôr, fui dar uma volta na praia, bonita praia, mas ventava muito. Voltei para a Nhanderecó, montei a barraca, joguei tudo pra dentro, tranquei a bicicleta, li um pouco, comi umas barras de cereais que havia comprado em Bordeaux e fui tentar dormir com a escuridão daquele bosque.

Sono.

"»

... dessa maneira Odisseu se escondeu entre as folhas. Atena deita-lhe sono nos olhos, porque libertado se visse, com o cerrar-se das pálpebras, logo dos graves trabalhos.

domingo,
29 de Maio de 2016
Biscarrosse → Saint-Giron

Até que não dormi tão mal durante a noite passada, se bem que acordei várias vezes, mas enfim, preço do selvagem, nunca dormirá tão seguro e tranquilo. Ou talvez seja só minha cabeça? Não sei...

E nesses longos 19 dias e mais de 1.000km pedalados, eu me pegava recordando de fatos, ou via algo e gostaria de, ali, naquele momento, compartilhar isso, comentar sobre, rir sobre, até chorar sobre, berrar, espernear! Mas me encontrava só, e tinha que lidar com isso, guardar memórias, escrevê-las, para que aqui, em palavras, eu pudesse retornar àqueles momentos únicos pelos quais passei. Teria que aprender a lidar com essa solidão, e sentia que essa seria minha grande lição nessa aventura, o controle dos meus "Eus".

Segui pedalando até Biarritz, agora por lindas e muito bem estruturadas ciclovias, chamadas aqui na Europa de Eurovelo, e na França de Velodissey, super bem sinalizadas, percorrendo toda parte costeira atlântica até Biarritz, um puta achado! Fui seguindo pela Eurovelo, e após os primeiros 10km de pedal tomei uma puta chuva, uma tromba d'água forte e rápida, veio tão rápida e forte que me ensopou em segundos e sem chances para me esconder, mas fui seguindo mesmo assim. Parei em Mimissan, tirei meu tênis e meias e coloquei para secar no sol, que retornara minutos depois da pancada de água dos céus, comi um pão com creamcheese, fiquei por lá por quase uma hora e depois segui o rumo da roça.

Continuei por uma ciclovia perfeita e segura entre florestas ao longo do Atlântico francês, não me preocupava com nada, só em seguir, ouvindo minhas músicas e no embalo da Nhanderecó e seus longos passos de 29".

Foi ficando tarde e já fui vendo onde parar para passar a noite, últimamente procurar onde dormir e o que comer eram as minhas únicas preocupações, o resto acontecia do jeito que vinha. Parei numa cidade/vila chamada Vielle-Saint-Giron ou algo assim. Achei um lugar bom e escondido para colocar a barraca e por ali fiquei. Tinha uma trilha perto que ia até o mar, ali sentei, li um pouco, comi outro pão com cream-cheese, mas estava ventando muito - de novo - e decidi voltar para descansar.

segunda-feira,
30 de Maio de 2016
Saint-Giron → Biarritz

Não tinha nada para comer de café da manhã! Peguei minha fiel companheira e fui na vendinha mais próxima comprar algo. Caro e sem nada de opção, acabei comprando uma Nutella, uns pãezinhos e uns cookies e era isso para o dia. E que dia viria ser!

Levantei acampamento e segui rumo à Bayonne, pois lá pensei que seria possível achar alguma bicicletaria e consertar meu freio. O dia/clima ficou naquele "não caga nem desocupa a moita", friozinho com chuva indo e vindo. O pedal foi tranquilo, fui seguindo pela Eurovelo até onde tinha.

Aos poucos eu começava a desovar coisas que tinha comigo, coisas que se tornaram inúteis no decorrer da viagem, umas que não usaria mais e outras que ainda nem tinha usado e provavelmente nunca usaria e não usarei mais. Deixei a porra de uma corrente de uns dois quilos - que sei lá porque eu trouxe - ao pé de uma árvore do lado de uma ciclovia e com a chave na corrente, estava novinha, alguém passando por lá poderia pegar e usar. Desapego, outro aprendizado a se desenvolver, e vinha fazendo bem até, e aos poucos via que precisava de muito pouco.

Cheguei em Bayonne por volta das 17h30 e a chuva vinha comigo, chuvas de verão, chatas por si só, necessárias por si só também. Sentei debaixo do toldo de uma loja fechada e esperei a chuva passar. Depois fui atrás de algum lugar para consertar a Nhanderecó, probrezita. E nessa começava o estresse. Todos os lugares que parei, dos poucos que achei, não faziam o serviço de sangria do óleo no freio, tinha também o trânsito da cidade que não ajudava, uma merda, tudo junto, chuva, frio, fome... olha, subiu o sangue. Mas calma cara, calma.

Dia horrível lá fora e me encontrava de volta no tumulto da cidade, fui atrás de um camping, já que não conseguiria consertar a bicicleta no mesmo dia, já era tarde e tudo estava fechando. Inclusive o camping havia acabado de fechar quando eu cheguei. Apertei a campainha de emergência que tinha lá e esperei. Uma mulher saiu bufando e já com o mapa do camping em mãos e pedindo meus documentos. Opa, calma lá senhorita, vamos aos preços. Qual o preço?

- 20 euros.

- O quê?? 20 euros? Que loucura! (Passava na minha cabeça)

- Não, muito agradecido, muito caro. - Respondi e saí andando.

Filha da mãe, deve ter super-faturado o valor só porque cheguei tarde e atrapalhei a janta dela. Vinte euros pra passar algumas horas num pedaço de terra não dá não, se é louco! Estressado, chuva... urgh!!

Após esse descaso, parei e contatei meu celular, achei um wi-fi e consultei por hostels por perto. Achei um Youth Hostel que era 3km de onde eu estava, legal, fui averiguar. Youth Hostel, ou Albergue, ou Auberge de Jeunesse em francês, é uma rede de albergues "baratos", ou quase, específicos para viajantes - peregrinos, ciclinos - espalhados pela Europa, ou pelo mundo, sei lá. E nesse caso confesso que não foi uma má alternativa, o quarto não saiu caro, compartilhado, etc., mas bom alojamento. Tinha até café da manhã incluso. Dia pesado, merecia um conforto, caminha e banho quente! No quarto comigo havia um francês louco (depois explico), e um sul-africano nascido na Bélgica (belga-africano), muito simpático, ambos bem mais velhos do que eu.

Devidamente alojado e amparado pelo pessoal muito simpático da recepção, era hora de ir à procura de um supermercado. Nunca vá a um supermercado com fome, nunca!

Fiz minha jantinha na cozinha do local, gnocchi com presuntinho e bacon, devorei, conversei um pouco com o pessoal, depois fui usufruir um pouco da internet. Vinha falando - ainda - com a Désirée, e a conversa com ela estava rendendo bem. Será que terei companhia para a Nhanderecó em breve? Sei lá, talvez uma companhia na viagem a essa altura não seria tão mal assim, uma garota viajando comigo? Grande surpresa e novidade, nunca viajei com uma garota por muito tempo, muito menos de bicicleta, veremos nos próximos capítulos.

Depois dessa novidade, fui me deitar, tentando não criar tantas expectativas, já criando-as! Mas olha, dormir estava difícil com aquele francês que roncava que nem um porco na minha orelha e de quebra ficava falando sozinho! Mas pra esses dias eu tinha meu outro fiel companheiro comigo, meus protetores auriculares, que vinha me salvando o sono em dias de ruídos desagradáveis. Dormi gostoso.

terça-feira,
31 de Maio de 2016
Biarritz

Filho da mãe do francês louco colocou o celular para despertar as 5h30 da manhã e ficou fazendo barulho, falando sozinho e entrando e saindo do quarto, totalmente sem noção. Durante o café da manhã, sentei-me com o sul-africano, senhor muito gente boa, conversei bastante com ele. Me contou que estava vindo da Espanha, Jony o nome dele, e fez o Camino de Santiago, perguntei bastante sobre o camino, tentando tirar algumas dúvidas, e ele confirmou a estrada sem asfalto... ai minha magrela.

Já de barriga cheia, me despedi do senhor Jony, que retornaria à África, e fui à recepção para pegar mais uma noite por lá, assim conseguiria resolver os problemas técnicos da bicicleta com calma. Rapaz muito gente boa da recepção, me ajudou a encontrar uma bicicletaria e lá fui eu consertar a Nhanderecó. Bicicletaria boa, serviço feito, rápido e bom!

De volta ao albergue, lavei minhas roupas na lavanderia que havia no prédio, finalmente roupas limpas, embalei umas coisas que não estava usando mais e algumas lembrancinhas que havia adquirido para mandar pra Dublin por correio.

Almocei, escrevi um pouco e fiz umas pesquisas na internet sobre a próxima etapa dessa jornada! Feito a última coisa da minha missão técnica que era ir aos correios, decidi dali mesmo onde estava seguir para um giro pela cidade, verificar se compensaria mais um dia por lá como vinha planejando, e não, não compensou.

A cidade é bonita, praia bonita, mas nada que me impressionava tanto, a não ser só pela mansão de praia do senhor Napoleão Bonaparte que estava lá, vi de fora só, lógico. Do resto, nada mais me encantava muito. Os únicos na água eram os surfistas com suas roupas especiais de surf para o frio, nada animador. Talvez na alta temporada aquilo viria a ser mais animador, mas não era o caso no momento. Que pena, apesar da cidade bonita, o que eu mais queria mesmo era partir, seguir viagem. Aquele negócio de ir para um albergue e ficar na internet estava me enchendo o saco, então decidi que partiria já na manhã seguinte! Rodei mais um pouco, visitei o farol e segui para o mercado para comprar mantimentos para o dia seguinte. Depois de andar e errar o caminho por 500 vezes, achei o mercado, comprei as coisas e retornei para uma noite de sono numa cama, pois não saberia qual viria a ser a próxima no mesmo conforto.

E dia seguinte rumo à St-Jean-Pied-de-Port para começar o que acho que seria a parte mais difícil da viagem, o Camino de Santiago de Compostela!

Essa parte da aventura concluída com sucesso, 21 dias pedalando e mais de 1.500km percorridos. Nenhum grande problema. Nenhuma grande ilusão. Um romance. Menos dinheiro no bolso. Alguns quilos a menos e bicolor.

Au Revoir França, te vejo mais pra frente, do outro lado!

1534 KM

quarta-feira,
01 de Junho de 2016
Biarritz → Saint-Jean-Pied-de-Port → Pireneus

Pedalei 67km de Biarritz a Saint-Jean. Chegando na cidade já sentia o clima dos peregrinos que tomavam toda a parte central e região do local, muitos pelas ruas, de todas idades, estilos e claro, sua concha amarrada em algum lugar. Concha, daquelas do mar, é o símbolo do Camino, as pessoas usam como uma forma de "oficializar" e demonstrar que são peregrinos seguindo a rota, o mesmo desenho de concha também é usado para demarcações ao longo de todo o percurso, cor amarela e fundo azul, placas que se tornariam comuns dali pra frente!

Fui olhando e procurando por um lugar onde poderia tirar algumas dúvidas, de repente vi saindo de um pequeno local vários peregrinos, com suas vestimentas clássicas e sua conchinha. Aham, é ali mesmo! Fui lá, tirei minhas dúvidas, peguei minha concha e meu primeiro carimbo, não, segundo já! Eu tinha o passaporte oficial do Camino de Santiago comigo, passaporte que adquiri lá em Dublin antes de começar minha viagem, tendo como primeiro carimbo o de Dublin, na Irlanda, e vinha, digamos, "peregrinando" desde então. Coloquei minha concha na parte de trás da bicicleta, amarrada na barraca de alguma forma que ficasse visível a todos, e segui o rumo da roça. Decidi seguir no mesmo dia, mesmo já tendo pedalado 67km, sentia que não tinha razões para ficar em Saint-Jean, era ainda período da tarde e não tinha muito o que se fazer por lá, portanto pé na estrada, não, rodas na estrada! Mas antes decidi procurar um mercado para repor minha dispensa, não sabia quando seria a próxima vez que veria um mercado na frente. Todo esse "não sabia" que eu venho falando sobre o Camino de Santiago é porque eu não sabia mesmo, eu não tinha planejado nem procurado por muita informação, só realmente o necessário pra não morrer, do resto quis ir descobrindo conforme ia pedalando.

Recarregado, bora cair na estrada. E que estrada! O Caminho de Santiago de Comspostela, ao norte da Espanha, é uma dessas jornadas que misturam um pouco de tudo: lazer, descanso, contemplação, curiosidade, peregrinação e fé, muita fé. Vai na fé, amigão. Vai...

> "Desde que se descobriu o túmulo do apóstolo São Tiago em Compostela, no século IX, o Caminho de Santiago tornou-se a rota de peregrinação mais importante da Europa Medieval. A passagem de inumeráveis peregrinos que, movidos pela fé, se dirigiam a Compostela provenientes dos diferentes países europeus, serviu como ponto de partida para todo um desenvolvimento artístico, social e econômico que deixou a sua marca ao longo desta rota milenar." **Trecho tirado de um caderno do peregrino que encontrei num "Achados e Perdidos" na primeira vila que parei pelo caminho.**

Decidi fazer o percurso original, chamado de "A rota de Napoleão", pois, segundo relatos que ouvi, o caminho é totalmente possível de ser feito pedalando. Só que nenhuma dessas pessoas tinha visto minha bicicleta, toda carregada, elas provavelmente achavam que eu iria só com uma mochila pequena e a bicicleta... enfim, veremos.

E fui indo, seguindo as plaquinhas "Route Napoléon" avistadas pelo caminho, que começou com uma subida muito íngreme e longa, nem consegui subir pedalando, tive que descer da bicicleta e empurrar. A bicicleta estava bem carregada e pesada. Sim, sou louco, não percebeu ainda? E fui continuando, subindo, subindo, sobe, sobe mais, mais um pouco, vai indo... Ok, agora tinha dois caminhos pela frente, sigo o pavimentado mais longo ou o de terra mais curto? E fui pelo mais curto.

Ó senhores... Quase morrendo continuei subindo, empurrando a Nhanderecó, pois era impossível pedalar, talvez os relatos de possibilidade de fazer o percurso de bicicleta eram verdade no fator só bicicleta, não bicicleta carregada com alforjes, barraca e outras tralhas. Porque olha, não parava de subir mais, e tudo de terra e grama, nada de asfalto!

Quase morto, só subida! Puta que o pariu!

E escorrega, quase me espatifo no chão várias vezes. Até um cavalo, dos vários que avistei na subida, ficou bravo comigo e quis me atacar, sei lá o por quê... Ficou agitado e relinchando!

E sobe, sobe, pensei: - Sobe mais, é? Sim, sobe!

E fui subindo, até uns 1.100 metros de altura, e o ponto mais alto que eu cheguei foi o de 1.430 metros de altitude, o ponto de maior altimetria nessa etapa do caminho nos Pireneus. Sim, já me encontrava Pireneus adentro, famosa cordilheira que "divide" a França da Espanha, naquele momento cruzando pelo lado norte da mesma, dali uns dias/meses estaria cruzando o lado sul... continue por aí na leitura e tu saberás o resultado disso.

De volta ao lado norte. Continuei seguindo, e mais uma vez dois caminhos pela frente, fui seguindo as placas de conchinha e continuei no de terra. E mais subida! Lá em cima encontrei um caminho pavimentado e uma deslumbrante paisagem, parei por instantes e fiquei ali, respirando aquele ar puro e observando as ovelhas e cavalos ali livres, eu totalmente esgotado, mas ao mesmo tempo maravilhado pela façanha que havia feito e por onde me encontrava. De longe eu avistei um campo bom e plano, cansado como estava, era aquilo ou seguir subindo.

- E chega por hoje! - Falava eu com meus sentidos, mente e corpo.

E lá estava eu, perdido, sozinho em plena famosa cordilheira dos Pireneus, quem diria.

Montei acampamento entre ovelhas e seus sininhos no pescoço, comi meu pão sagrado, um chocolate e esquentei água para um cházinho bem quente, pois a temperatura só descia, e a noite nas alturas prometia! Será que eu já havia atravessado fronteira da França e teria minha primeira noite em solo espanhol?

Dai-me forças - ó Deuses do universo - prometo pagar uma cerveja geladinha quando chegar em Santiago. Daqui uns 750km! Buenas noches.

quinta-feira,
02 de Junho de 2016
Pireneus → Pamplona → Puente la Reina

O dia anterior foi duro, mortal! Sim, subi 1.430 metros da famosa cordilheira de Pireneus. Empurrando uma bicicleta, não qualquer bicicleta claro, era a Nhanderecó, a minha Rocinante, pesada, corpo doendo, mas lá estava eu e ela. Acampei num "microvale" junto a muitas ovelhas e cavalos, e seus sinos no pescoço, atravessei a fronteira - sem fronteira - entre França e Espanha. Todas as fronteiras deviam ser assim, sem fronteiras! E com ovelhas e seus sinos no pescoço!

Noite passada foi até que tranquila, sem barulho, só com os badalos dos sinos ovelhísticos que reverberaram durante a noite e davam um certo ar de segurança, pois eu sabia de onde vinham os badalos, mas ao mesmo tempo meio amendontrador, pois era impossível não lembrar de histórias e filmes de terror nas florestas e seus barulhos estranhos, sem contar o frio, a neblina e a total escuridão onde eu me encontrava.

Mas não sei por que eu não conseguia dormir direito, não era por causa de medo de filme de terror não, era alguma ansiedade que não sabia exatamente do quê e por quê. Acordei bastante durante a noite, às 5h30, 6h, 7h30, 9h, nessa última vez eu resolvi levantar, fui olhar como estava o clima, abri a barraca e estava chovendo, fraco, mas chovendo. Merda! Quando abri a barraca não enxergava 5 metros na minha frente, era muita neblina. Ou estava eu nas nuvens? Penso que ambas as coisas... Também, numa montanha a 1.430 metros de altura!

Resolvi dar mais um tempo dentro da barraca, pressa era a última coisa que eu tinha naquele momento. Preparei um cafezito bem quente na minha varandinha de luxo, assisti um episódio de Game of Thrones (aquela série do Jão das Neves), que eu tinha no meu tablet - estava viajando sem luxo, mas tinha os meus luxos - enquanto tomava meu café com bisnaguinha e Nutella. Um episódio de GoT depois e ainda nublado lá fora. Enfim, teria que seguir mesmo assim, com nuvem ou sem nuvem, molhado ou seco, era meu destino. Arrumei tudo, frio e dor no corpo, cara inchada. Se tinha uma coisa chata era ter que guardar a barraca toda molhada (já disse isso, certo?), guardei-a, ajeitei tudo na Nhanderecó e zarpei.

Conforme fui saindo da neblina conseguia avistar os peregrinos todos passando pela estradinha no topo da montanha, segui junto com eles, sem pressa, empurrando a bicicleta numa subida de terra. Logo acima tinha uma casinha e ao redor tinha um telefone satélite somente com número de emergência, antenas e lugar para sentar e descansar. Eu fui seguindo e aos poucos o tempo foi abrindo e a estrada melhorando, finalmente consegui subir na Nhanderecó e pedalar, tudo indicava que dali pra frente as subidas mortais do dia anterior já eram passado, e eis que pego minha primeira descida na montanha, ô delícia!

Ainda estava bem frio e com uma chuva bem fina, eu realmente estava no meio da nuvem, dentro dela. Mas conforme eu descia e saía das nuvens, o tempo melhorava. Teve um momento no caminho, entre neblinas, que um peregrino olhou pra mim passando com uma cara de espanto do tipo "Que porra é essa?", pelo fato de eu estar num lugar daqueles com uma bicicleta toda carregada, loco soy yo muchacho!

A cordilheira
de Pireneus.

―――――――

""

Construi o meu marco gigantesco, num planalto
cercado por montanhas. Precipícios gelados
e falésias, projetando no ar formas estranhas.
Como os muros Ciclópicos de Tebas e as fatais
cordilheiras da Espanha. **O Marco Marciano -
Lenine e Braulio Tavares.**

Algumas vezes acabava optando por caminhos alternativos, asfaltados, encarar outra subida de terra como a do dia anterior todos os dias não me parecia uma grande ideia, não se eu quisesse chegar longe pedalando. E fui seguindo pela via asfaltada, não tão boa assim, mas melhor que as outras, fui subindo, descendo, até que encontrei o verdadeiro asfalto, pista, carros, jegues, ovnis, e confesso que nos primeiros "km" foi um alívio, até a Nhanderecó suspirava aliviada. Já no meio de uma curva na descida avistei peregrinos saindo de uma vilinha, parei e fui ver do que se tratava, era um ponto de parada para descanso e para carimbar o passaporte peregrino, carimbei o meu, encontrei um livrinho sobre o Camino de Santiago no "achados e perdidos", estava em português, a única pessoa ali naquele momento que falava português era eu, então estava ali pra mim, oras! Tudo feito, segui rumo a Pamplona.

No caminho para Pamplona parei para comer alguma coisas num espaço de descanso para peregrinos, carimbei meu passaporte de novo e lá conheci dois brasileiros que faziam o percurso a pé, conversei com eles, tirei meus sapatos e meias e descansei um pouco. Depois de umas 2 horas de descanso, segui o rumo da estrada, que melhorou muito, mas ainda com subidas de 3, 4km! O que me alegrava eram as descidas depois. Nos últimos 20km até Pamplona o sol já estava estralando lá em cima, quente! Já na cidade, avistei dois senhores e suas bicicletas, pareciam perdidos, como eu tinha o GPS na bicicleta e estava em direção ao centro - eles também - falei para me seguirem. No centro carimbei meu passaporte e resolvi ir seguindo viagem, não estava a fim de turismo, e o que tinha que ver eu tinha visto no pedal pela região central e arredores.

Depois de pedalar mais uns 25km, até Puente La Reina, parei num albergue que avistei no caminho para carimbar meu passaporte (de novo), e resolvi perguntar quanto era para passar a noite lá - 5 euros - e decidi ficar por ali mesmo, precisava de um banho. Era minha primeira vez num albergue, desses de peregrino, desses de raiz! Muitas pessoas no mesmo quarto, tudo bem simples, sem muito conforto, mas com o necessário para continuar a peregrinação no dia seguinte, banho quente e cama limpa. Pelo preço o albergue estava de ótimo tamanho. Tomei meu banho, ajeitei minhas coisas, comi meu sanduíche, escrevi um pouco e fui descansar, dormir para o próximo e mais um longo dia e suas subidas, haja pernas! Buon Camino!

sexta-feira,
03 de Junho de 2016
Puente la Reina → Grañón

Seis horas da manhã e todo mundo já em pé, saindo... oloco, como assim? Exato! Era assim que funcionava. E eu fiquei panguando lá no quarto, fui tomando café com calma, até que a mulher que limpava o ambiente veio me falando que eu tinha que sair (check out) até às 8h30, eita! Me arrumei, arrumei a Nhanderecó e já com quase tudo pronto pra sair, do lado de fora do albergue, conheci duas senhoras simpáticas, eram belgas, elas reconheceram a marca da minha bicicleta (Thompson, que é belga), e acharam que eu também fosse da Bélgica, como elas e a bicicleta... não, não sou, sou apenas um latino-tupi-americano, senhoras. Mas continuando o papo, me surpreendi com a disposição das duas e suas respectivas bicicletas, sim, duas senhoras em seus 60 anos de idade viajando desde a Bélgica de bicicleta! Sem barraca, e com poucas coisas nos alforjes, na raça! Que exemplo! E tu aí, lendo esse relato, com preguiça até de escovar os dentes.

Claro que meu estilo de viagem era um pouco diferente, mas quando vi a minha bicicleta meio carregada e comparei com as delas, me senti meio estúpido por carregar tanta coisa... enfim, falei tchau pra elas, desejei boa viagem e segui meu rumo, dessa vez em direção a Burgos. Comecei pedalando pelas ruas de ladrilhos e seguindo por uma ponte bem antiga, parei para tirar umas fotos e vi que tinha um guri também com sua bicicleta por ali, parado, meio perdido, não sabendo qual direção seguir, e realmente não havia nenhuma placa ali indicando lugar nenhum. Ele veio me perguntar a direção, se eu sabia, falei que não, mas que tinha o GPS no guidão e poderíamos seguir pelo GPS. Ele aceitou e seguimos juntos.

Conversa vai, conversa vem, o rapaz era da República Tcheca, se chamava Joseph, 30 anos, engenheiro civil e estava a pedalar desde sua casa na República Tcheca, passando por Áustria, Alemanha e França. Boa pessoa o Joseph, conversamos bastante sobre o Camino, o que leva as pessoas a percorrê-lo, o significado disso pra cada um, o propósito que buscam, foi uma conversa bem interessante e até que profunda, e claro, sem respostas concretas. Ele estava num período sabático, disse que estava meio sem direção na vida (quem não está?), tentando encontrar algumas respostas para perguntas que vinham à sua cabeça, assim como eu ou como todos sempre estamos, certo? Sempre tentando achar respostas, e com isso criando sempre novas perguntas, cada qual na sua forma e sentido. Num certo momento ele me perguntou:

- E você, por que está percorrenco o Camino de Santiago?

(...) fiquei em silêncio (...)

- Confesso que não sei explicar. - Respondi a ele.

Mas na minha cabeça aquela questão não se inquietava e refleti vez ou outra sobre isso durante o pedal.

- Não estou fazendo o Camino por nenhum motivo especial, na verdade isso entrou nos meus planos devido ao itinerário que havia montado, que passaria pelo norte da Espanha, portanto achei interessante seguir pelo Camino para cruzar o norte espanhol. - Respondi a ele após mais alguns minutos pedalando.

Mas ainda não digeria bem a questão. E fui seguindo, pedalando, pensando, me perdendo, me encontrando e vendo todos aqueles peregrinos que passavam por mim, ou melhor, eu passava por eles, todos com sua mochila nas costas e caminhando sem pressa, uns notavelmente mais preparados que outros, mas sempre adiante. Caminhadas intensas, o sol durante o dia sempre muito quente, e comigo não foi diferente, apesar de seguir mais rápido na bicicleta, os desafios eram praticamente os mesmos. E cada vez que via um peregrino visivelmente sofrendo mais que os outros naquela intensa jornada, por razões que desconheço, aquilo me fazia pensar ainda mais não só no objetivo final, mas também no propósito de tudo isso.

Confesso que ainda estava bem confuso e apenas seguia o ritmo, o meu ritmo. Seguia me conhecendo, vivendo e sentindo, tentando absorver o máximo de tudo aquilo. Talvez no final eu terei mais claro em minha mente uma definição melhor do que eu buscava, se é que eu buscava algo...

O dia foi bem desgastante, Joseph tinha um ritmo bem forte, abaixava a cabeça e seguia pedalando no mesmo ritmo o percurso inteiro, na subida e na descida. A bicicleta dele tecnicamente era inferior à minha, mais leve também, mas nada que o impedisse de manter um ritmo rigoroso. Ele pedalava muito bem e eu ia seguindo na traseira dele, firme e forte. Me sentia bem, meu corpo reagia bem. Quando parávamos em alguma pequena vila e achávamos água na praça, era de uma alegria só, ambos igual garotinhos desfrutando do simples da vida.

O sol chegou a bater 39° nesse dia, torrando os miolos! Mas continuamos forte, paramos por volta das 15h numa pequena cidade para comer algo. Fomos no mercado para comprar umas frutas e ali mesmo, do lado de fora, sentamos num banco da praça e preparamos nossas baguetes. Assim como eu, ele também levava seu pão, frutas e frios no alforje. Devoramos o sanduíche e percebemos o tempo fechar lá em cima, o céu que estava azul ficou cinza, ou seja, chuva no caminho! Com isso agilizamos o processo e seguimos viagem, sentido Burgos. O que me chamava a atenção nesse tempo pedalando com o tcheco era o fato de ele ter um terço pendurado no guidão da bicicleta e de vez em quando ele o pegava e segurava em suas mãos enquanto pedalava, creio que ele estava orando, e isso aconteceu várias vezes durante o dia. Não quis perguntar a razão pela qual ele orava, ou segurava o terço, não achei educado, muito menos necessário.

Continuamos pedalando, mas a chuva apertou, nos encontrávamos a 70km de Burgos, já tínhamos pedalado mais de 130km no dia, mais do que eu imaginava, muito rápido, não via motivo nenhum para tanta pressa.

Paramos numa vila chamada Grañón, já era meio tarde e decidimos ficar por ali mesmo e continuar no dia seguinte. Lá encontramos um albergue com um pessoal bem legal, não tinha muitos hóspedes e o café da manhã era incluso, tudo isso por generosos 5 euros, ótimo! Após tomar uma ducha quente, fui na cozinha preparar algo para comer, e o casal que gerenciava a pequena hospedagem, e falavam português, tinham feito janta e havia sobrado bastante, nessa eles ofereceram se queríamos jantar com eles.

Claro! - Respondemos, sorridentes.

Depois de um longo dia de calor, uma ducha e uma refeição completa no final do dia, o que mais poderíamos querer?

Depois da ótima janta, papeamos um pouco, assinamos um caderno de hóspedes que tinha no albergue e subi para o quarto para tirar meu merecido descanso. No quarto conversei bastante com Joseph e decidimos não seguir juntos o restante do pedal, ele queria finalizar o resto do percurso até Santiago de Compostela, algo em torno de 550km restantes, nos próximos 4 dias, e eu não estava com tanta pressa assim, já achava que tinha pedalado muito nesse dia, pressa era a última coisa que eu tinha naquele momento.

E foi assim mais um dia de pedal, o dia que mais havia pedalado desde o começo da cicloviagem, quase 140km num mesmo dia, haja pernas! Adios Joseph - The Tcheco - que siga orando e acreditando.

sábado,
04 de Junho de 2016
Grañón → Carrión de los Condes

Acordei decidido a seguir o padrão peregrino de ser, acordar às 6 horas da manhã e cair na estrada até no máximo 7 horas, e assim foi. Levantei, desci para tomar o café da manhã e fui consertar o pneu dianteiro da Nhanderecó que furou de novo, não sei se era o mesmo furo anterior ou se era um novo, só sei que troquei a câmara antiga por uma nova e fui, o que me atrasou um pouco, e acabei saindo do albergue às 8h30. Joseph já havia sumido quando eu acordei, o guri estava realmente com pressa para terminar o percurso.

O dia seguiu ótimo, rendeu muito o pedal, de manhã com 13 graus na rua eu fiz Grañón a Burgos - aproximadamente 70km - em menos de 3 horas, fui num tiro! A estrada melhorou bastante também o que ajudou a manter um certo ritmo. O clima também ótimo, de manhã, neblina e ao longo do dia, muita subida e sol. Me sentia bem.

E a marcha peregrina continuava, encontrava muitos pelo caminho, a pé ou de bicicleta, na sua grande maioria senhoras e senhores aparentando seus 50 anos de idade. Continuei pedalando e cheguei a Burgos, cidade na província de Castela e Leão e já com ares de cidade grande, bem maior que as pequenas vilas pelas quais eu vinha passando. Pedalei por toda região central da cidade, tirei fotos e comi meu sanduíche sentado perto da famosa e linda catedral de Burgos. Assim sendo, depois da pausa para um turismo rápido e de repor energias, segui viagem e caí na estrada novamente.

A estrada estava tão boa e eu estava me sentindo tão bem que fui pedalando, pedalando, e fiz mais 70km de percurso. Pra quem falou que não tinha pressa, que tinha feito 140km no dia anterior, fazer mais 140km não foi realmente planejado, foi seguindo o fluxo mesmo. Ótimo e super produtivo dia, mas era hora de parar novamente e pernoitar em algum lugar. Parei em uma vila chamada Carrión de los Condes e pernoitei no Monastério de Santa Clara (5 euros de novo, barato, não?), edifício conventual de 1260, sendo um dos mais antigos de toda a Espanha referente a dita congregação. E local, segundo a lenda, ser onde São Francisco de Assis se abrigou e dormiu durante sua peregrinação pelo Caminho de Santiago há muitos anos atrás. Interessante, não?

Um monastério bem simples e lotado. Eu nunca havia tido tal experiência de passar a noite num monastério histórico, ser recebido por um monge e dividir espaços com peregrinos do mundo inteiro. Não adianta eu explicar aqui, só vivendo mesmo para saber o que é isso.

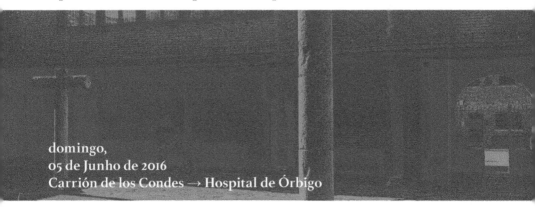

domingo,
05 de Junho de 2016
Carrión de los Condes → Hospital de Órbigo

Outro dia super produtivo e tranquilo no pedal. Fiz 100km num tiro só, saí às 7h30 e cheguei em León às 13h. Passei antes numa vila para carimbar meu passaporte e depois em León para almoçar e conhecer a cidade. Como tinha feito um bom e rápido tempo no percurso, decidi tirar 2 horas na cidade com calma. Pedalei pelo lindo centro de 2000 anos, vi as lindas catedrais e almocei um bife à parmegiana com batatas, cerveja e fechei com um cafezito. Respirei um pouco, verifiquei o mapa e o guia peregrino pra checar se estava no caminho certo e fui para a estrada novamente, para mais 37km até Hospital de Órbigo. No começo pesou um pouco o almoço, mas conforme fui pedalando o ritmo foi naturalmente se alinhando. Durante o percurso desse dia, me peguei muito nostálgico novamente, lembrando tempos de adolescência, quando eu, Bruno, Toni, Juninho e Wallace quase sempre inventávamos um pedal para fazer, por chácaras e sítios ou até às cidades próximas, como Águas de Lindoia, Serra Negra, Jacutinga... bons momentos, de liberdade, de pensar em nada e ao mesmo tempo em tudo, o mesmo sentimento que vinha sentindo naquele momento ali em 2016, pedalando perdido pelas longas estradas do norte da Espanha.

E de novo o cheiro de madeira queimando, a aparência das casinhas simples do interior espanhol, tudo remetia a tempos que já se foram.

Histórias que já se foram, viraram lembranças, assim como as histórias que vivi e criei nessa aventura, que num futuro próximo também serão só lembranças. Mas a maior lição que tenho tirado disso é que são histórias minhas, fatos que passei e vivi. São minhas e só minhas...

"Um homem precisa viajar. Por sua conta, não por meio de histórias, imagens, livros ou TV. Precisa viajar por si, com seus olhos e pés, para entender o que é seu. Para um dia plantar as suas próprias árvores e dar-lhes valor. Conhecer o frio para desfrutar o calor. E o oposto. Sentir a distância e o desabrigo para estar bem sob o próprio teto. Um homem precisa viajar para lugares que não conhece para quebrar essa arrogância que nos faz ver o mundo como o imaginamos, e não simplesmente como é ou pode ser. Que nos faz professores e doutores do que não vimos, quando deveríamos ser alunos, e simplesmente ir ver." **Mar sem fim - Amyr Klink.**

Antes de sair de León, senti minha roda traseira estranha, balançando, mas segui pedalando até Hospital de Órbigo. Chegando na cidade, ou vilarejo (nunca sei como chamar), fui direto a um albergue seguindo placas pela rua e percebi uma movimentação maior do que a normal pelas redondezas, as ruas estavam enfeitadas com bandeiras medievais, algumas barracas e até no albergue os funcionários estavam trajados com roupas medievais. Já ajeitado no local, fui ver a Nhanderecó e reparei que alguns raios da roda estavam frouxos, tentei apertá-los, mas nada mudou. Mais um probleminha para resolver, provavelmente devido ao peso e também ao fato de ter enchido muito o pneu, e com o impacto "seco" e o peso, os raios se soltam e/ou quebram.

Enfim, teria que continuar assim mesmo. Tomei um banhão gelado (não havia água quente no albergue), já alimentado, e ainda com tempo livre, aproveitei e fui para um passeio pelo fuzuê das ruas. Foi quando descobri que toda aquela movimentação era por causa de um festival que iria começar. Festival que acontece todo primeiro final de semana do mês de junho na cidade para comemorar um evento do século XV conhecido como "El Paso Honroso". Resumindo: um cavaleiro chamado Suero de Quiñones desafiou cavaleiros de toda a Espanha para um torneio de lanças Justas (sei lá o que é isso), pelo direito de cruzar a ponte da cidade. Durante um mês, ele e mais 9 amigos derrotaram cerca de 100 cavaleiros que ali estavam e os desafiaram, e depois continuaram em peregrinação até Santiago de Compostela.

O ponto alto do festival foi exatamente o torneio de lanças no fim do dia, com dublês representando muito bem os combates, batalhas com cavalos, arquibancada cheia, todo mundo com trajes medievais, pra mim foi uma verdadeira surpresa presenciar tudo isso. Sem contar todas as comidas típicas que vendiam em barracas, hidromel, churrascos, uma verdadeira festa!

Fiquei lá andando e assistindo por um bom tempo, fiz algumas fotos e vídeos e um pouquinho antes do anoitecer, tomei o rumo de volta. Já no albergue, o cansaço bateu de vez e fui descansar para o dia seguinte.

Mais da metade do Camino feito e 2.137km pedalados desde que comecei a viagem. Hasta mañana.

segunda-feira,
06 de Junho de 2016
Hospital de Órbigo → Villa Franca Del Bierzo

O dia começou chovendo e nublado, e eu estava me sentido bem cansado, fora de ritmo, perdido mesmo, mas fui seguindo caminho até Astorga, onde parei para comprar mantimentos no mercado e contemplar as obras do famoso arquiteto Antoni Gaudi e da belíssima catedral gótica de Santa Maria, do século XX, que levou 300 anos para ser construída. Mas tinha que seguir rumo ao oeste.

Fui seguindo pela carretera N-120, a qual comecei a seguir quando pedalei com o tcheco Joseph, mas logo percebi que o seu trajeto saía um pouco do percurso original do Camino, a parte de terra, apesar de no final os dois sempre acabarem nos mesmos locais. Pensando nisso, decidi pegar o GPS (que é para ciclismo), e seguir pelo caminho "correto" para bicicletas desviando da N-120 e tornando o percurso mais seguro. Que erro, meus amigos, que erro! O GPS me mandou pra uma puta subida que tive que carregar a bicicleta bufando de raiva. Cheguei em Ponferrada depois de 60km que parecia que eu tinha feito 150km! Definitivamente eu não estava no meu melhor dia.

Parei atrás da casa de informações turísticas, num pátio bem bonito com uma árvore linda, tirei meus sapatos e meias, preparei meu lanche, carreguei o mp3 e o celular usando meu carregador solar e li um pouco. Tirei umas duas horas de descanso. Logo após o merecido descanso, ajeitei tudo e continuei. Havia lido em algum lugar (que confesso não me lembrar) que em Ponferrada tem um castelo templário, só que não havia visto nenhum castelo até então. Depois percebi que onde eu estava lanchando era praticamente o quintal do castelo, só que na parte de trás, digamos então que eu fiz uma parada templária. Bem, não é sempre que se come um pão com mortadela num quintal de um castelo templário, certo?

Passei na frente dele, que é muito bonito, tirei algumas fotos e segui o percurso até o vilarejo que eu iria pernoitar. Segui por mais 21km, que dessa vez foram bem tranquilos. Parei em Villa Franca, me torturei para achar o albergue municipal, sério, sou muito ruim com mapas! Já instalado com o mesmo ritual alberguiano, mas dessa vez consegui me enturmar mais com os outros peregrinos que lá estavam, mas não durava muito esse elo, eram conversas não muito longas e todos estavam muito cansados, a maioria estavam percorrendo o Camino caminhando, ou seja, enquanto eles andavam no máximo 30km por dia, eu fazia no mínimo uns 80km, portanto era "Oi hoje e amanhã Tchau".

O Pedaleiro
Templário.

""
Em nome de Deus, São Miguel
e São Jorge, eu faço de você um
cicloaventureiro, seja valente,
leal e generoso.

terça-feira,
07 de Junho de 2016
Villa Franca Del Bierzo → Portomarim

Seis da matina, todos já acordados e prontos. Anda que hoje são mais de 800 metros de subida, e que subidas, e que lugar!! No começo não parecia que ia subir tanto, até que de repente começa e vai, vai, sobe, sobe! Quase lá, já no topo, passa a divisa entre a província de León para entrar na província da Galícia, onde o espanhol vira português e o português vira espanhol, o famoso portunhol.

Depois de tanto subir, lá em cima, a 1.300 metros de altura, encontra-se uma vilinha ou aldeia galega chamada "O Cebreiro", lugar pequenino mas muito charmoso, bonito mesmo. Mais um carimbo no passaporte e uma parada para um café com leite e uma torta super deliciosa, tudo isso com um fundo musical brasileiro! Para a minha surpresa, quando parei no pequeno bar para tomar o café, estava tocando "Brasileirinho" versão instrumental na rádio do bar, parecia um sinal de boas-vindas que veio no momento certo. Fiquei muito feliz e honrado com tamanha coincidência, mas foi isso, coincidência mesmo, das boas.

E depois da subida, do ótimo café com torta e da surpresa musical, era hora de descer. E a descida veio! Como minha roda traseira não estava muito boa, eu não sentia confiança em acelerar muito na descida e desci numa média de 50km/h, e continuei descendo, passando por Triacastela e seguindo até Sarria, onde decidi parar para almoçar. Eu não havia passado num supermercado, então decidi pagar por um almoço no bar. Bar simples, almoço também. Dois ovos, dois bacons, salcichas, croquete e batata! Bem gorduroso! Delícia!

Decidi onde pernoitaria e segui viagem para mais 23km de estrada até Portomarim. E meu, mais subida? Como assim? Seguindo o guia que eu tinha era pra ser só descida dali até Compostela... cheguei em Portomarim, entrada bem bonita por uma ponte que dá de frente para uma pequena escada que deve ser bem antiga, aparentemente. Antes de procurar por um albergue, fui ao mercadinho, matei 1 litro de iogurte numa só, sei lá, deu vontade. Comprei uns pães com queijo e mortadela e fui para o albergue municipal para pernoitar.

Durante meu trajeto até Portomarin, comecei a ouvir um podcast escolhido aleatoriamente no aparelho mp3. Era um podcast falando sobre Shakespeare e suas obras (e aí você achando que eu ouvia podcast sobre viagens e cicloaventuras, certo? Achou errado!). Tem duas passagens citadas sobre Hamlet que me encasquetaram as ideias e que quanto mais eu ouvia e refletia, mais sentido fazia.

Em uma das passagens, Polônio, personagem da peça, dá conselhos a seu filho, Laertes, ao embarcar para a França, conselhos sábios, práticos e diretos, na minha humilde opinião...

"Não expressar tudo que se pensa/Ouvir a todos, mas falar com poucos/ Ser amistoso, mas nunca ser vulgar./Valorizar amigos testados, mas não oferecer amizade a cada um que aparecer na sua frente./Evitar qualquer briga, mas se for obrigado a entrar numa, que seus inimigos o temam./ Usar roupas de acordo com sua renda, sem nunca ser extravagante./Não emprestar dinheiro a amigos, para não perder amigos e dinheiro./E por fim, ser fiel a ti mesmo e jamais serás falso a ninguém." **Polônio a teu filho Laertes - Hamlet (tradução de Millôr Fernandes).**

Conselhos, para mim, totalmente lógicos e coerentes. Conheça-te a ti mesmo, palavras que faziam mesmo muito sentido, e talvez esse fosse um dos, ou o principal, objetivo dessa minha aventura. Conhecer a mim mesmo, estar comigo mesmo, na solitude, na beleza, na alegria, na tristeza, na ausência ou na fartura. Talvez tentar saber quem é você e seus limites seja o princípio de uma vida balanceada e, por que não, feliz?

Outra passagem que me chamou muito a atenção é sobre a consciência de Hamlet, de que quanto mais velhos e sabedores das coisas ou experientes estamos, mais covardes nos tornamos. Ouvindo essas sábias palavras, me deparei com o fato das coisas que vinha trazendo na bicicleta, o quanto realmente eu precisava de tudo que carregava, era mesmo tudo necessário ou eu tinha medo de algo dar errado? Talvez essa seja a covardia da experiência, de envelhecer. Quando eu era um garoto, entre meus 10-17 anos de idade, sempre saía de bicicleta meio sem rumo e nunca levava nada, era a bicicleta, tênis, camiseta e bermuda, nem capacete usava, vejam só que perigo! Claro que eram situações um pouco diferentes, eu não pernoitava nas viagens, mas sempre que ía para outras cidades, saía ainda de madrugada, ainda noite.

O fato é que realmente quanto mais velhos ficamos, mais necessidades criamos. Não que muitas delas não sejam relevantes ou importantes, mas eu mesmo nessa aventura, já havia provado dessa consciência e deste medo das coisas darem erradas, levando mais do que deveria pensando que seria útil, mas que no fim mandei de volta por correio para Dublin ou que joguei fora porque tornaram-se obsoletos e só ocupavam espaço.

A questão é que ouvindo essas palavras, refletindo sobre elas, ainda mais no ambiente de paz e reflexão em que eu estava, me fazia crer que realmente às vezes nos tornamos vítimas de nós mesmos, da nossa mente, nos impedimos de seguir em frente, de fazer algo pelo fato de alguém se sobrepor a isso ou por um medo que muitas vezes nem nós mesmos sabemos de onde vem.

É claro que cautela e preocupação são sempre bem-vindas, mas se tens medo de algo ou de fazer algo, é porque fazê-lo vale a pena, e também, se tentar e cair, saiba levantar, coloque o rabo entre as pernas e recomece, pense outra coisa, mas faça algo pelo menos, não morra sem tentar, não seja covarde... tenha brio, tenha virtú! Dia cansativo fisicamente e bem produtivo mentalmente. E que venha o último dia do Camino!

quarta-feira,
08 de Junho de 2016
Portomarin → Santiago de Compostela

E veio...

Dia começou nublado mais uma vez. Tinha mais uns 87km até Santiago, portanto o fiz com calma, tomei meu café da manhã, e como sempre nos albergues que fiquei, fui o último a sair. Como viajara de bicicleta, eu não ligava, não me preocupava em sair tão cedo assim como os peregrinos. E segundo o guia que eu tinha achado, não haveria mais grandes subidas de Portomarim até Santiago. Hum, sei...

Com força e muita preguiça, subi na Nhanderecó e segui rumo à sei lá onde, estava sonolento ainda e o dia estava bem friozinho pela manhã, mas foi tranquilo. Portomarin fica num vale no meio das montanhas, no começo do pedal eu não enxergava um palmo a minha frente de tanta neblina, mas fui seguindo, até que começou uma subida enorme. E sobe, sobe, o percurso foi indo entre subidas, planos, descidas, mais subidas, e foi indo entre um sobe e desce quase interminável.

A bicicleta parecia estar mais pesada que de costume e para ajudar eu sempre me perdia. Cheguei numa vila aleatória que estava no caminho e fui tentar procurar algum lugar para carimbar meu passaporte. E nada, estava tudo e todos fechados! Decidi continuar e segui o GPS, que mais uma vez me colocou num buraco, acho que a função MTB estava ativada, só pode!

O caminho que tinha 10km pela carretera, colocando no GPS ela mudava a rota e no final o caminho ia para 38km. De 10km para 38km é muita coisa, resolvi seguir pelo asfalto mesmo por enquanto. O "asfalto" aqui dito é conhecido como carretera na Espanha, não são rodovias, são tipo estradas secundárias que ligam cidades e vilas, ou seja, é permitido pedalar nelas.

A mais conhecida e pela qual mais eu passava era a N-120, vira e mexe acabava caindo em outras menores, mas essa era a secundária "principal".

No começo do Camino eu ia seguindo as placas com o símbolo da concha, nessa eu me meti naquelas, digamos, pequenas encrencas no começo da viagem, seguindo os peregrinos com o peso que eu tinha na bicicleta fui parar lá no alto dos Pireneus, empurrando a bicicleta por pirambeiras que são difíceis até de subir andando! Mas fui e fiz!

Fui mesmo conhecer o prazer de ir pela N-120 com o tcheco Joseph, já que ele não aceitava seguir o GPS, que mandava a gente pra cada buraco que até eu passei a ficar cismado com o aparelho. A bicicleta estava um tanto quanto pesada e era arriscado pra mim ficar me enfiando em estradas de terra cheia de buracos e intempéries. Mas não perdia muito seguindo pela carretera, pois muitas e muitas vezes, seguia em paralelo aos peregrinos andando na terra, eu via eles da estrada, então não era assim tão "trapaceador" seguir pelo asfalto. Mas deixei um pouco de aventura para os últimos 20km de percurso até Santiago e adentrei novamente pelo caminho de terra peregrino, decidi finalizar junto a eles!

Mesmo porque só havia autovias (rodovias) para adentrar em Santiago e bicicletas não eram permitidas. E fui eu mais uma vez dar chances ao GPS, quem sabe dessa vez ele segue um caminho sensato e facilita o rolê, afinal, foi pra isso que o comprei. Ok, até que enfim me jogastes no caminho certo, seu pedaço de plástico com microcomputadores dentro!

E lá fui eu, mais uma vez nas pirambeiras do norte espanhol, entre cascalhos e pedras, buracos e peregrinos, fui seguindo, e a cada pulo que a bicicleta dava meu coração pulava junto. Cada buraco passado com a bicicleta se ouvia um "ai", "caralho", "porra", "uh", "merda", que eu esbravejava de aflição. Mas óbvio que era bom demais pra ser verdade, GPS me guiando direitinho sem nenhuma surpresinha? Hum, estranho. E eis que paro para observar o mapa e o GPS me manda fazer uma curva meio nada a ver, que me deslocava do Camino e me mandava para um tour em sítios e no meio do nada!

- O quê? Não, não, quero ir reto, aquela direção ó, Santiago!

Parei, mandei o GPS ir tomar no c* (CU), e resolvi seguir o cosmos, seguir o vento, a intuição. Fui seguindo até achar a primeira placa azul e amarela com a conchinha, depois fui seguindo placas, tijolos, plantas, qualquer coisa que tinha o símbolo da concha peregrina ou uma seta amarela, e fui... Enfim, após 20km de cascalho, buracos e "ai-ai-ai", finalmente adentrava a cidade de Santiago de Compostela.

UFA! Cheguei. Confesso que achava que haveria fogos de artifício, pessoas na linha de chegada... nada, nem placa de parabéns havia, poderia ter algo motivacional ali, mas... fui pedalando, entre peregrinos e já perdido sem saber onde ir. Decidi seguir direto para mais um carimbo no passaporte, talvez o último na Espanha. Carimbado, fui atrás de onde pegar o certificado de chegada e finalização do percurso no centro de peregrinos, sim, tem um, e havia fila!

Na fila encontrei com dois brasileiros que tinham feito 291km do percurso a pé, conversei com eles enquanto esperava e eles me recomendaram definitivamente seguir até a Grécia e a Turquia, enfim, veremos. Retirei o certificado - paguei, é claro - e nenhum fogo de artifício? Nenhum "uhul"? Nada? Nada! Ok, peguei a Nhanderecó e fui atrás de um abrigo e banho quente.

Segui para um hostel, o preço já estava mais salgado em comparação aos albergues nas vilas e cidades que ficaram pelo caminho. Já instalado e banhado fui comer algo na área de fora do hostel e na volta para o quarto:

- E essa camisa feia aí hein? Te deixaram passar na imigração com isso?

- HAHA, opa! Não só me deixaram passar como me ofereceram tudo de bom e de melhor! - Respondi rindo.

Era um casal de brasileiros, e eles falavam da camisa do Palmeiras que eu estava vestindo, que aliás, é linda! O casal tinha feito uma parte do Camino a pé. Fiquei ali com eles por um bom tempo conversando, eles moravam no Japão e estavam ali na Espanha de férias.

Marcelo e Biatriz, são de Ourinhos-SP, casal muito simpático, falamos sobre muitas coisas, como era morar no Japão, comparações entre o Brasil e o resto do mundo, também expliquei a eles a minha trajetória, que já vinha pedalando desde Dublin com 2.500km feitos e ficaram muito impressionados e de certa forma se sentiram muito motivados após ouvir minhas histórias, até foto comigo tiraram, pena que eu sou tão lento e não peguei a foto com eles. Bom às vezes falar com conterrâneos. Depois de uma boa prosa, ali mesmo onde eu estava com os brasileiros, uma senhora me grita:

- PALMEIRAS!! (eita camisa linda!)
- Sim! Conheces? - Perguntei.
- Conheço, morei no Brasil e meu filho ainda mora lá. Disse ela.

Seu nome era Cristina, espanhola ali de Santiago, disse que já tinha morado no Brasil, morou em Atibaia-SP e em Porto Seguro-BA, falava bem o português, ela tinha voltado pra Espanha não fazia muito tempo e seu filho havia ficado no Brasil para trabalhar, ele era arquiteto, não conseguia emprego na Espanha e no Brasil ele conseguiu, então preferiu ficar por lá, mesmo quando os pais retornaram. Justo.

Após longo papo no quintal do hostel com o casal e com a Cristina, subi para o meu quarto para me deitar e descansar um pouco, o corpo doía muito e, para ajudar tinha saído uma ferida no meu beiço devido ao forte sol dos dias anteriores. Sem contar que me deu um mal jeito no pescoço e não conseguia virar pra esquerda.

E assim foi meu último dia de pedal pelo Camino de Santiago de Compostela, sentia no meu corpo dores de uma semana difícil, com bastante sobe e desce de montanhas, tudo acompanhado de lindas paisagens. Peguei duas noites no hostel, precisava descansar bem antes de seguir para Portugal e também queria conhecer a cidade e fazer um pouco de turismo, bem merecido!

Foram praticamente 880km de Camino, peregrinando sob duas rodas, desde Saint-Jean até Compostela feitos em exatos 7 dias, bem mais rápido do que havia imaginado. 880km de norte da espanha e 2.451km desde Dublin pedalados!

Nesta parte da Espanha gastei bem menos dinheiro, devido ao fato de ter ficado menos tempo em dias e o trajeto ter uma distância menor em relação ao oeste da França onde já havia passado.

Acampei uma vez, no Pireneus, e optei por ficar as outras noites em albergues, pois era muito barato e era onde tinha algum contato com os peregrinos, pois pedalando era impossível manter contato com eles. Achei que viria a acampar mais e ter menos "regalias" como hostels e campings, como na França, mas esses albergues pelo caminho me salvaram a vida.

A bicicleta aguentou bem, foi uma câmara de ar trocada e alguns raios traseiros soltos. Não fiz nenhuma grande amizade, só conversas esporádicas sobre o momento, mas não menos interessantes. Me sentia bem mentalmente, muito bem. Agora, fisicamente, as dores aos poucos iam batendo.

quinta-feira a sábado,
09-11 de Junho de 2016
Santiago de Compostela

Quando cheguei a Santiago de Compostela decidi tirar uma "miniférias" na cidade e fiquei 3 noites num hostel (Boots and Roots), a ideia era descansar, mas...

Na quarta-feira não fiz muita coisa, estava bem cansado. Fui à procura do hostel e por lá fiquei. Na quinta-feira tirei o dia para turistar, fui andar e "tirar fotos" do centro histórico, pra variar muitas fotos de igreja! A Europa é, de fato, um museu a céu aberto, a maioria das atrações são concentradas em grandes catedrais e antigas construções levantadas há séculos atrás. Não, não estou reclamando, apenas constatando. E sim, é obvio que seria assim na Europa! São séculos, milênios de história, e é exatamente isso que me faz ter esse fascínio por esse continente gigante em história e importância!

Santiago de Compostela não é muito diferente de uma cidade "comum", fora do centro histórico é normal, não tem nada demais, e o centro histórico é movido pela arquitetura e pelos peregrinos que lotam as ruas e chegam aos montes em frente a catedral. São tantos, e todos os dias sempre mais e mais vindo e indo. Afinal, em todas as vilas e cidades que passei de bicicleta, a peregrinação e seu turismo é o que parece mover a economia local, por todos os lados se via artefatos e referências com o símbolo do Camino de Compostela, de todos os tipos e gostos!

De volta ao hostel percebi que a ferida no meu beiço tinha aumentado, merda! E minhas pernas doíam muito! Principalmente a parte das panturrilhas, pareciam estarem contraídas 24 horas por dia, o músculo não relaxava por nada e assim continuou. Se minha ideia era realmente descansar eu estava fazendo isso errado, pegar um hostel com quarto compartilhado nunca será a melhor opção. Meu corpo estava muito cansado, era físico mesmo o negócio.

Na quinta-feira à noite saí para dar uma volta com um brasileiro que estava no mesmo quarto que o meu, se chamava Vlad, ou algo assim. Ele havia feito o caminho francês a pé. No centro nos encontramos com os parceiros de percurso dele, um italiano, com seus 55 anos, um espanhol, com seus 33 anos e uma malasiana (malaia?), com seus 27 anos, ninguém falava muito inglês, a conversa era em muitas partes bem confusa, mas foi divertido. Roberto, o espanhol de Salamanca, imagina um cara de quase 2 metros de altura, meio desengonçado, usando aqueles shorts curtos de caminhar - tipo de futebol - só que para ele o shorts estava muito curto e apertado, pequeníssimo. Era no mínimo engraçado, figuraça. Eles conversavam mais sobre o caminho que haviam percorrido juntos, e como eu não estive com eles, e muito menos a pé, eu ficava meio de fora da conversa, mas tudo bem, foi legal mesmo assim. Depois da janta tomamos uma cervejinha num pub - quando foi a última vez que tomei uma cerveja? - e retornamos ao hostel. Achei que dormiria bem, mas dormi bem mal, isso sim, não sabia dizer o porquê. Ansioso? Mas com o quê?

Na sexta-feira acordei cedo, não tinha outra forma, difícil acordar tarde num quarto com mais 9 pessoas. Tinha como plano ir até a Decathlon para comprar outra câmara de ar e uma ferramenta para apertar os raios da roda, fui também aos correios para mandar as coisas que adquiri durante o Camino, souvenirs que eu guardava sobre os locais que passava, um panfleto, recibo de albergue, bandeirola que encontrei no chão, também umas lembrancinhas que tinha comprado e para mandar dois cartões postais para o Brasil, um para minha família e outro para a rapaziada, os amigos lá de "Itapirrr".

Feito tudo isso, na volta estava passando pelo centro da cidade, na parte mais turística, e eis que vejo um rapaz grandão, de shortinho curto, fumando do lado de fora de um restaurante, e era o Roberto, o Robertão! O Vlad estava lá também, e como eu estava à procura de almoço, ver o Robertão ali fora foi um grande achado! Me auto convidei e fiz companhia a eles para o almoço. Uma ótima refeição! Paella de entrada e lasanga depois! Uh, delícia! Em 1 mês de viajem posso garantir que uns 21 dias foi de pão com água e chocolate! Já havia emagrecido uns 4-5 quilos.

Retornado ao hostel, fui tentar arrumar o aro traseiro da bicicleta, que estava torto, resultado: entortei o resto do aro! Tive que sair correndo atrás de uma bicicletaria para consertar a cagada que eu acabara de fazer! Apertei mais do que devia, burrico! Deixei a roda para arrumar e no caminho de volta da bicicletaria para o hostel passei numa padaria para comprar algumas guloseimas. Lembram que tinha falado que queria descansar nesse período em Compostela? Pois é, fisicamente não havia descansado nada, até bolhas no pés havia feito por ficar andando de chinelo pra lá e pra cá pela cidade. Ô judiera...

Tinha combinado com o Vlad de ir à missa do Botafumeiro (missa do peregrino), à noite. Fomos até lá e assistimos à missa. Missa até que curta, uns 45 minutos, na qual a atração principal era o momento final, quando os coroinhas preparavam um tipo de cânfora enorme, punham fogo e balançavam na diagonal pelo salão, e ia saindo uma fumaça, tipo um pote enorme de incenso balançando dentro da igreja.

"" Erguei as mãos e dai glória a Deus.

O que se via por lá não eram pessoas orando, mas sim muitos celulares, câmeras e filmadoras ao alto, tinha inclusive a minha!

Bem bonito e interessante, depois de tantos anos sem estar numa missa, se bem que essa missa me pareceu mais um ato turístico do que propriamente algo religioso, parecia algo incluso no pacote turístico, pessoas de tudo que é jeito dentro da igreja, de saia, de chinelo, de shorts, homens com camisa aberta, mulheres com decotes, bem diferente do que eu me lembrava por "vestimenta de missa", de quando eu era pequeno e ia à missa com a minha família, enfim... todos lá, em pé, apenas esperando para ver o tal Botafumeiro soltando fumaça pelos ares.

Eu particularmente não vi nada demais, o que eu gostei mesmo - além da linda igreja - foi o órgão de tubo enorme que havia lá, a cada nota tocada parecia sonoplastia de filme de terror.

- TANÃÃNNN! TANÃÃÃNNNN!!! - Ressoavam pelo recinto.

Após retornar do "show" decidi que não sairia mais, que tentaria dormir cedo e descansar, próximo dia pegaria a estrada novamente.

E durante esse meu ócio noturno fui pensando sobre uma coisa que percebi durante essa minha semana peregrina e que tive certeza nessa missa do Botafumero, a diferença entre como um peregrino mais religioso se comportava, em determinados momentos e lugares, e um, digamos, "turista/peregrino comum".

Giorgio Agamben, filósofo italiano, em sua tese da secularização, assume que cada instância de separação tem um núcleo autenticamente religioso. Ele usa o museu, que representa uma forma secularizada do templo, como ideia disso: "aqui também os objetos são colocados à distância e tornados indisponíveis para uso".

Da mesma forma, Agamben considera o turismo uma versão secularizada da peregrinação: "viagens piedosas de local sagrado para local sagrado correspondem, hoje, a viagens inquietas de turistas por um mundo que se tornou um grande museu". Que o mundo, principalmente a Europa, se tornou um grande museu isso é fato, agora essa diferença de turismo e peregrinação eu realmente ainda não havia notado, fui notar depois de me aventurar por caminhos de terra batida e asfalto, entre monastérios e grandes catedrais, entre peregrinos e meros turistas (no qual eu me incluo), foi

durante esses sete dias que percebi a diferença de turismo e peregrinação, e a oposição entre um e outro.

O turismo, digamos, não cria um "espaço", um "local", no turismo tudo é muito efêmero, vai, vê o que está escrito num mapa para se ver e desaparece, enquanto a peregrinação está ligada a lugares num sentido mais histórico da palavra, de memória e identidade. Eu usei a mim mesmo como um exemplo claríssimo disso, como eu não me sentia ligado, religiosamente, aos lugares que vinha passando, eu acabava passando despercebido por algumas partes, seguindo o itinerário. Mas ao mesmo tempo me usei novamente de exemplo e me comparei aos turistas, e percebi que o que eu vinha fazendo, da forma como eu vinha fazendo, era como uma peregrinação, não religiosa com um Deus em si, mas religiosa a mim mesmo, e a bicicleta me permitia isso e me apresentou a um novo modo de conhecer, de perceber coisas que antes eu não percebia, uma liberdade de tempo e espaço que não havia percebido ainda.

E aqueles peregrinos, ali, caminhando sob um sol árduo, à procura de algo que nunca saberei, eram a resposta que peregrinar não é necessariamente algo religioso ou em busca de cura, peregrinar pode ser também conhecer melhor, permanecer, contemplar um lugar e a si mesmo.

Claro, não quero aqui julgar o turismo em si, muito pelo contrário, você não precisa viajar de bicicleta ou caminhar quilômetros a fio para poder contemplar e permanecer em algo e sei que existem pessoas que devido a inúmeros fatores, inclusive de gosto pessoal, não têm e nunca terão a oportunidade de peregrinar dessa forma, seja a pé, de bicicleta ou de jegue, e que, mesmo se o fizerem, podem ter diferentes pontos de vista do meu, e isso que é o mais bonito de tudo.

sábado,
11 de Junho de 2016
Santiago de Compostela → Pontevedra

Agora sim, sábado, 11 de Junho, primeira coisa feita depois de tomar um gran cafezito (de vários tomados ali no hostel), foi pegar minha roda na bicicletaria com o Alberto, 20 euros para consertar a burrada que eu tinha feito no dia anterior. E claro, na volta passei novamente na mesma panaderia para comprar mais uns quitutes e segui andando para o hostel com minha querida roda na mão. Já no hostel preparei as coisas para partir, me despedi do pessoal e segui viajem, estrada novamente, dessa vez sentido Portugal, e torcendo pra que essa parte fosse mais tranquila, sem montanhas, pois minhas panturrilhas ainda choravam de dor.

Saí de Santiago e segui rumo ao sul, o corpo pesava e fui indo tão tranquilo, quase parando pelos 60km de estrada até Pontevedra. Agora estava fazendo o contrário, estava descendo o Camino de Santiago português e encontrava muitos ciclistas subindo, sentido Santiago de Compostela, e também pela primeira vez já ouvia regularmente pessoas falando em português. Qui lindu!

Já em Pontevedra fui atrás de um albergue para passar a noite e estava lotado! Que falação! Que barulheira! Que bagunça! Não sei se é porque eu estava cansado, mas enquanto tentava escrever um pouco, era tanto barulho de criançada e adultos conversando que me irritei e parei onde estava. Todo mundo falando junto e ninguém falando nada, acho que quanto mais velho fico mais esse sintoma cresce, será que serei um velho chato?

Ainda no dia anterior, sexta-feira, no Roots & Boots hostel, um senhor sentado na mesa do café me avistou mexendo e reparando a Nhanderecó, sem roda e de cabeça pra baixo, se aproximou e perguntou se estava tudo bem, se precisava de ajuda com algo, respondi que estava tudo certo, que era só a roda que havia entortado um pouco.

Era um senhor com seus sessenta e poucos anos de idade chamado Jim, que vivia em Oregon, EUA. Me contou um pouco da sua história e que estava fazendo na Europa o Camino de Frankia, que, segundo ele, foi o rei/imperador que teve toda a ideia do Camino de Santiago. Jim também se mostrou muito interessado pela arquitetura da antiga Europa e que passaria para ver os desenhos rupestres encontrados em cavernas na França e naEspanha.

Num certo momento da nossa conversa ele me perguntou o porquê de eu estar fazendo essa viagem de bicicleta, e ele não seria a primeira pessoa (nem a última), a me perguntar a mesma coisa. Confesso que não sabia ao certo o que responder, será que tento filosofar ou solto um curto e grosso?

Enfim, falei que tinha decidido fazer algo grande para mim, algo real, palpável, diferente e desafiador. E enquanto eu me esforçava pra tentar explicar o que eu vinha passando, em inglês, ele seguia ouvindo, tentando entender, e no fim quando eu dei uma pausa ele comentou...

- Teus olhos brilham enquanto você fala, e apesar de claramente você não saber ao certo o que está fazendo, tenho certeza que o que faz, faz com sinceridade e isso já basta.

- Wow! Thank you. - Sorrimos juntos.

- Eu gosto deste estilo de vida. - Ele disse.

- É, eu também...

E lá estava eu e Nhanderecó, quase 2.500km pedalados, seguindo o vento, quebrando o vento, perdendo para o vento, absorvendo o vento e expelindo o vento, em direção ao terceiro país desta jornada que estava só começando. Com menos dinheiro no bolso, menos quilos no corpo - mais dores também - e mais histórias para contar.

PORTUGAL

2576 KM

domingo,
12 de Junho de 2016
Pontevedra → Valença

Acho que em Pontevedra foi um dos piores albergues que havia ficado, não de estrutura, mas de bagunça mesmo. De manhãzinha zarpei de volta pra estrada sentido Tuí, última cidadezinha da Espanha antes de entrar oficialmente em terras lusitanas. Mais uma vez avistei vários ciclistas subindo, na sua maioria portugueses, dali pra frente o idioma se tornou quase o único que eu ouvia, tomando conta de conversas de mesas por onde passava. Minha ideia era chegar em Tuí e dormir por lá, atravessar para Portugal só no dia seguinte pela manhã, mas a entrada na vila foi tão confusa, não sabia aonde era o albergue. Aliás, ninguém que eu perguntava sabia e me perdia toda hora entre as vielas estreitas de pedras, ruins para pedalar, tropeçando e empurrando a bicicleta, e finalmente achei o albergue e fiquei mais calmo por ter onde passar a noite.

Mas eis que a recepcionista me pergunta se eu estava indo sentido Portugal ou Santiago, eu disse Portugal e ela me recomendou seguir sentido Valença-Portugal, pois seria mais fácil de conseguir um lugar para dormir.

- Puta merda, sério?

Mas no final confesso que foi a melhor coisa que fiz no dia. Segui então as instruções da senhorita do albergue de Tuí, peguei a Nhanderecó, empurrei-a pelas vielas apedregulhadas, me perdi pra achar o sentido de saída da cidade, alguns minutos depois me encontrei e logo cheguei na ponte que liga a Espanha a Portugal. Sem nenhuma fiscalização policial fui seguindo pela ponte e vualá, oficialmente me encontrava em Portugal, em terras lusitanas! Meu terceiro país! No começo dessa aventura eu costumava falar "Bonjour", passando para "Buenos Dias" e agora seria "Bom Dia". Bom dia, Portugal! Aliás, era quase boa noite já!

Atravessei a ponte, nada de extraordinário, uma placa velha sinalizava "Portugal", e uma outra sinalizava "Espanha". E lá fui eu atrás do albergue, agora já em Valença. Albergue encontrado, muito bom e barato (€5!), coloquei as bolsas no quarto onde dormiria e retornei lá fora para tentar mexer novamente na roda traseira da bicicleta. Sim, de novo!

Eu lá, dando uma de mecânico novamente e morrendo de medo de fuder tudo (de novo!). Dessa vez eram as pastilhas de freio, estavam com problema no encaixe, estavam gastas, coisa básica que com o tempo fui aprendendo a mexer e que não foi mais problema, aprendi com erros anteriores. Estava sentado do lado de fora da casa, com as mãos sujas, e de repente apareceu um rapaz oferecendo ajuda...

- Do you need help?

Era o alemão nascido na Polônia, o "polemão"! Era assim que eu o chamava (na minha mente, é claro), Martin era o nome real dele. O guri começou a me ajudar com os freios, entendia da coisa e me ajudou bastante. No fim nos tornamos amigos. Ele também estava fazendo cicloturismo, vinha da Alemanha, passando pela França, Camino de Santiago e descendo sentido à cidade do Porto, assim como yo! Propus pedalarmos o dia seguinte juntos, descendo, passando por Ponte de Lima e Viana do Castelo, ele ficou super animado e aceitou na hora.

Depois pra finalizar o dia fui comer algo, tomar um ótimo banho e aproveitei o computador que tinha na casa pra fazer back-up das fotos e vídeos para o meu HD externo.

segunda-feira,
13 de Junho de 2016
Valença → Ponte de Lima → Viana do Castelo

Bora descer Portugal. E para o primeiro dia na terra das sardinhas eu teria a companhia do polemão Martin. Em Portugal, pelo que parecia, não haveria tantas ciclovias para seguir com a bicicleta, como tinha muito na França, por exemplo, teria que seguir entre carros e caminhões, como na Espanha (Norte), e assim foi mais um dia.

No começo do caminho até Ponte de Lima, que, como reza a lenda, seria um dos vilarejos mais antigos de Portugal (senão o mais antigo!), o trajeto foi um tanto quanto cansativo, algumas subidas bem chatas, e mal sabia eu que esse dia seria o começo de muita chuva de verão que me encharcaria pelos caminhos portugueses até Porto.

Eu e Martin tínhamos o mesmo ritmo, apesar da bicicleta dele ser muito melhor preparada que a minha, ser específica para cicloturismo. Em Ponte de Lima demos uma volta pelo pequeno centro da vila e, para a nossa surpresa, era dia de feira pelas ruas, era o mercado de rua de Ponte de Lima! Excelente! Me lembrou muito do Brasil, pois era exatamente o mesmo tipo de mercado de rua que eu costumava ir com o meu pai na minha cidade quando eu era mais novo. Lá vendia-se de tudo, frutas, temperos, roupas, carnes e claro, as deliciosas guloseimas portuguesas, tais como bolos, pães e sonhos, que são chamados de bola de Berlim pelos portugueses. Eu e o polemão, claro, aproveitamos e compramos para nós alguns quitutes, que além de ótimos eram estupidamente baratos! Depois saímos do mercado e paramos num café mais próximo, pedimos um cafezinho com leite (muito barato também), e devoramos nossos quitutes! Após o segundo café da manhã, seguimos viagem em direção a Viana do Castelo, a estrada dessa vez foi bem tranquila, seguindo um rio e sem subidas. Chegando em Viana, paramos para uma cerveja e assistimos ao primeiro tempo de um jogo da Eurocopa 2016, logo após partimos com nossas bicicletas para visitar a cidade.

A praça central estava muito bem decorada com fitas coloridas, referente à festa de Todos os Santos, ou festa de São Jõao, que ocorre em junho, muito bonito. Logo após girar pelo centro, subimos em direção à atração principal da cidade, a Basílica de Santa Luzia. Subimos de bonde, preguiça mesmo, era um morro muito longo e íngreme. A Basílica de Santa Luzia contém quatro faces iguais e fica lá no alto da cidade, e já da parte de cima é possível ter a vista do Oceano Atlântico debruçando suas águas sob a areia da cidade.

A basílica e a vista dos lugares são lindos, vale muito a visita! Aproveitei e já carimbei mais uma vez meu passaporte de peregrino, tiramos algumas fotos e descemos à procura de um lugar para passar a noite.

Achamos um camping bem ruinzinho, mas era barato. Banhão gelado e depois fizemos nossa janta, feijão enlatado refogado com cebola frita, pimentão e uns pedaços de presunto, delícia!

terça-feira,
14 de Junho de 2016
Viana do Castelo → Braga

Pela manhã recolhemos nossas coisas e seguimos cada um seu rumo, antes paramos numa padaria para tomar café, trocarmos fotos tiradas no dia anterior e nos despedir, Martin seguiria direto para Porto, pois tinha voo no dia seguinte de volta para a Alemanha e eu, como tinha tempo, decidi partir em direção a Braga, fazendo o caminho de volta até Ponte de Lima e depois descendo até Braga.

Confesso que foi um dia difícil para pedalar, apesar de não ter pedalado muito em distância, meu corpo ainda parecia desacostumado com o ritmo que eu tinha antes de terminar o Camino de Santiago, me sentia cansado muito frequentemente e, para ajudar, vinha tomando muita chuva, aquelas típicas chuvas de verão, torrenciais, que paravam e começavam a toda hora.

A bicicleta também não vinha ajudando muito, tinha colocado a pastilha nova no freio, mas como não estava encaixando direito, ficava pegando no disco e a bicicleta não andava, parecia ter o dobro do peso. Pelo caminho, após mais uma tromba d'água e estar todo encharcado novamente, decidi parar debaixo de um toldo de uma loja e trocar as pastilhas novas, coloquei as antigas de volta, perdi freio, mas ganhei desempenho. Assim continuei o trajeto até Braga.

No meio do percurso coloquei meus fones de ouvido para ir curtindo um som enquanto pedalava por aquele tempo chuvoso e me peguei ouvindo The Battle of Evermore do Led Zeppelin, música linda, com uma melodia fantástica, que combinava muito bem com o cenário bucólico por qual estava passando, bem nublado, parecia que eu passava entre nuvens carregadas, encharcadas e pesadas, exatamente como eu me sentia, carregado, encharcado e pesado, bem pesado!

> "Oh dance in the dark of night, sing to the morning light, the magic runes are writ in gold to bring the balance back. Bring it back." **The Battle of Evermore - Led Zeppelin.**

Pra desanimar um pouco o dia, a chegada em Braga foi bem torrencial, com mais chuvas e muita subida até a região central. Na cidade estava comemorando a típica festa de São João, festa que eu achava ser típica do Brasil, mas descobri com meus próprios olhos que não, mas a decoração é um tanto diferente da qual usamos no país tupiniquim. Como tinha tomado chuva pra caralho e estava ensopado, achei que seria melhor procurar por um hostel pra passar a noite. Outro importante detalhe era também que eu estava no meio de uma cidade e já um pouco tarde do dia, ou seja, probabilidade de acampamento selvagem quase zero. Na preguiça já fui no primeiro hostel que vi, ali mesmo, na principal praça da cidade, €14 a noite num quarto só pra mim...? Ah vai, foda-se!

Não queria mais olhar pra bicicleta naquele dia, disse para mim mesmo, e assim foi, para o último esforço do dia, subir a bicicleta e todas as bolsas para o terceiro andar. Joguei as bolsas no chão, encostei a bicicleta num canto e fui para um longo e merecido banho quente.

Após o longo banho, coloquei meus chinelos e saí para uma volta pelo centro histórico da cidade. Igrejas, prédios e casas, adorava passar por essas vielas de 1000, 2000 mil anos. Como seria ali onde eu passava naquele momento, com minhas doloridas pernas, há milênios atrás? Como?

Morria de fome e uma janta típica portuguesa seria a pedida da vez, e claro, tinha que ser num boteco português! E não só tive a janta num boteco, como de quebra assisti ao jogo da seleção portuguesa pela Eurocopa junto aos portugueses ali presentes, mal imaginava que ali começaria a batalha dos portugueses para a conquista do primeiro título europeu de seleções, e eu acompanhei tudo in loco! Sem querer querendo. A janta estava ótima por sinal, pedi um prato chamado Francesinha, veio muito bem servido e saboroso, acompanhado por um suco de laranja natural e um cafezinho no fim, tudo muito bom e barato! Como era bom ter uma refeição decente, ainda mais no estilo que eu era acostumado no Brasil, com fartura e simplicidade. Já me sentia muito em casa em Portugal, bigodudos!

quarta-feira,
15 de Junho de 2016
Braga → Guimarães

Ahhh... suspiro de alívio. Quarto sozinho, dormida boa, sossegada e sem ninguém enchendo saco, só uma chuva gostosa lá fora, gostosa quando estava dentro do quarto quente e confortável né, caso contrário...

Tinha acordado meio cedo, estava com tempo e decidi ir tomar um café fora, e fui para um lugar chamado A brasileira, que era bem perto do hostel. Sentadinho, lendo o jornal que estava sob a mesa e deliciando meu cafezinho com duas bolas de Berlim, eis que vários senhores da mesa ao lado começaram a discutir sobre a Eurocopa e o empate do jogo entre Portugal e Islândia (o mesmo que eu tinha assistido no boteco na noite passada). Foi legal ficar ouvindo eles, velhinhos de boina, bigode e sotaque de sardinha:
  - É muita propaganda!
  - Muita falação.
  - Ué, mas a Itália ganhou o mundial assim, empatando, empatando...
  - Tinha lá o Totti, o Buffon...
  - O Cannavaro! - Disse eu a um dos senhores.
  - Sim, o Cannavaro! - Ele respondeu.
Com o fim da mesa redonda ao lado e do meu café, recolhi minhas coisas, coloquei o jornal de lado e tomei o rumo da roça. Tinha planejado visitar a principal atração de Braga antes de seguir rumo a Guimarães, e advinha qual era a principal atração da cidade? Advinhou! Igreja! O monte de Bom Jesus. Eu só não imaginava que para chegar lá eram vários morros, e claro, a chuva começou a cair novamente! GPS E-Touring da Garmim mais uma vez me enrolando as ideias, me dando o caminho mais longo e complicado, ou ele que não me entendia ou eu que não entendia ele. Já tinha subido a pior parte dos morros - empurrando a bicicleta - e descubro que havia um

bonde que por €2 te leva até o topo, igual em Viana do Castelo, quando eu e o Martin pegamos o bondinho para visitar outra igreja. Enfim, subi o restante que faltava de bonde, o problema é que chegando lá não haviam rampas para bicicletas (ou cadeirantes!), só escadas, e como um cadeirante faz naquela situação?

A igreja em si não tinha nada de mais, bonita mesmo é a escadaria, cada andar com símbolos diferentes e significados diferentes, mostrando a via sacra de Jesus. Muito bonito e bastante escada! Depois de algumas fotos e um giro pelo lugar, era hora de pegar estrada e partir. Verifiquei que ali de cima já era possível seguir pela estrada que cai na principal que vai para Guimarães, coloquei no GPS e fui. Eu tinha entendido que era só seguir a rua que eu estava, mas nessa a anta aqui desceu tudo o que havia subido, e só fui perceber que o caminho era o contrário quando estava já lá embaixo. Foi quando resolvi seguir pelo mapa do celular, que só tinha opções para carro e a pé, o Garmin que eu tinha só oferecia opções para bicicletas. Mesmo que tivesse que pedalar 40km a mais pra desviar de uma estrada, não importa, o Garmim sempre dava opção "mais segura" longe de estradas e muito mais longe.

Parei num mercado para recarregar minha bolsa com suplementos e fui seguindo o celular dessa vez, mas, dessa vez queimei a língua com o E-Touring no guidão, e calma que eu viria a queimar mais vezes. O celular me levava para a rodovia, que estava bem movimentada. Com raiva e entrando em ponto de ebulição, decidi seguir o GPS e fui eu novamente, entre carros e caminhões, subindo o que já havia descido e descendo o que eu já havia subido. Mas aos poucos as coisas se estabilizaram e peguei o caminho certo até meu próximo destino. Enfim Guimarães! Apenas 30km pedalados, dos quais mais me perdi e pedalei a toa. E entrando na cidade fui presenteado com mais uma daquelas chuvas torrenciais que lavam a alma, a bicicleta e tudo que estiver pra fora, mas dessa vez escapei, entrei debaixo de um toldo e ali fiquei até passar. Vinte minutos depois parou a chuva e veio um puta sol forte, que loucura. Segui atrás de um lugar pra ficar e achei uma pousada da juventude e por lá fiquei, lugar bom e barato. E como quase não havia ninguém na pousada, fiquei com o quarto, de 6 camas, inteiro só pra mim, beleza! Ajeitei minhas coisas, tomei um banho, comi algum pão com algo que tinha na bolsa e fui perambular pelo pequeno centro histórico da cidade... lógico, descansar pra quê?

Guimarães é tida como a cidade berço de Portugal, porque ali acredita-se ser onde nasceu o primeiro rei de Portugal, Afonso Henrique, que venceu a batalha contra as tropas dos barões portucalenses na Batalha de São Mamede, considerada o principal evento que deu origem ao reino de Portugal. E era bem isso que eu via andando pelas estreitas vielas do centro, suas casas antigas e obscuramente belas. E no castelo de Guimarães tinham bandeiras e escritos "Dia 1 de Portugal", fazendo referências a essa história.

Charmoso pequeno centro de Guimarães.

quinta-feira,
16 de Junho de 2016
Guimarães → Porto

Caminho bem tranquilo até Porto, só os caminhões e os carros na estrada que atrapalharam um pouco, estradas bem ruins por sinal, sem acostamento e toda cheia de trincos, cada vez mais Portugal me fazia lembrar do Brasil.

Chegando em Porto fui direto para um albergue de peregrinos, talvez o último albergue para peregrinos que dormiria, €5 pila, bicho. O quarto ficava numa casa de pedra descendo umas escadas na parte de fora do prédio principal, que ficava lá em cima. Deixei minhas coisas no quarto compartilhado e fui andar pelas redondezas.

Quando visitava um local chamado Palácio de Cristais (que não tinha palácio, muito menos cristais), descobri que haveria vários eventos na cidade para os próximos dias, devido ao verão e à festa de São João, até um festival de cerveja iria rolar, belezura! Dei uma volta pela linda parte central da cidade, depois pela parte portuária, só que passava bem rápido pedalando, não parava muito, teria muito tempo para turistar e queria esperar a Désirée pra isso. Ah, não comentei aqui?

Lembram lá atrás - nas páginas anteriores - que falei sobre uma ideia, vindo da Désirée, de se juntar a mim por uns dias nessa aventura? Pois então, deu tudo certo, e ela pedalou por uns dias comigo por Portugal. Mas continue por aí e saberás o desfecho disso...

Retornei ao Palácio de Cristais, que era relativamente perto do albergue onde eu estava, e apreciei duas cervejinhas artesanais, peguei uma cerveja com nome bem sugestivo, Vadia, apreciei essa Vadia portuguesa sem pressa, enquanto sentia o sol no rosto e assistia a partida da Alemanha no telão.

Depois de terminar com a Vadia, retornei para o albergue, comi qualquer coisa que tinha no alforje, tomei um banho rápido bem "mazomeno" e fui descansar o esqueleto.

sexta-feira e sábado,
17-18 de Junho de 2016
Porto

O famoso dia técnico! Primeira tarefa foi decidir onde passaria as duas próximas noites, depois foi tentar encontrar uma bicicletaria, sim, mais uma vez roda traseira dando problema! Tinha pensado num camping que vi no mapa, mas se localizava do outro lado da ponte, praticamente outro município já, longe do centro, melhor não. Depois achei uma pousada da juventude, mais uma, e decidi passar por lá para verificar a disponibilidade e o preço. E batata! Pousada boa e com desconto para peregrino, e como eu ainda tinha meu passaporte de peregrino, eu contava como um.

Fechei duas noites com eles, guardei minhas coisas, me alimentei e saí com minha fiel escudeira, que mancava, para mais uma vez tentar encontrar uma bicicletaria. O caminho foi longo, mas fui indo sem pressa nenhuma, apreciando a beleza portuguesa nas areias e curtindo a brisa do mar no meu rosto. Chegando na primeira bicicletaria descubro que eles não conseguiriam resolver meu problema no dia, só para outra semana, sem chances! Segui para a segunda e eles só trabalhavam com restaurações e bicicletas meio vintage, nada pra mim de novo, me recomendaram então seguir mais uns 5-6 km até a loja da Decathlon de Porto, enfim, lá fui yo.

No meio do caminho quase desisti, mas como já tinha rodado uns 14km desde a pousada, fui seguindo, e quando estava quase lá, eu já começava a imaginar que na Decathlon eles não fazem o tipo de serviço que eu precisava, que não resolveriam meu problema, e pá! Queimei minha língua, de novo! Tudo bem que pra resolver de forma definitiva o problema na bicicleta eu teria que trocar as peças, mas sentia que ela aguentaria mais um pouco e não queria trocá-las, queria só uma revisão básica mesmo.

Os guris da Decathlon resolveram muitíssimo bem o problema, desentortaram a roda (alinharam os raios), trocaram a pastilha de freio traseiro e deram um trato na relação da bicicleta, que estava preta e ficou prata! Pareciam novas as peças, mas não eram. E pasmem, apenas €5,85 me cobraram pelo serviço, fora a pastilha do freio. Feito isso, e feliz por ter resolvido de forma rápida e eficiente esse probleminha, que senti que viria a ocorrer novamente (nos próximos capítulos saberás), voltei para a pousada, cozinhei uma pasta a matriciana e relaxei, não fiz nada, preguiça mórbida!

Já sábado (18)... estava aí um dia que eu não tinha realmente nada para fazer, nadica. Café com calma. Almoço com calma. Escovando os dentes com calma. Fui andar de bicicleta pela cidade, com calma. Fui pedalando pela ciclovia da praia, lá sentei um pouco para ler, depois segui novamente pedalando e mais a frente havia um telão na areia passando jogos da Eurocopa, peguei uma cerveja, deitei minha companheira Nhanderecó na areia, sentei ao lado dela para assistir Bélgica (3) x (0) Irlanda, tudo com muita calma. E mais uma vez não havia passado protetor solar e torrei no sol, um verdadeiro camarão lusitano! Da praia pedalei até o Palácio de Cristal, no festival de cerveja, e como eu ainda tinha 5 dinheiros que valiam por cerveja, peguei mais duas, uma Imperial Stout e uma Trippel Belga de 10,5% de álcool... subiu hein! Mas acabei não ficando muito tempo por lá, foi mais pra tomar as cervejas e gastar minhas estalecas.

De volta ao albergue me deparo com uma cambada de adolescentes chegando, saindo de um ônibus, tudo espanhol, deveria ser alguma excursão, sei lá. Só sei que foi uma bagunça pelos corredores e banheiros, sem contar a sujeira! Mas como já passei dessa fase e já passei por isso, nem liguei muito e fiquei na minha.

Quando estava na cozinha preparando minha janta conheci um brasileiro de Curitiba que estava de férias por Portugal e também umas raparigas que estavam comendo por lá, duas portuguesas e uma brasileira, a mais comunicativa, ela tinha mudado para Portugal havia 4 anos, com a mãe dela. E foi isso, dia normal, tranquilo, sem nada de mais. Próximo dia me encontraria com a Désirée no aeroporto e me mudaria para o quarto de AirBnb que pegamos por 3 dias em Porto.

Désirée,
Porto a Ericeira

Vamos lá, algo inédito nessa aventura aconteceu, arranjei uma companheira pra Nhanderecó. E veremos no que isso vai dar.

Na cidade de Porto foi só alegria, foram 3 noites ótimas, típicas de um casal que acabara de se conhecer. Dias ensolarados, muito turismo e carinho envolvido. No domingo já acordei e fui direto ao endereço escrito num pedaço vagabundo de papel. Já na frente do prédio aguardei pelo guardião do apartamento. Minutos depois já estava dentro de um apartamento antigo, mas bem amplo, que contava com uma parte externa ótima para deixar minhas coisas e desfrutar de um sol durante o dia. Fui me ajeitando e arrumando o que fazer para conter a ansiedade que me abatia, e entre um cochilo e uma xícara de café, me despedi virtualmente da francesa, que em questão de horas, estaria fisicamente junto a mim.

Cinco e quarenta e cinco da tarde, era hora de me vestir e seguir para o aeroporto. Coloquei a minha melhor - e única - camisa, que ficava num saco plástico fechado à vácuo para economizar espaço no alforje, uma bermuda e meu tênis, fechei o apartamento e segui rumo ao metrô. Já no saguão do aeroporto, estralando os dedos de ansiedade, esperei pela francesa no desembarque. E lá vinha ela, vestido branco e uma pequena mochila nas costas, demorou uns segundos pra me achar na multidão, mas logo um sorriso tímido junto a um olhar baixo veio à tona naquele rosto de pele clara, olhos verdes e traços marcantes. Entre um abraço e outro fomos seguindo de volta, sem nenhuma pressa, tentávamos não tocar muito no assunto do "compromisso" que estávamos aceitando, mas sabíamos que viajar de bicicleta e passar praticamente 24 horas do dia juntos não seria uma tarefa fácil, ainda assim estávamos hiper dispostos a tentar.

A noite seguiu longa e lenta, degustamos cada segundo, cada momento e mensagem trocada desde o dia que nos conhecemos estavam sendo lentamente aproveitados naquela noite, cada gota de suor deixado por nós naqueles lençóis era uma homenagem a cada "boa noite" trocado durante esses dias de espera. E assim foi pelos próximos três dias.

Na segunda-feira fomos na Decathlon comprar a bicicleta e os equipamentos dela - sim, ela veio só com uma mochila, compramos tudo em Porto antes de cair na estrada - foi uma caminhada longa e boa até a loja, que era bem afastada do centro onde estávamos, mas foi divertido. Com tudo comprado, voltamos pedalando, e ela feliz com sua nova bicicleta verde limão.

Foram dias realmente muito agradáveis visitando aquela linda cidade, passeios em vinículas, pela famosa livraria Lello, devoramos o famoso bolinho de bacalhau direto da fonte, longas caminhadas pela parte histórica, ao longo do lindo rio Douro. Adoramos a cidade, linda e boêmia. Foi nesses dias que passei a conhecê-la melhor, sua alergia ao glúten e algumas coisas pessoais da sua vida, que até então eu não sabia.

Na quarta-feira pela manhã começamos oficialmente o nosso pedal juntos, foi um mês inteiro conversando sobre isso com ela, e finalmente poderíamos concretizar o que tanto conversávamos! No quesito pedal ela ia muito bem, achei que teria que parar mais para esperá-la, obviamente devido a ritmos diferentes que tínhamos, eu já vinha de mais de 3.000km pedalados, portanto fazia todo sentido eu "aguentar" mais o pedal, mas não, ela vinha muito bem, sempre lado a lado. Tudo bem que não íamos rápido, nem era essa a ideia, e seguimos pela costa, onde só havia caminhos planos e quase nada de subida. E fomos seguindo.

Enquanto pedalávamos não conversávamos muito, mais uma vez por razões óbvias, estávamos em movimento pedalando, não dava pra ficar conversando. Mas sempre parávamos para uma água ou comer algo pelo caminho. E aos poucos as diferenças iam surgindo, como imaginado. Um brasileiro e uma francesa, óbvio que haveriam algumas diferenças, culturais, na língua, no jeito de resolver coisas, etc. Super óbvio e normal. Mas confesso que em certos momentos sentia que ela tinha mais dificuldades em aceitar as minhas do que eu as dela. Num lindo dia de muito sol, estávamos pedalando por um caminho que não oferecia muitas opções de paradas, sombras, nenhum mercado, quase nada, quando lá na frente avistamos um supermercado e resolvemos parar para um descanso e comer alguma coisa. E eu, faminto, já preparei um pão com presunto, queijo e salada, ali mesmo, do lado de fora do supermercado, junto a Nhanderecó e sentado numa pedra, mandei tudo junto para o estômago, lambia os beiços e os dedos de tanto prazer em recarregar minhas energias, mas quando olhei pro lado vi que Désirée tinha estranhado um pouco essa forma meio "faminta e ogra" que eu preparei e comi meu sanduíche. Oras, sujo, cansado, faminto e no meio do mato, achas mesmo que eu estaria preocupado com faca e garfo? Pois é, ela estava... Não necessariamente com a faca e o garfo em si, mas com ter mais "modos".

- Well... - Respondi com cara de despreocupado.

Mas não só de "aulas de etiqueta" foi nossa aventura juntos, tivemos ótimos momentos também, em Torreira, depois de prepararmos nosso jantar no fogareiro - foi quando ela começou a entender o sistema que eu usava na viagem para comer, que durante o almoço geralmente eu comia algo mais rápido e simples, e quando parava no final do dia, usava meu fogareiro a gás para preparar uma refeição melhor, com garfo e faca -, saímos para um passeio pelo pequeno centro da cidadela. Estava acontecendo uma festa de São João numa praça, foi super engraçado, parecia muito com as festas de São João que tinha na minha cidade que eu ia quando criança, daquelas festas bem bregas mesmo.

Depois do brega pegamos meio litro de vinho numa venda e fomos pela orla da praia, caminhando sem pressa nenhuma na escuridão, nos pegando entre um passo e outro, seguidos por uma lua gigantesca no céu e uma brisa gelada que vinha do mar.

Em Figueira da Foz chegamos até que cedo ao camping, ajeitamos nossas coisas e saímos para curtir a praia, ficamos o dia inteiro torrando no sol e enquanto ela - de biquíni e delicadamente soltando a parte de cima - se bronzeava, ali na areia, eu ia fitando cada detalhe do seu corpo dourando sob o sol, alimentando fantasias que ao longo do dia se tornariam realidade. E nem mesmo esperamos a noite cair, foi ali mesmo, no retorno ao camping, em plena tarde quente, dentro da barraca, aquele calor do sol e de movimentos fez a barraca, que já estava quente, esquentar ainda mais.

Depois veio um banho ultra gelado e delicioso, e saímos pedalando pela noite até o centro da cidade para assistir ao jogo de Portugal e saborear a famosa sardinha portuguesa. Em Figueira foi também onde conhecemos um grupo de senhores alemães, que também pedalavam pelo litoral português e que viríamos a trombar com eles - sem querer querendo - em todos os próximos campings até Ericeira.

Já em Nazaré conhecemos um casal de holandeses que estavam em lua de mel viajando pela Europa de carro com um trailler acoplado na traseira, e faziam shows acústicos pelos campings que paravam em troca de passar a noite no local sem precisar pagar, boa ideia! Assistimos outro jogo de Portugal (mais um!) com eles, com cerveja e muita conversa. No dia seguinte demoramos pra acordar, preguiça mesmo, e saímos tarde de Nazaré.

Dom Alonso Quijano.

""

À força de tanto pedalar e imaginar, fui me
distanciando da realidade ao ponto de já não
poder distinguir em que lugar eu me pertenço
e de mim faço. — **Dom Lucas de la estrada.**

Fomos pedalando sentido Peninche e no meio do caminho percebemos que já era tarde e que não valeria a pena pagar por um camping, então paramos em algum lugar perto de São Martinho do Porto, onde estávamos, e acampamos na praia, não exatamente na areia perto do mar, mas meio escondido em meio a vegetação. Pôr do sol foi lindo acompanhado de uma noite bem calma. Confesso que nessas horas eu me arrependia de não ter uma boa câmera fotográfica para registrar esses momentos, mas ficou tudo registrado em minha memória e aqui em palavras.

Entre eu e Désirée ainda permanecia aquele ambiente de paixão e ruído na comunicação, hora nos entendíamos, hora não, me esforçava, seguia o que ela dizia, mas tinha momentos que parecia não satisfazê-la ao máximo, confesso que tinha hora que realmente não sabia o que ela queria. Até pra comprar comida tínhamos alguns problemas, devido ao fato de que ela não podia comer glúten, mesmo ela falando que eu podia comer minhas coisas sem problemas, eu me sentia incomodado em poder comer qualquer coisa e ela não, então tentava não fugir muito do tipo de dieta dela.

Vira e mexe ela sugeria sair pra tomar café da manhã em lugares fora do camping, eu geralmente tomava algo ali mesmo na minha barraca ou na lanchonete camping, quando tinha.

Ela queria parar em outros lugares para isso, mas nem sempre se decidia de concreto onde parar e quando eu acabava decidindo, ela ficava incomodada. Numa dessas ela sugeriu sairmos para pedalar cedo e no caminho parar para tomar café em algum lugar, ao invés de primeiro comer algo e depois começar a pedalar. Eu não gostava de pedalar de barriga vazia, mas aceitei a ideia sem problemas e sorrindo.

Queria muito resolver aquela situação meio chata que tínhamos de vez em quando, fazia mesmo o possível para entender ela, deixei ela no "comando" da viagem e fomos indo. Mas ela não decidia nada e continuava a pedalar,

após já 13km pedalados eu não aguentei, estava faminto, estávamos no meio do nada, vilarejo pequeno, não íamos encontrar grandes padarias por ali nunca! E após subir uma pequena serra, avistei um restaurantezinho bem simples à esquerda e soltei:

- É aqui! Pode ser, Désirée? - Olhando pra ela com cara de judiação.

Ela viu o lugar vazio, solitário, no meio do nada - realmente era no meio do nada - fez aquela cara de cu e aceitou, não tendo outra alternativa.

O que ela queria, tomar café na Disneylândia?

Óbvio que eu não expressava tudo o que pensava (e penso que ela também não), na maioria das vezes jogava o jogo dela e evitava discussão, mas nessa eu ganhei, a senhora que nos atendeu era super simpática e super atenciosa, Désirée até encontrou algo sem glúten para comer, uma broa de milho caseira e que tinha acabado de ser feita! E ela queimou a língua por ter feito cara feia quando decidi parar ali. No final ela ficou feliz, eu fiquei feliz e estávamos naqueles momentos mútuos de felicidade.

Já em Peninche ela viu num pôster na parede do supermercado que tinha uma ilha, Berlenga, e sugeriu fazermos um tour por lá. Super aceitei na hora! Portanto, teríamos que passar duas noites na cidade, e assim foi. Ainda no supermercado, sugeri darmos uma verificada nos horários da tour para Berlenga, ela com seu jeito meigo e seco...

- Agora estou no supermercado e quero pensar no agora, amanhã vemos isso. - Um coice certeiro na minha fuça...

Juro que comentei aquilo com ela de uma forma tão calma e tranquila, precisava ser grossa na resposta? Enfim, liguei o foda-se e nem falei nada, compramos mantimentos e seguimos para o camping. Enquanto ela ajeitava as coisas dela na barraca, eu fui, sem falar pra ela, na recepção para esclarecer melhor sobre a tour e ver horários e preços. E bimba! O barco para a ilha só sai uma vez por dia às 10h, ou seja, se deixássemos para o dia seguinte, não encontraríamos a recepção aberta antes das 9h e provavelmente perderíamos a viagem, pois o camping era um tanto longe andando até onde o barco estava. Com informações recebidas, saímos no dia seguinte de manhãzinha em direção ao barco. A viagem de ida foi um tanto quanto emocionante, tinha muito vento forte que vinha de todas as direções e faziam ondas e jogava o barco para todo lado, confesso que em alguns momentos senti medo, balançava muito!

A ilha por sua vez é linda, aproveitei o máximo dela, estava um dia com muito vento e sem muito sol, sensação até um pouco fria para a época do ano, mas nadei mesmo assim. Entrei naquelas águas cristalinas e fiquei por um tempo relaxando debaixo da ponte que liga ao forte de João Baptista.

A Désirée ficou naquele "não caga nem desocupa a moita" dela, sentada, só observando o meninão aqui nadando de braçada. Andamos mais um pouco pela ilha, tomamos um café, mas parece que toda aquela faísca inicial que tínhamos estava aos poucos se desgastando, parecíamos mais como amigos do que um casal, era evidente isso no nosso comportamento.

De volta a Peninche - dessa vez sem emoções com o barco - andando pelas lojinhas da cidade, comprei um galo de pelúcia pequeno, o Galo de Barcelos, famoso símbolo português de uma lenda que se passa em Barcelos, no distrito de Braga, sobre um homem galego que, de passagem pelo Camino de Santiago, foi preso de forma injusta acusado de um crime que não cometera, e condenado a forca pediu a presença do juiz que o condenara. E com a presença do juiz, que banqueteava com alguns amigos, apontou para um galo assado e disse: "É tão certo eu estar inocente, como certo é esse galo cantar quando me enforcarem!" O juiz ignorou o apelo, e quando o galego estava para ser enforcado, o galo assado levantou na mesa e cantou. Compreendendo seu erro, o juiz correu para a forca e descobriu que o galego havia se salvado graças a um nó mal feito e imediatamente o soltou com mandado de paz. Fora a lenda, o Jão Frango - meu galo de pelúcia - se juntaria a mim e à Nhanderecó a partir de então, nas minhas aventuras até os confins do mediterrâneo! Coloquei-o no guidão da Nhanderecó, e ah, ele cantava!

Mais tarde fui junto à Désirée jantar uma pizza no restaurante do camping. Conversamos bastante, alguns ruídos, cervejas, risadas e chegamos à conclusão que nosso principal vilão era mesmo a comunicação. Retornamos para a barraca, para aquela que seria nossa última noite dormindo juntos como um casal e a primeira como amigos. Estava um vento muito, mas muito forte lá fora, parecia que a barraca levantaria voo!

Dia seguinte fomos seguindo viagem, descendo a costa portuguesa, linda por sinal! Já em Ericeira, decidimos parar para comer algo, cidadezinha era tão bonita e simpática que decidimos ficar por lá mesmo, procuramos o camping e nos ajeitamos. Eu me sentia cansado fisicamente e mentalmente, e entre eu e a Désirée já não era mais contornável, seguiríamos juntos até Lisboa e de lá ela voltaria para a França, ela teria que voltar de qualquer jeito pra lá em alguns dias, pois tinha o casamento da mãe dela para ir. No restaurante do camping reencontramos o grupo de alemães que conhecemos em Figueira da Foz, conversamos bastante com eles e foi ali que vi a Désirée, finalmente, entender o ruído de comunicação do qual conversámos sobre no dia anterior, que eu me esforçava para entendê-la e para me comunicar, só que às vezes não era recíproco. Ela entendeu isso na prática. Um dos senhores alemães puxou conversa com ela, ele não falava quase nada de inglês, ela se enrolava bem, mas faltava argumentos e palavras, e quando os dois tentaram ter uma conversa ela percebeu o quanto o fato de não se expressar bem pode prejudicar e cansar. Agora, junte isso ao fato de estar pedalando, 24 horas por dia juntos, portanto estar cansado fisicamente não ajudava muito nessas horas, demorou, mas ela percebeu.

Ambos estávamos bem cansados, ela se tocou que eu tentava manter tudo calmo, apesar de nossos desentendimentos bobos e inevitáveis num relacionamento, o que não ajudava era o cansaço físico que prejudicava a parte mental e vice-versa. Retornamos cedo para a barraca, dei boa noite, sem saber que seria o último, nos abraçamos e apagamos de canseira.

sexta-feira,
01 de Julho de 2016
Ericeira → Sintra → Cascais

Ainda em Ericeira...

Pela manhã recolhemos nossas coisas, desmontei a barraca, ajeitamos as bicicletas e seguimos para o centro para encontrar alguma padaria para tomarmos café da manhã. Já na padaria, sentados, Désirée diz:

- Hey, I want to go from here alone, by myself.

Olhei com um certo espanto pra ela (ainda sonolento e com fome), pensei por alguns segundos, pensei em relutar e perguntar os porquês, mas rapidamente veio em mente toda a teimosia e força dela, desisti dos porquês e concordei. Realmente não tinha o que fazer, ela era adulta, sabia de suas escolhas e responsabilidades, além do mais, conhecendo ela por todos esses dias juntos, pude perceber que a resposta "NÃO" não resolveria nada, ela já tinha decidido na cabeça dela, e assim como eu, ela era muito orgulhosa para voltar atrás e deixar que um ser do sexo masculino resolvesse ou tomasse as decisões por ela.

Meu coração não queria aquilo, realmente me sentia mal por aquela situação ter se tornado incômoda, não era o que eu esperava, apesar de ter criado poucas expectativas da viagem com ela, para não me desiludir, mas minha cabeça sabia que era a coisa certa a se fazer. Só não queria que fosse ali, o plano inicial era seguirmos juntos até Lisboa, mas, mais uma vez, seria presunção demais achar que ela aceitaria qualquer ideia minha. Talvez ela quisesse provar pra ela mesma que ela conseguiria viajar sozinha, já que Ericeira não é muito longe de Lisboa. Assim sendo, dei umas coisas para ela, faca, garrafa, suporte para água, protetor solar e um cabo de celular, e fiz algumas perguntas, tais como onde ela passaria a noite, se já tinha algo planejado, e ela mais uma vez respondeu direto ao ponto:

- I'm gonna find something.

Nos despedimos com um abraço e ela partiu. Sim, a viagem com ela durou menos que o esperado. Alguns foram os problemas, comunicação que ora não se encaixava, o cansaço físico e mental que ora não ajudava, mas no final, o grande problema mesmo foi o orgulho de ambos. Ela muitas vezes não entendia muito bem o que eu queria dizer, talvez por estar falando em inglês e tinha algumas palavras que ela desconhecia, outras vezes quando eu tentava ajudá-la com a bicicleta e ela desmerecia meus favores e simplesmente queria resolver por ela mesma, como se quisesse provar algo pra mim, só que essa "prova" mais estressava e aumentava a distância entre nós do que ajudava.

Confesso que me esforcei muito pra entendê-la, mas falhei. Talvez o ambiente e as situações não eram favoráveis para um relacionamento, esse tipo de viagem exige muito do corpo e da mente e não estar confortável com alguém pode prejudicar muito o andamento das coisas, o que acontecia entre nós era só mais uma prova disso. Esses dias com ela foi só mais uma parte desse meu autoconhecimento, foi mais uma experiência diferente, hora conturbada, hora fervorosa. A decisão de deixá-la ir não foi fácil, apesar de fazer parecer, sentia-me derrotado e preocupado com ela no sentido pessoal, como amigo mesmo, continuei o dia inteiro com isso na cabeça.

Depois de uns 40 minutos sentado na padaria, juntei minhas coisas e resolvi seguir viagem. Alguns quilômetros depois, subindo pela via N247 já na saída da cidade, avisto a bicicleta verde limão dela parada no lado de fora de um mercado. Pensei bem, vi que ela não estava perto da bicicleta e quis fazer uma surpresa, segui até a bicicleta, desparafusei o suporte de garrafa de água da Nhanderecó e parafusei na bicicleta dela, e quando estava terminando, ela apareceu...

- Hey. Disse ela, sorrindo.

Eu disse que ela iria precisar do suporte para colocar a garrafa, ela sorriu novamente, também dei uma faca que eu tinha pra ela, ela sorriu novamente e me agradeceu, nos despedimos mais uma vez e continuei em frente.

Segui até Sintra, na solidão daquelas estradas, entre carros, cavalos, pequenas vilas e pessoas estranhas, mas me sentia bem, meio que livre novamente. Sintra é uma cidade reconhecida pela Unesco como patrimônio mundial e que fica lá no alto entre montanhas, ou seja, subidas! Muitas subidas! Désirée odiava subidas, queria ver a reação dela ali.

Logo na entrada da cidade, uma turista num carro, em meio a vários outros carros num congestionamento em uma das estreitas ruas de Sintra, me chamou e tirou uma foto minha empurrando a Nhanderecó e seu peso todo. Todo suado, sem camiseta, quase morto! Ela se maravilhava com minha proeza e soltava palavras de apoio...

- É isso aí, força! Muito bem.... - Eu agradecia, sorrindo.

Aquilo me enchia de orgulho e energia! Continuei subindo aquelas ruas estreitas, entre carros e ônibus lotados de turistas, com olhares de espanto e felicidade sob mim, Nhanderecó e Jão Frango.

Logo parei para descansar e resolvi fazer um pouco de turismo por aquela cidade linda e charmosa! Fui até Quinta da Regaleira para uma visita, €8 para entrar, mas valeu muito a pena, lugar lindo com grutas e cavernas muito bem conservado e de uma arquitetura e história ímpar!

Após um longo passeio por lá, peguei a magrela e segui subindo até o Palácio Nacional da Pena, ou Castelo da Pena. Outra grande atração de Sintra, um castelo bem diferente dos castelos tradicionais que estamos acostumados, ao invés de cinza e de pedra, via-se muitas cores e detalhes por todo lado daquela construção no topo da montanha. Com aquela linda vista lá de cima, fui seguindo e andando castelo adentro, passando por várias diferentes salas, cada uma com seu propósito e decoração, passando pelos aposentos do rei e da rainha, com móveis, louças e quadros, todos muito antigos, originais e quase intactos! Uma verdadeira viagem no tempo! Passeio muito bem aproveitado e que vale cada centavo! Detalhe, eu fazia todos esses passeios turísticos por lá trajado de ciclista, com uma regata azul clara e shorts de ciclista, sempre acompanhado da bolsinha frontal da bicicleta onde coloco meus documentos e eletrônicos. Quem me via andando por ali daquele jeito pensava o que será?

No final do giro pelo palácio, me sentei para um café, para esquentar um pouco o corpo, o dia estava com bastante vento e lá em cima ventava mais ainda. E com o fim desse dia turístico chegando era a hora de partir de Sintra em direção a Cascais, e procurar por um local para passar a noite.

De Sintra pra Cascais eu desci num raio! Foi só descida! Na entrada da cidade parei num supermercado para recarregar minha bolsa com mantimentos e segui para um camping. Campings que viriam a ficar com preços mais salgados devido a entrada oficial do verão e da alta temporada na Europa, teria que repensar um pouco sobre isso. Confesso que conforme eu pedalava, e a noite ia caindo, eu me pegava pensando na Désirée, preocupado, tentando imaginar como ela estaria. Me sentia, mesmo que não devesse, responsável por ela. Foi um dia bem intenso, física e emocionalmente.

E mais uma noite na barraca, sozinho novamente... eu me acostumo.

**sábado e domingo,
02 - 03 de Julho de 2016
Cascais**

Mais um famoso dia técnico, ou seja, morgado, vegetando, boiando, fazendo nada! Merecia! O famoso dia de tudo na calma, café com calma, boiar na internet com calma, ver lances de futebol com calma, ouvir podcast com calma, ouvir minha banda preferida com calma... coisas que há um bom tempo não fazia com calma. Teve até banho de sol na piscina, que luxo rapaz! Tinha mandado uma mensagem para a Désirée pra saber se estava tudo certo, e ela respondeu sem muitos detalhes, ou seja, o importante é que respondendo significava que estava tudo bem... eu espero.

Durante a noite tinha planejado de me encontrar com a Paola, uma amiga que conheci em 2015. Quando eu morava em Dublin, ela já morava em Cascais e estava a visitar uma amiga que também morava em Dublin, até assistimos a final da Copa do Brasil e vimos o Palmeiras ser campeão juntos, foi uma noite e tanto! Enquanto esperava por ela, que viria com outra amiga, a Gabriela, eu assistia ao jogaço entre Itália e Alemanha no restaurante do camping. Já junto a elas, seguimos a um lugar no bairro do Guincho, famoso bairro de Cascais, com vários quiosques e restaurantes com comidas bem brasileiras que eu adorei! Aliás, me sentia muito em casa em Portugal (já falei isso, certo?), claro pela língua, mas também pela grande proximidade e semelhança na comida, arquitetura e costumes.

Depois de comermos, seguimos mais para o centro de Cascais e paramos num pub irlandês para tomar uma pint de Guinnes, matar a saudade da Irlanda e de quebra vimos a decisão por pênaltis do jogo entre Itália e Alemanha, deu Alemanha. Do pub seguimos para Lisboa, estávamos de carro com a Gabi, então tudo era mais fácil. Deu cerca de 30 minutos de carro de Cascais a Lisboa, e a noite continuava ótima, ruas lotadas de pessoas no centro, no bairro alto, ruas bem antigas junto a estabelecimentos que mantinham toda a tradição e o charme dos tempos vindouros de Portugal, com suas fachadas e arquitetura bem antigas e intactas, fazendo jus ao passado. Entramos em alguns bares, um em especial me chamou muito a atenção, era um bar onde antigamente os marinheiros costumavam ir para se divertir e relaxar após longas viagens pelo Atlântico, o bar era tipo um cabaré, tinha até sexshop dentro do lugar, videntes, pista de dança, loja de sourvenirs, tudo bem rústico e de um grosseiro que torna o lugar charmoso e digno de uma visita. Muito legal.

Realmente era ótima a atmosfera nas ruas de Lisboa, bares e discotecas para todo lado, de todos os estilos e gostos! Também fomos a um lugar chamado Lx Factory, uma enorme fábrica abandonada que foi transformada em galerias, bares, restaurantes, agências de publicidade e ateliês. Um lugar totalmente abandonado e inóspito transformado em um local boêmio, cheio de vida e criatividade, achei sensacional! A Paola me fez experimentar a Ginja (ou ginjinha), um licor servido num copinho de chocolate, muy bueno. Música brasileira pra todo lado, e aquele famoso clima de barzinho do Brasil que há muito tempo não sentia. Quantas lembranças! Fazia tempo que eu não ficava até tão tarde na rua, fora de "casa" (nesse caso, minha barraca!), e foi então, depois de mais de 2 meses e milhares de quilômetros rodados, que eu virava a noite "fora" novamente, bebendo e passeando de bar em bar. Chegamos de volta a Cascais por volta das 5h da manhã! Realmente tem diferença sair pra conhecer uma cidade sozinho e sair acompanhado de pessoas locais.

Já no domingo, fui dormir as 5h da manhã e as 8h já estava acordado! Barraca quente, estava um forno dentro dela, um calor insuportável já às 8h da manhã! Tentei enrolar um pouco lá dentro da barraca, mas não dava, muito quente. Tomei um café no camping e saí para pedalar pela orla de Cascais, pequena e charmosa Cascais, cidade rica e bem badalada por famosos e atletas que jogam em clubes portugueses. Desci a ciclovia e parei no complexo com vários restaurantes e quiosques que havia ido na noite passada, coloquei meu caderno em dia e deliciei um açaí na tigela!

Continuei o passeio pela orla, passei pela Boca do Inferno, segui até a fortaleza da Nossa Senhora da Luz, fiz um giro pelo pátio e fui retornando em direção ao camping para almoçar e fazer o check-out, a Gabi havia me convidado para dormir na casa dela, ela tinha um quarto-sala sobrando no apartamento e assim não precisaria dormir mais uma noite na barraca.

E lá fui eu! Gabriela, amiga da Paola, e que conheci na sexta-feira passada, um amor de pessoa, muito comunicativa e sempre pronta pra tudo, é brasileira, mas morava em Portugal com sua filha já fazia um bom tempo. Fiquei a tarde inteira com ela, conversávamos sobre tudo (tudo mesmo!), fomos ao supermercado comprar umas pizzas e cervejas, tomamos um café, conheci o shopping center de Cascais e retornamos à casa dela. Ficamos assistindo ao jogo da França contra a Islândia, grande atração da Eurocopa 2016, e como percebem, sem querer querendo acabei acompanhando uma boa parte do torneio europeu. Foi um dia bem tranquilo, sem nenhuma novidade ou surpresas, por alguns momentos até parecia que eu morava em Portugal, numa vida mais rotineira com supermercados e afazeres diários.

A senhorita Paola foi aparecer lá por volta das 23h, vestindo uma camisa retrô - linda! - do Palmeiras em alusão à noite maluca que tivemos em Dublin em 2015. Ficamos assistindo programas aleatórios na TV e eis que um canal estava passando Sai de Baixo, antigo programa da rede Globo que passava nas noites de domingo, vejam só, estávamos de volta a 1996! Meu Deus, aquilo foi um déjà vu, quanta coisa passa pela cabeça, como as coisas mudam, em 1996 eu tinha 10 anos! Ficamos conversando sobre aquela época, já que tínhamos a mesma idade, foram muitas risadas (apesar do horário) e muitas brincadeiras... até cair no sono. Eu estava tão destruído fisicamente que nem vi a Paola indo embora.

De volta ao fato de como o tempo passa, e ele passa! De repente me pegava assistindo a um programa de 1996 e comecei com lembranças rolando em minha cabeça. Era um garoto que completaria 10 anos em 96, que vivia uma vida simples no interior de São Paulo e não almejava nada na vida (claro, 10 anos, vai almejar o quê?), nem tinha tantas obrigações, era ir à escola e brincar na rua com os amigos. Amigos dos quais o tempo foi tomando conta de separar, simplesmente tomamos rumos diferentes na vida, cada qual do seu jeito, coisas da vida, começa mudando de escola, depois de cidade e depois de país. Confesso que desde que me mudei do Brasil e fui morar na Irlanda, onde fiquei por 3 anos, muita, mas muita coisa aconteceu e muita coisa mudou. Claro que não foi o fato de morar na Europa que proporcionou isso, eu podia ter ido morar em São Paulo que mudanças aconteceriam, diferentes, mas aconteceriam. E agora, 20 anos depois, o mesmo garoto se encontrava perdido, dormindo na casa de uma "estranha" em Portugal e vindo lá da Irlanda, de bicicleta! Vai vendo.

Enfim, a vida é realmente uma caixa de surpresas, tentamos sempre planejar, mas no fim, sabemos que o sentido é viver da forma mais ética e honesta possível, pois daqui nada realmente se leva, o bom mesmo é deixar memórias boas, histórias que inspiram o bem, de aventuras e amores vividos e o desabrochar de quem as lê, exemplos bons a serem seguidos e um nome a ser lembrado pelas coisas boas e inspiradoras que fez!

"Existem pessoas que passam em nossa vida e vão embora e nunca mais ouvimos falar. Outras entram e permanecem para sempre. E há aquelas que passam e vão embora, mas jamais as esqueceremos." **Kevin Arnold - Anos Incríveis.**

A Quinta da Regaleira.

———

"

Lugar imbuído de magia e mistério. Uma viagem pelo Olimpo, a Virgílio, a Dante, a Camões, à missão templária da Ordem de Cristo, a grandes místicos e taumaturgos, aos enigmas da Arte Real, à Magna Obra Alquímica. — regaleira.pt

segunda-feira,
04 de Julho de 2016
Cascais → Lisboa

Deixei Cascais pela manhã e continuei pedalando sentido Lisboa. Pedal rápido, porém complicado, tendo que ficar cortando entre carros, motos e caminhões numa avenida movimentada em plena manhã de uma segunda-feira. Já em Lisboa fui direto ao quarto de AirBnb que tinha alugado, queria fazer um turismo por lá, por isso tinha decidido passar duas noites na cidade para fazer isso com calma e um AirBnb seria mais fácil e cômodo.

Pensa num lugar cheio de morro e paralelepípedo. Lisboa! Muito, mas muitos morros, as famosas pirambeiras! Principalmente na parte do centro histórico da cidade. Paralelepípedos e morros, e eu com uma bicicleta e seus alforjes lotados, já deu pra imaginar né? Era empurrar morro acima.

O apartamento era tão antigo e com dimensões tão estranhas que minha bicicleta quase que não entra pela porta e passa no corredor.

are e escute.
natureza é o grande ensinamento
iva com simplicidade.

pare e escute
A natureza é
viva com simp

E tutto a posto, fui perambular, e muito, por Lisboa. Na parte da tarde fui para a minha primeira volta. Mais uma vez me sentia bem cansado, parei por um instante para pensar no porquê, e realmente, quando não estava pedalando, eu estava perambulando por aí, descansar pra quê?

Como não estava tão disposto fisicamente, acabei não aproveitando muito o primeiro dia. Com a ideia de economizar as pernas, decidi dar uma de turista master e peguei o elétrico, o bonde, o número 28, que vai morro acima para os miradores, tudo isso achando que subiria sentado e descansaria um pouco, mas o bonde estava lotado de turistas, fui é de pé mesmo. Percurso não muito longo e logo saí pela direita e desci no mirador. De lá uma linda vista de toda a cidade abaixo e do rio Tejo desaguando no Atlântico.

Já não aguentando mais os turistas tirando foto e com seus guias detalhando o local, cada um em sua língua nativa, segui a pé morro abaixo, passando pelas vielas, entre bondes, casas coloridas bem antigas com seus azulejos e pessoas de todas as cores, idades e nacionalidades.

Já na parte de baixo, as ruas estavam bem agitadas, com muitas pessoas aglomeradas na Praça do Comércio, umas das principais praças da cidade, com diversas lojas, e vários eventos com estudantes e telões para jogos da Eurocopa.

Dessa vez não assisti nenhum jogo, só observei as pessoas e escrevi um pouco sentado numa mesa. Depois retornei para meus aposentos, precisava descansar mais, estava exausto.

terça-feira,
05 de Julho de 2016
Lisboa

Na terça-feira decidi partir para a parte mais moderna da cidade e bem distante do centro histórico, fui para o Oceanário, que fica na Esplanada Dom Carlos - Parque das Nações -, lugar bonito e moderno, peguei o metrô e me perdi por lá.

O Oceanário, que é o segundo maior da Península Ibérica e já foi considerado o melhor do mundo, foi uma feliz surpresa nessa viagem, primeiro pelo fato de eu nunca na vida ter ido em algo do tipo e segundo porque quebrou um pouco aquela rotina arquitetônica histórica pela qual eu vinha sempre passando, digamos que modernizou e deu cores ao meu dia.

Ver animais e natureza dos 4 cantos do mundo num só lugar foi no mínimo revitalizante! E o Oceanário é enorme e lindo, altamente recomendado, assim também como uma volta por aquelas bandas de Lisboa.

pare e escute.
ande ensinamento. a natureza é o grande ensiname
dade. viva com simplicidade.
oceanário

Fiquei umas 3 horas lá dentro, em um certo momento sentei num banco e fiquei olhando todos aqueles habitantes marinhos, quase virei um de tanto olhar. Na saída parei numa churrascaria brasileira que tinha no complexo, no pavilhão Vasco da Gama, e com calma devorei meu almoço, matando a fome e a saudade da comida da minha terra. Na volta para o centro de Lisboa parei numa exposição das forças armadas portuguesas, gratuita e muito legal. Mais um programa que eu nunca havia feito ou visto, caças, tanques de guerra, equipamentos modernos e antigos, tudo ali na minha frente. Digamos que foi um dia de novas experiências, aquáticas e bélicas! Na volta para o centro me dei ao luxo de me perder mais um vez pelas ruas e lugares de Lisboa, apreciando seus azulejos coloridos, cada canto antigo e sujo daquelas vielas e ladeiras, e também passeando novamente de bondinho morro acima.

Um dia bem tranquilo para esse latino-tupi-americano que vos escreve, mas pasmem, me esqueci de visitar o marco mor (ou um dos) daquela cidade, o Padrão dos Descobrimentos, e a Torre de Bélem. Sim, lugares que simbolizam o que viria a ser um dos maiores marcos da velha Europa e do mundo até hoje.

Do porto da praia do Rastelo, junto ao rio Tejo, no dia 8 de março de 1500, uma armada imponente com suas 10 naus e 3 caravelas, um verdadeiro pedaço flutuante de Portugal, comandada pelo navegador português Pedro Álvares Cabral, zarpou rumo a Calecute, viagem que

- sem querer querendo - no dia 23 de abril, esbarrou na "descoberta" da terra de Vera Cruz, o Brasil. Descoberta na qual, segundo Pero Vas de Caminha, "homens pardos, nus, sem nenhuma coisa que lhes cobrisse suas vergonhas" (Ué, chegaram lá no Carnaval?) eram vistos pela primeira vez pelos portugueses, andando livremente por areias de praias até então desconhecidas por europeus... um dia e tanto, eu diria.

Pois é, perdi, passei na avenida ao lado pedalando vindo de Cascais e nem me lembrei disso no dia, fui lembrar quase lá na Espanha já. Fica pra próxima.

quarta-feira,
06 de Julho de 2016
Lisboa → Porto Covo

De volta a 2016, ainda em Lisboa e com o Brasil já "descoberto e mais firme que prego na areia"... Pela manhã fui andando até o correio para mandar mais uma caixinha de sourvenirs e coisas que juntei desde Santiago de Compostela até Lisboa, e também uma mochila d'água (camel bag), que fazia parte das coisas inúteis que trouxe e não usava, no famoso "vai que" para a viagem, mandei de volta para Dublin, onde um guardião amigo chamado João recolheria.

Por volta das 11h já estava montado e de volta com a Nhanderecó pelas ruas, seguindo rumo ao Sul. Mas para sair de Lisboa tive que, pela primeira vez na viagem, optar por outro meio de transporte, pois de bicicleta não era permitido cruzar a ponte que passa por cima do rio Tejo, e pra contornar o rio até a passagem permitida seria uma puta pedalada, e sinceramente não faria nenhum sentido. Peguei o metrô de Lisboa até Setúbal, 30 minutos de viagem. Chegando em Setúbal percebi que também se tratava de um lugar meio que com saídas estranhas e que teria que pedalar e contornar o rio.

Eis que percebo que havia barcos que atravessam o rio e param num local que se chama Troia. Perfeito! Peguei o barco, que foi barato, e dez minutinhos depois já estava pronto pra finalmente pedalar. Querendo ou não, o trem e o barco me pouparam um bom tempo e alguns quilômetros. Nisso já passava das 13 horas quando retomei o pedal, e estava muito, mas muito calor, calor que viria a ser um grande problema no decorrer da minha viagem. Esperei o sol baixar um pouco e fui seguindo naquela península estranha e deserta até a cidade de Comporta, dali segui pela N-261, tão deserta quanto, até Porto Covo.

Avistei um camping barato e decidi parar para passar a noite. Banhei-me, comi meu pão com presunto, o restaurante do camping estava cheio de portugueses, eu não resisti e me juntei a eles para assistir Portugal contra o País de Gales.

Voltei pra barraca e capotei.

quinta-feira,
07 de Julho de 2016
Porto Covo → Zambujeira

Antes de seguir "seguindo", dei uma volta rápida pelas redondezas de Porto Covo e peguei o rumo da roça, queria aproveitar que estava nublado para pedalar o máximo possível antes da bola de fogo no céu aparecer e dar o ar "quente" da graça. Não, não estou reclamando da estrela mor, é apenas uma constatação, querendo ou não aquilo queima. Avistei uma placa grande enquanto pedalava para a saída da vila, tinha um mapa desenhado, fui verificar e o mapa era da costa por onde eu passaria, com trajetos e caminhos secundários, o trajeto se chamava Caminho Vicentino, logo saquei que viria a ser algo como o Camino de Santiago em versão bem menor, de imediato achei bem interessante seguir esse mapa, primeiro que me tiraria das estradas com carros e segundo que, pelo que eu vi, o trajeto seguia mais perto da costa e da natureza. Boa!

Mapiei o que vi na placa no olho mesmo e fui seguindo meu instinto. Entrei numa rua que terminava num farol com um miradouro de madeira e com o Atlântico em seguida, o asfalto acabou e o caminho foi seguindo por terra, pensei bem, com aquele peso na bicicleta, por terra as coisas seriam mais difíceis, mas resolvi ver no que dava. Alguns quilômetros adiante parei para observar uma colina (precipício), estava seguindo pelo caminho de terra olhando pra minha direita e fiquei curioso em saber o que tinha lá embaixo, já que não conseguia ver da estrada. E eis que avisto uma maravilhosa praia, ali, perdida, só pra mim! Só que era bem alto, e fiquei tentando achar formas de descer até lá. Até que avistei um casal que estava lá embaixo, desfrutando do paraíso e me questionava como eles haviam descido, hum... Deitei a bicicleta num arbusto e saí andando beirando a encosta e descobri que tinha uma trilhazinha no morro com uma corda fincada na terra para auxiliar na descida, e lá fui eu!

Peguei minha bolsa dianteira e meu pão com mortadela na bicicleta, deixei o restante lá em cima no arbusto e desci para tomar um banho e almoçar na minha praia particular. Parecia uma criança me divertindo sozinho naquelas águas esverdeadas e agitadas, que além da sua beleza para os olhos, me refrescava e revitalizava minhas energias físicas e mentais!

Me sentia livre. Oras, seria porque eu estava livre?! Livre e despreocupado. Mente vazia, e esse esvaziamento me permitia curtir ao máximo aquele pedaço de mar e terra. Era um esvaziamento natural - e ao mesmo tempo estranho - da mente. E essa particularidade me libertava de qualquer tipo de desejo, e com isso, consequentemente, me aprofundando no tempo, no intransitório, mantendo minha mente e corpo repousando em mim, no momento, no presente. Fiquei lá por umas 5 horas. Ora pulando que nem macaco e correndo pra água, desbravando os arredores e hora sentado olhando pro nada, apenas sendo.

Praia do Tonel.

"""

Definitivamente uma das praias ao longo
da costa vicentina que mais marcou pela
beleza e autenticidade, e o acesso difícil
garantiu a aventura.

Me sentia livre.

_"_

E essa particularidade me libertava de qualquer tipo de desejo, e com isso, consequentemente, me aprofundando no tempo, no intransitório, mantendo minha mente e corpo repousando em mim, no momento, no presente.

ARRIFANA

Costa Vicentina.

"

Entre o calibre de um canhão e a pureza de uma maçã. O químico e o orgânico. A força e a leveza. Com um se ganha batalhas, com o outro se conquista amores. E entre batalhas e amores fui seguindo, junto àquela brisa.

Mas aos poucos o "dever" da estrada foi tomando forma novamente, relutei um pouco, mas no fim decidi seguir pra onde apontava o nariz.

Já era por volta das 18 horas, escalei de volta, ajeitei minhas coisas na Nhanderecó e continuei o pedal de sunga mesmo. Continuei seguindo pela estrada de terra, até não ser possível mais cruzar com a bicicleta, chegou num ponto em que a estrada acabou e só era possível passar andando. Fiquei pensando e bolando um plano pra ver se conseguia atravessar...

- Talvez tirar os alforjes e ir passando tudo separado como fiz na França?
- Mas tem o risco de cair e quebrar alguma coisa... Mas veja, a estrada ali do outro lado, vai cortar um bom caminho(!)

Decidi deixar a bicicleta e ir andando, descendo a trilha pra conferir. É, não dava, muito arriscado. A melhor solução foi voltar pelo asfalto mesmo, andei um pouco mais, mas foi mais seguro.

Segui um trecho de volta e peguei a primeira saída até o asfalto e fui seguindo, quebrando as ruas até cair num caminho, perto de uma vila chamada Zambujeira, lá avistei um camping - eu estava suando, todo grudento e salgado da água do mar -, perguntei o preço e decidi parar por ali mesmo, precisava tirar aquela "nhaca" do corpo.

sexta-feira,
08 de Julho de 2016
Zambujeira → Lagos

Meu conceito de viagem nunca foi o estilo "gasto zero", sempre que sentia vontade eu comprava o que eu queria para comer, se quisesse uma cama eu tentava meios como o couchsurfing ou pagava por um albergue.

Economizei um pouco de dinheiro para, talvez, não passar nenhuma necessidade extrema, mas também gastar muito não era a ideia, tinha que manter um equilíbrio entre o que eu julgava ser necessário e supérfluo.

Estipulei, de forma hipotética, uma média diária entre 10 e 15 euros para gastar, tinha dia que dava certo, tinha outros que não, eu sabia que manter essa média seria um desafio, com gastos não planejados, além da inexperiência com esse tipo de aventura. E era sobre tudo isso que eu ia pensando enquanto pedalava pela N-120, sentido Lagos, no sul de Portugal, sobre o que eu julgava ser necessário e o que era supérfluo.

Passando por Aljezur vi uma placa escrito Arrifana, como num lapso cerebral, um movimento invonluntário e sem noção do que eu estava fazendo, decidi quebrar à direita e ir verificar como era a praia e o vilarejo. Claro, foram só subidas até lá! Mas como já estava pela redondeza, fui até o fim.

Segui subindo e descendo até a fortaleza de Arrifana, lá tirei umas fotos, descansei um pouco e fui retornando sem pressa, pois eu tinha que voltar, não havia caminho em frente, só se eu tivesse uma bicicleta anfíbio, uma nau com rodas. Parei num barzinho, daqueles bem praianos - com frutas penduradas por todo lado, prancha de surf e tals - e tomei um suco. Depois fui seguindo e retornei tudo até a N-120 novamente, dobrando à direita e seguindo sentido Lagos.

Tem dia que acerta, tem dia que erra, faz parte. Mas numa dessas perdi um tempo considerável e não era nem a pressa a questão, o problema era que nesse vai e vem de lugares o sol já estava a pino quando retornei pra estrada sentido Lagos, um calor infernal e eu perdido no meio de algum lugar de Portugal...

- Ué, mas não quer se aventurar por aí, sozinho de bicicleta? Tá achando que é fácil? - Pensava, rindo e suando que nem um porco.

Estradas da vida.

_____

""

Tem dia que acerta,
tem dia que erra, faz parte.

Fui inventar de colocar na cabeça que eu tinha, porque tinha, que chegar em Lagos no mesmo dia, às vezes nem eu entendia isso... E após 80km, com muitas paradas pelo caminho para descansar, passar quilos de protetor solar no rosto e reclamar do sol, cheguei em Lagos! Estava enfim no extremo sul de Portugal, na região de Algarve, parte famosa pelas belas praias e também na região mais rica e cara do país. E tudo isso era bem visível enquanto pedalava pelas redondezas. Barcos e belas casas ao longo do percurso, e muito turista, principalmente no verão, onde os branquelos da região norte da Europa costumam passar suas férias.

Já instalado num camping da cidade, quando eu andava a caminho da barraca, fui parado por um outro ciclista que acampava por lá também, seu nome era Dominick, falou que havia me visto no camping de Zambujeira com a Nhanderecó, mas disse que foi rápido, pela manhã, quando já estava de saída. Completou dizendo que foi uma surpresa me ver novamente ali em Lagos. Dominick, garoto inglês, de Sheffield, muito gente boa, logo nos identificamos, ficamos amigos e combinamos de pedalar juntos até a cidade de Faro.

Na mesma tarde, quando eu vinha retornando do banho, vi o Dominick sentado junto a outros caras tomando cerveja, ele gritou pra mim se juntar a eles. E lá fui eu me enturmar com a galera. De estranhos para estranhos.

Era um grupo de franceses que viajavam de carro por Portugal, estavam acampados ao lado do Dominick, que também conheceu eles ali. Tomei umas cervejas com eles e planejamos de pela noite sair para curtir a cidade, já que era sexta-feira e a cidade estava borbulhando e exalando feromônios de jovens gringos à procura de diversão. Coloquei minha bermudinha cinza que eu usava pra tudo, afinal eu não tinha muita escolha, camiseta "veia" e chinelo havaianas - meninão brasileiro fazendo jus a origem -, passei na barraca do Dominick para chamá-lo, nos encontramos com os franceses e saímos pro rolê. E a noite foi animal! Os franceses - e aquele sotaque inglês "Je suis Francê" - eram muito gente boa, principalmente o Pierre, o mais animado deles e o mais comunicativo, falava com todo mundo! Todo mundo mesmo! A noite continuou e fomos peregrinando de bar em bar, era uma via sacra franco-anglo-tupi-americana! Conheci muita gente, só gringo pelas ruas. Invasão nórdica em busca de calor. O curioso da noite ficou na parte oral - não queridos, não esse oral que tu pensou aí não - falo da língua mesmo, eu quase não ouvia português nos lugares e pelas ruas que passava, mas quando ouvia eu já ia logo tentar puxar assunto. Mas no geral nenhuma grande conversa aconteceu. Ô vida boa... acaba não, mundão!

Foi uma puta noite animada, e pensa num cara que bebeu pra caralho, era eu! Muito porque os caras ficavam pagando pra mim as bebidas, e eu aceitava, claro! Foi a primeira vez na viagem que realmente estava bêbado, borracho, ubriaco, "Qui a trop bu", torto!

Em Lisboa eu não tinha ficado bêbado, mas em Lagos entortei o caneco! Como dizem por aí "de graça até injeção na testa".

Retornamos ao camping por volta das 5 horas da manhã, trançando as pernas e rindo a toa. Entrei na barraca e desbundei do jeito que tava, de barraca aberta e tudo. Bônus de estar num camping.

sábado,
09 de Julho de 2016
Lagos → Praia da Luz

Acordei bem ruim da noite anterior e ainda eram 8 horas da manhã! Mas sério, impossível dormir mais que isso numa barraca num calor infernal, eu já estava derretendo e grudando no colchonete. Fui até o bar do camping e tomei um suco junto com Dominick e um alemão que também estava por lá e trombamos pela rua na noite passada. Eu e o Dominick no suco e o alemão já estava tomando cerveja, 9h da manhã! Lembrei dos bons tempos em que eu costumava fazer isso também, acordava de ressaca e pra curar a ressaca tomava mais cerveja, costumava funcionar.

Enquanto eu e Dominick reclamávamos de dores de cabeça e fitávamos o alemão indo para a sua terceira latinha de breja, surgiu a ideia - dada pelo Dominick - de mudarmos de parque campal, porque o que estávamos era bem ruim, apesar da boa localização. Eu concordei com ele e assim foi, levantamos acampamento, nos despedimos dos franceses Asterix e Obelix, do alemão cachaceiro e fomos para outro parque campal, que ficava a 7km do centro de Lagos, na N-125. A besteira minha da vez foi não ter tirado nenhuma foto com a rapaziada, tanta tecnologia na palma da mão e eu me esqueço de eternizar isso em imagem. Tenho que melhorar um pouco nesse quesito. Enfim, foi-se, ficou guardado na minha memória.

O novo camping era bem bonito, enorme e com preço diferenciado para ciclistas, ou seja, mais barato. Ueba! O lugar era tão grande que dava pra se perder lá dentro. E depois de rodar bastante achamos onde deveríamos colocar nossas barracas, feito isso, tacamos os alforjes pra dentro, fechamos e saímos num pedal até a tal praia da Luz. No caminho perguntei para um senhor, que passava na rua, qual seria o percurso mais rápido até lá, ele sugeriu um que tinha que seguir uma trilha no meio do mato...

- V'res ali, à esquerda? Tu "vaish", entra, cruza e pega a passadeira do outro lado. Só seguir e "verásh" a Praia "lã" na frente... Olhei para o Dominick, ele balançou o ombro e a cabeça de forma positiva e nos arriscamos no meio dessa pequena trilha.

Com alguns pequenos cortes na perna e braço depois, devido ao mato alto, chegamos numa rua aleatória, cortando caminho. Pedalamos mais um pouco, um pouquinho mais, mais um pouquinho e "terra ã vishta", gritei pra mim mesmo brincando com o sotaque português. Lá estava, a linda praia da Luz, belíssima! Água linda e clara, areia fofa e dourada e cheia de guarda-sol de sapê. E por ali ficamos a tarde inteira.

""

Dalí vê-se melhor.

Lugar bem bonito, cheio das barraquinhas com produtos artesanais e quiosques de comida, vale muito a pena ir, pra quem já está naquela região de Lagos, ultra recomendo! Fomos andando pela avenida dos pescadores, que tem um pequeno calçadão com desenho que lembra o calçadão do Rio de Janeiro, só lembra mesmo.

Passamos por umas ruínas romanas, e perto de um mirador avistamos um pessoal pulando de uma parte da rocha direto no mar, e claro, não pensamos duas vezes e caímos na água! Eu me enturmei com a criançada que ali estava e fui junto com eles pulando, dando cambalhotas, subindo de volta e pulando de novo! Fiquei um bom tempo nessa com eles. Valeu muito a pena a mudança de local de Lagos pra lá, apesar de ser longe do centro badalado, a praia e o camping caíram como uma luva pra nós, foi mais um ótimo dia. E a ressaca do dia anterior sumiu e nem percebi.

Na volta para o camping passamos num mercado, eu matei 750ml de danone num gole só, compramos a janta e seguimos. Fizemos macarrão com bacon e tomate de janta com o meu fogareiro, comemos - estava uma delícia! - e fui tentar dormir cedo, pois por causa do sol forte tínhamos combinado de acordar o mais cedo possível e já começar a pedalar para aproveitar a brisa matinal.

domingo,
10 de Julho de 2016
Praia da Luz → Albufeira

A ideia era acordar cedo, mas enrolamos um pouco e acabamos saindo no mesmo horário de sempre, que não era tarde no sentido cronológico, mas no sentido temperatura, não ajudaria. E foi quente cara, puta merda, e seco também! Foram quase 60km pedalando até Albufeira, pedal tranquilo, só o calor que preocupava mesmo. Eu e o Dominick tínhamos o mesmo ritmo, mesmo giro e senso de direção, já era uma coisa a menos para nos preocuparmos, e o pedal ia fluindo fácil. Paramos em Portimão na loja da Decathlon, eu precisava de um novo gás para meu fogareiro, comprei o gás, um novo canivete e continuamos.

Seguindo quase sempre por uma pista principal, onde era permitido pedalar, claro, porque não eram todas as cidades que contavam com ruas ou rotas costeiras, a grande maioria delas tinha as ruas beirando a costa, mas se você quisesse migrar para outra cidade, teria que voltar para a pista, seguir e entrar por outra rua, ou seja, teria que pedalar no mínimo mais uns 5km pra dentro, sentido costa, se quisesse chegar numa cidade costeira. Coloca isso em cada cidade que você deseja passar e verás que perderia meses pedalando pra visitar todas. Portanto, quando não era possível ir cercando a costa, pulando de cidade em cidade, preferia definir um ponto no mapa e traçar um percurso mais sensato para aquele momento, pegando a pista para ser mais rápido e ir quebrando pela costa, beirando o mar, quando possível. Mais pra frente, nos outros países - num futuro próximo - isso mudaria, iria gozar mais da brisa do mar e de banhos em chuveiros na areia da praia. Fique por aí e saberás.

Mas por agora era a N-125 o que estava tendo, e assim fomos até chegar em Albufeira. Nessa região sul de Portugal o número de campings pelo caminho era muito maior comparado ao norte do país, mais opções, com melhores estruturas e preço não muito mais caro, pelo menos para ciclistas. Nos alojamos em um que avistamos pelo caminho, antes de entrar na cidade de Albufeira, ficava a uns 2km do centro - os mais longes eram sempre os melhores - e de bicicleta 2km nem era tanto.

Chegamos cansados, cada um arrumou sua barraca, joguei minhas coisas pra dentro da minha e fui tomar um banhão bem gelado! Depois pegamos nossos possantes de duas rodas movido a pedaladas e zarpamos para o centro da cidade, que a noite prometia! Era dia de final da Euro-copa, e advinhem quem jogaria a final? Sim, Portugal! Nem preciso falar como estava a expectativa do povo nas ruas, casas e bares! A cidade estava lotada, bandeiras por todos os lados e muitos turistas, aliás, só via turista ultimamente, língua portuguesa quase inexistia!

Albufeira, uma cidade que gostei bastante, sem dúvida, para mim, ela e Lagos são de longe as melhores que passei na região sul de Portugal. Depois de uma boa volta pedalando pela cidade, tinha até escada rolante que levava as pessoas do nível da praia pro nível mais alto, vai vendo. E pegamos ela com as bicicletas! O plano era assistir ao jogo da final e saímos em busca de um local legal para isso. Eu, Dominck e as bicicletas, andando pelas ruas estreitas da parte mais turística, onde só passavam pedestres, à procura de um local ideal. Todos os bares estavam com TVs ligadas no mesmo canal, então pegamos o que melhor dava pra deixar as bicicletas na vista, e assim foi. Isso era por volta das 17h e o jogo era só às 20h, ou seja, bebemos pra caralho! O jogo começou meio morno e foi ficando tenso no decorrer dos acontecimentos, e a cerveja ia descendo, e mais pessoas iam se aglomerando em outras mesas, ou até mesmo em pé. Jogo na prorrogação e desce cerveja!

Na mesma mesa nossa tinha um casal de irlandeses. A maioria estava lá pela diversão e não necessariamente torcendo pra um ou pra outro, mas no final, todos que não eram franceses acabaram torcendo para Portugal. Só sei que eu já estava bêbado e gritava junto em cada lance, torcendo para os portugas, e só eu gritava em português ali na roda! Na segunda etapa da prorrogação, o camisa 9 me acha um gol, aí foi tensão geral até o apito final! E Portugal, pela primeira vez na história, campeão da Eurocopa, e eu lá fazendo parte da história esportiva do país, bêbado, é claro.

A festa foi grande, as ruas extremamente lotadas, nessa altura não fazia ideia de como estavam as bicicletas, pois trancamos elas uma na outra e encostamos no muro do bar, elas estavam no meio da galera!

Os bares viraram discotecas. As casas, clubes de música. E dois músicos animavam a galera pela rua, festa geral! Era um músico irlandês e o outro português (finalmente um português por ali), que agitavam a rua tocando pra galera com um mandolin e um violão. Eu e Dominick estávamos tão bêbados que quase brigamos num bar - foi por uma sardinha que a briga não aconteceu - e depois ele decidiu ir embora e eu simplesmente fiquei por lá, nem raciocinava direito, até esqueci que estávamos de bicicleta e que elas estavam no meio da rua, olha que descaso! Continuei perambulando pelas ruas e quando vi estava em outro bar, lembro de uma banda de rock tocando, ouvi de longe e entrei, fiquei lá, com um copo de cerveja na mão, perto do palco curtindo a música. Fiquei até a banda terminar de tocar. Estava celebrando, celebrando o desconhecido!

Não sei como, mas consegui voltar pedalando para o camping, deve ser o inconsciente que trabalha nessas horas, ou o anjo da guarda (pra quem acredita), só sei que achei onde estava a Nhanderecó, estava intacta e com menos pessoas em volta. Retirei o cadeado, coloquei a lanterna na frente, liguei o GPS no celular e saí seguindo todo torto pela calçada, perigo! Mas fiz! E aqui estou pra te contar.

E depois de rodar por dentro do camping - e quase cair na valeta - achei minha barraca. Isso tudo com a luz forte da minha lanterna piscando as 3h da manhã, devo ter acordado muita gente. Bicicleta apoiada na árvore, desmontei na barraca e apaguei! Foi certamente um grande dia na história do esporte de Portugal, e eu estava ali, in loco, vivenciando tudo aquilo, bêbado, mas estava! Ótimas lembranças, pré-álcool, porque o pós-álcool eu não me lembro muito, as que lembro estão escritas no meu caderno e redigitadas aqui.

segunda-feira,
11 de Julho de 2016
Albufeira (morto)

7h da manhã. O quê? 7h? Por que já acordado? Puta calor e já me encontrava derretendo dentro da barraca, acordar era inevitável. O que também eram inevitáveis, eram a ressaca e as dores de cabeça e no corpo... NOOOOOSSS! E lá se foi mais um dia técnico, esse foi realmente necessário. O dia inteiro de molho, largados. Ainda bem que o camping oferecia espaço e dispunha de uma boa piscina e restaurante. E foi o que fizemos, boiamos por um bom tempo na piscina, em recuperação pós-álcool. Depois almoçamos no self-service do camping, estava ótima a comida e barata! Realmente precisava disso. Sentia os nutrientes correrem nas minhas veias e regenerando partes já afetadas. Depois do almoço Dominick desceu para resolver umas coisas dele e eu fiquei na mesa do restaurante, entre uma garrafa de 2 litros de água gelada e um café, vendo a TV - que só falava da seleção portuguesa - e tentava escrever um pouco. E foi isso o dia inteiro.

terça-feira,
12 de Julho de 2016
Albufeira → Fuseta

Acordei bem cedo, aliás, nem consegui dormir direito. Acordei várias vezes durante a noite e pra ajudar tinha programado o celular pra despertar às 5h30 da manhã, só que o celular ainda estava no horário da Irlanda, ou seja, 1h a mais que Portugal. O maldito despertou às 4h30 de Portugal! Levantei, saí e estava um breu, um escuro e silêncio associado a uma corrente bem fresca de ar que pairava por ali. Estranhei, e foi aí que percebi que o celular estava com horário errado. Retornei pra dentro da barraca para tentar dormir mais uma horinha, mas não conseguia. Fiquei rolando pra lá, mexendo pra cá, inquieto por quase uma hora, quando era 5h30 - agora no horário certo de Portugal - pulei do saco de dormir e resolvi ir arrumando minhas coisas pra logo cair na estrada.

Agora com essa mudança de hábito devido a fatores naturais (leia-se sol), me via tendo que pedalar bem menos tempo e quilômetros do que antes, vinha fazendo algo em torno de 50km-60km por dia, uns 40km a menos da média que fazia há um mês atrás. Meu tempo de pedal havia diminuído devido ao sol, 9h da manhã a temperatura já ultrapassava fácil os 30°, chegando a mais de 40° durante a tarde! Mudanças na logística da viagem eram necessárias.

Tinha combinado com o Dominick de vê-lo pela manhã para nos despedirmos, mas estava muito cedo - ainda noite - quando decidi zarpar e achei melhor não perturbá-lo. Deixei uma mensagem pra ele agradecendo a companhia nesses últimos dias e desejando boa sorte. Grande pessoa.

A ideia inicial era pedalarmos juntos até Faro, onde a família dele estava indo passar férias, ele pegaria o voo de volta para Inglaterra com eles e eu seguiria rumo à Espanha sozinho novamente. Mas aconteceu um imprevisto com ele, o cabeçudo perdeu o passaporte no dia anterior na festa de comemoração do título da seleção de Portugal. Ele deve ter deixado cair o passaporte no meio da muvuca pela rua, ou algo do tipo, portanto ele teria que voltar a Portimão, onde tinha um consulado inglês, para pegar um provisório. E como ele não sabia quanto tempo isso duraria, talvez mais de um ou dois dias, conversamos e decidi que partiria sozinho de Albufeira mesmo, afinal Albufeira e Faro nem é tão longe assim.

Durante a festa de domingo eu coloquei meus pertences, que não eram muitos - chave do cadeado e carteira com algum dinheiro - num bolso da minha bermuda com zíper, e sempre batia a mão ali pra conferir se estava tudo certo, mesmo bêbado o fazia! Até tentaram me roubar uma hora quando andava pela multidão durante a festa, um sujeito bem ligeiro - um filho da puta mesmo - conseguiu abrir o zíper do bolso lateral do shorts, confesso que sem querer peguei ele no pulo e já saí falando grosso e em claro português, ele percebeu que eu não era gringo, aliás, era um gringo que falava a mesma língua dele, viu que tinha vacilado e saiu me dizendo "ó, toma cuidado, bolso aberto aí..." e foi saindo de fininho dando uma de "João sem braço", vacilão! Não sei se com o inglês foi roubo, talvez ele tenha deixado o passaporte cair enquanto pegava outra coisa, ele estava tão bêbado quanto eu!

Bem, deixando pra lá esse ocorrido e voltando pra estrada. O caminho sentido Faro pela manhãzinha estava bem gostoso, temperatura amena e sol fraco, mas logo viria forte pra esquentar as coisas. Fiz o percurso até que rápido, num ótimo giro, sem subidas, pedalei 42km em 2 horas, muy bien!

Saí do camping um pouquinho antes das 6h, portanto 9h da manhã já estava pelas redondezas de Faro, muitas pessoas não haviam nem levantado da cama ainda e eu já tinha pedalado 42km! Que orgulho, quisera eu ser assim sempre... E como era hora de café da manhã, parei e tomei o meu. Encostei a Nhanderecó numa lixeira do lado da mesa onde me sentara - na parte de fora de um café - e mandei descer um galão e uma tosta mista! Era como os portugueses chamavam o café com leite (ou pingado) e o pão na chapa, como é conhecido no interior de São Paulo, onde nascera esse rapaz que vos escreve. Dei um tempo ali, uma horinha sentado. E nesse meio tempo um senhor que vinha recolher o lixo da lixeira derrubou a Nhanderecó e quebrou meu marcador de quilometragem! Também, quem foi a anta que encostou a bicicleta numa lixeira?! Quebrou o suporte e zerou tudo que eu vinha quilometrando na viagem! Fiquei triste porque não havia marcado em lugar nenhum, enfim, paciência. Amarrei o marcador de qualquer jeito no guidão e ele continuou quilometrando até o fim da vida.

Terminado o galão com a tosta mista - plus marcador quebrado - peguei a velha guerreira e saí cambaleando pelos da cidade. Faro me decepcionou um pouco, esperava mais da cidade, comparada a Lagos e Albufeira, era bem mais singela no quesito praias, talvez um passeio de barco para alguma ilha fosse mais atrativo, mas, eu não estava pra isso. Depois de andar mais de 10km em direção à praia, sentido aeroporto, pegando uma ponte - lugar ruim pra pedalar -, cheio de carro e movimentado, chegando na Via Nascente descubro que não tinha nada de mais por lá, nada de mais mesmo!

Verifiquei mais uma vez onde eu me encontrava e me peguei na maior preguiça para retornar pedalando pelo mesmo caminho que havia passado. Perguntei para um senhor como fazia para sair dali sem precisar voltar pela estrada, ele me falou sobre pequenos barcos que faziam o deslocamento de volta para o continente, só que não sabia me dizer horários, apontou uma direção e me disse para seguir em frente. Ok! Lá fui eu. Achei o local, e ali fiquei esperando a barquinho chegar, batutando se eles aceitariam levar a Nhanderecó e seus alforjes, enquanto derretia no sol e me culpava pela burrada e tempo perdido tentando desbravar o indesbravável! Acontece, acontece. Já no barquito, segui em direção de algum lugar. Aliás, o passeio de barco - que foi barato - foi a melhor parte do dia, rápido, mas legal. Passando pelo canal até chegar ao cais, desembarquei na parte mais antiga de Faro, parte histórica, de Fenícios aos Mouros. Foi uma surpresa agradável que fez Faro ganhar uns pontos comigo, mas ainda assim estava decepcionado com a cidade. Fui pedalando pela vila, passando pelo charmoso largo da Sé e seus pés de laranjeira e uma - claro - igreja! Me perdi um pouco ali pelas vielas, contemplando os azulejos nas paredes, fazendo vídeos e fotos pela Rua Rasquinho, e aos poucos fui saindo e seguindo em direção à Espanha, que já era logo ali, ou quase ali, ali na frente.

RUA RASQUINHO

O mesmo rapaz que me avisou do barco até Faro, também me disse pra seguir até Olhão, lugar a 15km de Faro, e era pra lá que eu seguia. Debaixo daquele sol escaldante, andei os 15km e logo na entrada de Olhão (risos), avistei um Lidl (supermercado), parei para reabastecer meu alforje, já que havia comprado um novo gás para meu fogareiro e era possível cozinhar novamente, ao invés de só ficar comendo pão com mortadela. De quebra já matei um danonão de 1,5l de abacaxi com coco ali mesmo na bicicleta, geladaço! Delícia! Enquanto eu ajeitava minhas coisas no alforje, um casal me avistou e parou para conversar, ficaram maravilhados com minha história, e logo já pensei "Oba, vão me oferecer um lugar pra ficar! Ou me dar dinheiro! Ou uma telesena!", só que não. Falaram que Olhão (risos) não tinha muita estrutura para ciclistas - Surpreso, eu? Ná! - e me sugeriram seguir até Fuseta - 9km à frente - que tinha um camping legal por lá. Enfim, o que é um peido pra quem já está cagado? Fui lá.

Já em Fuseta, quase em forma líquida de tanto suar, percebi que a cidade não tinha nada para me mostrar e o camping era reflexo da cidade, bem ruim - o camping era horrível -, não tinha espaço e eles socavam pessoas por metro quadrado, cheio de tendas com famílias que pareciam morar lá, sem contar o barulho dia e noite, foi difícil dormir viu... paguei bem barato pelo menos. E tu se perguntas, por que vai no camping então? É, sei lá.

A única coisa boa do camping era a menina que trabalhava no restaurante (Ô lá em casa), tirei uma foto mental da bunda dela, matei 2 litros de água gelada (doeu o cérebro), escrevi um pouco e retirei-me para meus aposentos campísticos de terra dura com pedra.

quarta-feira,
13 de Julho de 2016
Fuseta → Isla Cristina

Levantei bem cedo - again - e pedalei até Vila Real de Santo António, última cidade em Portugal antes de atravessar para a Espanha! Foram 43km de Fuseta até lá. Logo que cheguei em Vila Real percebi um lugar diferente e muito melhor do que os lugares que vinha passando desde quando saí de Albufeira. Na cidade, apesar de pequena, era notório a melhor organização e limpeza do local, melhor estruturado e com uma praia linda!

Agora tendo que me reorganizar e sair pra pedalar mais cedo, devido a alterações climáticas, eu acabava deixando pra tomar café da manhã mais tarde e geralmente durante o pedal eu comia e bebia algo, particularmente não gostava disso, mas era preciso. Teria que pegar um pequeno barco para atravessar para a Espanha, pois pela rodovia - outra única passagem - não era permitido bicicletas. Mas o barco era barato, portanto, nenhum problema com isso. Havia chegado cedo em Vila Real e teria algumas horas pela vila antes de embarcar no barquito, decidi então parar em algum lugar para comer algo com calma. Meu último café da manhã em Portugal. Uma tosta mista de lombo (enorme) um galão e um suco de laranja enorme. Delícia!

A garçonete logo percebeu meu sotaque, e enquanto o elogiava, começou a me perguntar coisas sobre a viagem. Continuou a elogiar meu sotaque e admirava minha coragem e determinação no que vinha fazendo e de como estava fazendo!

- É muita coragem para viajar desta forma, é só contar no mundo quantos que fazem o mesmo e verás... - Disse ela, sorrindo.

Não gosto de me vangloriar, mas às vezes faz bem olhar ao redor e ver o quão inspirador eu estava sendo, com amigos e desconhecidos por onde eu passava, dizendo ótimas coisas sobre mim e o quanto aquilo os inspiravam.

Depois do café da manhã/almoço, dei mais uma singela volta pela vila, parei por uns minutos numa praça e dali conseguia avistar a Espanha do outro lado do rio\mar. Logo ali começaria mais uma etapa dessa louca aventura. Novamente eu, eu mesmo e Nhanderecó. Ou será que algum outro personagem entrará nessa aventura?

Segui para o barco e alguns poucos minutos depois me encontrava novamente em território ibérico espanhol, sentido mais uma vez ao inóspito, pra onde apontava o nariz.

Portugal, terra mística de misturas e povos. Da ancestral tradição céltico-druídica. Do paganismo germânico, misticismo islâmico e lendas de Carlos Magno. Dos Templários e sua busca pelo Santo Graal.

Todos esses ingredientes - e muitos outros - que formaram esse país que eu acabava de cruzar pedalando. País, que para o escritor irlandês James Joyce, exportou o modelo europeu - durante a velha Europa - para o resto do planeta, e que assim deveria se chamar "Portocall", o Porto do chamamento.

(...)

Trinta e um dias de Portugal, pouca chuva, muito sol, alegria e algumas saudades. Portugal deixará saudades...
Pela ótima gastronomia.
Por suas lindas praias e arquitetura com cores alegres.
Dos conflitos, alegrias, conversas e libertinagem com Désirée.
Pelas caminhadas por ruas antigas, estreitas e multiculturais.
Pelas noites boêmias e bêbadas vagando pra lá e pra cá.
Dos bondinhos pra cima e pra baixo.
Do bolinho de bacalhau e vinho do Porto diretos da fonte.
Das companhias maravilhosas da Gabi e da Paola.
Das grandes companhias de polimão e do inglês cara de rato.
Da praia deserta só para mim!
Por poder falar na mesma língua,
Xingar na mesma língua,
Cantar e roncar na mesma língua...
E de não entender nada na minha mesma língua.
A língua portuguesa.

"Não é - não - a saudade da infância de que não tenho saudades: é a saudade da emoção daquele momento, a mágoa de não poder já ler pela primeira vez aquela grande certeza sinfónica.

Não tenho sentimento nenhum político ou social. Tenho, porém, num sentido, um alto sentimento patriótico. Minha pátria é a língua portuguesa. Nada me pesaria que invadissem ou tomassem Portugal, desde que não me incomodassem pessoalmente. Mas odeio, com ódio verdadeiro, com o único ódio que sinto, não quem escreve mal português, não quem não sabe sintaxe, não quem escreve em ortografia simplificada, mas a página mal escrita, como pessoa própria, a sintaxe errada, como gente em que se bata, a ortografia sem ípsilon, como o escarro directo que me enoja independentemente de quem o cuspisse.

Sim, porque a ortografia também é gente. A palavra é completa vista e ouvida. E a gala da transliteração greco-romana veste-ma do seu vero manto régio, pelo qual é senhora e rainha."
Trecho de "Livro do Desassossego", de Bernardo Soares (heterônimo de Fernando Pessoa).

E claro, de gritar GOL e xingar em português aguardando o final de uma partida tensa, podendo assim comemorar e vibrar esse fato inédito do esporte português. É campeão! Porra!

Considera-se também um campeão Lucas, campeão, pois mesmo se a viagem acabasse agora, o que você já fez é digno de orgulho e comemoração! Você decidiu viver, cara, independentemente de como ou onde, foi, encarou e ainda encara... chuvas geladas de granizo (que iriam piorar), o sol escaldante (que iria piorar), o corpo dolorido, a bicicleta quebrada, não ter onde dormir... todas essas adversidades você encarou!

Obrigado, Portugal, República Portuguesa, por presentear-me com essa língua linda e romântica e por me receber de braços abertos nessa linda e maluca passagem de bicicleta por seus interiores.

E "Hola" novamente Espanha, de língua prima-irmã ibérica. Pois venha que vou lhe usar.

(...)

Já na parte espanhola, desci do barquito com a Nhanderecó e parei na primeira praça. Sentei-me num banco e comecei a olhar o mapa para verificar certinho onde eu estava, que era em algum lugar de Quebranta, Andaluzia. Passei protetor solar na cara e segui o pedal.

Não pedalei muito e logo parei em Isla Cristina, vinha pedalando e avistei um camping que de fora parecia grande e bom, decidi ficar por ali mesmo e explorar as redondezas com calma.

Nem tinha andado direito por essa parte da Espanha e já era notável as melhores estradas e ciclovias, com boas sinalizações em relação a esses últimos dias que pedalei pelo sul de Portugal.

Já instalado no camping, matei 1 litro de achocolatado do mercadinho, bem gelado! Comi algo e já matei mais 2 litros de água gelada! Tudo sem muito esforço. Dei uma relaxada na sombra, escrevi um pouco, chequei algumas coisas na internet e fui enrolando até onde deu.

Por volta das 17h fui montar a barraca, deixei minhas coisas tudo lá dentro, bicicleta do lado e escapuli pra praia! Esse era um dos principais motivos pelo qual gostava de ficar em campings, a segurança de poder deixar tudo ali sem me preocupar e sair para explorar os lugares. Sol já estava mais fraco, algo em torno de 30 graus, e já era 17h da tarde, sim, isso mesmo! Sol no verão por essas bandas vai até 22 horas da noite! Coloquei minha sunguinha e saí caminhando pra fora do camping, atravessei a estrada, entrei numa trilha e fui andando, até sair de frente para o mar. Não era a praia mais bonita no mundo, mas valeu pelos vários peitos bronzeados fazendo topless que eu via passando na minha frente. Benza Deus.

De volta ao camping após "calangar" na areia, resolvi algumas pendências e fui fazer minha janta, macarrão com bacon! Devorei, lavei tudo, escovei os dentes e fui dormir!

Calor!

Malditos pernilongos!

"
Olha ali a Espanha
novamente…

ESPANHA

3754 KM

quinta-feira,
14 de Julho de 2016
Isla Cristina → El Rocio

Tudo estava indo tranquilo, estava na direção de Huelva e de lá
seguiria mais pelo "meio" do mapa para Sevilha e não pela costa,
só que, claro, mudei de ideia e paguei por isso. Não que tenha sido
ruim, mas foi bem exaustivo!

Durante o percurso encontrei com um casal de bósnios, eu seguindo
para Huelva e eles seguindo para Portugal, eu de um lado da estrada, eles
do outro, eles ascenaram e eu parei:

- Olá! - Disse o homem.

- Olá! - Repliquei.

- Da onde vem vindo? - Mais uma vez o bósnio.

- Estou indo sentido Barcelona, e vocês? - Yo nuovamente.

- Sentido Portugal, começaremos o Caminho de Santiago do sul e subi-
remos até Santiago de Compostela. - Replicou o bósnio todo sorridente e
pingando suor pelas glândulas sudoríparas.

Falei rapidamente que eu havia feito o contrário e falei também que eles amariam o percurso e que seria tranquilo em Portugal, apesar do calor terrível. Eles agradeceram, nos despedimos e cada um seguiu seu rumo.

Fui seguindo debaixo do nosso amigo sol - O Onipotente - e ouvindo meu mp3, eis que começa a tocar o álbum "Chão", do Lenine. Cara, que brisa! Pegue um fone de ouvido, vá a algum lugar calmo ou em meio a natureza e ouça o álbum inteiro na íntegra, que genialidade! E eu brisando com todos aqueles efeitos sonoros e letras poéticas enquanto pedalava, nem percebia que estava pedalando, me sentia leve e livre. Voando.

> "Em tempos de tempestades. Diversas adversidades. Eu me equilibro, e requebro... É que eu sou tal qual a vara. Bamba de bambu-taquara. Eu envergo, mas não quebro." **Envergo Mas Não Quebro - Chão, Lenine.**

E desse jeito, envergando e sem quebrar, fui seguindo firme. E já em Huelva resolvi parar para comer algo. O sol já estava terrivelmente forte logo às 11h da manhã! "CrêmDeusPai"!

Seguindo na ciclovia, já dentro da cidade, fazendo aquela curva criminosa à esquerda e entortando aquele cotovelo pela direita, caí em um dilema... À minha esquerda um supermercado (Lidl), barato e com muito mais opções, e à minha direita o McMickey (Donald, eu sei), mais caro, só que tem wi-fi, ar condicionado e poderia dar um tempo ali para descansar e escrever - merda! Maldito ar condicionado e wi-fi! - e lá se foram €3,20 num pão de plástico com café sujo aguado! Tudo bem, fiquei por lá umas 2 horas - o que compensou o valor - e passei a limpo todos os meus escritos, mapa e coisas na internet. E lógico, saindo dali, fui correndo ao Lidl! A bola incandescente no céu estava realmente sem misericórdia nenhuma! Estou reclamando bastante do sol, certo? Reclamarei mais, muito mais! Aguarde!

E pra fugir mais um pouco dos raios de sol fui procurar um abrigo com

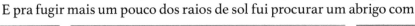

sombra. Ali mesmo, no chão de um lugar qualquer perto da marina de Huelva, estendi meu mapa lindo para desenhar por onde já tinha passado e fui deixando o tempo passar e o sol naturalmente baixar. Não sei se já mencionei aqui sobre o mapa?! Eu tinha comigo um mapa da Europa impresso - esses que tu compra em banca de jornais - no qual eu rabiscava lugares já passado e visualizava possíves rotas e próximos destinos. Sabe esse mapa aí ao lado e os muitos outros que tu vê em cada começo de subcapítulo? Pois é, é o próprio original fotogrado e colocado aqui por mim.

Enfim, seguindo com o meu dia... peguei meu pão fresquinho que havia comprado no Lidl, meu jámon - sim, porque agora na Espanha será só jamonzito e no más presuntito - e enquanto o devorava, rabiscava no mapa e planejava os próximos passos! Já decidido e comido, peguei a magrela e saí pedalando novamente, nisso já era umas 16h. Engana-se você, caro leitor, achando que já era tarde, pois lembre-se, o sol no verão segue firme clareando até as 22h, portanto, muita luz pela frente ainda. E na ideia que seria mais fácil ir pedalando pela costa, menos subida, mais praias, chuveiros... pois é, no começo não foi bem assim. Aliás, no começo, na saída de Huelva, foi ótimo! Uma grande e bela ciclovia seguia até o fim da cidade, lugar muito bonito e prazeroso, tudo novinho por ali. Ótima ciclovia, assim como ótimas estradas nesse começo de sul da Espanha. Depois fui seguindo por uma pista entre carros e caminhões, ansioso pelas praias e ciclovias da parte costeira! Cadê?

É, e o que eu achava ser uma estrada perto de praias e ciclovias, acabara se tornando um deserto árido! Quase infartei pelo caminho! Dava pra ver o calor subindo, saindo do asfalto e entrando na minha pele! De repente observei um gasoduto enorme e altas torres soltando uma fumaça branca no ar... Habemus Papam? Nada! Era a refinaria da Repsol! O lugar que passara era um parque industrial de energia e gás. Cacete! Tá aí o motivo daquele deserto árido e o monte de carro e caminhão pelo caminho! Continuei, bebendo água quente e com a língua pra fora parecendo cachorro. Uns 15km depois avistei a tão esperada praia, Mazagón, não pensei duas vezes e desci pra perto da areia. Achei o que queria, um chuveiro público! Ah meus amigos, que delícia, entrei debaixo com tudo que era permitido e tomei várias duchadas geladas na nuca! Me lavei inteiro!

Já renovado e refrescado, fui indo pelo asfalto, aliás, agora tinha ciclovia, só a parte industrial que era fodida mesmo. E o calor voltou, minutos depois já estava seco novamente, água quente e louco por outra ducha. Cadê? Cadê?

Avistei uma placa que dizia "parador nacional de Mazagón" apontando à minha direita, verifiquei se era possível ir de bicicleta. Era!

Aceitei o desafio. Perca de tempo. Tive que empurrar a bicicleta morro acima, numa passarela de tábuas irregulares, pra chegar lá e ver que tinha que descer tudo, impossível com a bicicleta. De quebra, quando estava já lá em cima, um senhor veio puxando assunto falando que tinha uma praia de nudismo ao lado e que ele poderia me levar lá. "Tchaubrigado". De volta à estrada - louco por um jato d'água gelada na nuca - começou a tocar "Here I go again" do Whitesnake no fone de ouvido, não poderia haver momento melhor pra tamanha coincidência! Aumentei o volume, e seguido por um pássaro (acho que era uma águia), que me sobrevoava, apertei o pedal! Aquilo subiu minhas energias, sabe aquele momento que tu esqueces onde está e o que está fazendo e começa a tocar "airguitar" e cantar sozinho? Pois é!

"I don't know where I am going. But, I sure know where I've been. Hanging on the promises in songs of yesterday... but here I go again on my own." **Here I go again - Whitesnake.**

Finalmente, outra praia! Mátalascañas! Outra ducha! Fiquei boiando por ali vendo uns garotos pulando numa bola de plástico enterrada na areia e dando mortal. Vários mortais depois, bora procurar um camping. O mais próximo era em El Rocío, 20km de onde estava. Já era 19h da "noite", e a bola no céu brilhava como nunca! Com a energia revigorada mais uma vez, decidi pedalar até esse camping, se nada houvesse lá dormiria pro mato mesmo, foda-se. E cara, caminho até El Rocío fiz num tiro só! Foi quase 1km por minuto! Cheguei e o camping existia! Falo assim porque horas atrás, antes de Mátalascañas, tinha avistado uma placa que sinalava um camping, fui correndo lá verificar e não tinha nada não, vacilão! Em El Rocío o camping era bom, cheguei por volta das 20h, montei tudo, fiz meu macarrão com sardinha na lavanderia - tentando fugir dos trilhões de mosquitos que ali havia - e comi acompanhado de alguns outros mosquitos que insistiam em me perseguir. Malditos!

Depois de comer e lavar tudo, fui andando pelo camping, até que avisto, por volta das 22h, um lindo pôr do sol! Um céu limpíssimo azul crepúsculo e uma bola alaranjada descendo no horizonte, foi rápido, mas marcou!

No final o que era pra eu pedalar só pela manhã, acabei pedalando o dia inteiro, percorri simplesmente 130km nesse dia, acreditem se quiser, e debaixo de um sol de mais de 40 graus no "cucuruco"! Com certeza só consegui essa proeza devido às ótimas duchas geladas que tomei pelo caminho, que refrescavam e recarregavam as energias, caso contrário era improvável tal façanha em tais condições.

sexta-feira,
15 de Julho de 2016
El Rocio → Sevilha

Monta, desmonta, monta e desmonta! E enche o colchão inflável, e esvazia o colchão inflável! E arma tudo, e desarma tudo... olha, perdi as contas de quantas vezes já fiz isso. No caminho para Sevilla resolvi pegar um trajeto mais rápido - de acordo com o mapa - o que sujeitaria minha pessoa a seguir por uns 10km de estrada de terra (tudo para chegar mais rápido e fugir do sol), mas essa pressa quase me causou um grande problema dessa vez. Fui seguindo pelo caminho de terra, até que ia bem tranquilo, nada tão ruim como havia imaginado, mas eis que a merda acontece. Seguindo pela terra, já quase no trecho final, logo a frente eu avisto um leve declínio que estava cimentado e havia água, que vinha da montanha ao lado, escorrendo pela perpendicular, e foi exatamente nesse trecho cimentado com água escorrendo que fui pro chão, assim, literalmente!

De cara no chão! Parecia uma pamonha espatifada! Sim, caí da bicicleta. Coisa que não havia acontecido ainda na viagem, não desta forma. Creio que pelo fato de ter aquele fio d'água passando naquela parte constantemente, mesmo que em pouca quantidade, juntou algum tipo de limo e o lugar e ficou escorregadio, eu nem reparei em nada e estava seguindo bem e tranquilo, descendo, ainda bem que vinha devagar e o tombo não foi tão forte. Resultado, pneu da frente escorregou, e quando o pneu da frente escorrega, meu amigo, santo nenhum segura, adiciona isso a uma bicicleta com peso bem acima dos padrões e terás uma pamonha caindo no chão, nesse caso a pamonha era eu. Fui pro chão, e a primeira coisa que bati foi a mão, pois involuntariamente você estende a mão e vai rolando sem rumo em seguida. Caí e já fui levantando, levantei tão rápido no susto que nem parecia que tinha caído...

- Não! Não! Não quebrou nada, não quebrou nada... - Repetia comigo mesmo enquanto levantava e olhava para Nhanderecó. Sim, eu estava mais preocupado com a bicicleta do que comigo mesmo.

Mas me sentia bem, apesar da adrenalina do momento. O alforje do lado esquerdo se soltou do suporte e amorteceu a bicicleta na batida, o cadeado que eu coloco num suporte no garfo também se soltou, o suporte quebrou e a bolsa dianteira do guidão também saiu e caiu no chão, mas sem quebrar nada. Portanto as bolsas e o cadeado meio que amorteceram a queda, evitando danos maiores na bicicleta, que por sorte estava ilesa, só a luva esquerda que raspou no chão e perdeu uma parte da borracha. Sendo assim, após checar a bicicleta, fui conferir a minha pessoa, foram só os joelhos ralados e as dores da pancada na hora da queda, mas nada que me impedisse de pedalar. Coloquei tudo de volta na bicicleta e segui rumo a Sevilla. Cheguei lá bem cansado, o sol mais uma vez torturando e marcando presença, e com a queda meu corpo tinha acumulado mais um tipo de dor que comecei a sentir mais forte depois do banho e ao acordar no dia seguinte. Fui direto para o endereço do AirBnb que havia alugado, precisava de uma cama, e para uma cidade como Sevilla, precisava também de tempo para desfrutá-la melhor! E fiquei por lá de sexta-feira até segunda-feira de manhã!

sexta a segunda-feira,
16 - 18 de Julho de 2016
Sevilha

Na sexta-feira tirei a tarde para descansar, lavar minhas roupas encardidas e arrumar minhas coisas. Pelo fim da tarde fui para um passeio de leve pelas redondezas, passei pela catedral principal da cidade e jantei um delicioso prato com ovos, batatas e carne num restaurante em uma das pequenas e movimentadas ruelas do centro antigo daquela cidade maravilhosa. Após a janta continuei andando pelas antigas vielas, me perdendo pela história, histórias de conquistas e muito sangue derramado.

Fui andando e acabei em frente de um lugar chamado de Metropol Parasol, que é uma construção de madeira bem moderna que fica numa outra zona antiga da cidade, dando aquele contraste entre o velho e o novo que me enchia os olhos! Segundo o que eu li, aquela estrutura era considerada a maior estrutura de madeira do mundo, foi desenvolvida por um alemão e terminada em abril de 2011. O lugar contém um antiquário com vestígios arqueológicos romanos e árabes, mercado, restaurantes e terraço panorâmico com uma linda vista, super recomendado passar por ali quando estiver em giro por Sevilha! Vai que eu te garanto.

Na volta - já noite - fui caminhando tranquilamente e imaginando como era tudo aquilo antigamente, ainda mais em Sevilha, importantíssima cidade da Península Ibérica, que já foi casa de tantas tribos e identidades, de fenícios a romanos, de vândalos anárquicos e dos mouros, esses últimos deixaram suas muitas marcas pela arquitetura da cidade, muita, mas muita referência deles por onde eu passava, aliás, por essa região inteira da Espanha! Muitos restos romanos também!

No sábado - dia 16 - saí para um passeio com a Nhanderecó, dei uma bela volta pela cidade e me diverti sozinho pedalando sem rumo pra lá e pra cá. No começo já me vislumbrei com a maravilhosa Plaza España, um lugar poético e de beleza ímpar! Depois, ao lado, o lindíssimo parque María Luisa, que era parte dos jardins do Palácio de San Telmo, que também é ali próximo, que os duques de Montpensier ofereceram à cidade e daí a dedicatória a Infanta María Luisa, filha do rei D. Fernando e María Cristina.

Perdi umas horas por lá e depois continuei o passeio, atravessei a Puente de Los Remedios e já no bairro Triana parei para almoçar e devorei uma enorme pizza feita por um cidadão português. Comi com calma e bati um papo com ele, que falou que já tinha ido ao Brasil - devido ao fato de ter dito que eu era brasileiro - e se surpreendeu com o país positivamente, principalmente com São Paulo. Depois segui pedalando até um parque temático chamado Isla Mágica, passando pela universidade de Sevilha, sempre com muitos prédios antigos e muita influência árabe na arquitetura pelo caminho, caminho que aliás era inteiramente feito por ciclovias por todo o lado.

Cidade tão antiga e histórica que conseguia, de forma bela, manter o antigo, a cultura e integrar isso ao moderno, ao novo, mostrando claramente como é possível se renovar, com infraestrutura e fácil acesso com todos os meios de transporte, sem destruir o belo do passado. Esse era, e ainda é, pra mim o grande charme da Europa em geral, ser moderna sem destruir o passado, sem perder a originalidade!

Entrando de volta na parte antiga e histórica da cidade, parei na Plaza de Toros para uma visita, que aliás, foi a única visita paga que fiz na cidade, decidi fazê-la pois era algo bem diferente de tudo que eu havia visto e tinha passado até então na minha vida. Mas por fim a visita na Plaza dos Toros não foi lá aquelas coisas, fomos guiados pelo pequeno museu que se encontra lá

dentro, vimos a arena onde são - eram - feitas as touradas e só, a visita foi interessante por eu nunca ter estado em algum lugar semelhante antes, e só, mas valeu pra matar a curiosidade.

O calor estava terrível, o sol era forte e o ar estava parado, não me lembrava da última vez que havia sentido um calor desses, com o ar parado daquele jeito, tudo seco. Eu morava na Irlanda já havia quase uns 3 anos e por lá o verão é de 20 graus cinco dias no ano... brincadeirinha... não, é verdade.

Voltei para o apartamento, tomei um banhão, troquei de roupa, dei um descanso rápido e saí novamente para caminhar pela cidade e comer algo. Como percebem, nunca descanso!

Fui sentido a La Alameda, lugar não tão turístico de Sevilha, onde havia mais o povo local mesmo. Fui num restaurante chamado Sacramento, o local foi uma indicação de um amigo, Jesus o nome dele (sim, Jesus! Ou "Rê-sus" em espanhol), nacido em Sevilla, trabalhei com ele em Dublin.

O restaurante era de um amigo dele, Jorge (Ror-rrê), cara muito gente boa. Por lá jantei um prato típico (aprenda com o tio aqui, tudo será "típico" quando você for comer algo em outro país com uma pessoa local, o prato pode ser batata com água, ainda assim irão falar que é típico de lá) sugerido por Jorge - tem que ler com sotaque, "Ror-rrê" - lombo com batatas e alho, muito bem feito e saboroso, acompanhado de una cerveza (Alhama), tudo delícia! Depois bati um papo com o ele, que me deu um shot de algo alcoólico lá que não me lembro o nome, mas que me subiu na cabeça.

Valeu a pena a caminhada e ter ido lá para jantar, Jesus - o meu amigo sevilhiano, não o barbudão - ficou muito contente quando falei que tinha ido até o restaurante do Jorge e seguido sua recomendação. Depois voltei andando para o apartamento, me sentia meio alcoolicamente alegre sozinho pelas ruas. Até sentei numa moto antiga parada numa rua para uma selfie, não me perguntem o porquê.

Já no domingo o dia foi mais tranquilo. Me sentia bem cansado, estava andando desde quando cheguei na cidade, aquilo que já mencionei por aqui, apesar de pegar 3 noites por lá, sempre quando paro em cidades grandes eu acabo não descansando muito, e uma hora tudo isso sobrecarrega, e no domingo eu sentia essa sobrecarga, mas com o calor que não ajudava em nada, acabei saindo novamente para andar mais um pouco, comprei algumas pequenas lembrancinhas, tomei um sorvete e lá se vai mais um dia típico de turista, só que dessa vez bem preguiçoso.

Voltei cedo para o quarto, arrumei minhas coisas e deixei tudo prontinho para no dia seguinte seguir o pedal. Me despedi do pessoal da casa já no domingo a noite, pois iria acordar bem cedo pra cair na estrada no dia seguinte.

Tentava dormir, mas não sei porque eu não conseguia pegar no sono, e rolava pela cama.

Foda que eu tinha programado acordar às 5h30 da matina!

Dorme, porra!

RINCÓN DE FÍGARO

segunda-feira,
18 de Julho de 2016
Sevilha → Moron de la Frontera

5h30 da manhã despertou o celular, só o celular, porque eu me sentia passado por um rolo compressor, um trem havia passado por cima do meu corpo! Por que colocar o celular pra despertar às 5h30?

Vi que ainda era noite e lembrei que nessa parte da Espanha eu estava adiantado uma hora em relação a Portugal, portanto o sol se punha mais tarde e saía mais tarde, ótimo motivo para cochilar mais uns 40 minutinhos.

Sabe aquelas cochiladas que parece que tu dormiu 5 minutos, mas quando vê já se passaram 50? Pois então, foi o que aconteceu. Não tinha saída, então levantei, preparei a bicicleta e segui o caminho da roça. Tchau Sevilha, sua lindeza e maravilha de cidade! Prometo um dia voltar com mais calma e dedicar dias só para você, pois tu merece!

Foi um pouco difícil sair de Sevilha, o GPS me deslocava para muito longe, me fazia dar uma super volta para chegar onde eu queria, estranho... estranho também era o mal pressentimento que pairava no ar, sei lá, não me sentia bem, estava com uma intuição que o dia não seria dos melhores.

Mas fui seguindo com a vida e, ainda tentando sair da cidade, vi um caminho alternativo no GPS, decidi segui-lo para não pegar autovia e quase me ferrei! Peguei um caminho de terra que não sabia se teria saída, fui perseguido por dois cachorros que estavam de zonzeira pelo terreiro, atravessei o trilho do trem correndo com a Nhanderecó em mãos (nessa hora a força aparece do além), me encontrava num lugar bem estranho, sei lá, talvez era o subúrbio de Sevilha, a parte mais judiada da cidade.

Depois de me perder, me achei e achei a saída. Peguei o asfalto novamente, parei numa cidadezinha, fui no mercado, matei 1 litro de suco gelado e segui viagem, desta vez na estrada certa sentido leste, fui seguindo pedalando e o sol subindo e esquentando, queimando e queimando!

Muitos coelhos mortos pela estrada e girassóis murchos nos campos laterais, nada motivador, taquei o mp3 com podcast no ouvido e fui indo, bebendo água quente. Sessenta e cinco quilômetros e 2 podcasts - de 1 hora cada - depois, parei num posto de gasolina de beira de estrada para verificar no mapa onde me encontrava e vi que não havia muita alternativa. Me encontrava num vilarejo-cidade chamado Moron de la Frontera, que nada me oferecia além de subidas. Passei no ponto de informações e nada ajudava, sem trens e sem ônibus para o leste, apenas para Sevilha.

Tinha 2 opções, continuar naquele sol escaldante até uma cidade mais próxima e tentar pegar o trem até El Chorro que era onde eu tinha planejado ir ou ficar num hotel qualquer em Moron, fugir do sol e seguir no dia seguinte. A cidade mais próxima com a estação de trem ficava uns 30km de onde eu estava, se não fosse o sol forte até daria pra seguir, mas depois de pensar bem optei por ficar e continuar no dia seguinte.

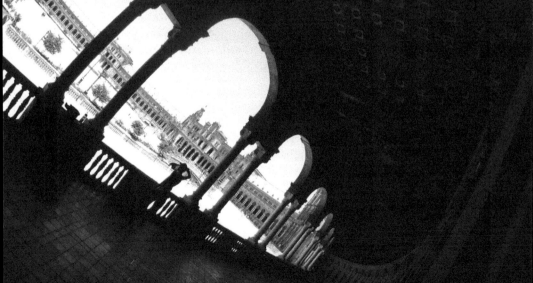

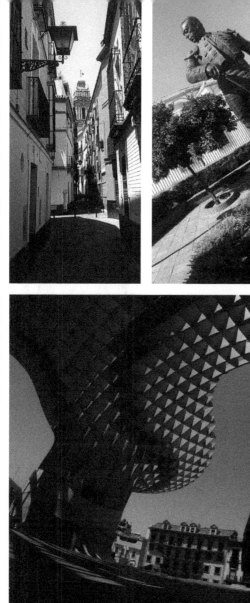

Não me sentia bem, tinha dormido mal noite passada, dormido pouco e ainda estava com pressentimento ruim. Moron não me oferecia nada, mas nada mesmo, nem hotel direito tinha por lá! Havia visto um na entrada da cidade, ainda na rodovia, em frente ao posto de gasolina que eu havia parado, teria que voltar uns 3 km pra lá, e voltei. Paguei incríveis 25 euros por um quarto no hotel. E lá descubro que só haviam dois horários de trens para El Chorro, horários dos quais eu já havia passado! Ou seja, se eu tivesse me submetido a mais 30km debaixo de sol, com risco de saúde, para chegar lá e descobrir que não haviam mais trens eu ficaria muito puto! Óbvio que era falta de planejamento isso, seria muito mais fácil eu ter pegado um trem em Sevilha para El Chorro, evitaria tudo isso, mas como eu queria pedalar... enfim, faz parte, contratempos. Depois tomei um longo banho, comi alguma coisa e capotei na cama

Acordei 4 horas depois, peguei um café e como um prisioneiro sozinho em sua cela, comecei a escrever, e aqui está, em palavras escritas nesse dia, quem vos escreve nesse momento, bonito né?

Já era tarde e o sol já havia me deixado, mas o calor permanecera noite a fio.

terça-feira,
19 de Julho de 2016
Moron de la Frontera → El Chorro

Tomei um cafézão da manhã que era incluso na estadia, aproveitei a deixa e peguei umas coisas pra eu levar comigo na bolsa, patês, bolinhos e o que dava pra eu levar. Montei a Nhanderecó, passei no posto para encher os pneus e segui viagem até Marchena, onde pegaria o trem para El Chorro.

Decidi nessa parte do trajeto usar o trem para me locomover, devido às muitas montanhas da região. Não estava com pernas nem norte para isso naquele momento, ainda mais tendo tempo curto por causa do calor intenso que fazia, seria uma tarefa muito exaustiva e arriscada em vários sentidos, se tinha alternativa, bora usá-la.

E isso foi uma das coisas que fui aprendendo e aprimorando durante a aventura, aprender a gerenciar meu orgulho, em tempos passados eu usaria meu orgulho como pretexto e arriscaria ir pedalando, qualquer que fosse o risco, pois viajava com a bicicleta e com ela prosseguiria! Mas nessa viagem aos poucos fui percebendo que bom senso e "pensar no amanhã" fazia mais sentido naquele momento, me arriscar num esforço quando havia outras possibilidades poderia atrapalhar meus planos de viagem, a opção pelo trem nessa parte foi a melhor decisão que eu podia tomar. Depois de 2 meses e 4000km rodados eu tinha sim um "bônus game" para usar! Segui para Maschena, que era 34km de Moron e pegaria o trem às 13h40.

No caminho até lá o clima estava bem virado, sem sol, mas um calor abafado. Tempo fechado, e muito, muito vento e poeira pela estrada! Cheguei na pequena e velha estação, esperei até o trem chegar e caí pra dentro. Viagem bem tranquila e 1h20 depois já estava em El Chorro.

El Chorro, que eu não tinha em planos passar, aliás, nem sabia que existia tal lugar! Foi o Jorge (Ror-rrê), amigo de Jesus (Rê-sus), lá de Sevilha, que havia me indicado o local, e foi uma ótima surpresa, apesar de a principal atração, El Camiñito Del Rey - que é tipo uma ponte suspensa, bem assustadora, onde você vai caminhando beirando a montanha - estar fechada para manutenção, é, dei azar nessa. Mesmo assim peguei a Nhanderecó e saí para explorar o local, subindo a montanha e me divertindo sozinho mesmo, aliás, bem sozinho, não havia uma alma por perto! Fiquei nadando e boiando num lindo lago que lá se encontra. Lugar muito recomendado!

Depois de ficar refletindo bastante sobre a vida, em solitude, diante de um lindo lago, segui montanha acima. Subi 12km pedalando até o topo e avistei um lindo pôr do sol, lá de cima, iluminando o lago lá embaixo. Cena maravilhosa, momento único, o tipo de recompensa que vale a pena após uma esforçada subida! Tinha pensado em ficar por ali no alto, ver o pôr do sol e acampar, mas estava muito vento e aos poucos as nuvens foram encobrindo o sol, e o que era pra ser belo ficou cinzento e escuro. Com o vento muito forte e o sol coberto, decidi ir no instinto tentar achar um camping. E não é que achei! E travei uma batalha com o chão tentando armar a barraca! Era vento forte e chão duro que não entravam as estacas! Depois da luta, fui tomar um banho, comer e dormir! Banho, comer e dormir... é, tem coisas na vida que não dá pra escapar.

Ah dormir... detalhe indispensável numa aventura longa como essa, pena que meu colchonete furado não ajudava muito nessas horas. Fazia alguns dias que havia descoberto um pequeno furo, inflava o colchonete para dormir e durante a noite ele esvaziava, ou seja, depois de umas 3 horas deitado no colchonete eu, automaticamente, passava a estar deitado no chão duro mesmo. E o furo era num lugar horrível para consertar, perto da válvula, na curveta. E esse furo viria a fazer parte dessa aventura a partir de agora, um intruso que mais incomodava do que ajudava, passei a odiar tanto esse furo que não o deixei mais.

quarta-feira,
20 de Julho de 2016
El Chorro → Ronda → Málaga

Desci montanha abaixo de volta à estação de El Chorro para pegar o trem direto pra Ronda. Uma estaçãozinha bem simples, não tinha ninguém lá, só minha pessoa solitária sentado numa cadeira e mesa de plástico escrevendo sobre o dia anterior que o senhor, caro leitor, acabara de ler.

O trem chegou, comprei o bilhete dentro dele, pois não havia bilheteria

El Chorro.

—

"

Eu sozinho em meu caminho. Sou eu, sou todos, sou tudo. E isso sem ter contudo, jamais ficado sozinho. **Solidão, Paulo César Pinheiro.**

na "estação" e segui até Ronda de trenzinho. Viajar assim era uma beleza. Pelo caminho percebia que a vegetação estava bem árida, um clima quente e muito seco, muita poeira no ar, também reparei na quantidade de montanhas que haviam naquela região e passavam pela janela, de todos tamanhos e alturas! Me safei dessas!

Cheguei em Ronda por volta das 13h e o trem partiria de volta às 16h50, portanto eu teria tempo suficiente para uma volta pela bela e desconhecida (por mim) cidadezinha. Minha tarde lá foi basicamente uma volta pela parte antiga da cidade. Em Ronda se encontra a mais antiga, ou uma das mais antigas, Plaza de Toros da Espanha (quiçá do mundo!), e também uma ponte linda, enorme e muito antiga que liga a parte nova à parte antiga da cidade.

A Ponte Nova, ou "Puente Nuevo" em castelhano, é um dos dois monumentos mais emblemáticos da cidade de Ronda e de toda a Andaluzia. É uma ponte construída no século XVIII, impressionante pela sua altura (98 metros), que cruza o Tajo de Ronda, um profundo desfiladeiro por onde corre o rio Guadalevín ao longo de 500 metros. Dei a volta e fui atrás da ponte, deixei a Nhanderecó lá em cima e desci por um caminho de terra até a base para conferir o desfiladeiro. Fiquei andando por ali um pouco, tirei uma fotos e subi novamente. Pensa num lugar que fica numa parte rochosa, bem alta - alta mesmo - e uma ponte com sua base inteiriça que parece que foi esculpida diretamente nas pedras, era exatamente isso que eu via lá debaixo.

Almocei, tomei um café e fui voltando em direção à estação de trem, bem devagar até atravessar a ponte novamente, passando pela rua central, sem pressa nenhuma. Eram tantas coisas legais que se via nas lojas pelo caminho, mas viajando como eu estava não era possível ficar comprando muita coisa, espaço era luxo. Peguei o trem às 16h50, agora em direção a Málaga. No final a ideia do trem acabou sendo uma boa, deu pra descansar um pouco a parte física, mas mesmo assim ainda me sentia morto, muito cansado, estranho, muito estranho... talvez seja tempo de dar uma pausa e ficar um tempo em algum lugar, não sei, veremos. Já em Málaga e de volta a uma cidade grande e todos seus esteriótipos, dei uma olhada pelo mapa e fui em direção a um camping que ficava a 14km da estação, perto de Torremolinos. Peguei o caminho errado, foi uma merda pra sair, ruas lotadas de carro, trânsito, rápidos! Ah! Calma!

Achado o tal camping, descubri que era estupidamente caro, 16 euros para um magrelo e sua magrela passar algumas horas, sério mesmo?! Mas me encontrava encurralado, o camping era longe de tudo e perto da rodovia e já eram mais de 21h, ou seja, ou pagava e ficava por ali, ou saía pela noite sem rumo, cansado e com várias incógnitas na cabeça... Dessa vez optei pelas incógnitas na cabeça, agradeci em palavras o moço da recepção do caríssimo camping (e mentalmente mandava ele se fuder e todo mundo ao redor) virei e fui sem rumo tentar achar onde passar a noite que já dava as caras no céu.

Só de lembrar que na França, meses atrás, eu pagava 4 euros num camping público melhor que aquele, me dava até insônia. Peguei uma ruelinha lateral de onde eu estava e segui em direção a uma praia. Ainda restavam alguns raios solares no céu que teimavam em passar entre as nuvens cinzas, isso já era quase 22h, e sabia que logo, em questão de minutos, aquilo se apagaria.

Segui pedalando pela orla da praia, ainda havia pessoas caminhando pelas redondezas e algumas outras nos quiosques, e com as minhas anteninhas de vinil acionadas, fui seguindo e rastreando qualquer área na qual eu poderia montar acampamento sem ser notado. Eram muitas casas ao redor.

Avistei um tipo de passarela de madeira na areia da praia, subi a Nhanderecó nela e fui seguindo sentido Málaga novamente. O lugar começou a ficar feio, mato amarelado e morto, estrada esburacada e lixo pelo caminho, mas no que era feio visivelmente, era também vazio e inóspito, parecia o lugar perfeito pra mocosar-me. Dei um tempinho ali, agora sem luz nenhuma no céu, só um semblante de sol que já partira lá no horizonte distante. E já com tudo mentalizado e pronto para o ataque, fui para debaixo de um chumaço de pequenas árvores estranhas e ali já comecei a armar a barraca (ora, não pensem besteiras!), e como num raio, armei a barraca, taquei tudo pra dentro e enfim me tranquilizei, respirei um pouco. Ufa...

Fiquei sentado do lado de fora dando um tempo e comendo uma barrinha de alpiste (lê-se cereais), que eu tinha no alforje e tomando água quente com gosto de plástico. Fui dar uma mijada, uma última verificada ao redor pra ver se dormiria bem, parecia tudo tranquilo... e deitar-me-fui.

quinta-feira,
21 de Julho de 2016
Málaga → Torre del Mar

Dormi daquele jeito, calor, as costas grudava no colchonete furado, até que me virei e dormi no chão duro da barraca mesmo. Levantei bem cedo, com as galinhas - como dizem no "interiô" - desmontei tudo bem rápido e deixei a Nhanderecó pronta. Agora só precisava de um café, não tinha nada comigo para comer, então decidi seguir e parar na primeira padaria pelo caminho. E de barriga cheia e rosto lavado - aproveitei e lavei o sovaco também na pia do banheiro da padaria - depois segui de volta para o centro de Málaga, fiquei por ali panguando com a bicicleta pelas bonitas ruas centrais da cidade, tomei um suco e fui seguindo, não estava afim de visitar igrejas, catedrais ou coisas do tipo, cansei.

Segui pela costa até uma cidade, um vilarejo chamado Torre del Mar, fui pedalando com toda calma do mundo, tentando aproveitar ao máximo os 30km até lá. O percurso foi bem bacana, bonito, com o mar ao lado, lindas chicas calientes de biquíni e bandeirolas de cores variadas pelo caminho.

Em Torre del Mar, cidadezinha simples litorânea - nada de mais - parei num camping pelo caminho, preço justo e sem sustos dessa vez. Montei a barraca, arrumei umas coisas que precisava de conserto, tomei um ducha boa e gelada pra tirar toda a inhaca do dia anterior e cozinhei meu feijão enlatado com jamon e sardinha! Haha, eca! Por volta das 22h ouvia muito barulho vindo das ruas, barulho de festa, multidão, e decidi ir averiguar.

Mais cedo, quando estava a caminho de Torre, havia percebido muitos brinquedos numa praça perto do camping, tipo um miniparque de diversões, talvez era isso o barulho que vinha das ruas. E era!

De repente me senti de volta a Itapira-SP (a linda!), me sentia de volta ao meu tempo de adolescente, quando o mesmo tipo de festa ocorria por lá, a Festa de Maio, como chamamos, que ocorre todo ano em comemoração a São Benedito. A festa também era sinônimo de comilança e sair com amigos e família para se divertir com os vários brinquedos e atrações que haviam por lá, como roletas, tiro ao alvo, carrinho de bate-bate, tobogã, churros, maçã do amor, espetinho, crepe... como num bom caipirez paulista eu diria: "era uma festa com uns par de brinquedo e atração pra se divertí, várias minas pra dar uns péga - algumas disgracêra também - era um verdadeiro forfé, bom por bosta!".

De volta em 2016. Até os brinquedos e brincadeiras ali em Torre eram similares aos da Festa de Maio! Mas não encontrei churros por lá! Como assim não tinha churros numa Festa de Maio? Festa de Maio sem churros não existe, para tudo! Pare o mundo!

Na falta de churros, comi um lanche mesmo, sim, tinha acabado de "jantar", mas ainda tinha fome. Matei o lanche e continuei andando pela festa, parei na barraquinha de doces e comprei uns docinhos caseiros de sabores indefinidos. Segui - agora com docinhos em mãos - e fui ver o mar.

Já era bem noite e fui contemplado com um luar maravilhoso, a lua estava tão grande, cheia e linda que refletia inteira no mar. Foi aquele momento que foto nenhuma consegue passar, só vendo e vivendo mesmo! Fiquei por lá, conversando com a Lua.

sexta-feira,
22 de Julho de 2016
Málaga → Granada

Tinha decidido alterar a rota mais uma vez e ir conhecer Granada, que fica mais acima da região litorânea do sul da Espanha, rodeada de altas montanhas. Mais uma cidade que não estava nos meus planos e como eu não tinha planos eu podia mudar de planos! E decidi seguir para Granada de ônibus, assim ganharia tempo e fugiria das altíssimas montanhas da região e do calor from hell na cabeça! E o ônibus partiria de Málaga, portanto teria que retornar os 30km até lá, sendo assim, decidi também curtir mais a cidade e as praias pelo caminho, tudo na calma dos deuses ibéricos.

E voltei para o inesperado. Foi uma volta mais tranquila que a vinda, fui bem tranquilamente entre calçadas, ciclovias e ruas, sem pressa nenhuma, só curtindo a brisa. Já em Málaga, parei num supermercado e fiz umas compras, matei 2 litros de suco, ajeitei tudo nos alforjes e quando subi na bicicleta quase caí de cara no chão! Mas que caceta! Fui ver e o pneu dianteiro estava furado! Bem mais conveniente quando o pneu fura do lado de um posto de gasolina, certo? Parei do lado do compressor de ar, virei a magrela de ponta cabeça e consertei o pneu em minutos! E rapidamente estava tudo em ordem novamente, e segui para um banho de mar.

Baño del Carmem, era esse o nome da pequena praia que havia avistado, lá, bem afastada do centrão, era essa mesmo! E o mar estava ótimo, água agitada e bastante ondas! Delícia! E como um bônus divino ibérico dos céus, eu me via rodeado de vários peitos femininos livres, leves e soltos! Água linda, mar lindo e peitos ao léu? O que mais eu poderia querer?

Ainda não terminei o pedal pelo sul da Espanha, mas já era certo que topless era algo bem comum por lá, lindo isso! Até nas praias mais turísticas e perto de grandes centros era possível ver as mulheres fazendo topless, por mim podem fazer onde e quando quiser! Ali onde eu estava havia também alguns nudistas, alguns cachorros, era um lugar mais reservado e, pelo que percebi, era tudo liberado. Tinha até uma grávida toda nua, desfilando pela areia e tomando banho de mar, umas das cenas mais lindas que já vi na vida! Fiquei maravilhado com a cena, ela era encantadora e parecia super a vontade e feliz. Que bom para ela e para o bebê. Bom para mim também, pois aquela pureza me comfortava de uma forma que palavra nenhuma conseguiria descrever. Sei que você aí, caro leitor, fica pensando "Mas cadê as fotos disso? Quero ver também!", pois é, eu estava tão bem lá, contemplando o tempo e o momento, que nem me importei com fotos, aliás, nem me passou em mente tirar foto, eu queria era só curtir o momento, viver, ser. Tu aí, que estas lendo, terá que ir ver e ser também, não dá pra ter foto de tudo, paciência.

Fiz amizade com uma garota que estava perdida por lá também, sentada na areia junto a seu cachorro de pernas curtas. Marta me viu sentado na areia, com uma bicicleta toda cheia de parafernálias e rapidamente percebeu que eu não era dali. É, um tanto quanto óbvio mesmo. Conversamos bastante, ela me falou sobre ela, eu falei sobre mim, adorou o que eu vinha fazendo e me enchia de elogios. Realmente, viajar por si só já é algo inspirador e que atrai curiosidades, mas viajar de bicicleta como eu vinha fazendo - mesmo na Europa onde isso é bem comum e estruturado, comparado a países ditos como "subdesenvolvidos" - é mais inspirador ainda e atrai muitas pessoas e suas curiosidades. Perguntas como "Mas não tens medo?", "Como sobrevive?", "Como faço pra poder me aventurar também?" eram inevitáveis, já tinha até decorado o que responder.

E entre uma pergunta e outra fui com ela para mais um banho de mar. A água estava excepcional e super agitada, ondas bem grandes que me levavam de um lado para o outro sem tempo para respirar.

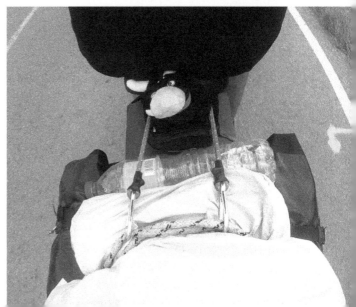

E fiquei por lá, boiando, tentando não me afogar e vendo o tempo passar.

E a pequena praia de Baño del Carmem tinha quase de tudo mesmo, nudistas, grávidas, cachorros, pássaros, gordos, magros, pelancudos, sarados, tatuados... tinha até um magrelo com sua magrela na areia, vejam só!

Por volta das 19h40 eu segui rumo à estação de ônibus. E não havia placas sinalizando onde era a tal estação! Carai! Depois de parar e ficar perguntando pra todo mundo que eu via, encontrei uma placa a 500 metros da estação, haha, sério? Agora não precisa, já conseguia ver a estação de onde eu estava. Comprei o bilhete para Granada, me cobraram absurdos 10 euros extra pela bicicleta, boludos sem coração! Matei 2 litros de água gelada (daquelas que dói o cérebro quando bebe rápido) em 5 minutos e como tinha achado internet na estação, matei o tempo tentando achar onde passar a noite em Granada, pois ainda não tinha pensado nisso e estava marcado para chegar lá por volta das 23h! E consegui achar um lugar, um hostel, bem central e com vaga por 10 euros a noite, mais barato que muitos campings por aí... né, Torremolinos?

Depois de 2 horas no ônibus cheguei em Granada, viagem super tranquila e cheia de curvas passando pelas altas montanhas até a cidade. E obviamente me perdi tentando achar o hostel que eu havia reservado, ruas bem estreitas e antigas, na boa, carro não passa ali naquelas vielas na região do hostel nem a pau! No fim deu tudo certo e apesar d'eu me sentir exausto fisicamente, eu estava feliz, mentalmente bem. Tomei uma duchada, bati um papo rápido com o canadense que estava no mesmo quarto que eu e desmaiei na cama. Morri. Longo dia. Bem longo.

sábado até terça-feira,
23-26 de Julho de 2016
Granada

Dormida boa, estava realmente exausto! Venho reclamando bastante sobre exaustão, certo? Pois é, o ritmo era forte, quando não estava pedalando, estava andando por aí, não há corpo humano que aguente.

Sobre o hostel, ótimo! Bom preço, ótima localização, café da manhã incluso e o quarto que era para 10 pessoas e só tinha duas, eu e o canadense. Confesso que essa ideia de começar a pesquisar por hostel ao invés de camping vem me assombrando. O jeito será deixar pra acampar só em lugares mais inóspitos mesmo e quando estiver numa cidade grande sempre optar por hostel, veremos. Acordei meio inchado e desci para tomar café da manhã. Pães, cereais, suco, leite e café, ótimo! Conversei um pouco mais com o Jasmin, o canadense que estava no mesmo quarto que eu, nome um pouco estranho, mas em francês parece que é normal.

Batemos um papo durante o café e combinamos algo para a noite, a partir desse momento o guri viria a ser meu parceiro oficial de aventuras

cidade muito linda, outra ótima surpresa

nessa passagem por Granada e arredores. Três horas depois, peguei minha fiel companheira e fui me queimar no sol e dar uma volta pela cidade, aliás, cidade muito linda, outra ótima surpresa! Sempre que saía para pedalar pelas cidades que ficava por mais de um dia hospedado, eu tentava começar por uma parte não muito turística, e a bicicleta me proporcionava essa liberdade de ir e vir sem depender de terceiros. E em Granada não foi diferente. A cidade me surpreendia a cada pedalada, super limpa e organizada, e apesar de pequena, dispunha de todos os meios de transporte possíveis.

Subi. Subi. Subi muito, fui lá pro alto da cidade! E subia, passei por trás da Alhambra, o principal ponto turístico de Granada, e fui seguindo, subindo. Depois entrei numa parte que não sabia se era permitido, mas fui indo, logo parei olhei pra esquerda e tive uma visão linda da Alhambra lá na frente e da cidade ao redor. Visão privilegiada, me encontrava no bairro Albaicín, bairro bem bonito cheio de casas todas brancas que contrastavam com as cores fortes e avermelhadas da Alhambra lá ao fundo, nunca que eu iria a um lugar desses se estivesse lá como um mero e simples turista, ponto para as minhas pernas, a minha curiosidade inquieta e a bicicleta!

Os árabes dominaram toda aquela parte ibérica da Espanha que eu vinha passando de bicicleta, região conhecida como Andaluzia (Al-Andalus em árabe), eles ficaram por lá por mais de 800 anos e as influências começaram a ficar super visíveis lá em Sevilha. Granada também mostrou muito bem isso, era incrível como praticamente todo o centro histórico da cidade é de arquitetura árabe, parecia, por instantes, que eu nem estava na Espanha. E Alhambra é o ponto máximo dessa influência árabe em Granada, mas falarei mais sobre a Alhambra mais pra frente, aguenta aí.

Lá de cima fui descendo bairro adentro sentido ao centro histórico novamente, ia respirando história por onde eu passava, cada esquina um sopro de 800 anos no rosto! Passei em frente aos famosos bañuelos, que eram os banhos públicos implantados pelos árabes em Granada. Esses bañuelos, que eram lugares muito frequentados antigamente, foram destruídos pelos reis católicos quando retomaram as poses daquelas terras ibéricas. Parece que tomar banho realmente não era grande coisa na Europa medieval.

Mais uma vez uma viagem no tempo, poucas horas na cidade e eu já estava encantadíssimo com ela! Mas o sol estava forte e queimava feito brasa na pele, portanto decidi retornar ao hostel e ao ano de 2016, comer algo e descansar um pouco.

E logo após comer, tomar um banho e descansar, me encontrei com o Jasmin no horário marcado e saímos para ver o pôr do sol, fomos andando, subindo em direção a um morro, novamente no bairro Albaicín, mas em um ponto diferente do que eu estive mais cedo. Chegamos bem na hora que o sol começou a se por, vista linda, várias pessoas por lá para ver o sol se por de trás das montanhas a oeste. E conforme o sol sumia as luzes da Alhambra, e da cidade, começavam a se ascender uma a uma lá embaixo, valeu a caminhada e a subida!

Com o sol já partindo e a noite chegando, começamos a descer e retornar ao centro para um giro noturno, ver como era a noite pela região e, por que não, talvez, papear com unas chicas españolitas. É, mas não foi bem assim que acabou a noite, não tinha muito movimento pelas ruas e bares por onde passávamos, ou estávamos no lugar errado, no horário errado, ou a cidade era meio morta na vida noturna mesmo. Donde estás las chicas?

Andamos mais um pouco, entramos em alguns lugares, mas todos bem fracos de movimento, só tinha homens! Incrível como homem tu achas em qualque buraco! Paramos para comer um pedaço de pizza e outro enrolado de queijo que estavam ótimos e minutos depois decidimos retornar ao hostel, pois já era quase 2 horas da manhã. De volta ao hostel, e um pouco alterado da bebedeira, abri a porta do quarto e havia umas malas novas no chão, e duas pessoas dormindo, na hora que olhei vi uma linda bunda deitada na cama ao lado, linda mesmo, vestindo um shortinho bem curto, rapaz, confesso que quase tive um sonho erótico. Ficou só no quase mesmo.

As bundas, quer dizer, as garotas que estavam dormindo no mesmo quarto acordaram bem cedo, achei que estivessem partindo, mas deixaram as coisas no quarto, então não. Depois mais tarde fui descobrir que elas eram romanas, tutti italiani!

No domingo - XXIV - foi dia de ir visitar a Alhambra. Acordei sem pressa e como tinha perdido o horário para o café da manhã do hostel, tive que preparar algo eu mesmo, ovos mexidos com bacon e presunto e mandei guela abaixo. Me juntei ao Jasmin e seguimos caminhando para Alhambra, o grande lugar a ser visitado em Granada! Chegamos num horário não dos melhores. Fila! Uns 30 minutos depois fomos informado que a principal atração da Alahmbra, o Palácio Nazari, estava com ingressos esgotados, merda! Ainda assim fomos, pagamos metade do ingresso, assim teríamos acesso a outras partes do local.

O passeio foi aquele negócio bem turístico, cheio de gente, grupos asiáticos seguindo guias turísticos por toda parte, e dessa vez algo novo em relação a turistas clichês como os asiáticos, havia muitos árabes também, o que fazia sentido por onde eu estava. Lugar realmente muito bonito e cheio de história, um pedaço da parte rica da Arábia ali na Europa.

Mas o Palácio Nazari realmente era a cereja do bolo e não foi dessa vez que veríamos o mesmo. Sendo assim, decidimos que retornaríamos só para ver o Palácio num outro dia, para isso eu teria que renovar meus dias no hostel e estender minha estadia na cidade. E foi o que eu fiz, estendi de segunda-feira até quarta-feira e valeu cada centavo! E Granada se tornaria até então, junto com Porto, a cidade que mais passei dias seguidos nessa aventura de 2 meses, 15 dias e mais de 4200km percorridos!

Na saída da Alhambra voltamos com calma pelo centro, comemos algo e retornamos ao hostel. Essas visitas turísticas cansam hein! Foram 3 horas andando por lá e ainda assim faltou o Palácio, e olha que não ficamos lendo nem tirando foto de tudo.

Enquanto o Jasmin saiu em busca de um lugar para lavar as roupas dele - uma lavanderia em pleno domingo - eu fiquei assistindo uns vídeos e panguando na internet. Tomei um delicioso banho, bati um papo com as italianas tutti buona genti, Jasmin voltou e fomos comer algo fora.

Comemos uma tábua de tapas. Sempre achei que tapas fosse um prato em específico, mas era basicamente uma mini porção de tudo que tinha no restaurante. Chateado. Comemos os tapas, ou as tapas, sei lá. Tomamos um sorvete e retornamos ao hostel para dar uma descansada que no dia seguinte era dia de montanhas e de Sierra Nevada! Descansar pra quê?

Como havia decidido prolangar minha estadia na cidade, aproveitei para ir visitar as montanhas de Sierra Nevada, que fica nos arredores de Granada, uns 40km de carro. E como era baixa temporada, já que a temporada de ski é no inverno, só havia um ônibus que ia e um outro que voltava por dia, saía as 9h e voltava as 17h.

Portanto na segunda-feira - XXV - acordamos e fomos direto para o terminal rodoviário e às 9h em ponto partimos de micro-ônibus para as montanhas nevadas sem neve. E sobe. Sobe. Sobe alto. Alto e mais alto. E curva. E mais curvas. Era só subida e a paisagem de um árido só, tudo seco.

E como esperado, quando chegamos lá parecia uma cidade fantasma, tudo fechado. No inverno aquilo deve ser um formigueiro. Pegamos algumas informações num hostel-escritório que tem lá, comprei um lanche pra levar na caminhada e seguimos o rumo da roça em direção ao pico da Veleta, que está a 3395 metros de altura em relação ao mar, já estávamos a 2400 metros de altura, portanto era subir mais uns 900 metros caminhando. No começo, vendo o pico de longe, achei que não demoraria as 3 horas estipuladas no mapa para alcançar o topo do pico, se fosse linha reta realmente faríamos em menos tempo, mas era um sobe e desce interminável que demorou as 3 horas certinhas para subir até lá e mais 3 horas pra voltar.

E realmente alcançar o pico valeu a pena, linda vista! Eu ficava imaginando aquilo coberto de neve no inverno, deve ser o máximo! Demos um tempo por lá com mais algumas pessoas que faziam trekking, tiramos fotos e vimos as cabras de montanha enroscadas nas pedras mascando uma grama. Sério, por quê?

Na volta pra base o sol pegou forte e queimei o rosto e o pescoço porque tinha esquecido o protetor solar, burrico! Já de volta e esperando o ônibus para retornar a Granada, sentamos, pegamos algo para beber e enquanto o ônibus não chegava, eu ia escrevendo. Minhas panturrilhas doíam!

Já dentro do ônibus de volta, eu fui pescando com olhos de canseira de Sierra até Granada, entre abrir e fechar os olhos eu ia babando com a paisagem. E mais uma montanha na lista! Esse foi um tipo de passeio que muito provavelmente eu não faria sozinho, começando que a ideia de ir para Sierra veio do Jasmin e não me arrependia por nem um segundo de ter aceito o desafio e nem de ter prolongado meus dias na cidade. Mas sem dúvida, inverno é a melhor pedida para Sierra Nevada.

""
E os dias se sucedem
às noites e as noites
aos dias.

Na volta antes de ir para o hostel passei no mercado, depois fiz uma super mega macarronada de janta, tomei um banhão, lavei minhas roupas no chuveiro e por volta das 22h já estava desmaiado na cama, no meu vigésimo quarto sono.

Tava dormindo gostoso, acordei cedo só para poder tomar o café da manhã disponibilizado pelo hostel, que era das 8h às 10h, tomei e fui deitar mais um pouco, mas como de costume não consegui dormir mais, ainda bem, pois assim desci na recepção para checar a Nhanderecó e PUF!, a maldição do pneu furado estava de volta pela redondeza, o pneu da frente, o mesmo que eu tinha colocado uma câmara nova na sexta-feira, tinha furado novamente, che cazzarola! Impossível ser um furo, deve ser outra coisa, um fantasma na roda, só pode!

E terça-feira - XXVI - começou assim, com pneu furado. Desci num posto de gasolina que tinha perto pra consertar o pneu, tirei a câmara de ar e não tinha nada, nada! Certeza que era alguma assombração que havia possuído a roda. Enfim, coloquei tudo de volta e aproveitei pra dar uma geral na Nhanderecó, limpezinha completa.

De volta, fiz um almoço, Jasmin estava por lá e almoçamos juntos, batemos um papo, ele falou mais da vida dele, estudante de veterinária em Quebec e sua ainda "não" namorada oficial e como se conheceram, cara bem firmeza, nos dávamos super bem e até as piadas ruins eram iguais. Terminado o almoço e a conversa, era hora de retornarmos a Alhambra, pagamos mais 15 euros para entrar novamente, só pra ver o Palácio Nazari, principal atração que perdemos por estar cheio na última vez por lá. Como não sabia se voltaria pra Granada algum outro dia da minha vida e já estava lá, bora ver esse Palácio. Já sem a mesma energia dos primeiros dias, fomos andando, dando risada das besteiras que falávamos, tipo, nos perguntávamos porque uma parte lá da Alhambra se chamava General Life. General Life? Que nome estranho para uma fortaleza árabe, certeza que tinha mão de americano enxerido nisso. "General Life Pepsi Co." Hahaha, bestas.

E bora Palácio adentro pra ver "qualé que era" desse negócio. É, sabia que muita expectativa nunca acabaria bem, e eu tinha criado muita, ou não estava num dia muito bom. O Palácio é sim muito bonito, não pelo tamanho, mas pelos detalhes nas paredes e em a toda estrutura do lugar, aquilo era de encher os olhos, só de pensar na paciência e tempo que deve ter tomado das pessoas envolvidas na sua construção eu já ficava cansado, impressionante! Só que yo aqui não estava muito no dia para turista, e falando em turista, terça estava bem mais cheio que domingo, brotavam asiáticos pelas paredes e agachando para sacar fotos de todos os ângulos possíveis! Depois de uma horinha por ali já era tempo de sair, chega de Alhambra, "calhambra"! Tchau General Life!

Caminhando de volta eu e o Jasmin ficamos zuando o sotaque um do outro, eu imitando a língua francesa e ele a portuguesa...

- "Vulevû aun café au olê, per favorê."

A ideia na volta era passar em um bañuelo pra ver como era, passamos, mas no final os que tinha eram só pra visitas, não podia usar o banho. E o outro que tinha, e que poderia usar, precisava agendar antes. Mas além do precinho ser bem salgado, era bem moderno, só o conceito era o mesmo dos bañuelos antigos árabes, nhé. E próxima "sessão" seria só as 00h, aí nem rolava né, ainda mais que no dia seguinte yo aqui partiria logo pela manhã para Almeria. Enfim, nos contentamos com um delicioso sorvete mesmo, demos mais uma volta pela redondeza - a última - e vimos um casal dançando flamenco na praça com uma multidão assistindo, bem bacana.

E voltando ao pneu furado pela manhã, dias atrás eu pensava comigo mesmo "Nossa, pneu não furou mais, última vez nem lembrava quando tinha sido, bicicleta indo bem..." Eis que né, foi só pensar no diabo que ele balançou o rabo. Últimamente venho pensando em chuva, não me lembrava da última chuva que tinha visto, será que choverá em breve também?

Já no hostel quando estava preparando minha janta, apareceu o Jasmin e um guri da Argélia que estava de turismo por Granada, Nico (Nino), não me lembro o nome dele. Conversamos um pouco, ele conversou mais com o Jasmin, pois ambos falavam em francês. Batemos um papo, comi minha comida, foi legal, mas meus olhos estavam pregados de sono e o corpo também. No quarto me despedi do Jasmin, acho que tirando a Désirée, ele foi a pessoa que mais dias passei junto nessa minha jornada. Guri muito gente boa, nos simpatizamos muito e sem dúvida se morássemos na mesma cidade poderíamos vir a ser grandes amigos, mas enfim, não era esse o caso.

E lá se vai mais um adeus, de tantos que já foram e virão.

quarta-feira,
27 de Julho de 2016
Granada → Almeria

De pé! Já havia deixado tudo meio de jeito para partir, foi só pegar as coisas e descer para tomar café. Jasmin apareceu minutos depois, nos despedimos novamente, um abraço forte, tapinhas nas costas e me fui. Peguei minha fiel companheira, passei no posto pra calibrar os pneus e segui para a estação de trem. Lá peguei o trem sentido a Almeria, a viagem foi mais uma vez bem tranquila, óbvio, trenzinho, comforto, rapidez... pelo caminho o trem cruzava as íngremes e áridas montanhas da Sierra (des)Nevada. Adios.

Já em Almeria eu tentava decidir entre uma volta pela cidade ou seguir pedalando em frente. O Jasmin tinha me recomendado visitar um local chamado Taberna, onde se encontra uma mini-hollywood - o Fort Bravo - lugar turístico onde foram gravados grandes clássicos do faroeste mundial como por exemplo, Bad, Ugly and Good. Fiquei muito tentado pelas fotos, mas além de ter que pagar pra entrar, o lugar ficava a 35km de Almeria, eu teria que voltar 35km pra ir até Fort Bravo, como eu não conheço tanto assim filmes de faroeste e o fato de ter que voltar e pedalar pelo "deserto" debaixo do sol me assombrava, desencanei da ideia e segui meu rumo. Já tinha feito turismo demais em Granada, era hora de pegar ritmo de estrada novamente, e andando por Almeria notei que eu não viria nada que já não tinha visto por aquela região espanhola, portanto posicionei meu GPS para um outro lugar qualquer e fui.

Era o pior horário para pedalar, mas não estava afim de ficar de bobeira por lá e fui mesmo assim, e a ideia nem era pedalar muito nesse dia, estava sem ritmo para isso. Segui até a região de Cabo de Gata, avistei um camping, mas ao invés de parar, decidi seguir para ver a praia. Parei para sacar dinheiro num caixa na frente de um mercadinho e continuei. Andei um pouco pela orla e percebi que não tinha nada de mais. Enfim, parei a bicicleta e resolvi me molhar um pouco, entrei no mar e fiquei ali boiando e prestigiando lindos peitos femininos a céu aberto que passavam livres por todos os lados. Peitos de fora, na praia, se tornara normal nesse trajeto, tanto que nem ligava mais. Voltei pra Nhanderecó e segui para ver o camping... e outra surpresa negativa, camping mais uma vez caro, eles cagavam e andavam para bicicletas, cobravam de mim o mesmo preço de uma família com seu super luxo camping van de 10 metros de largura que polui por onde passa com seus gases acinzentados e fedorentos.

Eu me remoía por dentro, ainda tentei negociar explicando que eu não precisava de muito, apenas 2m² pra montar barraca e passar algumas horas, e nada, eles queriam mesmo eram as grandes camping vans (motor homes), quanto maior melhor, quanto mais espaço mais paga, os olhos deles até brilhavam quando viam aquela grande camping van se aproximando, enquanto eu e minha magrela víamos ofuscados num canto qualquer. Saudade da baixa temporada e seus preços justos...

Mais uma vez eu me via numa situação de decisões, agora num lugar totalmente árido, terrão, tempo ruim e seco. E com esse cenário de faroeste lá fora - até feno voando se via - com vento que uivava "vu-uu-uu!" e poeira que subia alto... me peguei a pensar e puxei uma conversa entre eu, eu mesmo e Nhanderecó:

- Merda de alta temporada e dias longos, torna tudo mais caro...
- Ah, mas com sol até as 22h da noite dá para pedalar bastante!
- Não, não é bem assim...
- O sol está bem forte, é arriscado demais ferver nele todos dias.
- Pense, rapaz. Pense.

Olhei pra cima, com um olho aberto e outro ofuscado e quase fechado, só se via um azul límpido clarinho e uma bola queimando, queimava tanto que seus raios eram espaços e largos, quase não se via a bola no céu, pois ela se mesclava no clarão.

Clarão que me cegou as ideias e depois de tanto batutar, resolvi contrariar o meu "Eu seguro" e arrisquei mais uma vez no incerto, mas antes de cair pro mato dei uma "migué" no camping, pedi uma águinha gelada pra moça da recepção, bebi tudo e pedi pra encher de novo minhas duas garrafinhas de água.

- ¿Puede llenar esa botella de agua también señorita?

Com água suficiente fui ao mercadinho mais perto pra comprar algo fácil pra comer a noite e na manhã seguinte. O mercadinho não oferecia muito, comprei umas frutas murchas que tinha lá e barrinhas de cereais. Peguei minhas tralhas e fui seguindo pela costa, tinha uma rua esburacada que dava numa estradinha paralela, fui seguindo ela. O mar ao lado reluzia de tanta beleza e azul e de quebra ia me dando energias pra seguir.

O asfalto acaba chegando num local chamado Torre de la Vela Blanca, e mais para frente tinha um portão que estava fechado, mas que dava pra seguir pelo lado de bicicleta ou caminhando e ali começava uma estrada de terra. Observei no meu mapa o que teria dali pra frente se eu seguisse o trajeto e ele mostrava uma estradinha que caía num local chamado San José e depois pegava pista novamente seguindo rumo avanti, hum... fiquei ali pensando um pouco e decidi ir seguindo mesmo assim, para voltar tudo que eu havia andando seria uma bosta. Fiquei um tempo ali sentado, comi 3 maçãs e por volta das oito horas da noite, ainda claro, fui seguindo adentrando a estrada de terra seca e cheia de pedregulhos, rezando pra nada acontecer. Segui pedalando lentamente e uma hora depois já conseguia ver a vila de San José mais perto no meu GPS, no final o percurso nem era tão longe assim. E seguia olhando por lugares para montar a barraca e descansar.

Tinha uma praia antes de chegar na cidade, avistei umas pequenas árvores lá também, das poucas que tinha pelo caminho, pensei que seria uma boa armar a barraca debaixo de uma, dobrei à direita e fui. Lugar ok para acampamento, já quase dez horas da "noite", sol fraquinho lá em cima - até que enfim - e era hora de montar o cafofo para dormir tranquilo. Tinha pensado em entrar no mar antes, mas depois pensei melhor e percebi que dormir sujo já é um problema, sujo e salgado seria um maior ainda e já nem tinha tanto sol e o calor dava lugar a um ventinho gostoso e uma brisa boa.

Ritual de montagem feito, comi uma barrinha de cereal, tomei água, dei uma mijada e me joguei pra dentro da barraca com aquele medinho e frio na barriga de uma espaçonave vir me abduzir.

**quinta-feira,
28 de Julho de 2016
San José → Águilas**

Levantei por volta das 6h30 da manhã, todo torto e amassado e já acelerei o ritmo, desmontei tudo primeiro e ajeitei na bicicleta, comi qualquer coisa e por volta das 8h saí pedalando pra aproveitar a brisa. Menos de 20km depois já viria a primeira montanha do dia, de longe eu já conseguia ver as suas curvas e já ia me preparando mentalmente pra enfrentá-las.

E fui pedalando forte meio àquele solo árido e com já incríveis 30 graus na cabeça! Subi uns 860 metros em zig-zag e já lá em cima fiz uma parada para um rápido descanço e apreciação da vista, mar lindo sem fim e a estrada cheia de curvas que havia enfrentado ficava para trás.

O caminho que optei ao longo da costa era mais longo e não menos montanhoso, mas pela costa as chances de haver vida, água e duchas eram hiper maiores, talvez se eu optasse pelo "meio" ao invés da costa, as coisas seriam diferentes e eu me complicaria, pois o calor não dava tréguas! E as duchas que eu ia encontrando nas praias, onde fazia as rápidas paradas para molhar o corpo inteiro, era o que me carregavam as energias. Era uma duchada rápida, sobe de volta na bicicleta e continua pedalando encharcado e 10 minutos depois já estava seco e suando novamente. Segui num ótimo ritmo pela manhã, pedalei com paradas bem curtas pra respiro e duchas e fiz 86km! Perfeito! Passando pela linda praia de Carboneras segui até Garruchas, onde parei para "almoçar", 5 horas depois de partir de San José. Estava difícil achar um ponto legal para parar, comer e descansar. E rodando em busca do lugar perfeito, de repente percebi coisas meio estranhas pelas ruas, pessoas nuas andando pra lá e pra cá, pode isso, Arnaldo?

Pois é, se tratava de um local naturalista, ou seja, se quiser andar peladão pelas ruas fica a teu critério. Enfim, achei uma pracinha boa para sentar e descansar, parei a bicicleta, saquei as coisas dos alforjes, coloquei o celular e o GPS pra carregar no meu carregador solar - pelo menos pra isso aquele sol era útil - tirei a comida do alforje, o tênis do pé, só não fiquei pelado.

Foram umas 3 horas ali, panguando. Onde eu estava tinha tipo uma lavanderia na frente, e o senhor que trabalhava lá me viu e veio conversar, me deu água e explicou que tinha uma praia naturalista logo à frente e essa era a razão de tantos peladões indo e voltando pelas ruas. Hum... pena que eu só via peladões velhos pelancudos.

Já era algo em torno das 17h da tarde e resolvi continuar o pedal até Águila, coloquei as coisas de volta nos alforjes, tênis, meias e camiseta sequinhos e quentinhos do sol, passei quilos de protetor solar e segui o rumo da roça por esse sol do senhor. Depois de mais uns 25km de pedal, antes de Águila, eu avistei uma placa dizendo albergue juvenil e fui lá perguntar valores, o preço era bom, mas não havia mais vagas, merda. O rapaz da recepção me sugeriu um camping que ficava perto dali, fui verificar e mais uma vez um tapa na cara! Nem a pau, falei tchau e segui meu rumo, sem rumo.

Visualizei o mapa off-line - MAPS.ME - do meu celular pra verificar as coisas que tinha na cidade, pedalei mais uns 9km, vi que tinha uma guest house perto de um outro camping e resolvi bater e perguntar. Estava bem exausto e já passava das 19h da "noite", falo "noite" com aspas pois ainda havia sol e muita claridade. Águila, cidadezinha bem feinha e cheia de morro, achei a guest house e não tinha nada lá, ninguém respondia, resolvi tentar o camping mais pra cima. Mas chegando lá dei de frente com um senhor fechando os portões. Ele me disse que ali foi um camping e que não era mais, mas dava pra ver de fora que ainda havia toda a estrutura para tal, então resolvi dar uma chorada pra ver se ele teria dó do pobre guri aqui e me deixaria passar a noite por lá, fiz cara de choro, expliquei rapidamente meu dia... acho que ele ficou com dó de mim e resolveu abrir uma excessão e que eu poderia passar a noite lá por 4 euros. Perfeito, agradeci ele várias vezes e dei umas moedas que eu tinha sobrando. Às vezes contar com a sorte também ajuda, e nessa eu dei sorte de ter aparecido na hora certa, segundos a mais que eu chegasse lá ele já teria partido e eu teria que achar a ponte mais próxima.

O camping, apesar de desativado, ainda tinha toda estrutura funcionando, pelo menos o que era importante pra mim funcionava, que era ter água, banheiro e chuveiro. E tinha! Logo me instalei, arrumei minhas coisas na barraca, tomei uma ducha, peguei meu fogareiro e fiz meu macarrão com sardinha e bacon que tinha comprado numa parada pelo caminho. Foi realmente um ótimo dia, por volta de 110km pedalados e muito produtivo em todas as partes... é, mas o dia seguinte não seria igual.

sexta-feira,
29 de Julho de 2016
Águilas → Cartágena

Se o dia anterior tinha rendido mais do que o esperado, o dia de hoje seria o contrário, o dia em que tudo resolveu acontecer, bicicleta quebrada, muita subida, muito sol e rejeição.

A última vez que a bicicleta tinha me dado um problema significativo tinha sido antes de chegar em Porto, quando tive problema com a roda traseira, desde então foram só dois pneus furados e uma câmara trocada, mas mais pra frente isso iria mudar. Saí de Águila, cidade ruim, nem olhei pra traz e segui rumo a Cartágena, creio que uns 10km antes de chegar em Mazarrón, no meio do nada, em uma estrada qualquer após subir uma montanha enorme pedalando, não era alta - íngreme - mas era aquele tipo de subida que tu sobes, e vai, vai, vai e não para de subir e cheia de curvas.

Demorei, fui lento, mas subi, e depois, desci. E já lá embaixo, seguindo meu caminho, ouço um estralo estranho vindo da roda traseira, do nada perdi velocidade e sentia algo pegando no quadro da bicicleta, parei e percebi o pneu batendo no quadro conforme eu pedalava, fui averiguar melhor e percebi um raio quebrado, e o estralo que ouvi era o raio quebrando! No meio do nada, lindo lugar pra quebrar um raio e entortar o aro! Pior que não tinha o que fazer, a bicicleta não andava do jeito que tava e, portanto, impossível continuar pedalando... me acalmei e arrastei-a para uma sombra de uma casa abandonada, tirei os alforjes dela e todo o peso, virei-a de ponta cabeça e fiquei pensando numa forma de arrumar aquilo.

Eu não tinha raio reserva, e mesmo se tivesse eu não sabia como consertar,

Árido.
Ermo.
Quente.

———————

""

E fui pedalando forte meio àquele
solo árido e com já incríveis 30 graus
na cabeça! Subi uns 860 metros em
zig-zag e já lá em cima fiz uma parada
para um rápido descanço e apreciação
da vista, mar lindo sem fim e a estrada
cheia de curvas que havia enfrentado
ficava para trás.

a última vez que fui inventar de apertar o raio, lá em Santiago de Compostela, entortei a roda inteira e tive que mandar na bicicletaria. Fiquei girando a roda e vendo alternativas, reparei que o pneu pegava no quadro em um lugar específico quando girava a mesma, que obviamente, era o lugar onde o raio tinha quebrado. Minutos depois percebi que o que pegava no quadro eram os cravos do pneu, e pensei...

- E se eu cortar os cravos dessa parte do pneu fora, o que será que acontece?

E foi o que fiz! Peguei o canivete e cortei os cravos da parte torta do pneu, uns 15cm de cravos cortados, e funcionou! Ok, a roda ainda continuou torta, mas não pegava mais no quadro! E foi possível seguir pedalando devagar até a próxima cidade! Cazzo!

Depois fui descobrir que se lacear - soltar - um pouco os dois raios opostos ao raio quebrado, a roda desentorta um pouco, e ajudaria a seguir até achar conserto, mas valeu a gambiarra. E assim fui seguindo, meio torto, mas fui.

Uns 15km depois pedalando com a roda torta até Mazarrón, parei num mercado para comprar a janta e quando estava saindo avistei uns bombeiros e fui perguntar se havia possibilidade de seguir até Cartágena de ônibus e lá tentar achar uma bicicletaria e consertar a bicicleta, eles não souberem responder muito bem se era possível colocar bicicleta no ônibus, falaram pra ir até a estação verificar, também falaram que a caminho da estação tinha uma bicicletaria. Andei e não achei nada, andei mais uns 7km e cheguei a Puerto Mazarrón, logo na entrada avistei uma bicicletaria e fui lá.

Bicicletaria simples, mas fazia o que eu precisava, apesar de ser bem carinha nos preços, mas eu não tinha alternativa. Fiz o conserto do raio, já aproveitei e troquei os dois pneus da Nhanderecó que estavam carequinhas, era a quilometragem já feita nessa minha aventura mais o que a bicicleta já havia rodado com o antigo dono - comprei-a usada - e comigo na Irlanda, ou seja, aqueles pneus já rodaram pra caralho! Ótimos pneus, duraram muito!

Enfim, coloquei dois novos pneus, novo raio, roda centrada e segui tentar achar um local com sombra pra comer. O clima estava tão seco na região que estava difícil encontrar um parque ou algum gramado com sombra por onde eu passava, quando achei umas árvores pequenas num gramado, a grama era artificial, vejam só. Enfim, tinha sombra e ali fiquei para mais uma vez praticar meu ritual do almoço, pão, salame, queijo e água, descalço, camiseta, meias e tênis no sol e carregador solar carregando celular, GPS e também as baterias da GoPro que dessa vez não esqueci.

Escrevi um pouco, anotei umas coisas no meu mapa impresso e 3 horas depois já não aguentava mais ficar ali naquele mormaço com aquela grama sintética que nada refrescava. Passei no mercado, comprei 2 litros de água congelando e um danonão bem gelado, que matei numa só e fui seguindo até Cartágena. Muito sol, muito sol, não tinha uma nuvem no céu e a exaustão aos poucos dava sua cara, um pouco era reflexo dos dias anteriores. Fui seguindo e passava por lugares e praias bonitas, numa dessas eu resolvi parar e me banhar um pouco.

Caminhei até o mar gritando "ai, ai, ai", devido as muitas pedras até alcançar uma boa profundidade na água. E fiquei por um tempo ali, boiando. Depois segui meu rumo, todo salgado e grudando.

Antes de parar na praia eu tinha avistado um camping, tinha pensado em parar e perguntar, mas era cedo ainda - 18h - e queria chegar até Cartágena no mesmo dia. Dia que já não tinha me rendido nada pelos contratempos que tive com a bicicleta. E assim foi, e comecei a subir, subir, subir, tinha que cruzar a serra, e aquele sol no lombo, o calor, e as subidas, zig-zag, parava várias vezes para respirar durante a subida, por uns segundos pensei até em desistir e voltar para onde eu tinha visto o camping, mas não, peguei forças sei lá de onde e continuei. Fui guerreiro, enfrentei o desafio, mesmo tendo de descer da bicicleta em algumas partes e empurrar um pouco, eu fui indo, devagar, mas cheguei ao topo, numa exaustão que se houvesse mais subida não sei como seria.

Talvez desde os Pireneus que eu não subia tanto assim de uma vez só, por enquanto esse vinha sendo um dos dias mais exaustivos da viagem até então, muito pelo terrível calor que fazia e nada ajudava, depois pelas subidas que eu vinha enfrentando no sul da Espanha, isso porque eu cortei muita montanha ali na região de Málaga-Granada. Que dia longo! Mais calma, que ainda não acabou!

Depois veio uma deliciosa descida pra compensar a maldita subida anterior. Antes de continuar descendo eu avistei um senhor na varanda da sua casa, não hesitei e fui correndo pedir um pouco de água, porque a minha tinha acabado, eu estava esgotado e a boca totalmente seca. O senhor gentilmente me atendeu e veio logo com duas garrafas de 2 litros trincando de gelada e me ofereceu, que água deliciosa! Enchi meus dois cantis, agradeci muito e segui a descida.

Logo do lado de Cartágena, em Cantareiras, vi que tinha um albergue juvenil pelo caminho, ótimo, tudo que eu precisava para esse dia difícil, e fui averiguar. Só que não foi bem assim. O lugar era ótimo, enorme, só que não havia ninguém para me receber, a secretaria estava fechada, fiquei andando lá por dentro com a bicicleta, mas nenhum sinal de vida. Sendo assim, enchi mais uma vez meu cantil numa torneira que tinha lá fora e segui mais uns 7km até o centro de Cartágena, que dia, meus amigos!

E que cidadezinha ruim, meus amigos! Não tinha nada lá, nada de camping, hostels, só uns hotéis, que deviam ser caros - nem pensei em parar perguntar - nem praça com árvore tinha por lá direito, estava bem chateado e frustado com a situação.

Vi um McDonalds pelo caminho, parei pra tentar conectar na internet do lado de fora, aproveitei também e usei o banheiro - ainda bem que fiz isso - e nada, nem AirBnb tinha na cidade. Pensa num cara todo sujo, suado e perdido, pois é, era yo aqui.

A situação já começava a me incomodar, já era mais de 20h e a única solução que eu via era voltar lá no albergue juvenil e ver se aparecia alguém, se não aparecesse eu dormiria por lá mesmo, clandestinamente no jardim, já que quintal lá dentro não faltava.

E voltei, pedalei mais 7km de volta, e lá estava novamente, só que nada de ver uma alma viva. Estranho porque havia carros na parte de trás de um dos prédios... fiquei rodando, e quando estava voltando encontrei um bebedouro com água geladinha na parte de trás de um dos prédios, que delícia! E já 21h e nada de ver alguém por ali para perguntar, fiquei na entrada para ver se alguém passava para fechar o portão, pois era a única entrada e se encontrava ainda aberto.

Mais uns minutos ali e avistei uma garota colhendo plantas... do nada aparece uma guria colhendo plantas, que loucura! Perguntei pra ela se eu podia acampar por ali, num cantinho lá no fundo, ela não podia me responder, me levou e chamou a coordenadora do local que tinha mais autoridade pra isso.

E a resposta foi não, merda! Aí pra me confortar ela me disse que tinha uma praia continuando sentido de volta de onde eu havia passado e virando à esquerda, que ali seria seguro eu acampar, enfim, fiz o que eu podia... fui.

Pelo caminho, até essa praia citada, eu ia com olhos de águia olhando pra todo lado tentando ver um bom lugar pra acampar, e nada, tudo seco, nem uma única árvore pra me esconder! Comecei a descer no sentido da praia e nada, de repente resolvi virar à direita, avistei uma senhora e perguntei pra ela onde poderia acampar, e ela não sabia de nada e sugeriu a praia lá embaixo também. Poxa, tava esperando ela ter dó de mim e me convidar pra janta...

O sol já tinha me deixado, só me sobrava o crepúsculo do céu iluminando à minha frente, e eu nem lugar pra dormir tinha encontrado ainda, que dia, meus amigos, que dia! Rejeitado até pelo sol!

De repente avistei uma árvore não muito florida, mas suficiente pra eu entrar debaixo com a barraca, ficava num barranco, uma única árvore, não muito grande e quase seca, num barranco! Será aqui mesmo e foda-se! Aproveitei o mínimo de claridade que ainda tinha pra montar minha barraca, coloquei as coisas tudo pra dentro, joguei a bicicleta do outro lado, junto ao barranco, tranqueia-a com cadeado e fui comer algo, não estava com pique nem fome pra usar o fogareiro pra cozinhar e fazer bagunça, fazer fogo ali não seria mesmo uma boa ideia, não podia chamar a atenção.

Comi um atum direto na lata, uns amendoins, um bolinho, fiquei um pouco pro lado de fora tomando um ar e vendo os carros passar lá embaixo na rua. Escuridão total, só as lanternas dos poucos carros que desciam em direção à praia que clareavam por onde passavam.

Me sequei um pouco naquele vento fresco que batia e totalmente morto fui me deitar naquele solo totalmente irregular e cheio de pedras e colchonote furado!

E seja o que for, eu tinha que descansar e tentar esquecer aquele longo e cansativo dia.

sábado,
30 de Julho de 2016
Cartágena → Alicante

É, e nem tudo foi conto de fadas. Bônus e ônus...

Dentro da barraca durante a noite parecia uma sauna, desconforto descomunal e eu não queria arriscar e abrir a barraca, deixá-la de "portas" abertas, não sabia onde eu estava, não me sentia seguro pra isso, apesar que se qualquer coisa acontecesse ali não seria uma barraca de plástico que me salvaria, e também não tinha muito vento lá fora para me arejar lá dentro, sem contar meu colchonete e seu microfuro, tentei consertar com fita adesiva, mas nada, ele permanecia cheio por umas 3 horas e depois desinflava e eu sentia as pedras do chão nas minhas costas. Mas eu estava tão exausto que apaguei do nada, acordei uma vez durante a noite, mas logo cai no sono outra vez. No geral a noite foi tranquila, se algo ocorreu eu nem vi, e nunca verei. Às 6 da matina já estava de pé, preparei tudo, deixei a bicicleta pronta para partir, comi um bolinho e uma banana, tomei água e caí na estrada, subindo de volta por onde desci e virando à direita. Foi difícil no começo, corpo bem cansado e um certo desânimo, demorou para pegar ritmo. A ideia era chegar em Alicante no mesmo dia e pegar um trem na segunda-feira até Valência e de lá pedalar até Barcelona. Veremos.

Enfim meu corpo pegou um ritmo bom e pedalei uns 25km num tiro, parei num supermercado para repor minha comida, tomei aquele danonão de 700ml numa golada só, peguei água gelada do bebedouro e comi um quiche, e esse foi meu café da manhã. Aproveitei também e fui ao banheiro do supermercado escovar os dentes, lavar o rosto - e a cabeça inteira - e quando olhei no espelho, eu estava inchado!

Então depois de comer, beber e me lavar na pia, voltei pra estrada. Calor do agreste pra variar, logo de manhã e eu já molhado de suor. O legal desse trecho foi que avistei bastante ciclistas pelas ruas, era bem comum ver ciclistas reunidos e treinando pela Espanha, todos bem equipados com seus uniformes e bicicletas modernas, me fazia bem vê-los pelo caminho, me dava ânimo! Mas viajando de bicicleta mesmo era só eu, os outros que passavam estavam pedalando por esporte, a não ser por um alemão que trombei no mercado na quinta-feira, ele estava indo no sentido oposto ao meu, já era um senhor, não falava muito inglês, olhamos um para o outro, apontamos para nossas respectivas bicicletas, sorrimos e foi isso. Foi bem mímico mesmo o negócio e engraçado também.

Quantas mudanças eu sentia em mim, se essas situações como as que eu vinha passando, tais como, exaustão física, estar sozinho, não ter um teto pra dormir, acontecessem comigo há anos atrás, eu certamente não agiria da mesma forma e rapidamente ficaria puto e estressado, hoje em dia to tiro quase todas de letra a ponto de se nada der certo, eu ligo o foda-se e deixo acontecer. Às vezes funciona.

Uma orbe no céu.

""

E as duchas que eu ia encontrando nas
praias, onde fazia as rápidas paradas
para molhar o corpo inteiro, era o que
me carregavam as energias. Era uma
duchada rápida, sobe de volta na bicicleta
e continua pedalando encharcado e 10
minutos depois já estava seco e suando
novamente.

Bem, de fato já havia decidido dar uma pausa da estrada e da bicicleta e tentar descansar. Esperar o clima melhorar, e Barcelona foi o local escolhido! Mas por enquanto eu tinha que continuar pedalando e suando as nádegas!

E o dia continuou e, meus amigos, outro longo dia. E seco, totalmente seco e quente! E conseguia ver a poeria pelo ar, do nada eu estava dotado de visão infravermelha. E desta vez eu não tive ajuda das lindas e refrescantes duchas na praia, as únicas duchas que eu encontrava eram pequenas e baixas, apenas para lavar os pés, merda! Tive que improvisar e usar minha água do cantil - quente - para molhar a cabeça e o capacete por dentro. Nesse dia parei várias vezes nos postos de gasolina pelo caminho para tomar água, de quebra inventei de tomar um energético e viciei!

Numa dessas paradas, quando voltava para bicicleta da loja de conveniência, olhei para o pneu dianteiro - pneu novo - e vi algo estranho entre os cravos, meio que reluzia, achei que fosse uma pedrinha, fui tirar e PUFFF! Era um espinho!! PNEU NOVO! CARAJO!

O ar jorrava pra fora do pneu e em segundos estava eu lá virando a bicicleta de ponta cabeça pra consertar a porra da câmara. E quando terminei o reparo e fui na bomba do posto pra encher, tinha que pagar! Pagar pra usar um milésimo de segundo de ar é o fim do mundo! Fiquei meio puto com os caras lá, paguei 1 euro com um beiço maior que de uma jubarte, e depois que fiz todo o serviço, o cara do posto veio me devolver o euro pago, mas já tinha usado. Agradeci-o mesmo assim, estava chateado, mas sabia que não era culpa dos funcionários do posto.

Eu estava muito sujo, encardido mesmo. Sempre que parava no posto aproveitava pra me lavar também, suvaco, cabeça inteira, o que dava eu lavava. Perto de Torrevieja decidi parar para o almoço, comprei uns pães com frios, umas frutas e parei numa praça boa com uma ótima sombra e por lá fiquei umas 2 horas, descansando, escrevendo e comendo. Depois pra sair e pegar a estrada novamente foi meio pesado no começo, mas logo entrei de novo no ritmo e fui seguindo até Santa Pola.

Nos lugares mais "urbanos" por onde eu passava era comum haver ciclovias e ia seguindo por elas, mas assim que a cidade, ou vila, acabava, eu voltava para as estradas secundárias - as NRs da vida - e ia pelo acostamento, quando havia algum.

Antes de chegar em Santa Pola eu passei por uma estrada que era rodeada por uma salina, foi uma visão bem curiosa, a estrada no meio e muita água com muito sal pelos lados, o nível da água era praticamente o mesmo da estrada, 20cm a mais de água e inundava toda a estrada, estranho e bonito ao mesmo tempo.

Decidi sair da NR e fui seguindo, sempre tentando beirar a costa, e eis que vejo lá frente uma serra bem alta, desanimei na hora e resolvi voltar uns 7km pra trás e pegar a NR novamente, só pra não precisar subir a serra, chega de serra. E foi a partir deste trecho que comecei a ouvir e sentir estralos vindo da relação da bicicleta, um pouco mais que eu forçava, estralava a corrente e a mesma girava em falso, era a Nhanderecó dando sinais de desgaste e fadiga e que precisa de uma pausa para reparos.

Antes de seguir mais uns 22km até Alicante, parei mais uma vez no mercado - eita dia de mercado - deixei a bicicleta na parte de dentro, passei o cadeado e fui às compras, foi rápido. E lá se foi mais 1 litro de danone, mais um energético e 2 litros de água gelada! Quando eu ia retirando o cadeado da Nhanderecó, os guardas do mercado vieram pra conversar comigo, todos sorridentes me perguntando de onde eu vinha e pra onde iria, ficaram maravilhados com a rápida e resumida história que eu acabara de contar, me desejaram "suerte" e fui pra rua de novo. Suerte, magrelo.

Também tinha aproveitado para ir no banheiro para mais um minibanho de pia! Eu estava imundo, parecia um mendigão, mas estava feliz.

Felicidade que atingia um ápice tremendo, estranho como a mente reagia, pois meu corpo era só um regaço, mas apesar do cansaço e da imundice que eu me encontrava, eu me sentia disperso e feliz, era uma adrenalina, eu parecia ser a bicicleta, tomei a sua forma, sentia ela e ia pedalando, nem sabia da onde vinha tanta força, mas logo essa força ia se dissipando e a felicidade se desgastando. Afinal, impossível estar feliz e forte a todo momento, certo?

Dali pra frente o caminho até Alicante seguiu ótimo e plano - ufa! - e fui num bom ritmo até lá! Chegando na cidade, me deparei com um enorme navio no porto e uma cidade muito bem estruturada, ares de cidade grande, e resolvi ir atrás de um hostel ou albergue barato. Queria uma cama, precisava de uma! Não era possível que uma cidade cheia de opções não teria um quarto barato pra yo aqui. Pois é, é possível. Era um sábado de um verão que estralava lá fora, e a cidade estava lotada de gente pra todo lado e todos os hostels e albergues que fui estavam cheios e só tinha os quartos mais caros, uhum, sei... O máximo que consegui foi agendar um quarto para o dia seguinte num hostel, assim sendo teria que achar outro lugar para passar a primeira noite e no dia seguinte retornar ao hostel, dormir, para segunda-feira seguir de trem até Valência para a cirurgia da Nhanderecó.

Lembram de toda aquela felicidade e adrenalina de horas atrás? Então, caíam em níveis acelerados! Até um ponto que desanimei e saí sem rumo seguindo a costa da cidade, já era por volta das 21h e eu já tinha andado uns 12km dentro da cidade de Alicante em busca de um lugar pra mim, aí tudo começou a não funcionar e dar pane, celular, GPS, eu, a Nhanderecó...

Já estava com olhos de gato tentando achar um ponto bom para acampar selvagem novamente, mas vários sinais externos me atingiam e minha intuição falava que não seria uma boa ideia acampamento selvagem ali onde eu estava, primeiro que não tinha lugar na redondeza, tudo casa e prédios ao redor, e a praia era na cidade, não me sentia confortável e seguro de acampar na praia no meio da cidade e cheia de gente. Enfim, fui seguindo e avistei um camping, era o sinal, 21h40, nada dando certo e um camping cai na frente, só podia ser um sinal, e fui lá. Claro que não estava barato, alta temporada, cheio de turista e facas caindo do céu. Aceitei a extorsão e fui. Precisava de um longo banho. Mais de 230km pedalados em dois dias debaixo de um sol de média de 40 graus na testa não era pra qualquer um.

Já instalado, fui ao tão desejado banho, banho gelado! Delícia! A água escorria pelo meu corpo e caía suja no chão, só pra se ter uma noção da sujeira que eu me encontrava, também aproveitei e lavei algumas peças de roupa, shorts que eu estava, cueca, meias... nem precisa imaginar a cor da água que saía das roupas!

Depois do longo banho gelado e delicioso fui preparar minha super janta, isso já era noite, passava das 23h, peguei tudo que tinha no alforje, misturei na panela e taquei pra dentro. Como eu me sentia mais seguro estando num camping, deixei tudo pra fora da barraca, deixei as "portas" abertas pra ver se ventilava pra dentro, mas não havia vento e o que tinha era ar quente. Foi difícil me ajeitar, mas depois eu desmaiei.

domingo,
31 de Julho de 2016
Alicante

Acordei cedo - 6 horas - com um barulho estranho do lado de fora, achei que alguém estivesse mexendo na bicicleta ou algo assim, e ainda meio sonolento me levou alguns segundos pra perceber que eram apenas cigarras cantalorando o amanhecer de mais um dia... quente e abafado pra variar.

Tentei dormir mais um pouco, mas não dava, levantei e fui tomar um café com leite e escrever um pouco. Também atualizei meu mapa, tracei mais uns rabiscos nele e marquei os lugares recentes que havia passado. Esperei mais um pouco, arrumei minhas coisas e segui de volta ao centro da cidade para fazer o check in no hostel. Coloquei o endereço no GPS e fui seguindo com calma, parei no supermercado - claro - e segui. O dia estava bem nublado, trovejando bastante, mas nada de chuva. Cheguei no hostel e paguei a diária de 12 euros, camping foi 14 euros! Louco, não?

Eu estava atordoado, meu corpo doía e não era pra menos, tinha pedalado exatos 147km(!) no dia anterior, meu recorde até então! Pior que eu nem tinha reparado em tamanha façanha, fui ver pela manhã no GPS.

O dia foi basicamente isso, o hostel estava meio vazio, alguns adolescentes perdidos por lá e só. Aproveitei que não tinha nada pra fazer e não estava pedalando, usufui da internet e comprei o bilhete de trem pra Valência para o próximo dia, reservei duas noites em um hostel lá também e pesquisei preços das peças que teria que trocar na bicicleta e uma bicicletaria perto para a cirurgia.

Depois de resolver essas questões técnicas, me peguei num momento de ócio e comecei a pensar no porquê faço o que faço, por quê? De onde vinha tal motivação e o que me movia?

Por um instante pensei em desistir de subir a montanha e no outro, já tinha subido e a ultrapassado, mas como? E mais uma vez me pegava falando comigo mesmo...

- Talvez seja a crença do teu esforço que te mova, Lucas, o teu suor, acordar cedo e dormir cedo, ter disciplina e entender os melhores horários e situações para tomar certas decisões, saber esperar e saber seguir e dos seus erros que vez ou outra se tornaram acertos e conquistas. Testar os seus limites e conhecimentos na capacidade de enfrentar todas as adversidades pelas quais vem passando, isso te orgulha e te dá forças para seguir em frente. Hum... e com isso me sosseguei por uns instantes.

Quantas e quantas vezes já presenciei pessoas - ou eu mesmo - reclamando de coisas que pareciam não ter tanto sentido. Mas o pior é quando não se toma a iniciativa de mudar, pois estamos condicionados a uma vida de segurança (falsa segurança, na realidade) um certo conformismo, medo mesmo. E meu, se tem uma coisa que venho aprendendo nessa aventura é que esse medo, esse conformismo - que parece trazer paz - na verdade é o que te segura de seguir em frente, é o que te bloqueia de novas experiências, e se tem uma coisa - ou uma palavra - que pode ser o sinônimo dessa minha aventura, essa palavra é experiência, é esse conhecimento obtido por meio dos sentidos, do meu físico. Claro que uma hora você estabiliza e a rotina é inevitável, é um ciclo. Mas ter esse equilíbrio entre rotina e experiência soa pra mim um balanceamento ideal. Falo da experiência real, tátil, de ir e sentir mesmo. Mas é, em algum momento esse horizonte sempre cambiante e cada dia um novo e diferente sol vai acabar, como já disse, é um ciclo. Somos um ciclo.

Essa tarde de ócio, com pensamentos e ideias, veio como uma luz direto na minha fuça clareando algumas dúvidas, principalmente na parte de novos encontros, novas experiências e horizonte sempre cambiante, isso é fato, faz muito sentido e é o que me movia. Mas como citei anteriormente, tudo na vida tem seu ônus e bônus, não existe vida sempre boa e sempre feliz, dentre essas novas experiências e horizontes há também muita solidão e incerteza, solidão que prefiro transformar em solitude e incerteza que gosto de chamar de desafio.

**segunda-feira,
01 de Agosto de 2016
Alicante → Valência**

Peguei o trem de Alicante até Valência. Estação linda de Valência. Cidade também muito linda. Cheguei no hostel, ajeitei minhas coisas, tomei um banho e fui levar a Nhanderecó na bicicletaria para trocar toda a relação que estava estourada, tadinha da Nhanderecó. Dei uma volta bem rápida pelo centro e voltei para o hostel. Fim.

Por quê?

""
De onde vinha tal motivação
e o que me movia?

terça-feira,
02 de Agosto de 2016
Valência

Mais um dia sem muita emoção e meio que nem saí muito para turistar, o cansaço cooperou pra isso (nada, era preguiça mesmo). Mesmo assim, na parte da tarde, fui dar uma volta pelo mercadão central da cidade (Mercat Central), lindo! Um dos mais antigos de toda Europa. Fachada toda em Art Nouveau com cúpulas de ferro e vidro e muitos produtos, comidas, frutas, peixes de todo tipo, carne, temperos... muito bonito mesmo, valeu a visita!

Voltei para o hostel caminhando lentamente e observando tudo ao redor, depois utilizei a cozinha do hostel para fazer uma omelete com linguiça e queijo que comprei no mercado municipal - delícia! - e depois fiquei panguando na internet e lendo.

Por volta das 18h, fui buscar a Nhanderecó no centro de operações bicletísticas de Valência (vulgo bicicletaria), sem mesmo ter testado ela já dava pra perceber o ótimo trabalho que o pessoal havia feito na magrela; foram trocados a coroa, o cassete traseiro, a corrente, o cubo central, as roldanas do câmbio traseiro (vulgo macaquinho) e os cabos de aço. A coitadinha estava gritando já para trocar essas coisas e finalmente a escutei. Ficou ótima! Saí da bicicletaria e aproveitei pra testar ela pedalando pela cidade linda de Valência, e como de praxe resolvi sair da parte central, mais antiga e histórica, e fui conhecer a parte mais moderna da cidade. Passei pela Cidade das Artes e das Ciências (como eles chamam), um complexo arquitetônico e cultural, bem moderno e de uma beleza bem diferente e futurística que contrasta bastante com a parte antiga da cidade. Muito bonito também.

Fiquei um pouco por ali, tirei umas fotos, oberservei as pessoas andando e se divertindo por lá e fui seguindo. Passando pelos parques, pontes, ruas e becos ao redor do centro. Cidade muito bonita, estava impressionado. Vale até uma nova visita num futuro próximo. Depois foi hora de retornar ao hostel e preparar as coisas para seguir viagem no dia seguinte.

quarta-feira,
03 de Agosto de 2016
Valência → Benicàssim

Agora sim, um outro ótimo e proveitoso dia! Pedalei 110km numa tacada só! Comecei a pedalar por volta das 8h e parei por volta das 14h. Estava morrendo de fome, parei para visualizar melhor onde eu me encontrava pelo mapa do celular, nisso tinha um Burguer King do meu lado, não pensei duas vezes, estacionei minha nave perto da entrada onde eu poderia enxergá-la e mandei ver num lanche enorme, batatas fritas e aproveitei que o refrigerante era refil e bebi uns 3 litros!

Fora a água que eu já tinha bebido durante as 6 horas pedaladas e o danonão que matei antes de sair de manhã. Cheguei em Benicasim (em castelhano), ou Benicàssim (em valenciano), um município na província de Castelló, Comunidade Valenciana, e me surpreendi. Ótima cidadezinha e lindo mar! Eu estava me sentindo tão bem nesse dia que nem perdi tempo e fui direto à procura de um camping, era cedo ainda e queria aproveitar aquele marzão sem fim. Camping Flórida, muito bom camping, me cobraram 7 euros, um ótimo preço pra um camping privado na alta temporada! Armei a barraca, taquei minhas coisas dentro, peguei a bolseta frontal, coloquei meu Havaianas, subi na Nhanderecó e fui-me embora pra areia. Ô vida boa!

Fiquei lá por horas na praia, sozinho, boiando na água, depois pedalei um pouco pela orla que não era muito grande, parei no mercadinho para comprar minha janta - macarrão com tomate e sardinha - e retornei ao camping antes de anoitecer, me banhei, escrevi, boiei, gorlami e fim do dia! Ótimo dia!

quinta-feira,
04 de Agosto de 2016
Benicàssim → Alcanar

Se tu estiveres pedalando pela Europa no verão e avistar um local com várias bandeiras de países europeus, isso é um camping. Praticamente todos os campings de cidades costeiras que passei tinham bandeiras na frente, e o Camping Flórida não era diferente.

Levantei, arrumei as coisas - meu ritual diário - tomei meu leite em pó com aveia e segui o caminho da roça. O melhor desse dia foi que, já no começo, seguindo pela costa, descobri um caminho para pedestres e bicicletas que, literalmente, cortava as montanhas, Via Verde o nome. Um túnel para pedestres e bicicletas acompanhando a costa, não é tão longo assim o caminho, algo em torno de 3-4km, mas não precisei subir a serra para passar as montanhas e de quebra uma linda vista do mar, isso facilitou e agilizou muito as coisas, cheio de gente correndo, pedalando e andando por lá, muito legal. O resto do caminho foi de certa forma bem tranquilo, fui alternando entre estradas - NR - e passando por dentro das cidades, quando possível. Parei num posto de gasolina para pegar uma água gelada e comprei um energético, nesses últimos 3 dias até Barcelona tomei no mínimo 1 energético por dia, sei lá se ajudava, mas era gostoso.

Cheguei pelo fim da tarde em Alcanar, um lugar nada de mais, tinha aquelas refinarias, o que tornava o local feio e com ares de abandono.

Achei um camping, simples - bem ruinzinho pra falar a verdade - e tive que colocar a barraca num local ruim, no meio de tudo e todos, muitos escoteiros lá fazendo barulho e bagunça e gente chegando em plena madrugada, barulho, luz pra todo lado, foi uma noite difícil, mas foi.

sexta-feira,
05 de Agosto de 2016
Alcanar → Tarragona

Andei pra caramba, a estrada estava ótima na Catalunha... ah é, já estava em solo Catalão! Bandeiras da Catalunha pra todo lado, tinha muito mais bandeiras catalãs do que da Espanha por onde eu passava e muitos ciclistas pelas ruas também, o que me motivava muito! Foi um dia gostoso, melhor ainda quando fui descendo e lá de longe avistei um mar maravilhoso! Um azul turquesa que reluzia! Não me aguentei, dobrei à direita e segui em direção ao horizonte azul e sem fim! Lindo!

Lugar com nome meio diferente do espanhol, chama "L'Hospitalet de L'Infant", e dali por diante comecei a achar a língua catalã parecida com a francesa - apesar de não ter nada a ver - é fato que alguma semelhança há, pelo menos pra mim, enfim... Estacionei a Nhanderecó na areia - ela caiu e lá ficou - e fui correndo que nem uma criança pr'água. Tomei vários caldos, até ralei a perna na areia quando tomei um caldo forte e saí rolando debaixo d'água, o mar estava bem agitado e eu parecia um gigante bocó.

E passado o momento "louco solitário pulando no mar tomando caldo e rindo sozinho", fui à procura de um mercado para comprar meu almoço. Eu sempre comprava coisas pro dia, nunca estocava muito, primeiro porque não tinha espaço e segundo porque com aquele calor, se estocasse qualquer coisa no alforje iria derreter ou estragar. Comprei pães, queijo e algo mais pra meter pro meio, um sucão e 1,5kg de melancia fatiada, estava uma delícia e devorei tudo ali mesmo na calçada do lado de fora do mercado, na sombra.

Enquanto eu devorava o meu lanche como um cachorro de rua faminto eu ia vendo o movimento na rua e me peguei a pensar novamente na viagem, dessa vez o pensamento flutuava em questões de serventia (servidão), pensava na viagem e tentava entender o seu porquê. Vira e mexe eu me perguntava se essa viagem serviria para algo um dia, sei lá, umas ideias bobas vinham em mente, pensando se no futuro "colheria algum fruto" disso tudo... Afinal de contas, pra que servia essa viagem, ou como gosto de chamar, essa aventura?

- Sua aventura não serve pra nada, Lucas? - Perguntei eu a mim mesmo.
- Hum... - Parei de mastigar, pausei o tempo e fiquei em silêncio.
- Serve. Quer dizer... não, não... Ah, ela serve por ela mesma, ué!
- Serve por ela mesma?
- Essa aventura serve por ele mesma! Sim, ela é soberana! Única! Ao contrário de uma viagem servil, onde se segue roteiros e agendas, essa não, essa é soberana! Vale por ela mesma, começa e termina quando eu quiser... - E continuei a mastigar o meu almoço, enquanto o sol ia esquentando minha água na garrafa e a transformando em chá.

É, esclareceu, mesmo que um pouco, o propósito do que eu vinha fazendo... Se é que havia algum.

Depois desse banquete, tanto de comida quanto de ideias, segui viagem rumo a Tarragona, onde passaria a noite para, no outro dia, seguir até Barcelona e dar uma pausa nos pedais. Tarragona estava fervendo de gente pra todo lado, cidade bonita, mas só passei mesmo, nem parei, muita gente, se é loco. Segui para um camping que era localizado na saída da cidade.

Já no camping, quando estava armando minha barraca, tinha um casal ao lado fazendo o mesmo, e comecei a conversar com eles. Eram ingleses e estavam viajando de bicicleta, fazendo o sentido contrário ao que eu vinha, seguindo até Portugal subindo para Santiago de Compostela, caralho todo mundo que eu trombava de bicicleta pelo caminho estavam fazendo o mesmo percurso. Trocamos algumas figurinhas dos lugares que havíamos passado, ele perguntava por onde passei e pedia dicas, e eu o mesmo. O casal já havia pedalado várias vezes pela Europa, deviam ser uns 15 anos mais velhos que eu, ele me disse que eles já fazem viagens assim há 20 anos, muita experiência na bagagem, portanto.

Já de banho tomado e alimentado, segui até o bar dentro do camping, que não tinha ninguém, me ajeitei numa mesa e comecei a escrita manual do que está lendo agora nesse momento, sim, eu não tinha computador comigo, lembra? Escrevi tudo à mão, e tive que digitar tudo posteriormente, puta trampo, mas enfim, continuemos... Mark - o inglês - estava passando e me viu escrevendo e com o mapa aberto na mesa, não hesitou e me mostrou o mapa dele também. Ele também desenhava os lugares que passava, tinha um caderno pequeno e desenhava as paisagens, muito bem desenhadas por sinal! Ele fazia exatamente o que eu sonhava em fazer, mas nunca consegui, mas também nunca tentei... né.

Escrever sobre onde eu passava, fazer uma "fotografia mental" da paisagem e desenhar num papel, era isso que ele fazia. Ele me disse que pra tal façanha era necessário mentalizar e ficar no mínimo uns 30 minutos no local, observando, que nossa mente não era como uma máquina fotográfica que tira e arquiva a foto instantaneamente, nossa mente precisa de calma pra "salvar" a informação, mas eu e minha hiperatividade não ajudava muito nessa parte da calma e observação, mas sigo praticando.

sábado, 06 de Agosto até
sexta-feira, 09 de Setembro de 2016
Barcelona - Catalunha

Tentarei resumir aqui os 33 dias que fiquei em Barcelona, desde a tarde do dia 06 de agosto até a manhã do dia 09 de setembro. Não entrarei em muitos detalhes, pois aconteceu muita coisa, muita diversão, pessoas maravilhosas que conheci, fiz muita coisa e fui pra muitos lugares. Foram muitos dias intensos, misturados com dias de muita preguiça e pouca disposição também. Ok, eu merecia.

Soberana.

———

""

*Essa aventura serve por ele mesma!
Sim, ela é soberana! Única!*

Mas confesso que nos primeiros dias eu me sentia meio perdido, o que era até normal pra quem vinha numa viagem intensa, de modo intenso, como a que eu vinha. Ainda no dia 06, pela manhã... Saí de Tarragona e segui subindo e descendo - suando que nem um porco no sol - uma linda serra até Barcelona, sério, serra muito linda! E durante esse percurso fui passado e passando por vários outros cicloturistas, até um casal viajando de bicicleta e o bebê junto com eles num trailler, bem legal e bonito de se ver.

Chegando em Barcelona, fui seguindo o GPS em direção à casa do meu amigo, onde eu me alojaria por alguns dias. O lugar era na região central da cidade, conhecido como bairro Gótico (Barri Gòtic), lá me encontraria com o amigo desse meu amigo, o Fábio, que também estava ficando na casa dele por uma semana, e Fábio seria meu guia por Barna nessa primeira semana, já que o Lucas, o que morava em Barcelona e onde eu ficaria hospedado, estava fora viajando pela Croácia. É difícil de entender, eu sei.

Fui seguindo o GPS, subindo e descendo, subi pelo Montjuïc e desci em direção ao Gótico. Exausto! Local bem gótico mesmo, parte bem antiga de Barcelona e lugar por onde eu viria a passar inúmeras vezes nos próximos dias. Encontrei com o Fábio num café perto do apartamento, subimos até o andar do Lucas, um trabalho para levar a bicicleta e minhas tralhas naquele prédio antigo e de arquitetura toda irregular, coisa que também se repetiria por inúmeras vezes durante meus dias por lá.

Conversando com o Fábio, descubri que ficaríamos "ilegais" ali no apartamento do Lucas, pois ele não havia falado para ninguém que morava com ele que eu chegaria para ficar uns dias por lá. O Lucas havia me dito que todos já sabiam, que era só eu chegar e me acomodar, enfim, foda-se, ele que havia me convidado para ficar lá em Barcelona e avisei com um mês de antecedência que eu estava à caminho, se ele não avisou ninguém, já não era mais problema meu, apesar de eu preferir que todos soubessem da situação, enfim... Mas pelo que fui percebendo no decorrer dos dias, os que dividiam o apartamento nem se viam muito e pouco se ligava para a vida um do outro. E aos poucos fui entendendo por que que não ligavam para o que estava acontecendo, eles nem sabiam que o próprio Lucas estava viajando!

Ou seja, todo momento que os outros moradores - eram 3 no total - ouviam barulho no quarto do Lucas, onde eu estava dormindo, eles achavam que era o Lucas que estava lá e não eu e o Fábio, vai vendo a situação. Claro que sabendo disso, nós não poderíamos fazer muito barulho enquanto os outros estavam na casa, e ficávamos no "mocó" até eles saírem, aventura até na hora que não estava pedalando! Mas fora esse rolo invisível, o Lucas foi como um irmão pra mim, grande pessoa, me ajudou muito durante meus dias na cidade. Na primeira semana, com a ausência do Lucas, eu saí bastante com o Fábio, que morava e estudava em Madrid e estava passando uma semana em Barcelona. Fomos várias vezes na praia de Barceloneta, praia mais "badalada" da região central, e também fomos a alguns barzinhos pela redondeza.

E foi num desses barzinhos, numa quinta-feira, que estava tendo uma festa com música brasileira, de primeira já imaginei que seria alguma roda de samba, pagode ou funk... mas queimei a língua! A festa estava ótima e as músicas foram muito bem selecionadas, partindo de uma pegada mais Tim Maia a versões "beats" de bossa nova e MPB, e nada de funk e sertanejo. Amém.

Lá conheci vários outros brasileiros e muita gente da América Latina em geral. Mas as que mais marcaram foram 3 argentinas que por lá dançavam e cantavam, hiper simpáticas e conheciam melhor as músicas brasileiras do que yo aqui. Uma delas inclusive viria a ser uma peça muito importante nessa minha passagem por Barcelona, pois se não fosse ela, e com a situação do Lucas e seus colegas de apartamento, certamente eu não teria ficado na cidade pelo tempo que fiquei. No fim da festa, eu, Letizia, sua irmã Laura e mais um brasuca um tanto quanto chapado - que sei lá da onde veio e quem era, mas que se "ajunto" no grupo - fomos caminhando até a casa delas, batendo papo. A Laura conhecia mais do Brasil do que o brasileiro aqui que vos escreve! Já no apartamento delas, bebemos mais um pouco, rimos e continuamos conversando, falávamos de tudo, até que num dado momento as coisas entre eu e a Letizia, ambos ubriachi (vai lá procurar o que isso significa), esquentaram um pouco e terminamos a noite juntos. E depois dessa noite eu passaria a frequentar aquele apartamento muito mais e aquele viria a ser o meu teto em Barcelona por vários dias, minha pequena família de Barcelona! Letizia, Laura e Maru!

Três dias se passaram, eu e Letizia apenas trocamos algumas mensagens e nada mais, enquanto isso eu ia aproveitando o quanto podia de Barcelona, principalmente as noites pela cidade, acabava que dormia de dia e curtia a noite, virei boêmio. Foi também em Barcelona que reencontrei um primo meu do Brasil que não via há muito tempo, ele estava mochilando pela Europa com amigos, e eu também conhecia a maioria, eram todos da minha cidade natal no Brasil - cidade pequena, sabe "comé" né - e coincidiu que ele estaria em Barcelona no mesmo dia que eu, então combinamos de nos ver.

Foi interessante revê-los em Barcelona e perceber que eles não haviam mudado tanto dos tempos que eu costumava sair com eles - há anos luz atrás - mesmo jeito de falar, mesmo sotaque e quase as mesmas ideias, meio que me vi no futuro olhando pra eles, ficava pensando que se eu não estivesse morando fora e continuasse morando por lá, se estaria do mesmo jeito, ou talvez ainda esteja do mesmo jeito e não tinha como eu perceber. Mas, segundo o meu primo, eu estava bem diferente, tudo em mim tinha mudado, inclusive o meu sotaque, o jeito de falar e as palavras que eu usava, talvez seja essa a resposta. Bem, tomei isso como algo positivo e sorri, se mudei pra melhor - como ele mesmo disse - fico feliz em saber.

Enfim, depois do papo e cerveja no hostel, fomos para uma das grandes festas de Barcelona, fui mais porque eu não os via fazia tempo, porque, sinceramente, "ir pra balada" nunca foi meu forte. Mas resumindo, lugar bem bonito na praia de Barceloneta, cheio de mulheres lindas, muita bajulação e pouca conversa (qual a novidade?). Resumo da ópera: tudo igual, música, pessoas, e eu nem pra ficar bêbado! Mais valeu pelo reencontro com os itapirenses, foi muito legal revê-los e uma surpresa que eu nem imaginava.

Teve também a festa do bairro de Gracias, festa de rua anual muito popular na cidade e eu tive a sorte de estar por lá e ir várias vezes! As ruas todas decoradas com várias atrações, bandas, artistas, barracas de comes e bebes. Foram várias idas por lá com o Fábio, o Lucas e um amigo suíço do Lucas que estava passando uns dias lá também, sim, havia chegado mais um e advinha ficando onde? HAHAHA. Lucas, o verdadeiro coração de mãe.

Enquanto isso minha relação com a Letizia ia ganhando novos episódios, como eu tinha contado a ela o problema que estava tendo no apartamento do Lucas com a super lotação, ela me chamou pra ir ficar uns dias lá com elas até achar outro lugar ou desocupar no Lucas. Hesitei bastante no começo. Meus planos iniciais em Barcelona eram ficar lá até meados de setembro, começo de outubro, e tentar arranjar um emprego temporário pra levantar uma grana. Então, as coisas meio que mudaram, tentarei resumir.

Antes de chegar em Barcelona eu vinha conversando bastante com o Lucas sobre trabalhar lá, como funcionava e tals. E ele tinha me sugerido trabalhar com ele de entregador com a bicicleta, a ideia era ótima, tudo que eu precisava pra levantar uma grana e não me enroscar em trabalho fixo, super aceitei quando ele me falou, só que conforme os dias foram passando e eu ia chegando perto de Barcelona, a conversa ia mudando e ele me disse que no verão eles passariam a contratar menos e que o volume de trabalho lá é maior no outono e no inverno, ou seja, não sei se rolaria ficar tanto tempo em Barcelona sem trabalhar e gastando, e isso ficou martelando na minha cabeça desde então. Até atualizei meu curriculum e mandei em alguns lugares, mas sabe quando tu faz as coisas sem vontade? Pois é, era assim que eu mandava curriculum, me pegava num desânimo, se era aquilo mesmo que eu queria, ficar ali. E minha rotina mudou totalmente desde então e muitas dúvidas começaram a surgir. E aí, seguir ou ficar?

O João, meu amigo que eu dividia casa lá em Dublin - e que ainda morava por lá - havia me dito que tinha tudo planejado e que viria me encontrar na viagem e continuar pedalando comigo. Estipulamos uma data para o encontro - 10 de outubro - então falei pra ele que o esperaria em Barcelona até lá. E isso mudou novamente a minha cabeça e as ideias em relação a cidade e a minha permanência nela, ou seja, a ideia que me veio de seguir pedalando e não ficar mais por lá havia mudado novamente devido ao encontro com o João. Mas conforme o tempo passava e as coisas iam acontecendo, as chances de nos encontrarmos em Barcelona seriam menores e íamos conversando, buscando melhores opções.

E durante esse vai e vem de pensamentos, vida noturna, encontros e desencontros, eu - dia ou outro - ia visitar a Letizia e acabava dormindo por lá mesmo, confesso que era muito tentador essa ideia de ficar lá com ela, me tratavam hiper bem e o conforto da casa dela me agoniava de tão bom que era, comparado a minha barraca. E tinha café, CAFÉ! Impossível não se render ao tratamento de luxo que eu tinha com a Letizia, Maru e Laura na casa delas, ainda mais após meses de viagem numa bicicleta dormindo num colchonete furado, ou seja, no chão.

A Letizia tentava me convencer a ficar na cidade, e eu ia relutando bastante pra aceitar, aquele orgulho meu que só eu conheço. Mas conforme as coisas iam acontecendo, ia me forçando e "conspirando" para aceitar o convite. Antes de passar a dormir mais lá na Letizia do que no Lucas eu ainda dormi 2 dias num outro amigo do dele, um búlgaro que ofereceu seu humilde apartamento pra eu ficar enquanto o suíço amigo do Lucas ficou por um fim de semana no quarto que eu estava com o Fábio. E eu que achava que o apartamento do Lucas era um tanto quanto bagunçado, isso foi até eu ir pro apartamento do búlgaro. Senhor, pensa numa bagunça! Mas só tenho a agradecer a ajuda deles, pelo menos tinha lugar para deixar minhas coisas e passar a noite, e tinha um gatinho filhote simpático pra eu passar o tempo.

Com a Letizia era evidente que ela tinha segundas intenções maiores comigo, não era só amizade. Ela se mostrava muito mais envolvida nisso do que eu, em questão de relacionamento. Fazia sentido, ela já morava lá há 10 anos, estava adaptada e naturalmente já deveria ter curtido e absolvido o máximo de tudo por ali. Mas eu estava só passando por lá, de bicicleta! Não dava pra ter nenhuma chance de relacionamento da minha parte, apesar de adorar ficar junto com ela e as meninas da casa, mas isso me pegava de vez em quando, ficava com receio de que quanto mais eu ficasse lá, mais eu me envolveria e pior seria a partida, pois partir era certo.

Me encontrava numa sinuca de bico, pois no Lucas tinha se tornado inviável ficar e na Letizia eu tinha conforto, amizade e gastava bem menos, o que me ajudava a economizar para continuar a viagem. Até um trabalho ela tinha achado pra mim, no mesmo restaurante que ela trabalhava. Vejam só, eram os "planos pré-chegada" se concretizando, ficar em Barcelona, arranjar trabalho e fazer uma grana, só que advinha? Pensei, relutei e não aceitei. Pensei muito, muito mesmo na situação, por um minuto tinha aceitado a ideia e no outro desfeito, voltando atrás. Durante todo esse imbróglio residencial outra decisão corria por fora, era a de ficar ou não em Barcelona até outubro, e por fim foi decidido não ficar e ir embora um mês antes. Dúvidas, muitas dúvidas sobrevoavam a minha cabeça. Ah dúvidas! Por que pensar tanto?

Os cafezinhos matutinos e vespertinos naquela casa com a Letizia e a Laura, muitas risadas, café e música brasileira! Falando em música brasileira, roulou um festival Dia de Brasil em Barcelona bem quando estava por lá e resolvi matar a saudade de coxinha e pastel. O Lucas não estava tão afim no começo, mas depois mudou de ideia e fomos juntos. E fomos matando a saudade de algumas comidas brasileiras. O show principal seria do Lenine, que aconteceu por volta das 19h. E a espera valeu muito a pena, ótimo show e no final ainda o conheci pessoalmente, isso mesmo, troquei uma ideia com o cara! Tudo isso graças ao Lucas mais uma vez, ele tinha feito um videoclipe com o Lenine quando estudava cinema no Brasil, e quando estávamos perto do palco - no fim do show - ele viu o acessor do cantor, que reconheceu o Lucas e nos convidou para ir lá no backstage. Opa, claro! Fui no embalo. Foi uma experiência diferente e Lenine se mostrou uma puta pessoa simples, simpática e atenciosa. Cara sensacional! Foi uma surpresa diferente e virei ainda mais fã da música e da pessoa dele.

E os dias foram passando, andei bastante de bicicleta pela cidade durante meus dias por lá, visitei todos os parques, os que tinha que pagar tipo, o Parque Güell, eu acabei nem entrando, passei e visitei por fora mesmo, a Sagrada Família ainda estava em reforma e cheia de andaimes, quando ficar pronta eu volto para uma longa visita em ambos. Mas fui em muitos outros parques, tipo os arredores do Castelo de Montjuïc, com um jardim lindo e uma vista mais linda ainda com o mar e toda orla de Barcelona lá embaixo. Teve também pedal noturno junto ao Lucas e um amigo catalão dele, quando passamos pelo bairro da Gràcia e subimos as montanhas até o Parque Tibidabo e por lá ficamos por algumas horas, até a bela visita de uma família de porcos selvagens, ou javali, tivemos. Teve também muitos pedais com a galera do Lucas pra lá e pra cá, e o Lucas sempre com sua cargo-bike loucamente pilotando pelas ruas! Pedal pelo parque olímpico. Praticamente zerei aquela linda cidade de Barcelona! E ficava cada vez mais encantado!

Teve também uma corrida de bicicletas fixie na cidade e novamente acompanhei o Lucas no local, ele foi pra tirar fotos do evento e eu fui no fluxo. Enquanto ele tirava fotos, eu acompanhava a corrida bem de perto.

Outro evento de bicicleta que ocorreu enquanto eu estava na cidade, e que participei com o Lucas, foi o Massa Crítica, é tipo um evento de conscientização de trânsito para o uso de bicicletas, pedindo mais o seu uso e mais respeito. A galera se reúne e sai pedalando pelas redondezas. Mais uma coisa nova na minha lista, eram muitas pessoas e todo tipo de bicicleta, desde bicicleta comum até bicicleta com caixas de som e muitas luzes! Foi muito legal e serviu também como um tour noturno por Barcelona, já que o passeio durou umas 2 horas e passou por vários pontos turísticos, incluindo a Sagrada Família, que a noite era tão bonita quanto de dia. Foi um passeio mágico e por lugares que ainda não tinha explorado por lá. Lembram da aventura soberana que vale por ela mesma? Pois é.

Quantas caminhadas pelo bairro Gótico (El Gòtic), onde o agito corria solto 24 horas por dia, 7 dias da semana. Idas ao Manchester Pub, à praia com o Lucas e os amigos dele. O legal de sair com o Lucas de bicicleta pela praia era a animação do guri, ele sempre colocava uma caixa de som na bolsa, ligava e mandava ver pelo calçadão, tinha que ter ritmo acelerado para segui-lo! Chegava na Barceloneta, procurava por um lugar na areia, se espremia entre as milhares de pessoas, tacava as bicicletas de ponta cabeça na areia e ficava panguando por lá por horas. Ô vida boa.

Mas é... minha última semana havia chegado, era hora de cair na estrada novamente.

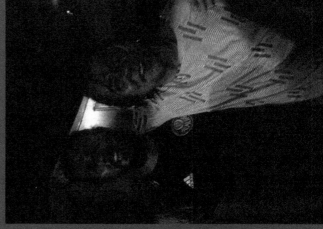

" Barcelona ❤
Barna

Confesso que não foi fácil, foi só um mês de Barcelona, mas deu pra criar muita raíz por lá. Eu sentia um certo medo e receio, exatamente o mesmo sentimento de quando deixei Dublin no dia 10 de maio, estranho. Outro medo era o fator financeiro, pela primeira vez estava com medo se teria dinheiro para continuar me aventurando. Mas enfim, estava decidido, dessa vez meu orgulho não me deixaria voltar atrás, e se era a escolha certa ou não só havia um jeito de saber...

A despedida foi difícil com a Letizia, tentamos nos segurar jogando palavras aleatórias no ar e tentando não ficar saudosistas, mas não deu, choramos. Tentei me segurar, mas não deu, foi difícil ver ela chorar falando que queria que eu ficasse. Mesmo assim foi rápido, não quis prolongar.

E como em Dublin no dia da minha partida para o desconhecido, montei meio desengonçado na Nhanderecó e segui sem olhar para trás, com lágrimas grossas que escorriam escondidas no rosto tapado pelo óculos de sol. Ela se tornou uma amiga muito especial, o que ela, a Laura e o Lucas fizeram por mim não há dinheiro no mundo que pague. Um total desconhecido que caiu por lá de bicicleta e foi hiper bem recebido por eles, mas eu tinha que ir e continuar o que eu havia começado. E após exatos 33 dias, eu me via descendo aquelas escadas irregulares e estreitas do apartamento no Gótico pela última vez. Primeiro a bicicleta, depois alforjes e barraca, montei tudo, ajeitei-os e saí pedalando - meio cabaleando - rumo ao incerto novamente.

"O mundo vai girando cada vez mais veloz. A gente espera do mundo e o mundo espera de nós, um pouco mais de paciência." **Paciência, Lenine e Dudu Falcão.**

sexta-feira,
09 de Setembro de 2016
Barcelona → Tossa del Mar

Então após 33 dias em Barcelona eu me encontrava novamente na estrada, confesso, me sentia estranho, meio angustiado, sei lá. Até a Nhanderecó sentia isso, ela parecia um burro empacado e relutava em querer andar.

Com minhas músicas rolando no aparelho de mp3 e meus pensamentos em tudo que acabara de viver em Barcelona, eu ia seguindo pedalando pela costa. Rolou sim umas lágrimas, finas e passageiras, mas suficientes para molhar meu rosto. Logo o vento veio cortando e secando-as, transformando-as em passado. E um certo aperto no peito viria a me acompanhar pelo dia inteiro, assim ficava difícil pedalar e focar na estrada, mas fui indo...

Segui pedalando pela costa Catalã e depois de umas 3 horas senti fome e parei num povoado - que não me lembro o nome - para comer e escrever um pouco. Parei numa praça onde tinha avistado bebedouros de água potável, assim pude encher minhas garrafas e lavar as mãos e o rosto. Tinha uma igreja nessa praça, e eu ali, tranquilo, sentado, comendo meu pão, de repente reparei um certo movimento de pessoas, e mais pessoas chegando na igreja e se aglomerando no lado de fora, e começaram a se abraçar - todas com rostos doídos e tristes - foi quando comecei a perceber que eles não estavam ali para missa, mas sim para um velório, era até estranho imaginar uma missa "normal" em plena sexta-feira às duas horas da tarde. E o choro tomou conta de todos, e eu ali, largado no canto com uma bicicleta cheia de coisas e com farelo de pão no corpo.

- Ok, chega de choro por hoje, eu vou é me mandar daqui.

Juntei minhas coisas e zarpei beirando o litoral novamente. Comecei a subir uma serra filha da mãe que não acabava nunca, de repente ouço um estralo que só minutos depois fui parar para ver o que era, era o raio da roda traseira que havia quebrado de novo! O mesmo que quebrou lá na Espanha quando troquei o raio e o pneu, cazzo! Mas desta vez - ainda bem - a roda não entortou o suficiente para enroscar no quadro da bicicleta e deu pra seguir pedalando por mais uns 7km até Tossa del Mar, lá encontrei uma bicicletaria para consertar. O cara consertou o raio sem ao menos tirar a roda. Ninja! E pra minha sorte eles cobraram apenas 8 euros para a troca do raio e mais 2 sobressalentes - que nunca usei - pra eu levar comigo no alforje, mas valeu o desencargo de consciência. O mesmo mago da bicicletaria que arrumou o raio me falou que se eu quisesse acampar - ele viu minha barraca atrás da Nhanderecó - tinha um bosque não muito longe dali e que seria perfeito para um acampamento selvagem. Assim sendo, fui lá por volta das 17h e o lugar estava bem movimentado, peguei água na torneira e fui seguindo. No caminho avistei uma outra estrada do lado meu direito, estrada de terra que levava a uma pequena floresta, entortei à direita e fui verificar. Tinham duas casas perto, não tão perto, mas visíveis, e ao lado várias árvores que poderiam me esconder (camuflar), e um descampado bom para acampar, entrei empurrando a bicicleta e fiquei ali sentado no pé da árvore até começar a escurecer pra eu poder montar a barraca, nesse meio tempo passaram dois carros, mas creio que não me viram. Agora com o final do verão chegando, os dias começaram a ficar mais curtos - 20h30 já era noite - e por volta das 20h eu comecei a arrumar meu cafofo, taquei tudo pra dentro da barraca, coloquei a bicicleta na varandinha e quando a noite veio eu me entoquei pra dentro que nem uma presa com medo da caça. Sim, 21h da noite e eu já na cama pra dormir, isso viria a ser comum daqui em diante.

Tentava dormir, mas aquele clima abafado complicava um pouco, o ar estava parado, mas depois de várias tentativas peguei no sono, apaguei, mas o pior estava por vim no meio da madrugada. Sim, no meio da madrugada, por volta das 3 horas da manhã, eu acordei do nada, assustado, ouvindo vários estrondos seguidos e com diferentes níveis de força, e de repente começou um barulho de água caindo na barraca, começou com algumas gotas e em questão de segundos foi aumentando, tudo isso seguido de raios e relâmpagos que clareavam tudo ao redor, e trovões que ecoavam noite afora!

A cada relâmpago era possível ver - de dentro da barraca - a silhueta das árvores lá fora, e com o movimento do vento a sombra ia mudando e tomando diferentes formas, se aparecesse algo mais (lê-se lobisomen, caderudo...), seria possível perceber também. Confesso que não sei se apareceu "algo mais", pois evitei ficar checando, fechava os olhos e tentava me concentrar e não sentir medo. Só que lembrei que tinham coisas minhas do lado de fora e rapidamente abri a parte de dentro da barraca e corri pegando tudo que estava na varandinha e jogando pra dentro, meu tênis, capacete, alforjes, tudo que poderia molhar, e fiquei sentado no lado de dentro, com medo, muito medo. Eu estava debaixo de árvores e muitos raios caíam lá fora, com aquele calor abafado que estava nos dias anteriores era evidente que hora ou outra uma tempestade viria céu abaixo, só não imaginava que poderia ser daquele jeito, naquele lugar, naquele momento! Para a minha sorte, a chuva não engrossou tanto e o vento aos poucos foi se acalmando, pois eu não tinha colocado as estacas na barraca e nem fixado-a corretamente.

Continuei ali sentado, peguei o celular e vi que havia uma mensagem não lida e uma ligação perdida da Letizia, liguei o 4G e mandei uma mensagem pra ela, isso já era mais de 3h30 da madrugada. E ela respondeu de volta! Disse que o barulho do celular - da mensagem - a acordou, e expliquei pra ela o que estava acontecendo, ficamos conversando e ela foi tentando me acalmar, a conversa me ajudava e pouco a pouco fui me acalmando e deitando de volta no saco de dormir, falei que ia tentar dormir novamente e nos despedimos. Mais uma vez a Letizia sendo importante e me ajudando.

Foi um dia muito estranho e a noite só concretizou isso. Me senti angustiado por vários momentos e vários sinais disso ocorreram pelo percurso. Me pegava pensando se ter deixado Barcelona naquele momento e continuar a viagem era a coisa certa a se fazer. Foi difícil manter o foco, muitas dúvidas e questões sem respostas cresciam novamente na minha cabeça.

Também ficava em cima do muro na questão do meu amigo João, ele falava que viria me encontrar e me acompanhar na viagem, mas depois não sabia mais se viria, me disse que estava esperando respostas do trabalho dele em Dublin e até não saber o veredito dele eu não poderia planejar direito meu itinerário. E outro personagem também entrou nesse jogo, um amigo lá da minha cidade no Brasil, que também veio falar comigo sobre uma possibilidade de me acompanhar no pedal. Pra mim seria ótimo a companhia deles, mas era necessário ter alguma certeza pra eu poder me planejar sobre lugar pra ficar e onde nos encontrarmos. Enfim, veremos nos próximos capítulos o que acontecerá.

sábado,
10 de Setembro de 2016
Tossa del Mar → La Jonquera

Depois da conturbada noite anterior - com raios e trovões - o dia começou um tanto úmido, mas logo ia mostrando sinais de melhora. No caminho serra acima, sentido Girona, encontrei uma placa escrito "fuente d'água" - eu precisava repor minha água, não tinha mais nada! - com a mesma distância de um camping também indicado numa placa ao lado. Dobrei à esquerda e fui sentido a essa fonte de água, segui e não vi fonte nenhuma.

Cheguei no camping, lá perguntei e o rapaz, gentilmente, me disse que a fonte fica dentro do camping e pra eu ficar à vontade e ir até lá beber e também poderia usar o banheiro caso eu precisasse. Porra! Depois do perrengue do dia anterior, esse dia tinha começado muito bem! Fui lá, enchi minhas garrafas, preparei uma garrafinha de água com um pouco de aveia que eu tinha no alforje, tomei a aveia com água, fui no banheiro, me lavei, escovei os dentes, agradeci ao rapaz da portaria e segui pedalando - super renovado - serra acima. Enquanto pedalava ia ouvindo podcasts no meu mp3, meus cafés filosóficos matutinos. Horas depois parei num vilarejo para comer, mais uma vez parei numa praça onde eu havia avistado uma torneira com água. Comi, escovei os dentes ali mesmo na torneira da praça, descansei um pouco e continuei o pedal. Estava a 53km da França, me sentia bem sujo e um pouco cansado, e a bicicleta parecia mais pesada que o normal.

Em Figueres parei num mercado para comprar coisas para janta e para o dia seguinte, que era domingo e não sabia se encontraria mercado aberto. De longe, pela estrada, já era possível ver novamente aquela imensa cordilheira - sim, ela mesma - dos Pireneus. Vários dias haviam se passado desde que acampei e desafiei essas montanhas lá na parte norte, cruzando da França para a Espanha pelo Camino de Santiago, agora me via no outro extremo, lado sul, saindo da Espanha e voltando à França, que estava logo ali. E aqui estou novamente, Pirineus, mas não hoje, deixa pra amanhã.

Tinham várias mulheres da vida (lê-se prostitutas ou putas, como queres), pela estrada que eu passava, todas na beira do acostamento, sentadas em cadeiras e seus carros estacionados ao lado, algumas até mexeram comigo conforme eu passava perto, safadonas! E eu ia passando e fitando-as, ao mesmo tempo acenando com a mão e falando "Aoba... tardê!"

Mais pra frente avistei uma placa dizendo "camping" e não resisti, precisava de uma banho e fui averiguar o local. Caminho de muita subida e no meio do nada, mas lá estava. Oito euros, merda! Fiquei chorando pra eles baixarem o preço e funcionou, paguei cinquinho. Mas o banho valeu a grana e o camping não era tão ruim. E fui fazendo tudo com calma, preparei um macarrão com calma, comi com calma, mijei com calma, escovei os dentes com calma, fiquei olhando pro céu com calma e fui dormir. No meio da noite - de novo! - acordei com um barulho lá fora e um vendaval daqueles de revirar a saia e logo lembrei assustado que minha toalha e algumas peças de roupas estavam penduradas na barraca pra secar e saí pra jogar tudo pra dentro. E não é que o céu estava lindíssimo lá no alto naquela madrugada? Bilhões de estrelas naquela escuridão de fim de mundo e um ventinho gelado que me eriçava a pele. Aproveitei enquanto olhava as estrelas pra dar mais uma mijada, perdi mais uns minutinhos observando o cosmos e meti-me pra dentro da barraca.

2

OS TRÊS
BICICLETEIROS

FRANÇA SUL

5854 KM

domingo,
11 de Setembro de 2016
La Jonquera → Narbonne

Manhã preguiçosa, difícil levantar da "cama", mas levantei, tomei meu leite em pó com aveia e fui lentamente fazendo as coisas. Comecei a pedalar por volta das 10h, o Pireneus parecia menor deste lado do mapa. Fui seguindo em direção à fronteira e uns quilômetros antes de atravessá-la a mesma eu avistei um senhor em sua bicicleta - parado no acostamento - também com alforjes, todo equipado e trajado com roupa de ciclista. Parei pra perguntar se estava tudo certo, se precisava de ajuda com algo e conversamos um pouco. Ele vinha de Barcelona e seguia em direção a Roma, pedalando...

    - Ah, Barcelona... un señor español y su bicicleta. - Disse eu.

    - Español no, catalán. - Ele me respondeu com um sorriso maroto.

    E fomos seguindo juntos, ele na frente com sua mountain-bike e bandeirola vermelha anexa atrás - flamulando loucamente - e eu atrás tentando seguir no ritmo dele. Cruzamos a fronteira sem nenhum problema, passamos reto pela lateral e nem precisamos parar nem seguir a linha de carros que passavam pelas guaritas, e continuamos subindo as ruas do vilarejo

Le Perthus sentido Perpignan. Subindo, subindo, nada muito íngreme, mas subida constante. E após as subidas vêm as descidas, a estrada descia cortando pelos Pireneus, foi rápido, bonito e dessa vez pelo asfalto!

E eu fui seguindo o senhor catalão com seus 70 anos de idade, sim, setenta primaveras! Podem se espantar, eu deixo. Ele se mostrava muito bem fisicamente, seguia num ritmo bem forte - mais forte que o meu - sempre na frente pedalando, eu não conseguia alcançá-lo nas pernas, e enquanto eu já havia tomado duas garrafas de água, ele tinha tomado meia! Que isso!

Em Perpignan paramos para pegar água. Paramos as bicicletas, ele desceu e foi em direção a uma vendinha, pensei que fosse comprar água, e ele me aparece com duas latas de cerveja de 8% de álcool cada, mais um pouco fico bêbado! Nisso já era a hora do almoço, então pensei em ficar por lá por umas 2 horas, comer e descansar um pouco, convidei ele também só que ele decidiu continuar, pois bem, tiramos fotos e nos despedimos. Adeus seu Josep, foi um prazer esse rápido pedal contigo. E eu fui para uma praça comer alguma coisa e descansar um pouco. Comi, escrevi, peguei água e, checando o mapa, resolvi seguir pedalando até a cidade de Narbonne, e passar a noite por lá. E saí pedalando pela estrada novamente. Pedalando, pedalando, pedalando e eis que de repente quem que eu encontro novamente parado no acostamento no meio do nada? Seu Josep, o catalão cicloviajante! Eu fiquei surpreso, ele ficou surpreso, os deuses ficaram surpresos e todos ficaram surpresos! Pelo ritmo que ele estava antes de nos despedirmos, achava que ele já estaria em Narbonne faz tempo, contando que fiquei umas duas horas em Perpignan depois que ele partiu. Ele me falou que parou pra achar algo pra comer e que não encontrava. Onde eu trombei com ele era tipo uma pequena vinícula e não tinha nada para comer ali, então recarregamos as garrafas de água e seguimos em frente. E lá estavam, os dois juntos novamente, e esse foi o começo desplanejado de uma parceria ciclística intracontinental.

Seguimos mais uns quilômetros e avistamos um camping, fui perguntar o valor - 7 euros por pessoa - tudo certo e ficamos por lá mesmo. Josep não carregava comida com ele, tinha dois alforjes simples e uma barraca simples também, só que sem fogareiro ou algo do tipo. Ideia dele era parar e comer por onde estivesse, em algum restaurante ou algo do tipo, só que ele não contava com o fato de que às vezes, principalmente aos domingos, não encontrar nada aberto pelo caminho - e foi o que acabara de acontecer, domingão, 16h da tarde, no meio do nada - seria normal. E nesse dia no camping eu meio que "salvei" ele, pois mesmo no camping não havia mais nada aberto e nada pra comer, e minha pessoa - já calejado e sabendo dos domingos no meio do nada - já tinha minha reserva alimentícia no alforje esquerdo, e fui cozinhar um macarrão com tomate e atum para nós dois.

Josep ficou maravilhado de como eu era organizado e autossuficiente, depois que preparei a janta nossa ali no chão de um camping qualquer, ele ficou mais maravilhado ainda e me agradeceu muito por compartilhar minhas coisas com ele.

- Magina seu Josep, tamu junto rapá! - Falei pra ele, que não entendeu nada.

Depois da janta ele começou a falar com a família por telefone, falava tão alto que até a moça lá na recepção ouvia. Em um dado momento ele começou a falar sobre a minha pessoa com a família, depois ele me disse que o fato de ter me encontrado e "estar" comigo tinha tranquilizado muito a família dele, que estavam preocupados com um rapaz de 70 anos de idade viajando sozinho por aí de bicicleta. Que baita responsabilidade jogada nas minhas costas agora.

segunda-feira,
12 de Setembro de 2016
Narbonne → Loupian

"En mi viaje por Francia, ho conocido un amigo. El se llama Lucas y es la ostia! Espero seguir en contacto y mantener esta bonita amicizia." Josep Luiz Fabregat. **Palavras do Josep de Barcelona escritas no meu caderno.**

Antes de cair na estrada tomamos aqueles Whey Protein 3000kcal - eco friendly, gluten free, crossfit do capeta - com água de café da manhã, Josep carregava um saco de 5kg no alforje dele, sim, isso mesmo, 5kg! Comida mesmo o filho da mãe não tinha.

Tomamos o batido - como ele chamava - pela manhã e outro depois da janta, e foi assim todos os dias até acabar com o saco de 5kg. Bem, depois da bomba calórica matinal, arrumamos nossas respectivas coisas e caímos na estrada. No começo foi meio perigoso, estrada de uma faixa cada lado e sem muito acostamento. Na cidade de Béziers paramos para fazer supermercado e logo que chegamos ele já soltou:

- Escolhe o que comprar que eu pago! - Mas vejam só que beleza!

Comprei o necessário para nossa janta e umas frutas, ele quis um iogurte também - "jogu", como ele falava - comprei um litro e matamos ali fora do mercado. Depois de Béziers decidi ir seguindo o GPS da bicicleta, a estrada que pegamos antes estava meio perigosa e o GPS nos colocaria num caminho mais seguro e assim fomos seguindo em direção a Montpellier.

Passando por um pequenino povoado chamado Nissan encontramos uma fonte jorrando água, fizemos uma parada para repor as garrafas e comer umas tortillas. Em toda parada o Josep aproveitava para falar com a família pelo celular, sempre mandando fotos, inclusive de mim, e falando da viagem.

- Luca, tienes que venir a Barcelona me visitar! - Vira e mexe ele soltava essa pra mim.

De Nissan o caminho seguiu bem tranquilo, seguindo um bom pedaço por ciclovias que seguiam ao longo de um rio e seus barquinhos na água. Pelo mapa off-line que eu tinha no celular eu via que tinha um camping municipal num vilarejo chamado Loupian, não muito longe de Montpellier e pra lá fomos nós. E depois de pedalar 110km no dia chegamos ao camping, 5 euros por pessoa e a França, dentre os países que eu já havia passado, seguia sendo o melhor para bicicletas e cicloviajantes!

Nos instalamos, e depois de montar as barracas, o Josep quis me pagar uma cerveja no bar, oras, claro! Tomamos a cerveja, conversamos e depois segui para um banho e para preparar a nossa janta. Só que o gás do fogareiro não quis cooperar e acabou no meio do cozimento do macarrão, sobrou então comprar uma baguete e comer com salcicha, molho de tomate e atum! E claro, logo depois, um batido de massa 3000cal do Josep! Figuraça!

Depois fui um pouco para o bar do camping usar a internet e escrever, ele apareceu e me pagou um café! Ah não falei, Josep tinha uma academia em Barcelona, ele foi até fisioculturista já - por isso tinha 5kg de Whey no alforje - e durante a conversa eu perguntei como ele conseguia manter aquele vigor todo com 70 anos de idade, ele me soltou uma daquelas pérolas que só a experiência é capaz de produzir. Curto e grosso:

- Luca (ele me chamava de Luca), aqui, o segredo para uma longevidade saudável está em sempre praticar esportes, não ter nenhum tipo de vício e não ter problemas com mulheres (risos satânicos). Quase dei um beijo na boca dele de tão bonito que foi ele falando aquilo, ele era casado e tinha 3 filhos - já todos criados e bem crescidos - e tinha planos futuros de comprar uma camper van e rodar o mundo com a mulher, ela dirigindo e ele seguindo de bicicleta. Anotem aí, ideia ótima!

Quanta energia aquele velhote mais novo que muitos novinhos por aí me passava! O maldito era forte igual um touro!

terça-feira,
13 de Setembro de 2016
Loupian → Lunel

Josep, o catalão, meu parceiro ciclista de 70 anos de idade, sempre levantava primeiro que eu, mas eu sempre ficava pronto primeiro que ele!

E mais uma noite no meu colchão que desinflava durante a noite (não sei o que eu estava esperando para comprar um novo, tava com dó), Josep roncava igual um trator lá da barraca dele, eu mesmo com o protetor auricular conseguia ouvi-lo lá da minha barraca.

Tomamos o batido calórico dele - doce pra cacete - e pegamos a estrada sentido a Montpellier. Começo tranquilo com bastante ciclovia pelo caminho, já nem muito pedalamos e logo paramos num vilarejo pequetito para tomar um cafezito. Depois do café continuamos e conforme fomos entrando em Montpellier, o caos foi tomando lugar, eu adoraria ter passado pela cidade com mais calma e ter tido tempo para conhecê-la melhor, mas notei que com o Josep seria uma tarefa difícil fazer isso, notava que ele não estava

Longevidade.

_"_

Luca, o segredo para uma longevidade saudável
está em sempre praticar esportes, não ter nenhum
tipo de vício e não ter problemas com mulheres.
— Catalan, Josep.

na pegada de fazer turismo e ficar vendo os lugares por onde passava, ele estava mais preocupado em chegar no Vaticano no tempo que ele havia estipulado. Ainda assim, segui um caminho que passava por dentro da cidade, passamos pelo bairro central, muito bonito e com ruas bem estreitas, tão estreitas e estranhas que nos perdemos várias vezes.

Josep não ajudava muito quando o assunto era planejamento, praticamente eu fazia tudo, decidia tudo, falava com todos, etc. Pelo menos o almoço e os cafezinhos ele sempre fazia questão de pagar, até confesso que achava justo, eu ajudava ele pelo caminho e ele pagava o cafezinho. E cozinhando no meu fogareiro com comida do mercado ajudava ele a economizar muito mais do que comer em restaurantes todo dia, então todos saíam no lucro.

Paramos num Carrefour, comprei tortillas, húmus e maçãs, devoramos ali mesmo no lado de fora do supermercado, delícia, e não gastamos nem 4 euros por pessoa! Próximo desafio do dia foi encontrar um lugar para comprar gás para o fogareiro. Rodei como jegue para achar a loja com o gás. Depois foi a hora de sair em busca de um lugar para passar a noite, pois o dia já estava perdido e nem tínhamos pedalado muito. Fazer o que. Acontece.

Josep na bicicleta pedalando era uma coisa, tinha até mais disposição que eu, mas quando ele descia da bicicleta, ah, aí tu notava a idade. Espanhol não, catalão! Dizia ele a todos que perguntavam.

quarta-feira,
14 de Setembro de 2016
Lunel → Port-de-Bouc

Que dia, meus amigos. Que dia!

Já tinha começado com o Josep e seu medo de tempestades. No dia anterior, 13 de setembro, a moça da recepção do camping tinha dito que haveria uma tempestade durante a madrugada, e às 4h da manhã do dia 14 de setembro ("hoje"), Josep acordou - e me acordou junto com todo aquele barulho que ele fazia lá fora na barraca dele - e começou a recolher todas as coisas, desmontou a barraca e ficou debaixo de uma varanda esperando a chuva chegar, tudo isso era medo de vir a tempestade e ele estar dentro de uma barraca num descampado! Eu nem liguei muito e voltei a tentar dormir na minha barraca. No fim, não choveu porra nenhuma, não durante a madrugada pelo menos. Por volta das 7h levantei, arrumei as minhas coisas, tomamos o batido hiper calórico doce pra cacete do Josep e seguimos o pedal. E o clima já avisava que o dia seria uma bosta, e foi.

E a chuva avisada de cair pela madrugada resolveu cair durante o dia mesmo. Ela veio, e forte. Muita chuva e vento o dia todo! Para ajudar pegamos o caminho errado, eu peguei né, pois eu era o "guia" com o GPS. E depois de passarmos por Arles, seguimos em direção a Marseille, e havia decidido ir até lá contornando a costa, que escolha terrível!

No começo pegamos uma ciclovia e tudo parecia que iria ficar bem, até eu pegar outro caminho errado e sermos obrigados a voltar um trecho e ter que seguir por uma rodovia muito perigosa, e pior, armou um puta temporal com raios e trovões e muito vento. Por um momento tivemos que descer das bicicletas pois o vento era tão forte que mal conseguíamos ficar em cima delas, tínhamos que seguir empurrando contra o vento.

E fomos seguindo, não tinha o que fazer, estávamos no meio do nada, não haviam casas, pontes ou algum local para esperarmos passar a tempestade, era tudo descampado e de vegetação rasteira. E pra ajudar, muitos caminhões passavam na rodovia e mal podia enxergar 5 metros à frente por causa da neblina formada pela chuva torrencial e os caminhões que passavam jorrando água pros lados. Situação bem incômoda. Confesso que senti medo, por mim e pelo Josep, era evidente em nossos rostos a paura (medo) daquele momento. Paura que aumentou ainda mais quando percebi que Josep tinha parado de empurrar sua bicicleta, abaixado a cabeça e começado a respirar de forma muito ofegante. Parei também e perguntei se estava tudo bem, ele respondeu positivamente acenando com a mão direita e logo continuamos com a caminhada. Seguimos fortes, um ajudando o outro, e sempre acompanhados de carros e caminhões que conforme passavam iam deixando estrondos que vinham ecoando de trás,

passavam e seguiam em frente, e muita água esguichada para as laterais... "FOM! FOM!, VROOOOM!, IÉÈÈÉÉ!, SWISH!"

O temporal foi passando e passou, mas o mal clima se estendeu até umas 23h da noite daquele dia. Tentamos um camping quando chegamos numa cidade que nem lembro o nome, mas não estava funcionando, ainda bem. Josep não achava boa ideia acampar, a tempestade tinha assustado ele, e o dia continuava horrível, apesar da chuva mais forte ter passado.

E por sorte neste momento eu tinha o Josep me acompanhando - ou eu acompanhando ele? - e decidimos ir à procura de um hotel para passar a noite, o Josep tinha proposto isso e disse que pagaria pra mim e pra ele.

E assim fomos pedalando mais um pouco pela cidade, paramos num hotel e fui perguntar valores, 62 euros para duas pessoas com café da manhã incluso. No fim ficamos por lá mesmo. Confesso que achei que ficaria mais caro.

E horas depois de já estarmos instalados no quarto do hotel, veio a resposta de que seguir a ideia do Josep foi a coisa certa, e novamente o céu desabou lá fora, outra tempestade tão forte quanto a anterior veio a cair.

Eu e ele olhamos um para o outro e demos risada imaginando se tivéssemos optado pelo acampamento?! Ai mãinha.

Tomei um banhão quente e sentia meu corpo todo dolorido do dia difícil, estendi minhas coisas molhadas na varanda, com aquela tempestade, raios e trovões ainda rolando lá fora e fomos inventar de comer algo. Verifiquei minha dispensa de comida (lê-se alforje esquerdo), e vi que tinha ainda macarrão, molho de tomate e atum, e foi isso mesmo. Peguei meu fogareiro, taquei na varanda e preparei um macarrão com atum para nós outros.

Depois da janta cada um foi para seu canto do quarto, eu fiquei boiando na internet e lendo minhas coisas e o Josep foi ligar pra família, como ele fazia todos os dias. E como estávamos no mesmo quarto, eu ouvia tudo o que ele falava - ele quase nem falava alto mesmo - e óbvio que ele falou do dia que tivemos, depois começou a falar novamente da minha pessoa para a família dele, num momento ele até falou que estava aprendendo muito comigo, olha, quem diria! E ali percebi a tamanha responsabilidade que eu já havia criado com ele, e realmente, às vezes ele parecia meu irmão mais novo e eu tinha que indicar o que fazer e como fazer.

Grande Josep, mal ele imagina o quanto eu aprendi com ele e o quanto isso me ajudaria num futuro próximo. E por fim acabamos pedalando 110km nesse dia, mesmo com todo esse destempero da natureza, fomos super bem.

Que dia, meus amigos. Que dia! "23h09 - vou dormir um pouco", escrevi no meu caderno e fui-me.

quinta-feira,
15 de Setembro de 2016
Port-de-Bouc → Saint-Maximin-la-Sainte-Baume

Durante a noite o Josep acordou umas 3 vezes para ir ao banheiro, devia estar passando mal do estômago, mas num certo momento parou e dormiu de novo e eu tentei dormir também. Por volta das 7h da manhã acordei, perguntei pra ele se estava tudo bem, que reparei que ele tinha acordado algumas vezes durante a noite, ele disse que a janta passada não havia lhe caído muito bem e por isso passou mal, mas que já estava melhor.

Descemos para tomar café da manhã do hotel e vimos pela TV, nos jornais, comentários sobre os estragos que a chuva fez no dia anterior, olhamos um para o outro e um sorriso meio "Rapaz, que loucura" surgiu naquele rosto cicloaventureiro de ambos. Voltamos para o quarto, arrumamos as nossas coisas e descemos montar os alforjes nas bicicletas e seguir viagem. Quando fui pegar a Nhanderecó, advinhem... pneu dianteiro furado! Merda, segunda vez em menos de uma semana. Há dois dias atrás tinha sido o traseiro com um preguinho, agora o dianteiro, cazzarola. Estava com preguiça de tirar a roda e fazer o reparo, apenas enchi o pneu e decidi seguir pedalando pra ver até quando aguentava... 10km depois tive que parar para fazer o reparo certo.

O dia estava lindo lá fora, céu limpo azulado e temperatura ótima para pedalar. Continuamos seguindo o GPS, que dessa vez acertou em cheio o caminho para seguirmos, lindas paisagens e ótima escolha decidir não ir pela costa sul da França, decidimos seguir mais pelo "meio", digamos que traçamos uma linha reta imaginária entre Marseille e Cannes - óbvio que o caminho não foi reto - e fomos seguindo essa linha imaginária, passando por cidades e cidadelas até Cannes. Após pedalarmos bons 50km direto, paramos num mercado para comer e repor o alforje esquerdo. Compramos o almoço e a janta, e o almoço devoramos ali mesmo, na parte de fora do supermercado, repetindo aquele ritual sagrado cicloaventureiro.

Quando eu pedalava com a Désirée parávamos para comer no almoço e geralmente ficávamos umas 2 horas sentados descansando antes de retomar o pedal, agora com o Josep isso tinha mudado um pouco, fazíamos no máximo 40 minutos de parada, mas fazia sentido, primeiro que com ele eu pedalava mais - em questão de quilometragem - e segundo que o clima tinha mudado e o horário do sol se pôr também, ou seja, tínhamos menos tempo de luz do sol para pedalar.

Comemos, calibrei meus pneus no posto e seguimos viagem até Saint-Maximin-la-Sainte-Baume (puta nome estranho), que era onde eu tinha encontrado um camping no meu GPS off-line do celular. E este era o único ponto negativo de seguir mais pelo "meio do mapa" e não pela costa, tinha muito pouco camping aberto naquele período pós-temporada de verão, já pela costa as possibilidades de campings ainda em funcionamento e vida humana aumentavam. Mas tudo correu bem, o clima estava ótimo e as paisagens lindas, com muitas parreiras pelo caminho e uma montanha maravilhosa de encher os olhos! E assim foi mais um dia, por volta das 18h e quase 100km depois, chegamos ao camping. Le Provençal, meio afastado do centro da cidade, mas era o que tinha, por 6 eurecas tá valendo. Preparei um raviolli com pedacinhos de frango e presunto de janta para nós. Essas jantas de fogareiro que eu fazia sempre me economizava uma grana tremenda, a desta noite, por exemplo, não saiu nem 3 euros por pessoa, muito esquema isso! Economizei muito dinheiro assim, preparando minha própria refeição, comprava no mercado, que era muito mais barato e era batata! Quer dizer, dava certo!

Tomei um banho, escovei os dentes e fui deitar, com tudo que costumo deixar pra fora da barraca recolhido pra dentro, em caso de chuva durante a noite. Bonne nuit.

sexta-feira,
16 de Setembro de 2016
Saint-Maximin-la-Sainte-Baume

E a chuva realmente veio! Era por volta das 5h da manhã, acordei com o barulho, recolhi umas poucas coisas da "varanda" da barraca para dentro e tentei dormir novamente. Ouvia uns barulhos vindo da barraca do Josep e decidi mandar uma mensagem pra ele, ele não respondia, logo depois comecei a ouvir o ronco alto e percebi que estava tudo bem. A chuva estava forte, mas sem vento nem raios, então foi mais tranquilo, gostoso até para dormir, só estava preocupado se entraria água na barraca.

Por volta das 9h acordei de novo, o Josep já estava falando alto no telefone com a família dele por celular, provavelmente contando suas aventuras com um latino-tupi-americano pelas terras francesas. Dei um grito pra ele e ele respondeu de volta que estava tudo certo, que não havia entrado água na barraca dele como ele temia. Depois a chuva enfraqueceu bastante, levantamos e pensamos no que fazer. A previsão falava de mais chuva pelo dia, portanto decidimos ficar no camping e não nos arriscarmos novamente em um provável temporal pela estrada, e assim foi, descemos até a entrada no escritório do camping e pagamos por mais um dia. Voltamos para a barraca e preparei um café, já que o camping não oferecia nada, talvez por ser baixa temporada e ter só a gente lá. Eu ainda tinha um café descafeinado no alforje, que comprei errado na primeira parte da minha viagem, lá no norte da França. Não é café, mas serviu como placebo.

Depois do café - que não era café - por volta das 13h, o clima já estava melhor e limpo e decidimos pegar as bicicletas e ir ao mercado que ficava no centro da cidade, a uns 4km do camping. Na saída do mercado o clima já estava ótimo outra vez, céu azul, sol e uma brisa gelada. Tinha uma boulangerie (padaria) na frente de onde estávamos, o cheiro que vinha de lá era simplesmente de dar água na boca! E Josep foi e comprou duas baguetes que devoramos em segundos, ali mesmo na calçada! Sei lá se era fome, ou o momento, mas fazia tempo que não tinha tanto prazer em comer um pão sem nada, pão com pão! Estava quentinho e delicioso, tão bom que devoramos e voltamos para comprar mais! Parecíamos duas crianças felizes com brinquedo novo, ficamos dizendo um para o outro por uns 5 minutos:

- Nossa, muito bom, muito bom! Que delícia! Por Zeus! La ostia!

Puta felicidade comendo um pão com pão, nunca o provérbio "a fome é o melhor tempero" fez tanto sentido pra mim.

De volta ao camping aproveitei para tirar as minhas coisas para fora da barraca e estender no sol, aproveitei também para pôr umas coisas em ordem. Almoçamos pão com húmus e presunto e fui escrever um pouco. E a previsão indicava mais chuva para depois das 16h. Fiquei a tarde inteira escrevendo, lendo e atualizando o meu mapa ciclístico, depois fui banhar-me, tudo com muita calma. E por volta das 17h veio novamente a chuva.

Um puta "pé d'água" (como diz meu pai), típica chuva de verão, só que sem verão. Chuva forte de uns 10 minutos, depois ficou mais fraca e o tempo abriu de novo. E passando a chuva, veio aquele friozinho danado... Será?

Fiz novamente um cafezinho para nós e comemos com o pão que sobrou do almoço, colocamos o mel em sachê que pegamos do café da manhã do hotel. Estava ótimo e Josep ficou ultra feliz com o cafezinho feito por yo aqui e o pão com mel! Yo tambièn! Enquanto tomávamos o café, eu lia um livro no tablet e ia conversando com ele, e reparei que ele era o velho mais viciado em WhatsApp que eu conhecia, era o dia inteiro no celular!

E depois foi a hora da janta, preparei um gnocchi de batata com salsicha, devoramos, depois um chocolatinho e estávamos felizes! A simplicidade e a pureza daquele momento nos trazia uma felicidade tão boa e ao mesmo tempo estranha. Foi um dia "perdido" ciclisticamente, mas foi bem proveitoso no sentido organizacional e alimentício, resolvi coisas pendentes, comi bem e li bastante. E falando sobre ler bastante, me peguei novamente pensando muito sobre a vida em geral, sobre como a minha angústia e indecisão de quando saí de Barcelona com todas aquelas dúvidas na cabeça deram lugar a uma certeza e sentimento de ter feito a escolha certa. E muito disso se devia ao grande jovem de setenta anos Josep e a um dia inteiro de calma e com momentos de solitude, no qual me peguei lendo sobre Sêneca e sua filosofia estoica de vida e de como nossas angústias derivam de tentar controlar o incontrolável:

> "A esperança é sentimento que nos remete a um mundo desejado e que nos afasta da realidade. Mal-estar resultante do contraste entre a vida que gostaríamos de viver com a vida que vivemos. Frustração de viver uma vida que não se sonhou. Eis, para os estoicos, a causa de sentimentos como a ira, a cólera. A alternativa filosófica de Sêneca é adotar uma postura um pouco mais pessimista em relação à vida. Analisar a própria existência para se reconciliar com a realidade. Pensar sobre os desejos e suas condições de realização. Aceitar a frustração como condição da existência. Ter em mente que o mundo nunca será como nós queremos. Viver a vida como ela se apresenta. Com seus altos e baixos. Desejando o mínimo possível. Evitando assim esperanças, iras e angústias." SÊNECA, Lucius Annaeus. Sobre a ira / Sobre a tranquilidade da alma.

A esperança aqui é aquele ato de esperar, sabe? Esperar de/por algo - ou alguém - que nem fazia ideia o que era exatamente, ou o que viria a ser. E aquela percepção estranha de ficar imaginando ou esperando pelo desconhecido, pensando, que eu tinha quando deixei Barcelona foi finalmente vencida e posta de lado. Foi um bom dia de pausa e contemplação. De mim para comigo mesmo. Mas não pense que isso acaba aqui não, calma que tem muita aventura ainda pela frente.

sábado,
17 de Setembro de 2016
Saint-Maximin-la-Sainte-Baume → Cannes

Depois de um dia inteiro no camping era hora de cair na estrada

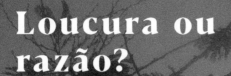

Loucura ou razão?

"''"

Onde está a verdadeira razão, ou onde está a verdadeira loucura? Será que um senhor de 70 anos de idade pegar sua "El Rocinante" e sair estrada afora seria considerado loucura? Ou ficar estagnado e sucumbir ao "fim da vida", esperando a morte chegar - pois já tinha 70 anos de idade - seria essa loucura? Ou o "fim da vida" seria a razão pra essa loucura - segundo o senso comum - de se jogar sozinho estrada afora? Dom Quixote, ou melhor, Dom Josep, me provava dia após o outro que esse senso comum da realidade, atribuída pela razão, às vezes nos confunde e nos afasta de coisas simples e sonhos, e ele me trazia esse equilíbrio entre razão e sonho, entre loucura e realidade.

novamente e tirar o atraso, e cara, tiramos! E estupidamente bem, em todos os sentidos! Pra começar fizemos 75km numa tacada! Só com uma parada pra tomar um cafezinho e comer um croissant. O caminho foi praticamente plano, seguido por uma paisagem linda e com um clima melhor ainda!

Fizemos uma parada em Frejus para almoçar, conversamos um pouco enquanto comíamos. Depois de comer seguimos pela costa em direção a Cannes. Caminho certeiro mais uma vez, serra tranquila e lugares lindos, que dia ótimo! Já quase no final da subida da serra paramos para umas fotos e vídeos e era evidente em nossos rostos a felicidade e a energia que tínhamos, tanta energia que depois de pedalar mais de 80km, ainda tínhamos fôlego para mais, parecia que estava apenas começando o dia tamanha era a disposição. Enquanto posávamos para foto eu jogava água nele e ambos feitos crianças deixavam as coisas acontecerem, de forma livre e sincera.

Essa parte do sul da França se mostrava estupidamente bonita e organizada, não pelas praias em si, já que cortamos bastante o litoral, mas pelo conjunto inteiro da obra, desde grandes casarões lindos e modernos a pequenos vilarejos antigos e suas casinhas de arquitetura ímpar! E assim foi mais um dia, no dia seguinte, Cannes-Nice-Mônaco e provavelmente já cruzaríamos para a Itália e chegaria ao fim o episódio francês dessa aventura.

Já no camping, fomos barranco abaixo no lugar que o moça da recepção tinha falado. E enquanto íamos montando as barracas, do outro lado da cerca escutávamos uns barulhos estranhos, uns grunidos, tinha algo no meio do mato e o barulho ia aumentando, chegando mais perto, e de repente apareceu um javali e vários javalizinhos atrás! Josep ficou com medo e ficava falando para mudar de lugar, os javalis ficavam tentando furar o alambrado, ficavam mordendo, aí que o Josep se borrava mais ainda e ficava falando que eles iam entrar na barraca à noite. Calma, rapaz, falei que não daria em nada e ficamos por lá mesmo.

Durante a noite, eu e o senhor Josep, depois de tudo já organizado nas barracas e banho tomado, fomos para a nossa "janta", que foi um sacrifício fazer, preparamos nossa comida sentados numa escadinha molhada, os campings durante a baixa temporada eram BEM diferentes comparados aos em alta temporada, além de ter bem menos pessoas (o que faz sentido), não ofereciam muito em termos de serviço, era o básico e só.

E depois de jantarmos na escada fomos para a parte da frente, do lado de fora, perto da recepção. Levei meu fogareiro, água, preparei um cafezito e ficamos por lá um bom tempo, sentados debaixo de uma tenda.

Fiquei escrevendo e atualizando minhas coisas, minutos depois o Josep retornou à barraca para tentar dormir - ainda com medo dos javalis atacarem ele - e eu fiquei sentado no banco com um friozinho gostoso e sozinho no escuro com uma luz bem fraca na mesa. Só que minutos depois, do meio da escuridão, apareceu uma alma, ou melhor, uma pessoa em carne e osso, um sujeito chegou sei lá de onde, com duas bolsas, sentou ali no banco do lado, fumou um cigarrinho, tudo em silêncio, ok, achei que estivesse ali pela internet, pois era o único local do camping onde funcionava o wi-fi, só que de repente o cara começou a tirar suas coisas da bolsa, juntou dois sofazinhos que lá tinha e foi se ajeitando, com cobertor e tudo, provavelmente iria dormir por ali mesmo, enfim, sei lá o que e quem ele era, só sei que fui embora pra minha barraca. Vai que era uma assombração, o tinhoso caminhante.

domingo,
18 de Setembro de 2016
Cannes → Menton

Um verdadeiro dia de turismo pela costa sul da França!

O clima mais uma vez estava ótimo, na saída do camping pela manhã fazia um friozinho gostoso, mas conforme o sol ia subindo, e nós pedalando, o calor vinha junto e a jaqueta corta-vento logo dava lugar a pedalar sem camiseta. O lugar onde acampamos já era quase em Cannes, algo como uns 10km pedalando até o centro, e assim chegamos rápido na cidade do famoso festival de cinema e já paramos para uma café, um expresso rápido para energizar as pernas e acelerar os batimentos e pulsos cardíacos!

Confesso que Cannes não me surpreendeu muito, pequena e charmosa, sim, mas ao meu ver, nada que fizesse jus a tamanha falação sobre essa cidade, talvez o luxo venha por causa do festival de cinema que por lá acontece todos os anos, enfim, com bastante dinheiro as coisas poderiam ser bem diferentes e talvez as impressões sobre a cidade mudassem, mas isso nunca saberei e nem quero saber.

De Cannes seguimos rumo a Nice, passando por inúmeros, lindos e luxuosos vilarejos, cruzamos Antibes e fomos subindo e descendo a serra, cheia de mansões pelo caminho e seus barcos estacionados no mar. Só as praias que não tinham nada de mais, as águas eram lindas, límpidas e reluzentes, mas as praias eram basicamente de pedregulhos e com pouca margem para os banhistas, porém o conjunto da obra fazia valer a pena a vista. Já na cidade de Nice eu fiquei maravilhado com o azul do mar, não é a toa que aquela região é chamada de "Côte d'Azur", mar realmente lindo!

E Nice foi de longe a mais bela das cidades do sul da França pelas quais eu passei, infelizmente não passei por todas, e nem pela costa inteira, mas Nice me deixou boquiaberto!

Paramos para umas fotos e fomos caminhando e empurrando as bicicletas pela calçada. Não tínhamos nada nos alforjes para comer e o Josep sugeriu comermos num McDonalds que tinha do outro lado da rua, eu não quis, aí ele falou que pagava... aceitei. Psicologia do não funciona (HA-HA).

Na outra esquina - do lado do McMerda - tinha uma praça que estava bem movimentada, fomos lá ver a razão daquele alvoroço. Havia muitos brinquedos, ursinhos de pelúcia e mensagens ao redor do coreto da praça, depois lembrei que foi ali naquela avenida, Promenade des Anglais, que há

2 meses atrás, havia ocorrido um ato terrorista no qual um louco matou várias pessoas com um caminhão, com muitas crianças entre as vítimas, horrível! Foi um momento triste, ver todas aquelas mensagens e fotos das vítimas. Ali fiquei pensando em como o ser humano, esse animal tão generoso, especial e compartilhador por natureza, pode também ser tão agressivo, ganancioso, anencéfalo e tapado.

Mas tínhamos que continuar, coloquei o meu capacete e seguimos serra acima. Dessa vez sentido Mônaco. O caminho mais uma vez muito lindo e luxuoso! E Josep fazia muito bem as subidas junto comigo, êta velho arretado de forte!

Mais uma vez um lugar que criei algumas expectativas antes de conhecer, mas que me decepcionou, o principado de Mônaco. Para começar, lugar minúsculo, sei lá porque consideram aquilo um país, está mais pra um bairro de alguma cidade do sul da França, e realmente confesso que não vi nada de mais por lá. Ainda bem que só passei, e de bicicleta.

Passamos na frente do cassino de Monte Carlo, para desencargo de consciência e seguimos viagem. E Mônaco foi isso, tipo uma brisa que passa rápido e nem deixa saudade.

Já na saída reparamos que uma tempestade estava se armando, o céu ficou cinza e nebuloso, paramos pra pôr os casacos de chuva e seguimos, tinha mais uns 12km até Menton, onde planejamos passar a noite antes de cruzar para a Itália.

No fim nem choveu muito, ou pedalamos tão forte que a chuva ficou por Mônaco e não nos perseguiu. Chegamos em Menton por volta das 17h30, peguei o caminho errado para um camping que tinha visto no mapa, o GPS errou e nos fez subir uma puta pirambeira, o Josep quase infartou.

Chegamos lá no topo, falei pra ele que tinha errado o caminho e que teríamos que descer tudo de volta, ele soltou um "Uhh la óstia!" bravo e quando foi subir de volta na bicicleta, ele não se equilibrou direito e caiu no chão, "SWOOOOSH, BOOMP!", parecia uma jaca caindo do pé e se espatifando! E continuou com a ostia, enquanto eu ria de soluçar.

Descemos de volta o que havíamos subido e seguimos, dessa vez pelo caminho certo. E mais subida! Sobe e sobe! "Ostia! Ostia!", falava o Josep toda hora enquanto subia, e o velho subiu pedalando! Maldito tinha mais disposição que eu, só tinha problema pra subir e descer da bicicleta, mas enquanto em cima, pedalava igual a um adolescente!

O camping era nas alturas! Não tínhamos comida, tomanos dois cafés de máquina que tinha lá - ruim pra caramba - comemos um pouco de frutos secos que eu tinha no alforje e assim foi mais um dia.

Tinha um polaco muito louco lá, falando em italiano, bêbado - gente boa até - mas ficava reclamando, sei lá do quê, eu não entendia nada, deu tilt em mim, travei, só queria dormir e dormi.

ITÁLIA

6617 KM

**segunda-feira,
19 de Setembro de 2016
Menton → Finale Ligure**

Buon giorno Itália! Acampamento recolhido e bora pra estrada!
Tomamos um café reforçado numa padaria no centro da cidade
de Menton e depois de uns 6 km de pedal já estávamos cruzando a
divisa entre França e Itália. E voilà, Itália!

Claro, não tinha mudado muito desde que mudei de país, só a língua
mesmo. Paisagem lindíssima e dia super ótimo! Paramos num povoado
pequenino para tomar nosso primeiro caffè d'Italia!

- Un espresso per favore. Uno per me i altro per questo vecchio combat-
tente che è al mio fianco qui. - Falando e batendo com as mãos nas costas
do guerreiro Josep.

Ambos sorridentes, dopados por alucinógenos adrenalísticos chamado
"A vida por ela mesma". Cafezito tomado e bora continuar. Agora sim,
finalmente Itália, e o caos estava instalado! Trânsito e gente falando alto
pra todo lado, avenida um pouco conturbada, mas fomos seguindo.

Quilômetros depois... continuava seguindo por uma via e tinha um senhor com sua bicicleta no mesmo ritmo meu - lado a lado - de repente ele me chama e começa a apontar para seguir e pegar pela direita, "que lá tem uma ciclovia de 25km", segundo ele... bora lá!

E foi perfeito! A ciclovia passava por San Remo, cheia de túneis e com lindas mensagens pintadas no chão do percurso, uma delas me caiu muito bem e achei super inspiradora, gritei o Josep pra parar que eu queria fotografar e ler as mensagens, ele nem ouviu nada e seguiu de cabeça baixa e pedalando forte. Eu parei, depois pegaria ele na frente.

Que ótima mensagem de boas-vindas a Itália me dava. Fiquei estupefato com a mensagem e a tamanha coincidência que esta me trazia e por tudo o que eu vinha passando.

Josep tinha sumido lá na frente, apertei o pedal para enconstar nele, minutos depois já o avistava - nem sei se ele percebeu que eu havia parado para fotografar, provavelmente não - e fomos seguindo. Depois que acabou a ciclovia, seguimos pela linda costa e seu mar reluzente. A fome bateu e conforme íamos pedalando os olhos viravam pra todo lado em busca de um mercado pra comermos algo, mas eram povoados tão pequenos que os comércios estavam todos fechados para o almoço, a famosa "siesta", e só abririam novamente depois das 16h, caceta. Continuamos na busca, mais pra frente encontramos um mercadinho e paramos comer qualquer coisa, depois seguimos até Finale Ligure, onde planejamos passar a noite.

E com 105km pedalados no dia, chegamos no camping. Montamos o acampamento, preparei uma jantinha no fogareiro, comemos, tomei meu banho, deixei as minhas coisas e a cama (lê-se saco de dormir) ajeitados na barraca e fui até o bar do camping para usar a internet e escrever um pouco, aquele ritualzinho maneiro quase diário. No bar tinha um ciclista canadense sentado numa mesa, também com seu mapinha e caderno de anotações. Ele já era mais velho e também vinha pedalando pela Europa assim como eu, mas não era a primeira vez, já era experiente nisso, havia pedalado pela América do Norte e Central, e Europa mais de uma vez, pessoa bem técnica, tudo na ponta da língua e sempre citando as melhores marcas pra tudo, o tipo de pessoa que lê todo o manual do produto antes de usar.

Boa pessoa, conversamos bastante. Peguei algumas dicas com ele, sugestões sobre onde ir, ciclismo, etc. Só esqueci de pegar o nome do cidadão. E foi isso, primeiro dia de pedal pela velha senhora.

terça-feira,
20 de Setembro de 2016
Finale Ligure → Lavagna

Caos! Verdadeiro caos no trânsito! Calma, isso foi mais pra frente quando passávamos por Gênova, até chegar lá a história foi bem diferente e bem melhor. Saimos cedo e seguimos pedalando pela linda costa mediterrânea da região de Ligúria, com uma linda vista do oceano sem fim à minha direita e paredões de pedra à esquerda, e muitos túneis também. Nossa, quanto túnel! Na maioria passavam carros e íamos de bicicleta juntos, quando vinham carros dos dois lados era um pouco perigoso, mas não estava muito movimentado naquele dia e tinham trechos com ciclovias também e túneis só para bicicletas e pedestres, foi um percurso bem variado.

E seguindo passamos por Savona, e logo após, quando estávamos em um vilarejo chamado Albissola, na avenida que cruza a cidadela, tinha um senhor que pedalava com sua bicicleta logo à minha frente, passei por ele e fui seguindo. O velho pedalava forte e segundos depois ele me passou com sua barra forte (bicicleta), olhou pra mim, estendeu a mão e acenou me chamando para segui-lo:

- Vieni per un café? - Disse ele.

Minha curiosidade foi tamanha que óbvio que fui!

- Oh, si! Andiamo! - Respondi meio que de relance.

Já com bicicletas estacionadas e sentados - os três - num bar de frente pro mar, começamos a papear enquanto bicávamos o expresso macchiato que o senhor tinha pedido. O nome desse senhor - da barra forte azul - era Luigi (tinha que ser né!), ele morava ali na cidade e tinha ficado muito curioso e maravilhado - palavras dele - quando nos viu com nossas bicicletas cheias de alforjes e equipadas para a guerra. Quando o Luigi descobriu que o Josep já tinha seus 70 anos de idade e estava fazendo o que vinha fazendo, ele ficou impressionado e disse que sempre sonhou em fazer algo parecido, mas que sozinho tinha paura (medo). E ficamos lá por uns 40 minutos, papeando em "portulianonhol" e Josep, com seu catalão, sempre achava que todo mundo falava catalão ou espanhol e ia conversar com as pessoas nessas línguas. Fazia sentido, já que ele não falava nenhuma outra, o que não fazia sentido era ele querer que todo mundo o entendesse. Ah Giuseppi!

Nos despedimos e agradecemos o café:

- Grazie mille Luigi, siamo grato per la cortesia, o caffè era ottimo! - Disse a ele, e voltamos para estrada.

Luigi havia dito que por perto de Gênova o trânsito se complicaria mais e que era pra tomar cuidado, mas que passando de lá tudo se acalmaria novamente. Dito e feito! Já em Gênova avistamos uma loja da Decathlon e decidimos parar, eu precisava de uma câmara de ar reserva para futuros problemas técnicos com os pneus. No fim comprei um poncho pra chuva também e remendos pra câmara. E foi depois disso que o caos tomou conta!

Começou comigo pegando o caminho errado e caímos numa puta avenida movimentada da porra e ultra perigosa, todos os carros passavam tirando fina da gente, buzinando e gritando:

- Non puoi andare con la bici qui, finocchio! "BROOOMMM"

Estava pior que trânsito de São Paulo, se é loco! A parte de Gênova que passamos era terrível, não sei se a cidade inteira era assim, já que queríamos sair dali o mais rápido possível, não tinha tempo nem cabeça pra turismo nenhum! Finalmente achamos o sentido certo pra sair da cidade e seguir rumo a... sei lá onde. Paramos num bebedouro, enfiei a cabeça inteira debaixo da torneira e lavei a alma! Foram minutos extremos de estresse e não víamos a hora pra sair daquilo, uma pena, pois pelo menos história Gênova têm de sobra, fica pra próxima.

Mas ainda tínhamos muito pela frente, o caminho seria um tanto longo e com alguns imprevistos. E subia, e descia, subia, descia... E nesse sobe e desce a altimetria bateu 700 metros em menos de 2 horas! Foi pesado, as pernas andavam sozinhas, nem sentia mais. Mas o clima, a paisagem e os bonitos vilarejos que íamos passando ajudavam a sentir menos o cansaço. E o melhor, sem aquele caos que foi o trânsito genovês. Dio mio! No fim já passavam das 19h e nada de achar onde pernoitar. Com o sol já descendo, e a noite caindo, fomos pedalando até um camping que eu avistara no meu mapa off-line. Chegando lá a porra do camping estava fechado, essa é a parte ruim de mapa off-line, não tem informação atual das coisas, mas por sorte tinha um outro camping a 7km dali, em uma cidade chamada Lavagna.

E depois de mais subida e descida - e o sol só no semblante - chegamos nesse outro camping. Esse existia e estava aberto, ufa! Os caras cobravam por água quente no banho! Que absurdo! Tomei banho frio mesmo!

Bem, já instalados, banho tomado e alimentados, era hora de descansar um pouco, que dia intenso! Se eu fosse descrever hora a hora de todos os dias dessa aventura, esse livro seria uma bíblia de tamanho!

Mais uma vez - como sempre - fomos até a parte da frente do camping, que era onde geralmente ficava a recepção e algum bar ou local para acessar internet e sentar pra descansar, e dessa vez o ciclista que conheci era um indiano, Yogesh. Ele também estava pernoitando no mesmo camping e vinha pedalando desde Faro, Portugal, e estava indo em direção à - pasmem! - Índia! Ficamos os 3 batendo um papo até umas 22h e decidimos todos seguirmos juntos no dia seguinte. Boa, agora somos três, os três bicicleteiros! Ou os três "moscicleteiros?" Ná... bicicleteiros! Caraio!

Percebe-se o quão intenso foi o dia pelo número de exclamações que usei (!!!!!!).

quarta-feira,
21 de Setembro de 2016
Lavagna → Viareggio

Que começo de dia! Puta merda, Itália, não fode!

Uma pessoa local que estava no camping conversando conosco ontem nos avisou que era melhor pegarmos um trem de Lavagna até Spezzia porque a estrada nesse trecho é muito perigosa, pois passa por um túnel, que seria a única opção. Portanto seguimos o conselho do senhor italiano e decidimos pegar um trem. Descemos até a estação, compramos o bilhete e esperamos o trem chegar, quando chegou (parecia que tínhamos voltado no tempo de tão velha que era a máquina), corremos os 3 com nossas bicicletas e tentamos entrar, Yogi entrou, Josep entrou, e eu percebi que talvez não caberia mais uma bicicleta no mesmo vagão, pois o trem era velho e não tinha vagão só para bicicletas, foi preciso entrar nos vagões normais junto com as pessoas e já tinham entrado duas bicicletas. Corri pro outro vagão e estava cheio, desisti e saí correndo de volta junto com o Yogi e o Josep, quando fui tentar socar a bicicleta pra dentro a porta do trem se fechou na minha cara e o trem partiu! Cazzo!

Enfim, fiquei pra trás e tive que esperar - e rezar - para o próximo trem chegar e eu poder entrar com a bicicleta. Nessa descubri que o próximo trem pra lá não era direto, portanto demoraria mais, não tinha outra opção, o trem chegou, corri e soquei a bicicleta pra dentro, sem espaço nenhum, fui espremido de pé segurando a Nhanderecó.

Veio uma cobradora em minha direção me cobrar o bilhete, foi super mal educada comigo e quando viu que eu não tinha perfurado (validado), o bilhete na máquina, ela me xingou, nem fazia ideia que tinha que fazer isso! Nem vi máquina nenhuma! Enfim, ela falou que podia me multar por isso, expliquei e mostrei a situação pra ela, ela validou o meu bilhete e ficou com uma cara de bosta. Desci correndo do trem - não fazia ideia onde eu estava - e fui correndo para pegar o outro que ia para La Spezzia, subi todo confuso no trem, brigando pra conseguir subir a bicicleta e minhas tralhas a tempo e um pouco estressado com a situação, nem tinha certeza se estava no trem certo, perguntei a um senhor já dentro e pra minha sorte estava certo.

Eu martelava na minha cabeça como estariam as coisas lá com eles, pois eu não tinha internet nem crédito no celular e não fazia a mínima ideia se eles estavam me esperando e onde. Chegando na cidade certa eu tirei as minhas coisas do trem e percebi que a saída para rua era do outro lado, tinha que cruzar para o outro trilho contrário, e não tinha como cruzar de bicicleta, só por escadas pelo subterrâneo. Então primeiro desci meus alforjes e barraca, depois desci a bicicleta, montei tudo, empurrei a bicicleta até o outro lado, tirei tudo de novo, subi as coisas, subi a bicicleta, montei tudo de novo e quase morri. Parecia que eu tinha pedalado uns 150km pela canseira que eu estava.

Ajustando as minhas coisas na bicicleta, eu ouvi um grito:

- LUCA!! - Era o louco do Josep gritando meu nome, todo feliz que eu tinha conseguido chegar.

Eles estavam lá na estação sentados há mais de 2 horas me esperando, seus lindu! A trupi estava junta novamente, demos risada do acontecido, respiramos, paramos para comprar comida e seguimos rumo a Pisa. Sessenta quilômetros depois, com o clima lá em cima bem fechado, com cara de chuva vindo, decidimos então parar e encontrar um local para pernoitar.

Achamos um campeggio bem "má o meno", mas era o que tava tendo. Cada um foi fazer o que tinha que fazer e mais tarde, já quase noite, nos juntamos no restaurante do camping e ficamos conversando, tomando um café e papeando (enquanto isso o mundo acabava lá fora, com uma puta chuva forte com raios e trovões). Nessa conversa Yogesh nos falou mais sobre ele, que nasceu numa cidade da Índia perto de Mumbai e morou na Holanda por 5 anos, trabalhando como engenheiro de petróleo. Ele deixou o trabalho e foi pra uma aventura de moto pela América Central descendo até a Bolívia, depois dessa aventura pelas Américas, ele pegou um voo até Faro em Portugal e de lá começou a pedalar, a ideia dele era de ir até a Índia pedalando! E uma luzinha - igual as de desenho animado - ascendeu sob minha cabeça... hum, pedalar até a Índia, não é assim uma má ideia!?

Ele tinha uma bicicleta bem simples e uma mochila amarrada na parte de trás, com uma barraca e saco de dormir também bem simples, um grande exemplo de quem quer faz, independente de equipamentos. Eu confesso que tinha momentos que eu sentia que carregava muitas coisas, e olha, te garanto, eu nem carregava tanto assim. A chuva passou e fomos lá no fundo do restaurante pra cozinhar escondido. Cozinhamos um gnocchizinho, lavamos as coisas, secamos e fomos para outro café! Depois foi cada um pro seu barraco, o Josep tava com medo da chuva (como sempre), com medo que se chovesse iria entrar água na barraca dele, falei pra ele que podia dormir na minha, já que era pra duas pessoas e tinha espaço suficiente. Ele tacou as coisas dele na varandinha da minha barraca e fomos tentar dormir. Moral da história, não rolou o Josep dormir lá, ele mexia pra caramba e não sossegava, aí resolveu ir pra barraca dele mesmo, e lá foi ele no meio da noite pegar a lanterna e começar a encher o colchão inflável. Ele carregava aqueles colchões que precisa de uma bombinha pra encher, e só dava ele pisando e bombando ar no colchão com aquele barulho de ar "IHN! IHN! IHN! IHN!", minutos depois já estava roncando e eu pude dormir tranquilo.

quinta-feira,
22 de Setembro de 2016
Viareggio → San Vicenzo

Dia tranquilo, tão tranquilo que até perdemos o Josep pela estrada.

Pedalamos num ótimo ritmo pela manhã e quando passávamos por Livorno, resolvemos parar para o almoço. Pão com sardinha e pesto! E nectarinas de sobremesa, nunca comi tantas nectarinas na vida como nesta viagem, delícia. Depois de comer, seguimos pela estrada afora e a Itália começava a pegar leve novamente e mostrar as suas belezas, lindos vilarejos, paisagens e estradas nos acompanhavam pelo caminho, só os mercados que ainda eram um pouco mais caros que a média de países anteriores.

Josep queria porque queria chegar o quanto antes em Roma, sempre tentava acelerar o pedal e nunca ligava muito pra parar nos lugares e curtir um pouco, quanto antes chegasse em Roma melhor (pra ele, claro). E numa dessas ele resolveu apertar o pé e saiu em disparada na frente, baixava a cabeça e ia pedalando como se não houvesse o amanhã, sem olhar pra trás. O problema é que nos encontrávamos num vilarejo bem cheio de curvas, sei lá o que ele fez, deve ter entrado numa rota diferente da que o meu GPS mandava seguir (pois enquanto eu seguia o meu GPS, ele seguia o instinto), aí ele rápido lá na frente, pegou alguma rua diferente e quando eu e Yogesh nos demos conta, onde estava o Josep? Paramos de pedalar e ficamos esperando ele onde estávamos, parados ali por alguns minutos, em caso de ele estivesse atrás de nós, e nada, fomos seguindo devagar, e nada, e fomos indo. Apertamos um pouco no pedal pra tentar pegar ele lá na frente, caso ele estivesse na nossa frente, e nada. Andamos mais uns 20km e nada do teimoso. Bem, não tinha o que fazer, não tínhamos crédito para usar o celular, decidimos então parar no próximo camping que avistamos. A atendente foi super simpática e ficamos por ali mesmo, um camping um pouco a frente de San Vincenzo. Lá conseguimos internet e tentei falar com o Josep, não atendia o celular e nem respondia as mensagens. Não era possível, ele fica o dia inteiro no celular e agora que precisava que ele visse, ele não respondia, cadê?

Fui tomar banho e depois preparei meu gnocchi, agora na Itália era só aqueles gnocchis de batata semipronto, só tacar na água quente e ser feliz!

Por volta das 20h da noite o senhor Josep respondeu. Disse que estava bem e que havia se perdido de nós - ah vá? - e que pegou a Via Aurélia, que era a via que sempre seguíamos e praticamente cruza toda costa oeste da Itália, e continuou. Quando percebeu, já estava sozinho e perdido.

Disse que não encontrou nenhum camping aberto e teve que seguir pra um hotel... isso que dá querer ser apressado e teimoso!

sexta-feira,
23 de Setembro de 2016
San Vicenzo → Orbetello

Levantamos e partimos por volta das 8h, tínhamos combinado de encontrar com o Josep no hotel que ele estava, a cerca de 30km do camping que estávamos, sim, o garotão tinha pedalado 150km no dia anterior, 30km a mais do que eu e Yogesh! Enfim, achamos o "homi", conversamos e rimos sobre o ocorrido enquanto tomávamos um cafezito.

Estrada ótima, paisagem linda e clima lindo, o dia rendeu e quando paramos para o almoço devoramos um frango assado, daqueles tipo de padaria, só não estava girando num espeto no lado de fora. Enquanto seguíamos pedalando íamos conversando - quando possível - ou eu ia conversando comigo mesmo, e quando avistava um lugar bonito, eu sempre dava um jeito de parar para contemplar e tirar umas fotos. No caminho para Alberese, já na região da Toscana, passamos por lindas estradas rodeadas de árvores e suas folhas já amareladas e caindo, era o outono e suas brisas geladas dando as caras. Melhor estação para pedalar, não tão quente e nem tão frio, o pedal rendia muito. E seguimos até um pouco antes de um lugar chamado Orbetello - que vendo do mapa tem uma geografia estranha - e encontramos um ótimo camping, com ótimo preço e ótimas instalações, que ótimo dia!

Mas antes de qualquer outra coisa, eu e Josep jogamos nossas tralhas no chão do jeito que estavam e fomos tomar um banhão de mar. A parte de trás do camping dava acesso à praia, a água estava deliciosa, lavou a alma e acalmou as dores físicas de um corpo em constante movimento como o meu.

Uma horinha depois retornamos, ajeitei minhas coisas, montei a barraca e deixei tudo pronto pra dormir, fui tomar um banhão, depois preparei um gnocchi ao molho bolognese pra galera. Comemos, lavamos tudo e usei a mesma panela - que só tinha ela - pra ferver a água e dessa vez preparei um cafezito, confesso que já estava acostumado com essa vida de café todo dia... E depois do cafezinho filosófico tupi-hindu-europeu, escovei minhas mandíbulas e me fui para mais uma noite na barraca.

sábado,
24 de Setembro de 2016
Orbetello → Ladispoli

Outro dia com estrada plana e tranquila, só numa parte que decidimos entrar e passar por um vilarejo pra cortar a rodovia pegamos umas subidas meio chatas, mas a vista linda compensou as pernas e também foram 20km de estrada super segura para nós, ciclistas. E aquela parada num mercado pra reabastecer - e comemos por ali mesmo - depois seguimos em direção Civitavecchia e depois Roma, a Eterna! E aquele problema que disse lá atrás, sobre no período de baixa temporada, que além da temperatura cair, também há a escassez de campings pelo caminho, pois bem, campings e sua disponibilidade, já havíamos encontrado esse problema pelo caminho e nesse dia ocorreu novamente. Três campings que passamos pelo caminho, fechados. É, parece que esse seria mais um desafio a enfrentar dali pra frente, além do clima, que já começava a oscilar bastante também.

Tupi-Hindu-Europeu.

""

Três continentes e duas gerações diferentes, mas com o mesmo objetivo: contemplar o presente. Contemplar aquele instante que vale por ele mesmo, não o passado nem o futuro, o presente.

Chegamos em Ladispoli, cidade que fica a uns 50km da capital Roma, povoado pequeno do litoral centro-oeste italiano. Mais uma vez seguimos à procura de lugar para pernoitar, os campings indicados no mapa off-line e os outros avistados por placas estavam todos fechados, mas, segundo informação de um rapaz que trabalhava num restaurante perto de um dos campings, estavam fechados por motivo judicial, estavam ilegais, ou seja, polícia fechou.

Minutos depois, enquanto ainda pedalávamos à procura de camping, Yogesh avistou algo e repentinamente virou e seguiu na direção contrária, e logo percebi que ele avistara uma bandeira da Índia num minimercado e estava seguindo até lá, talvez na esperança de achar indianos e pegar informações que nos ajudassem, seguimos ele.

Bem, não eram indianos que estavam lá, mas sim paquistaneses, que nos ajudaram, e muito! Primeiro, quando chegamos, tinham dois poloneses na frente do mercadinho, um deles fazia 35 anos que estava morando na Itália e falava fluente o italiano - ou enaganava muito bem - e o outro faziam 5 anos que por lá habitava, o paquistanês chegou depois, ele era o dono do mercadinho e cara, nos ajudou muito! Yogesh começou a falar com ele numa língua diferente, não era indiano (hindi), era urdu, uma língua indo-europeia bem similar ao hindi, mas que não era a oficial da Índia, pelo menos parecia que eles se entendiam, porque eu não entendia nada. Deve ser algo como o espanhol e o português, tipo línguas "irmãs".

O paquistanês se chamava Sajjád e disse que tentaria nos ajudar, ele até sugeriu dormimos dentro do mercadinho dele, só que o problema era que quando ele fechasse a porta, não haveria mais jeito de nós sairmos, só no dia seguinte quando ele retornasse lá e abrisse a porta pelo lado de fora, também não havia banheiro lá dentro e era hiper pequeno, não cabia nem nossos corpos, quanto menos as bicicletas. Ou seja, impossível!

Citaram também um camping que estava a 15km pra frente da onde estávamos, só que estava fechado também. Sobrava a última opção, acampar na praia de Ladispoli. Sugeriram um lugar na praia que ficava a 2 minutos dali e onde os pescadores costumavam praticar pesca noturna, e que, portanto, seria seguro acampar. Parecia ser essa a única opção naquele momento. E depois de mais conversa e de pensar bastante, aceitamos o desafio e era isso que faríamos.

Agradecemos muito a ajuda deles, Sajjád e os dois poloneses, e começamos a nos ajustar pra seguir até a praia. Sajjád disse pra esperar, entrou no mercado e voltou com laranjas, tomates, cebolas, uma baita ciabata enorme e duas garrafas d'água e nos presenteou. Quanta generosidade dessa simples pessoa, era evidente em seu semblante o quanto ele sentia por não ter onde nos alojar e a comida foi a forma - ENORME - de ajuda que ele encontrou.

Serei sempre grato por essa ajuda e esse gesto de bondade e carinho, Sajjád, muito obrigado, esteja hoje onde estiver, muito obrigado.

Agradecemos muito eles, de coração, com abraços fortes, principalmente com o Josep, eles ficaram encantados de ver um senhor de 70 anos fazendo o que vinha fazendo e com tamanha atitude! E seguimos rumo ao local mencionado.

Mas antes paramos para comer o pão que ganhamos, fizemos 3 sanduíches, colocamos sardinha e atum que eu tinha no alforje, com tomate, cebola e pesto e ficou ótimo! Devoramos também as laranjas, comemos um chocolatinho que também estava no meu alforje e depois ainda paramos num bar na esquina para tomar um cafezinho, eu paguei essa rodada, me sentia no dever. Aproveitei o bar e fui ao banheiro lavar as mãos, rostos e tudo que tinha direito, e seguimos até a praia.

Não era exatamente um ótimo local pra levantar acampamento, ficava praticamente junto das casas do povoado e havia mesmo os pescadores noturnos como eles nos falaram, pescando com suas lanternas, sentados beira-mar, as suas lanternas iluminavam bem o local, até demais. Enfim, escolhemos o local para as barracas - o "menos pior" - e montamos somente a do Josep e do Yogesh, que eram menores, a minha era meio grande pra aquele momento, e chamar atenção era a última das ideias.

Eu dormi com o Josep e Yogesh dormiu na dele e colocamos as nossas coisas tudo lá dentro junto com ele. É, não foi uma das melhores noites de sono que já tive, foi bem mal dormida, tanto pela falta de espaço dentro da barraca, quanto pelo local que acampamos, acordei várias vezes durante a noite e o Josep acordava a cada 2 horas pra ir mijar.

E foi mais um dia daqueles, no qual de certa forma tudo parecia perdido, mas - mais uma vez - a ajuda de desconhecidos nos salvou.

domingo,
25 de Setembro de 2016
Ladispoli → Roma

Um cachorro ficou latindo das 5 às 7 da manhã na casa ao lado. Sete da matina e todos já em pé e preparados, recolhemos nossas coisas, montamos as bicicletas tranquilamente e seguimos para o mesmo bar do dia anterior para um café da manhã. Muito bom, ótimos e frescos "croissant di crema" e uns dois cafezinhos pra acordar bem. Depois novamente fui usufruir banheiro do bar, escovei os dentes e lavei o rosto. Por volta das 9h estávamos prontos para seguir viagem. Antes passamos novamente no mercadinho do paquistanês para agradecê-lo mais uma vez pela ajuda, mas ele não estava lá, só estava o polonês, pedimos pra ele agradecer Sajjád por nós e avisar que a noite foi tranquila, e seguimos rumo a Roma.

Foi um dia curto de pedal, mas em alguns momentos o caminho foi meio conturbado, pois tínhamos que seguir pedalando junto a carros e caminhões que também seguiam pela Via Aurélia, via que vínhamos usando desde Gênova até Roma, sempre vez ou outra passando por ela.

E pela mesma Via Aurélia chegamos ao camping Village Roma, um puta camping foda, enorme e com uma estrutura ímpar, de longe esse camping e o da cidade de Bordeaux - que fiquei quando estive lá - foram os melhores, em todos os sentidos, acomodação e custo-benefício. Pagamos "só" 10 euros para ficar numa tenda grande com 3 camas. Enfim, ótimo camping, arrumamos nossas coisas na tenda, que tinha 3 camas de solteiro, cada uma com lençóis limpos e cobertor, depois fui preparar um almoço pra nós outros, tinha 1kg de gnocchi no meu alforje, mais algumas cebolas e tomates que o paquistanês tinha nos dado, pesto, uma lata de atum e muita fome. Só teve um probleminha durante o percurso, o gás do meu butijãozinho acabou no meio do cozimento, merda! Era 1kg de comida! Mas foi o suficiente para água começar a ferver e o gnocchi cozinhar para mandarmos pra dentro, e foi o que aconteceu, mandamos a comida bucho abaixo!

Depois de comer fomos até o centro de Roma, que era a uns 10km do camping, e Vaticano, que era antes, uns 5km. Esse era o local onde Josep teria que chegar de bicicleta, até a praça de San Pietro (São Pedro), era esse o objetivo dele, e assim foi, o seguimos até lá. A foto dele na praça - que tive o prazer de fotografar - selou com chave de ouro sua aventura, seu grande e merecido feito, grande guerreiro!

No começo o turismo por Roma estava ótimo, nunca imaginei que eu retornaria a cidade, muito menos de bicicleta! Praticamente 2 anos depois da minha primeira visita a essa cidade histórica, e lá estava novamente eu, de bicicleta, vindo de Dublin! Ah esse mundão louco, quantas surpresas! Passamos por todos os principais pontos da cidade com o Josep, já que era a primeira vez dele por lá. Já Yogesh se mostrava meio indiferente ao turismo, não se importava muito, por ele tanto fez ou tanto faz.

Estava um dia muito bonito e quente, e lotado, muito lotado, gente pra todo o lado e isso no decorrer do dia começou a me estressear e comecei a não ver a hora de ir embora, sentia que era suficiente de turismo, aquele monte de gente querendo tirar foto de tudo e falando e andando e não sabendo o que fazer, e não tinha espaço pra passar com as bicicletas... AHHHHHH!

Yogesh e Josep também perceberam isso, aquela multidão nos cansava, vínhamos de tanta tranquilidade pelas estradas que aquele turismo desenfreado de Roma nos torturava, com isso decidimos retornar ao camping.

E Roma realmente estupenda, cada esquina ali era uma história magnífica que nem faço ideia de como contar, e Eu e a Nhanderecó agora também fazíamos parte daquilo, onde um dia muito sangue foi derramado e conquistas e derrotas foram aclamadas, eu pedalava.

Claro que andar de bicicleta por lá não era nenhuma novidade, muitos o faziam, mas um brasileiro, do interior de São Paulo e sua fiel companheira, que foram pedalando de Dublin, isso sim era exclusivo e diferente - pra mim, pelo menos - e era o Eu que importava naquele momento, a minha história, que Eu construía e escrevia dia após o outro.

Por volta das 18h retornamos ao recinto campestre e fui direto tomar um banhão merecido para logo depois me juntar ao Josep para uma cerveja e comer um calzone no bom restaurante que havia no camping. Estávamos bem cansados e muito felizes.

A noite veio com uma brisa fria e excelente pra dormir, e os malditos pernilongos, que tanto nos acompanhavam dia após dia, parecem ter dado uma trégua para um merecido descanso numa cama, simples, porém uma cama. Buona notte ragazzi.

segunda-feira,
26 de Setembro de 2016
Roma

Último dia do nosso querido Josep - o Garoto Jogú - conosco nessa jornada, era dia dele pegar o navio de volta pra casa, depois de sua grande e aguerrida aventura de Barcelona até Roma.

O dia mais uma vez foi bem tranquilo, fomos todos, eu, o Yogesh e o Josep, tomar café juntos pela manhã, sem pressa alguma. Depois retornamos à tenda, o Josep arrumou suas coisas, se desfez de algumas que não usaria mais, deu um teclado para tablet e um suporte de cabeça da GoPro pra mim e o colchão inflável e a bolsa de guidão para o Yogesh. O colchão não era o mais viável de todos, pois era meio grande e precisava de eletricidade para inflá-lo, mas Yogi trocou-o por um outro inflável menor e mais simples que caberia melhor na bolsa dele com um holandês que encontramos pelo caminho, mas isso é história para o dia seguinte, guenta aê.

Por volta das 14h, acompanhamos Josep até a estação de trem perto do camping, onde ele pegaria o trem até Civitavecchia e de lá um navio até Barcelona. O trem chegou na estação, que era simples e bem antiga, e era hora de dizer adeus a esse guerreiro. Não era só o pessoal do bairro dele que estava orgulhoso do feito daquele senhor de 70 anos, eu também estava, quanta boa inspiração tive nesses últimos dias, física e mental!

Foram 15 dias pedalados, praticamente o dia inteiro juntos... poxa, era um cara de 70 anos de idade fazendo algo que todo mundo que eu conhecia não chegava nem perto de fazer, uns por questões singulares e particulares e outros porque não tinham coragem mesmo, e esse senhor, já passado de seu auge físico, provando que é sim possível, ostia! "Ostia!" seria algo como "cacete", que ele falava toda vez quando algo saía do plano e eu adotei o jargão.

É, no final valeu sim a pena mudar meus curtos planos e descer até Roma (a Eterna) com ele, foram ótimos e divertidos dias, se eu não tivesse seguido até lá (Roma não estava nos meus planos), não teria participado do primeiro acampamento selvagem da vida do "Garoto Jogú", sim, o primeiro selvagem em 70 anos! Também não teria experienciado a bondade e a ajuda do paquistanês conosco há dois dias atrás em Ladispoli, entre muitas outras coisas.

De Rerum Natura.

"”

De fato, o tempo infinito deve ter consumido tudo que é de corpo mortal, e também os dias devem ter consumido tudo que está feito antes. Porque, se nesse intervalo e no tempo decorrido, existiu isso, a partir do que consiste a totalidade, refeita das coisas naturais, certamente, isso é provido de natureza imortal. Portanto, todas as coisas não podem reverter ao nada.

***

omnia enim debet, mortali corpore quae sunt, infinita aetas consumpse ante acta diesque.
quod si in eo spatio atque ante acta aetate fuere e quibus haec rerum consistit summa refecta, inmortali sunt natura praedita certe.
haud igitur possunt ad nilum quaeque reverti.

De Rerum natura: Livro I, de Tito Lucretius Carus. Tradução: Juvino Alves Maia Junior, Hermes Orígenes Duarte Vieira, Felipe dos Santos Almeida.

Penso que para o Josep, e seus 70 anos de idade, tenha sido uma aventura inesquecível. Ele afirmava sempre isso pra mim, e de que alguma forma eu fiquei marcado nela e para sempre em sua história, por mais que venham outras aventuras como essa, a primeira será sempre inesquecível e eu estava lá, assim como ele estava comigo em parte dessa minha inesquecível aventura!

Fico feliz em ter ensinado a ele o pouco que sabia, sim, ensinei a um senhor de 70 anos, com o acampamento e cozinhando minha jantas no fogareiro, no chão, de cócoras e descalço. No final um ajudou ao outro e economizamos juntos, como uma equipe, meio desengonçados, mas ainda uma equipe, e Yogesh veio pra somar! Mil e duzentos quilômetros pedalados juntos, uma hiper tempestade enfrentada com raios e trovões e vento cortando no rosto, muito sol e subidas, e muitas descidas e brisas leves também.

Ele estava claramente emocionado e automaticamente nos emocionou também, havia lágrimas em seus olhos, que ele não conseguiu esconder nem segurar e seguiu em minha direção e me deu um forte abraço, falava um tchau com uma voz fraca de choro, mas ainda assim forte como um touro. Abraçou o Yogi também e depois foi caminhando para o trem que já se preparava para partir, o acompanhei carregando sua bicicleta, ajeitei-a no vagão, ele me abraçou novamente, a porta se fechou e o trem seguiu seu rumo. Confesso que eu sentia como dever cumprido, ele retornava à sua casa são e salvo, como ao fim de uma batalha vencida.

Prometi a ele que o visitaria em Barcelona quando finalizasse minha aventura, ele queria e insistia para que eu fosse, faria o possível para cumprir.

Eu e Yogesh retornamos ao camping, tomamos um café, fomos na tenda, arrumamos as coisas para o dia seguinte e logo após fomos ao mercado para comprar a nossa janta. Compramos um frangão inteiro assado, pães, frutas, queijo e retornamos ao camping. Devoramos tudo e fechamos com um danone de straciatella - que viria a ser o símbolo da parceria minha e do Yogi para os próximos dias - de sobremesa, tudo delícia!

Yogesh também poderia vir a ser o "Garoto Yogurt", mas esse título já era do Josep (Josep, o Garoto Jogú!), o Yogesh viria a ser o "Garoto Ciabata", pois desde quando o conheci até Roma ele só comia ciabata de almoço e janta! Ciabata Boy!

Enfim, depois da janta ficamos sentados do lado de fora, conversamos bastante, por horas, ele me falou um pouco mais sobre ele e vice-versa. Na verdade achei que ele precisava desabafar com alguém, sentia isso na fala dele, e fiquei feliz em poder ouvi-lo e também em poder compartilhar as minhas inquietudes com ele.

E assim foi mais um dia. Diferente, mas igual. Dessa vez uma despedida importante nessa história de muitas idas e vindas de pessoas e lugares. O Garoto Jogú se foi, retornou a sua Ítaca, só restou agora dois combatentes, o Tupi-Latino-Americano e o Garoto Ciabata, e suas fiéis companheiras de alumínio, que seguiriam rumo ao inesperado, rumo ao norte!

**terça-feira,
27 de Setembro de 2016
Roma → Lago de Vico**

Na saída do camping de Roma seguimos para uma loja de equipamentos para comprar um novo botijãozinho de gás para meu fogareiro e depois seguimos rumo a Siena. No começo - no trânsito de Roma - foi um pouco complicado sair da cidade, bem tumultuado até sair, depois o caminho foi tranquilo, um pouco montanhoso, mas nada muito difícil. Paramos num pequeno mercado, num vilarejo que nem o lembro nome, para abastecer os alforjes para o almoço e a janta. Supermercado pequeno, portanto mais caro e com menos opções, mas tinha o que precisávamos. Compramos e decidimos ir comer perto de um lago que tinha a uns 2km de onde estávamos, só não imaginávamos que seriam 2km de subida íngreme, que pareceram 20km!

Já à beira do lindo lago, paramos, vimos que tinha um restaurante por lá e pensamos: - Deve ter banheiro! E fomos lá de gaiato, entramos, fingimos que nada acontecia e fomos ao banheiro, lavei as mãos e dei uma boa mijada, também lavei o rosto... só faltou tomar banho.

Já limpinho, sentamos num banco do parque e devoramos um pão com ricota e salada capriciosa. Minutos depois um branquelo meio desengonçado apareceu com sua bicicleta, passou por mim e Yogi e começou a fazer perguntas sobre as nossas bicicletas, que estavam cheias com os alforjes.

Seu nome era Jeroen, era holandês e também estava, assim como eu e Yogi, perdido de bicicleta pedalando pela Itália, bicicleta aliás ultra-mega-super-hiper-blaster simples, falou que comprou tudo usado e do mais barato.

Vendo aquela simplicidade toda comecei a me questionar novamente sobre o "muito" que eu carregava, mesmo depois de me livrar de muitas coisas durante a viagem. Mas minha viagem era totalmente diferente da dele, apesar de ambos estarem de bicicleta, ele vinha viajando só por 2 semanas e logo pararia em Roma e pegaria um voo até a Holanda, por outro lado, eu já havia pedalado mais de 8000km em quase 5 meses. O engraçado na história dele era que ele não tinha nada planejado sobre viajar de bicicleta, ele estava de viagem em Nice, na França, e do nada resolveu prolongá-la, comprou um bicicleta, alforje e barraca usados e decidiu seguir até Roma pedalando... depois eu que sou louco?! Jeroen, muito gente boa e simplão, tinha 40 anos de idade, aliás, o Josep com seus 70 parecia ter muito mais saúde que ele, mas ambos com uma coragem ímpar! Ele falou que estava num camping não muito distante do lago que estávamos, eu e o Yogi passamos perto desse camping, parecia estar fechado. Mas nossa ideia era mesmo continuar viagem nesse dia, ainda parecia cedo para parar de pedalar e tínhamos decidido ir até perto do outro lago, de Bosena, então nos despedimos do Jeroen e continuamos o pedal. Passamos na frente do camping novamente - pois era o caminho - e lá estava o Jeroen na frente, paramos e convidamos ele para seguir pedalando e acampar selvagem conosco, mas ele disse que já havia pago. Enquanto estávamos ali conversando apareceu Bruno, o diretor (cuidador) do camping, e depois de uma curta conversa com ele e sua esposa, que também apareceu por lá, eles nos convidaram para um café com eles, e claro, aceitamos.

E fomos conversando, falando de onde vínhamos, onde havíamos estado e em poucos minutos a conversa fluía tranquilamente e fazíamos até piadas um do outro. Pessoas super gentis e sorridentes. E conversa vai, conversa vem, Bruno nos sugeriu um acordo, se passássemos a noite por ali (pagando por isso, lógico) o jantar seria por conta dele... Hummmm, feito!

E foi uma ótima janta! Linguiça e um bife suculentos feito na churrasqueira, com salada, pães e umas especiarias que a esposa dele fez pra nós, tipo uma massa frita. Tutto molto buono!

Eu, Yogesh e Jeroen comemos tudo, limpamos a mesa e depois vieram os docinhos de sobremesa! E a janta que tínhamos comprado no mercado guardamos para o dia seguinte. No final dormimos num bom e barato camping com ótima janta inclusa, boa conversa e café com os italianos.

Foi um ótimo e preguiçoso dia. Grazie Bruno e esposa (que me sumiu o nome enquanto escrevia), do camping Natura, pela hospitalidade e gentileza. Siamo molto grati per questa serata speciale!

quarta-feira,
28 de Setembro de 2016
Lago de Vico → Bagnoreggio

Pela manhã, enquanto tomávamos o café da manhã, que o Bruno também preparou para nós e estava incluso no preço que pagamos no camping, saiu muito barato isso! Enquanto enchia a barriga íamos conversando, e decidimos mudar um pouco o itinerário para o dia que viria e fazer um pouco de turismo pelos vilarejos de Caprarola e Civita di Bagnoregio.

Em Caprarola, que estava a uns 6 km do campeggio, tem um prédio de mais de 500 anos em forma de pentágono que parecia interessante visitar e em Bagnoreggio tem uma vila que fica no topo da montanha, de 2500 anos de idade e com risco de desabamento, que segundo relato de Bruno e algumas fotos, valeria a pena visitar também. Esse último era a uns 50km do camping e não fugia muito da nossa rota rumo a Siena. E assim decidido, nos despedimos de Bruno e pegamos a estrada para as primeiras grandes subidas do dia, Jeroen veio conosco também. Para a primeira vila, Caprarola - e seu prédio em forma de pentágono, o Palazzo Farnese - foi uma subida terrível, apesar da pouca distância. No caminho até achei um chápeu pela rua e dei para o Jeroen, que não tinha capecete.

Chegando em Caprarola - com Jeroen quase morto bufando que nem uma leitoa - fomos visitar o Pentágono, parecia interessante, mas cobravam 5 euros para entrar, não valia, não entramos, vimos de fora, lemos um pouco as placas que lá havia e seguimos o rumo da roça. Segundo o Bruno, foi com base nesse prédio de Caprarola - em forma de pentágono - que fizeram o famoso pentágono americano... sei lá se é verdade, mas ambos são pentágonos. A vila é bonitinha, lá no alto, velha, simples, pequena e chamorsinha, como qualquer vilarejo antigo e bem cuidado da Itália.

Saímos de lá e seguimos em direção a Bagnoregio, que também foi um sobe e desce danado, não tão íngreme quanto a vila anterior, mas mais longo. Eu até que não me cansei tanto, andamos pouco em quilometragem nesse dia, me sentia um tanto quanto sonolento até.

E depois de uma super descida em que eu previa o Jeroen morrendo, descendo com aquela bicicleta enferrujada e ele seguia quase na mesma velocidade que eu, era o "Garoto Doidera da Nederlândia". Achamos um supermercado (Lidl) no fim da descida e não hesitamos em parar, entortamos à direita e paramos ali mesmo. O Lidl sempre foi um ótimo refúgio para mim nessa viagem, em se tratando de mercado, ótimos produtos e com ótimos preços, ficava feliz quando via um. E matamos a lombriga dessa vez, uma enorme ciabata com bacon, salada e ricota, frutas e um Danonão, tudo pra dentro de almoço, foi até difícil depois retomarmos o pedal! E continuamos com mais subidas, parecia que não chegava nunca, apesar de ser perto.

Jeroen, principalmente nas subidas, descia da bicicleta e empurrava, mas ele ia muito bem, se comparar a bicicleta dele com a minha. E por volta das 16h30 chegamos em Bagnoregio, lugar realmente muito bonito, de longe já se podia avistar uma vila lá no topo de uma montanha, com uma igreja (lógico), e algumas casas bem antigas. Segundo o que eu entendi, o local tinha já seus 2500 anos de idade e corria sérios riscos de sumir do mapa, devido a desabamentos, pois a montanha ao redor tinha uma grande erosão e qualquer abalo sísmico ali seria fatal, e realmente, estando ali ficava fácil de entender isso! Deixamos as bicicletas e fomos caminhando por uma ponte que liga a pequena vila de Bagnoregio até Civita de Bagnoregio, ponte que não tinha 2500 anos, ela foi feita para poder ligar os turistas até a vila no topo da montanha, a ponte original já tinha ido pro saco faz séculos. Coloquem aí no Google, amiguinhos, e entenderão.

Civita di Bagnoregio, uma vilinha "perdida" realmente linda, um pouco abandonada em algumas partes, sim, mas também, 2500 anos! Foi definitivamente mais uma volta ao passado, tinha até um casal recém-casados por lá, tirando fotos oficiais e os padrinhos e alguns convidados juntos, bem bonito o cenário para isso. Sentamos para tomar um cafezinho no que parecia ser a única vendinha do local e na mesa ao lado tinha um garoto italiano e sua amiga alemã, começamos a conversar com eles e rimos bastante. Na mesa era eu, o brasileiro tupi-latino-americano. Jeroen, o holandês nederlândio garoto doidera. Yogi, o garoto ciabata indiano. Um italiano que parecia alemão e uma alemã que parecia italiana. Depois do café seguimos todos para uma última volta caminhando pela pequena vila, nos despedimos dos ragazzi que conhecemos lá e retornamos às nossas bicicletas.

Partimos em busca de um local para passarmos a noite, já era tarde e Bolsena - local onde havíamos estipulado passar a noite - era a uns 15km de onde estávamos, 15km de subidas e descidas! E lá, segundo o mapa, era o único lugar perto com camping. Enfim, taquei no meu GPS e fomos seguindo em direção a Bolsena. Fomos seguindo e a noite vinha junto, quanto mais saímos do "miolo" da vila mais noite ia ficando, no meio da estrada avistamos uma casa com um gramado enorme e decidimos bater lá e tentar falar com o dono pra ver se rolaria um acampamento no quintal deles, e não, não podíamos! Foi na lata, uma velhinha abriu a porta, falou não e fechou! Deve ter se assustado com a aparência - de sujinhos - nossa.

Continuamos e já havíamos decidido acampar no selvagem, pois já estava praticamente escuro e seria perigoso seguir pela estrada à noite, sem contar que só eu tinha luz na bicicleta, vai vendo... Continuamos pedalando mais um pouco e 100 metros depois avistei um gramado enorme atrás de umas árvores e um barranco que escondia esse gramado, foi um ótimo achado!

Subimos com as bicicletas lá e já começamos a montar as barracas, rápido e sem fazer muito barulho, apesar de estarmos no meio da estrada nunca se sabe quando alguém pode aparecer.

Nisso já era mais de 19h e praticamente noite. Depois das barracas montadas fui preparar nossa jantinha à luz de lanternas, não de velas. Preparei um arroz com atum, coloquei também uns sachês de molho de tomate e maionese, misturei tudo e ficou ó, uma gororoba! Devoramos tudo!

Demos um jeito de lavar as coisas, tirar o mais grosso da panela e dos pratos, colocamos o lixo num saquinho e colocamos amarrado suspenso numa árvore para no dia seguinte jogar fora e foi cada um para sua barraca tentar dormir. Eu ainda levantei minutos depois para dar uma mijada e fiquei uns minutos lá fora sozinho vislumbrando o céu estrelado. Tentei tirar umas fotos com a GoPro, mas falhei miseravelmente... ficou tudo na minha memória mesmo. Fazia frio e me meti pra dentro da barraca, me enfiei no meu saco de dormir e desfrutei de uma noite fria e calma de sono.

quinta-feira,
29 de Setembro de 2016
Bagnoregio → Buonconvento

Acordei por volta das 7 da manhã, noite tranquila e rapidamente estavam todos de pé e já desmontando as barracas e ajeitando as coisas na bicicleta. Montei meu fogareiro, fervi a água e preparei um café solúvel que tinha no meu alforje para nós tomarmos. Tomamos o cafezito e zarpamos.

Jeroen seguiu sozinho, ele voltou alguns quilômetros para o sul até Viterbo e de lá tomaria um trem para Roma, onde domingo pegaria um voo de volta para a Holanda. Eu e Yogesh fomos em direção a Siena. E seguimos estrada adentro com uma manhã bem fria, tanto que depois de meses tive que retirar minhas luvas e warming-legs da mala para usar. Winter is coming, rapaziada, preparem os dragões!

Seguimos pedalando pela região de Lazio, perto de um local chamado Acquapendente, paramos num pequeno café na estrada (no meio do nada), para outro cafezito, muito bacana o lugar. Por volta das 14h o sol já estava queimando o cucoruco novamente e assim chegávamos a um local com nome de Centeno, dali saímos de Lazio e entramos na região da Toscana, a famosa e linda Toscana. E fomos seguindo sentido Siena, o percurso era bem bonito e bem montanhoso, cheio de curvas, sempre bicando pra direita, depois pra esquerda e assim seguíamos, fez parecer mais longo o caminho, mas foi tranquilo.

E por volta das 15h, sem ainda ter almoçado, só tinha comido uma barra de chocolate pequena enquanto pedalava e uma maçã, entre pequenos vilarejos dos vários que passamos, avistamos um supermercado, compramos a janta e devorei um pote de ricota e Danone! Dias anteriores, quando pedalava pela costa oeste da Itália, seguimos a costa inteira praticamente pela mesma via até Roma, a Via Aurélia, agora pelo centro do país estávamos encarando outra via, a Via Cássia, que hora vira Strada Regionale, ora vira Via Cássia, e foi indo. Em Buonconvento paramos num mercadinho comer alguma besteira e já começamos a pensar em onde pernoitar. Uns 3km depois, num bairro chamado Serravalle, ainda em Buonconvento e já província de Siena, enquanto seguíamos pela estrada avistamos de longe um pessoal reunido e um local com um ótimo gramado para pôr as barracas, falei com o Yogesh e ele sugeriu ir lá perguntar se eles nos deixariam acampar no quintal. Batemos palmas e um senhor veio conversar, Yogi puxou a conversa, mas como niguém falava inglês, sobrou pra mim - que entendia melhor o italiano - resolver.

O senhor fazia muitas perguntas, muitas mesmo! Conversa vai, conversa vem, descobri que o local era um refúgio para peregrinos (centro culturale cresti, ponte d'arbia), igual àqueles que fiquei enquanto eu percorria o Camino de Santiago no norte da Espanha, pois então... expliquei para o senhor que eu era - ou fui, sei lá - um peregrino também, falei da minha história, que percorri o Camino e vinha desde então pedalando e lá estava eu, na frente dele. Tudo isso falando em "portuliano". Ele me pediu pra ver o meu passaporte de peregrino, mas eu não o tinha mais, tinha despachado por correio para Dublin, expliquei isso e não sei se ele acreditou, aí mostrei pra ele o meu adesivo do Camino de Santiago, azul e amarelo, que eu tinha colado no alforje, e nunca imaginei que aquele adesivo um dia serviria pra alguma coisa, e serviu! O senhor continuou com seu questionário, viu a Nhanderecó, a elogiou, falou que era bonita, "moderna"... ali certeza que ele imaginou que eu fosse rico e poderia pagar um hotel, mas fui bem honesto nas minhas palavras respondendo às questões.

Enfim, expliquei que precisávamos apenas de um pedaço de 2 metros quadrados de grama para armar as barracas, somente isso e se era possível

MMD
annos
veteris.

""

Fundada pelos etruscos, lapidada
por terremotos, romanos, bárbaros,
visigodos, godos, bizantinos,
lombardos, francos, ETs e
contemporâneos deste caderno.

no grande quintal que ali havia, ele disse que acampar não era possível, mas que podíamos nos alojar no albergue por aquela noite, era baixa temporada e não havia muitas pessoas por lá, e também nos disse que, se possível, poderíamos fazer uma doação em dinheiro para a casa, qualquer quantia, se não doasse não tinha problema, podíamos ficar mesmo assim.

Depois de tudo resolvido - com o senhor ainda meio receoso sobre termos dinheiro ou não - o Yogesh chegou em mim e me disse, de forma educada e tranquila, que eu deveria falar menos, responder o que eles perguntaram e nada mais, porque às vezes eu acabo falando demais, o que poderia acabar comprometendo a conversa, citando como exemplo a conversa que eu acabara de ter com o senhor e a senhora do albergue (conversa da qual eu consegui lugar de graça para passarmos a noite). Eu entendia o que ele queria dizer e até reconhecia - fazia sentido - e concordava, só que ele não entendia 30% do que eu estava falando com os senhores e tirou conclusões da cabeça dele mesmo, ele exagerou um pouco e talvez não era o momento certo pra tal apontamento, mas mesmo assim concordei com ele e evitei réplicas para não prolongar isso, ambos cansados não ajudaria também. A real é que, mesmo sendo honesto no que falava, realmente respondia mais do que devia, gerando mais dúvidas - ruins ou boas - para quem perguntava e, consequentemente, gerando mais perguntas. Mas deu tudo certo.

No fim ficamos por lá mesmo, peguei um tempo para escrever um pouco e pôr em dia o que estava atrasado. Horas depois apareceu um casal no lado de fora da casa - onde eu estava sentado escrevendo - e começou a ver as minhas coisas, os alforjes e a bicicleta. Ficaram curiosos e vieram perguntar sobre a viagem. Eu honestamente não dei muita atenção no começo, estava realmente ocupado e concentrado terminando de escrever. Depois que terminei concentrei a minha atenção na conversa com o casal, ele era inglês e ela, italiana, estavam descendo caminhando (peregrinando), de Florença até Roma, e de Roma até a ilha de Galápagos de avião - creio que de Roma até o Chile e do Chile até Galápagos - e estavam em lua de mel. Lua de mel bem atípica não? Muito bacana!

Um pouco mais tarde entramos na casa, preparamos a janta, a devoramos e fui tomar um banho. Realmente tinham bem poucas pessoas na casa, portanto sobrou um quarto inteiro só pra mim e pro Yogesh. Confesso que no final o lugar foi um ótimo achado, mérito para ambos, para o Yogesh pela ideia de perguntar e para mim por conduzir a conversa.

sexta-feira,
30 de Setembro de 2016
Buonconvento → Florença

Ô dia montanhoso da porra! Imaginei mesmo - vendo o mapa - que seria cheio de subidas e descidas, mas não sabia que seriam constantes!

Pela manhã tomamos um café no albergue junto ao pessoal que lá estava, 3 italianas, o casal que conversei no dia anterior e seu Flávio, o senhor do albergue, boa pessoa, muito simpático e sempre curioso, fazendo perguntas e querendo saber mais e mais. Comemos, tomamos o café e a era hora de nos despedirmos do pessoal, pegar o carimbo do albergue, já que eu não estava com meu passaporte de peregrino carimbei no meu caderno mesmo, assinamos o livro de peregrinos que lá estava, ajeitamos as bicicletas e cada um seguiu o seu rumo. E mais uma vez, depois de muito tempo, eu ouvia pessoas dizendo "Buen Camino" novamente.

No começo pedalando estava bem frio e com muita neblina na estrada, não se enxergava direito 10 metros à frente e foi assim até aproximadamente às 10 horas da manhã, quando paramos novamente para outro cafezinho num outro pequeno vilarejo, para aquecer um pouco as gambe. Haja café pra esses cicloviajantes!

Tomamos o café nero e seguimos rumo a Siena. E mais uma vez outra linda cidade italiana, não ficamos muito por lá, foi o suficiente para conhecermos rapidamente o centro histórico, que é lindo e segue aquele famoso estilo clássico de centros históricos antigos da Europa, ruas estreitas, cheias de curvas, subidas e descidas que formam um labirinto fácil de se perder e aquele caos de turistas transitando meio a carros e bicicletas e todos querendo passagem, tudo acontecendo ao mesmo tempo. E aquele sentimento de paz das pequenas vilas e cidades virou caos novamente. Até valeria a pena ficar por lá e passar uma noite, pra melhor se perder pelas vielas de Siena, mas Yogesh não compartilhava do mesmo gosto quando o assunto era turismo, ou conhecer lugares antigos, históricos, ele pouco ligava pra isso, pelo menos no tempo em que pedalamos juntos. E esse é o ônus de pedalar acompanhado, duas cabeças, duas opiniões. Faz parte. Eu até cogitei ficar por lá mais um pouco para conhecer melhor, mas Yogesh tinha uma certa pressa em seguir e chegar, sei lá onde, mais rápido.

Tinha uma amiga que conheci quando morei e fiz trabalho voluntário em Catânia, na Sicília, em 2014, que estava estudando vinhos - sommelier de vinho - ali numa fazenda em Monteriggioni, que é pra frente de Siena, sentido Florença, exatamente onde passaríamos no nosso percurso. Ela vinha me acompanhando pelo Facebook, viu que eu estava por perto e veio conversar comigo me oferecendo estadia na fazenda onde ela estava, falou que eu poderia passar a noite, e se eu quisesse, até ficar uns dias por lá e ajudar na colheita de uvas.

Confesso que a ideia não me pareceu ruim, na hora eu hiper me animei, perguntei pra ela se o Yogesh poderia ir também, ela disse que não, que pra me colocar já seria apertado, mais um complicaria. Hum... Uma pena, agradeci o convite e a ideia dela e optei por seguir em frente pedalando com o Yogesh, minha parceria com ele já estava perto de um fim, em Bolonha ele seguiria um rumo e eu seguiria outro, portanto fiz questão de seguir com ele até o máximo que eu pude.

Quando vimos no mapa o caminho de Siena para Florença, achamos que o pedal seria, de certa forma, rápido, pois era algo em torno de 60km de uma cidade até a outra. Mero engano o nosso, não pela distância em quilômetros mas sim pelo tempo, pois imaginávamos chegar em torno de 3-4 horas pedalando, chegamos só pela noite, por volta das 19h30! Já explico o porquê. Ainda em Siena, coloquei o trajeto no GPS da bicicleta e resolvi segui-lo, e Yogesh resolveu sair perguntando a saída da cidade em inglês pra todos que ele via pelo caminho, meio que não querendo seguir o meu GPS.

No fim chegamos numa rua com uma placa que dizia "tutti le direzione", ok, placa da cor azul, então supostamente era permitido seguir de bicicleta e dizia todas as direções, portanto, também direção de Florença, e fomos, começamos a descer. E além de tudo isso tinha o meu GPS, que indicava exatamente o contrário do que estávamos fazendo, seguindo as placas, só que Yogesh tirou o dia pra ser teimoso e queria seguir as placas, eu não quis criar atrito e fui seguindo ele.

Descemos muito de onde estávamos, lá do centro de Siena, a cidade parece que fica numa montanha olhando debaixo.

a caminho

E já lá embaixo tinha outra placa azul indicando a direção para Florença, boa. Quando pegamos a direção, dobramos à direita e íamos contornando a volta, pouco antes de cair na estrada, os carros que passavam começaram a buzinar loucamente "BIH! BEH! BIH!" acenando para voltarmos, e descobrimos que a estrada em que estávamos entrando era uma autoestrada, portanto não era permitido trafegar com bicicletas. Enfim, nos confundimos com a cor da placa, pois nos outros países por onde eu passei, França, Portugal e Espanha, as placas azuis indicavam estradas secundárias nas quais eram permitido bicicletas, já na Itália parece que não, descobrimos da pior forma!

Nessa hora o sangue subiu, voltamos na contramão, fiquei puto e estressei, sugeri seguir o GPS dessa vez quisesse ele ou não, e assim foi. E o GPS estava certo (apesar de já ter me enfiado em cada buraco), e como pegamos o caminho errado, tivemos que subir tudo o que descemos, e eis que descobrimos que o caminho certo para bicicletas já era lá por cima e que descemos tudo a toa. E haja ladeira pra subir e descer, quase morremos! E eram só as primeiras de muitas durante o dia. Claro que tudo que sobe, desce. E numa dessas descidas, bem íngremes, tinha uma valeta na rua, bati com o pneu traseiro nela e um dos alforjes pulou fora do bagageiro e caiu, desceu rolando a estrada. Acho que devido ao peso e ao tranco, o alforje não aguentou e se soltou. Dois carros que vinham atrás pararam, o motorista de um dos carros até riu da situação. E por incrível que pareça eu não fiquei nem um pouco puto ou bravo com o alforje saindo e rolando rua abaixo. Parei, voltei, peguei o alforje do chão, coloquei de volta e seguimos rumo à próxima subida rindo do acontecido. Passando por Monteriggione, tentamos ver se tinha algum mercado aberto, mas estavam todos fechados para o almoço. Seguimos e paramos num bar que estava aberto, na esperança de encontrar o que comer, não tinha, só tinha sorvete e bebida, portanto devoramos um pote de 2 litros de sorvete, tomamos um café e seguimos pedalando. A estrada era boa e a paisagem muito bonita da Toscana, com muitas macieras e parreiras por todo lado.

Depois das 16h encontramos outro mercado - dessa vez aberto - e paramos para reabastecer os alforjes, de quebra já devoramos um danonão Müller Stracciatella, nosso danone favorito, sempre que encontrávamos no mercado, não hesitávamos um segundo em comprá-lo.

de florença

Danone devorado, alforjes recarregados e bora para mais subidas. Não aguentava mais subir e descer, já tínhamos passado de 936 metros de altimetria segundo o GPS, meu corpo doía. Paramos para pegar água depois de mais uma subida, num outro vilarejo, com nome de Barberino Val D'elsa - lugarzinho simpático de bonito - tinha uma placa na parede de um bar--restaurante-hotel (sei lá), indicando que por ali, no ano de 1849, Giuseppe Garibaldi passou a caminho de Roma. Mas no ano de 2016 passava por ali Lucas e Nhanderecó, o cicloaventureiro latino-tupi-americano!

Já passava das 18h e era hora de começar a olhar atento em onde pernoitar, possíveis lugares para acampamento. Todo lugar era plantação de uva e propriedade privada. Eis que depois de ver uma placa enorme escrito "Chianti" - que tinha ares de fábrica - percebi que estávamos na região da Toscana famosa por seus vinhos. E eu que nada sei de vinho, segui o meu rumo. Decidimos parar em umas das casas - enormes - que tinha pelo caminho para pedir abrigo para acamparmos, uma pessoa nos atendeu, conversamos, mas não rolou, eles sempre davam como desculpa que tinham campings mais pra frente, que era melhor irmos acampar por lá, enfim, agradecemos e seguimos. E tinha mesmo um camping que ficava antes de chegar em Florença. E isso é, digamos, a diferença crucial desse tipo de aventura pela Europa comparada a outros continentes e/ou países mais pobres, sempre haverá um camping ou lugar específico para acampamento, por isso fazia sentido as pessoas não aceitarem disponibilizar um pedaço de terra para acampar.

E subia, subia, parecia que já tinha andado uns 30km, mas só tínhamos andado 3km! Enfim, já com o relógio indicando 19h, chegamos no tal camping Village Internazionale Firenze, que felizmente estava aberto e que era uma facada pra acampar, e ainda cobravam para usar o wi-fi. Não tínhamos opção, ficamos por lá mesmo. Mas não pagamos por wi-fi, choramos até eles liberarem sem pagar. Ajeitei as minhas coisas, deixei a barraca pronta e fui direto cozinhar algo para comer, estava faminto! Preparamos um gnocchi e devoramos. Depois fui pra um longo e merecido banho e foi isso. Por fim, eu e o Yogesh gerenciamos muito bem nossas diferenças e tiramos isso como um aprendizado.

**sábado,
01 de Outubro de 2016
Florença**

Dormi um pouco mais que a média diária que eu vinha dormindo, me dei ao luxo de dormir até às 9h da manhã. Levantei, fui tomar uma super ducha, depois desci até o bar do camping para me encontrar com o Yogi e tomarmos um café da manhã. Esquentei a água no fogareiro e preparei o resto de café solúvel que eu carregava no alforje, tomava o café enquanto devorava um pão com geleia e mel, que também carregava no alforje, delícia.

Ficamos conversando por ali e fazendo tudo sem muita pressa, e já que não pedalamos nesse dia, tiramos o dia para ficar por Florença e domingo pela manhã pegar um trem para Bolonha. Decidimos pular e não pedalar nessa parte entre Florença-Bolonha, é uma parte muito montanhosa, parte de uma cadeia de montanhas que vem lá da Áustria, pega os Alpes, cruza esse trecho da Itália e vai descendo, não estávamos em condições físicas e mentais para tal façanha. Por volta das 12h saímos do camping e seguimos sentido ao centro da cidade, que dava uns 5-6km. Primeiro - claro - paramos num mercado que avistamos pelo caminho para comprar o almoço e a janta. No mercado, logo na entrada, o gerente nos viu chegando com nossas bicicletas carregadas e começaram com as perguntas sobre a viagem.

- Di dove siete? Dove stai andando?

Perdemos um tempinho no mercado pensando no que comprar, mas no fim compramos o de sempre, pão com ricota e um frangão assado para o almoço, e claro, um super mega Müller Stracciatella e macarrão com molho bolognese com ricota para a janta!

SIENA
e seus arredores

Depois paramos na primeira praça que vimos para devorar o almoço, frangão com pão, ricota e o danone, e - finalmente - seguimos para a parte central e histórica da cidade. E logo de cara eu já me vislumbrava com a linda Basílica de Santa Maria del Fiore (ou Duomo de Florença), uma das mais famosas igrejas do mundo! Catedral que levou séculos para ser construída e que já recebeu o título de Patrimônio da Humanidade pela Unesco.

O prédio é lindo e cheio de detalhes mais lindos ainda, é uma das obras de arte góticas mais lindas e importantes já arquitetadas e que hoje é cartão postal da cidade de Florença. E por ali nos ajeitamos, puxamos uma mesa num café que tem ao lado, colocamos as bicicletas do nosso lado na rua e pedimos um café - claro! - com um preço mais salgado que o normal dos cafés que vínhamos tomando mas, se contar onde estávamos, fazia até sentido. Enquanto isso o céu que estava azul pela manhã, ia se acinzentando, e se preparava para uma prevista chuva.

Depois de panguar no café, montamos nas bicicletas e fomos pedalar pelo centro pra conhecer mais de Florença. E outra super cidade cheia de história e que respira arte por onde passa, tem obras de arte espalhadas por toda a redondeza central, nas praças, fontes, obras de artistas como Michelangelo, Da Vinci... Muitas a céu aberto. Lugar muito belo e inspirador!

O problema dessas cidades antigas é andar com a bicicleta toda carregada e pesada no chão todo irregular de pedras. E fomos subindo até Piazzale Michelangelo, de onde consegues uma vista linda da cidade lá de cima. E a chuva aos poucos foi chegando, até que apertou de vez e resolvemos descer até a região da Ponte Vecchio, passamos pela ponte medieval carregando as bicicletas e lentamente observando tudo o que acontecia por ali, desde lojas luxuosas e seus colares de brilhantes na vitrine até ventrículos e seus bonecos nos miniteatros montados nas ruas, bem bonitos, e reuniam pessoas ao redor para assistir. Já era noite, um friozinho e uma chuvinha chata ainda nos acompanhavam. O trem que pegaríamos para Bolonha iria partir às 4 horas da manhã, ou seja, tínhamos até esse horário para gastar em Florença, e assim foi. Caminhamos mais um pouco debaixo daquela garoa, a cidade ficou mais linda ainda com aquele ar molhado, ruas molhadas e as luzes fracas iluminando obras de arte e vielas pelo caminho. Definitivamente uma volta ao passado, era fechar o olho e abrir novamente e vualá, 1000 anos (ou mais), de volta no tempo! Paramos na Piazzale degli Uffizi para esperar a chuva passar e descansarmos um pouco. Ficamos sentados no corredor de fora do Museu Galleria que fica do lado do Museu Galileu, às margens do rio Arno, que é um dos museus mais importantes do planeta, uma honra estar ali sentado - sujo e molhado - e uma pena não ter tido mais tempo para contemplar preciosidades como "O Nascimento de Vênus" e a "A Primavera de Botticelli", além de obras de mestres como Filippo Lippi, Da Vinci, Caravaggio e Michelangelo! Ótimo motivo para voltar!

Quase 22h, a chuva já tinha dado uma trégua e estávamos famintos, fomos em busca de um local para preparar a janta. Depois de rodar um pouco avistamos um bom gramado, um lugar perto da estação de trem, em frente a uma muralha antiga onde o prédio atrás servia de centro de exibições. E foi ali mesmo, tirei meu fogareiro e gás pra fora, todos os utensílios e comida, e começamos a preparar a janta nossa de cada dia, que ó, desceu muito bem!

Comemos, tentamos lavar mais ou menos as coisas com a água do cantil, dei uma mijada no mato, arrumamos tudo de volta no alforje e seguimos direto para a estação de trem que era logo ali, o plano era esperar lá dentro até o horário do trem. Só que por volta da 1 hora da manhã os policiais fecharam a estação, que seria reaberta as 4 horas da manhã, ofuscando nosso plano de ficar lá dentro e tentar dormir no chão e descansar um pouco. Com o chute na bunda e a chuva forte que caía novamente lá fora, fomos obrigados a ficar acordados até o horário do trem chegar. Ficamos lá, caçando wi-fi e coisas pra fazer. Nesse meio tempo vimos de tudo um pouco passando por nós, desde belle ragazze italiane, até mendigos sem noção causando na porta da estação. Quando a chuva parou fomos num McDonalds 24 horas que tinha na esquina, tomamos um café aguado e quando bateu 4 horas no relógio as portas da esperança, digo, da estação, se abriram e fomos de encontro ao nosso trem, que não era das onze, era das quatro.

domingo,
02 de Outubro de 2016
Florença → Bolonha

Claro que não dormi no trem. A viagem foi curta, apenas 1h40 minutos, e o cobrador nos fez pagar 5 euros por bicicleta, coglione! Por volta das 6h20 chegamos em Bolonha Centrale, tiramos as bicicletas do trem e seguimos à procura de algum lugar aberto para comermos algo. Assim como dias atrás eu me despedia de Josep, agora era a vez de Yogesh, e esse foi meu último café com ele, era hora de nos despedirmos. A partir desse dia Yogi seguiria sua jornada rumo a seu destino, a Índia.

Adoraria que pudéssemos seguir juntos por mais tempo, mas tinha a visita da Letizia (lembram dela? de Barcelona?) em Bolonha. Sim, a Letizia estava vindo para me ver, por dois dias, e depois eu seguiria para Verona onde ficaria alojado até o dia 08 na casa da família de uma amiga, a Giulia. Dia 10, seguiria até Milão para me encontrar com o Bruno no aeroporto para seguirmos pedalando juntos. Lembram do João e do Bruno que eu falava quando estava em Barcelona, que talvez viriam me acompanhar nessa aventura? Pois então, o Bruno já havia se desvinculado do trabalho dele no Brasil e comprado sua passagem para chegar em Milão no dia 10 de outubro. Os dias foram passando e o João teve que desistir da ideia devido a fatores pessoais, óbvio que entendi ele, mas nisso o Bruno já tinha as passagens em mãos para a data que tínhamos combinado os 3 juntos. Ele poderia ter comprado pra antes, só que mudar a data implicaria em uma

FLORENÇA

grana salgada e não foi viável, nisso tive que me virar pra encontrar lugar pra ficar e esperar o Bruno até o dia 10, por isso essa reviravolta toda.

E todo esse imbróglio dificultou um pouco as coisas entre mim e o Yogi, pra ele seria complicado e inviável esperar todos esses dias, ele queria estar na Georgia antes do inverno pegar de vez, onde ele ficaria até passar o frio e depois seguiria o rumo de casa, pra isso teria que seguir pedalando a partir daquele dia. Fenomenal, não?

É óbvio que concordei com ele, fazia todo o sentido ele já ir seguindo, uma pena a falta de organização entre eu, o Bruno e o João, poderíamos ter seguido nós quatro, mas o destino não quis assim, paciência. Por fim, depois de um longo café da manhã, muita conversa e lembranças recentes do que passamos nesses dias pedalando juntos, eu e Yogi nos despedimos.

Yogesh, o indiano que me acompanhou por longos quilômetros durante 12 dias pela Itália, pessoa simples, guerreira e honesta, me ensinou que independente da marca da sua bicicleta ou equipamentos o que importa é a sua força de vontade, determinação e coragem, e também o quão bom era ciabatta e yogurt de stracciatella. Dessa vez sem choro, nem lágrimas, apenas abraços sinceros e palavras honestas de agradecimento pelo aprendizado de um para com o outro. E o Garoto Ciabata seguiu seu caminho.

Eu fiquei por ali mesmo, sentado na mesma mesa, escrevendo, sem dormir por 1 dia inteiro e esperando bater 13h pra ir ao endereço do AirBnb que eu tinha, pegar as chaves do lugar e finalmente poder descansar.

Josep havia me mandado uma linda mensagem pelo WhatsApp, mandou no mesmo dia que partiu em Roma, recebi pela noite, mas meus dias foram tão cansativos e corridos que só consegui naquela hora parar para responder com calma. Segue a mensagem que ele mandou:

"- *Luca. No puedo exprezar ni se como agradecerte todo lo que has hecho per mi desde que nos encontramos, todo esto para mi era un reto y parece que Dios te puso en mi camino para ayudarme, no se ha hecho falta mucho dias para darme cuenta de que eres una buena persona, de buenos sentimientos. Has cuidado de mi y has tenido muchas pasiencia conmigo, ya que aunque puedo estar muy fuerte para mi edad no tengo los reflejos ni la destreza de tu juventud, pero tu con tu sentido del humor y tu forma de ser me has hecho recordar la juventud que yo tenia a tu edad, por esto te doy las gracias, y te deseo lo mejor durante toda la vida y mi opinion hacia ti es que eres una gran persona. Gracias por tu protección y por haberme hecho tan feliz durante estos 15 dias que hemos estado junto. Espero verte en Noviembre. Un abrazo de tu amigo, Josep.*"

Tocante, né? Isso é só uma das coisas que essa aventura vinha me proporcionando, palavras sinceras que me enchiam de orgulho e me davam ainda mais forças para seguir em frente. Fiquei batutando na mensagem dele e me inspirando numa resposta digna de sua amizade e tentando traduzir tudo para o espanhol.

Ainda tendo que esperar às 13h, saí do bar que estava e fiquei rodando pelas ruas do centro da cidade, saquei um pouco de dinheiro, fui ao mercado, comi de novo, fiquei enrolando e por volta das 12h30 segui para o endereço combinado. Fiquei na frente do prédio esperando, e depois de 20 minutos de atraso lá estava Francesca, toda perdida, para me dar as chaves do apartamento, me explicou como funcionava o local e se foi.

Finalmente estava só e poderia descansar minhas gambe. E após mais de 30 horas acordado, achei que hibernar o dia inteiro seria tarefa fácil, mas a minha cabeça não me deixava quieto e lá estava eu me revirando na cama tentando dormir, pensando em tudo e em todos!

Letizia estava para chegar só depois da meia noite e eu tinha praticamente o dia inteiro para poder dormir e descansar bem. No fim dormi por no máximo 2 horas e depois fiquei enrolando esperando ela chegar. Tentei a internet, mas depois de alguns minutos já estava de saco cheio, migrei para a TV, pior ainda! O voo dela atrasou 1 hora e depois de muito rolar na cama tentando dormir, por volta das 2 horas da madrugada ela chegou. Tentamos conversar e pôr o papo em dia, mas eu estava totalmente pregado, era visível em mim, ela disse, e após alguns minutos de conversa e reencontro pude finalmente descansar o cérebro e o corpo.

segunda e terça-feira,
03 - 04 de Outubro de 2016
Bolonha

Segunda-feira o dia foi bem parado. Tentamos sair para turistar um pouco, almoçamos - comida ótima - depois andamos um pouco pela região, mas eu ainda sentia dores dos dias anteriores pedalados no corpo, estava num ritmo e de repente quebrei ele, o corpo sentiu na hora e dava sinais claros disso. No fim esse dia serviu mais para descanso mesmo.

Comemos, colocamos os assuntos em dia e relaxamos durante essa preguiçosa segunda-feira. No dia seguinte foi diferente, já me sentia mais disposto e saímos pra um dia de turista. Aquela volta pelo centro da cidade, sem pressa, um cafezinho aqui, outro acolá. Logo descobrimos que dia 04 de outubro é dia de São Petrônio, o santo padroeiro da cidade de Bolonha, e o pessoal nas ruas preparava a praça principal para tal comemoração. Estava rolando também um festival de tortellini (macarrão), no Palazzo Re Enzo, passamos rápido pelo festival, que era grátis, tinha tortellini de todo formato, cor e gosto e de quebra já deu pra conhecer o palácio por dentro, bem legal! Depois ficamos rodando, caminhando, passamos pelas torres Asinelli - Le due torri, Garisenda e Asinelli - que é um símbolo da cidade e falam que quando foram construídas, eram consideradas as maiores da Europa na época. Subimos uma das torres - por uma escada bem apertada e antiga - para vislumbrar a linda vista do alto da cidade.

E ficamos ali pela região, tudo sem pressa nenhuma. E enquanto caminhávamos, retornando para o apartamento, paramos para mais um café.

- Un expresso per favore.

Passamos num mercado para comprar uns quitutes italianos e seguimos
de volta ao apartamento. Tentei lavar a minha roupa 4 vezes, mas a máquina
era ruim demais, não limpava direito, ou as minhas roupas estavam encardidas demais, a segunda opção chega a fazer muito sentido. Minha blusa
verde limão que usava diariamente para pedalar não tinha mesmo solução
de limpeza, ela havia caído entre a relação da minha bicicleta enquanto eu
pedalava, entrou pela corrente e enroscou lá, sujou tudo de graxa e nunca
mais saiu, já era, ainda assim continuei usando-a até o fim. E mais uma
vez a Letizia foi super carinhosa e atenciosa comigo, me ajudando muito
novamente. E assim foi Bolonha, uma outra bela e histórica cidade da Itália,
mais um dos vários museus abertos que a Itália - e a Europa - têm.

quarta-feira,
05 de Outubro de 2016
Bolonha → Verona

Acordei bem cedo e já comecei a preparar minhas coisas pra sair, Letizia
me ajudava. Tomamos café juntos com calma e por volta das 9h30 descemos
tudo, nos despedimos - dessa vez sem choro, mas com alegria do reencontro
e sorriso no rosto - e assim parti rumo ao que eu viria a chamar de 3º capítulo da minha jornada. Esse negócio de 1º, 2º e 3º capítulos foi surgindo no
decorrer da viagem, ao longo dos acontecimentos, eu nem imaginava assim
quando saí pedalando lá em Dublin. Eu nem imaginava que escreveria um
livro quando saí de Dublin! Vejam só...

O 1º capítulo foi o que pedalei de Dublin até Barcelona, a etapa mais
longa e solitária até aqui. O 2º, de Barcelona a Verona, quando desfrutei da
companhia de Josep e Yogesh e pedalei sozinho só no primeiro e no último
dia. Agora com a vinda do Bruno começaria o 3º capítulo, no qual pedalamos sentido Grécia, quiçá, mais adiante. Fiquem por aí, amiguinhos, e
saberão mais nas próximas páginas, pois agora retornaremos ao momento
atual, Bolonha a Verona.

Depois de me despedir da Letizia, subi na Nhanderecó, acenei pra ela
novamente sorrindo e segui rumo adiante, mais ao norte da Itália. Me sentia
bem, mais leve, e realmente estava, tinha descansado e me alimentado muito
bem, e o mesmo com a Nhanderecó, que tinha menos peso sobre ela, pois
deixei algumas coisas que eu não vinha usando para a Letizia levar pra mim
para Barcelona, e depois daria um jeito de pegar de volta. Tinha um desafio
pela frente, pedalar 140km num só dia até Verona e fazer isso antes do sol se
pôr. Desafio cumprido, mas muito mais graças ao fato da estrada ser plana,
mesmo assim foi um pouco difícil e um tanto quanto exaustivo, pois num

certo momento do percurso começou a ventar bastante e a temperatura não passou de 18 graus o dia inteiro, baixando conforme o sol descia. Parei por uns 30 minutos para comer o meu almoço - pão com coisas no meio - num lugar que nem sabia direito onde era, um povoado um pouco antes de Modena. De repente, enquanto eu comia, pararam uns caras meio mau encarados por lá, e eu que não sou bobo nem nada (não sempre), peguei minhas coisas e zarpei pra estrada seguindo no pedal. Foram aproximadamente 6 horas pedalando e 140km rodados, quando cheguei em Verona minhas pernas bambeavam! Já na cidade "dos namorados", fui achar um lugar pra tentar mandar uma mensagem para minha amiga avisando que já estava por lá.

Giulia, uma veronesa que eu conheci em Dublin em 2015, já sabia da minha cicloaventura pelo Facebook e quando surgiu a possibilidade do Bruno vir me encontrar em Milão, logo lembrei dela e fui perguntar se ela conhecia algum lugar, camping, amigo (ou sei lá, alcoólicos anônimos), algum lugar em Verona - ou ao redor - que eu poderia ficar hospedado até o dia da chegada do Bruno. Ela falou que iria ver, isso foi dias antes de eu chegar em Verona. E dias depois da minha pergunta ela me disse que eu poderia ficar na casa dela, da família dela, e assim foi. E lá estava io, Verona (Vêneto), terra de Romeu e Julieta, clichê, eu sei, mas tinha que falar.

Parei num café qualquer com internet, assim poderia me conectar e mandar uma mensagem pra ela. Duas horas depois fui ao seu encontro e nos abraçamos novamente depois de mais de um ano. Nem eu nem ela imaginávamos um reencontro, muito menos em Verona, muito menos daquela forma, de bicicleta! Mamma mia!

Depois a segui até a sua residência, onde ela me apresentou a sua tia, Raffaela, simpaticíssima pessoa, amor à primeira vista! Conversamos um pouco - daquele jeito com meu "portuliano" - e fui até o apartamento onde eu ficaria por 3 dias. Super apartamento do lado do de Raffaela, só para mim - sério! - com TV e tudo, cama confortável e café! Que maravilha!

Mais tarde a Giulia desceu - ela morava no andar de cima - e fomos até o apartamento da Raffaela, do lado do que eu estava, para jantarmos. Conversamos bastante, contei sobre o que eu vinha fazendo, me esforçava bastante com meu italiano - che bisogno di imparare di più - mas ajudava. Raffaela mostrou de cara ter gostado de mim, ela me falava isso e eu sentia isso muito visivelmente vindo dela, me tratava muito bem! Comemos uma deliciosa macarronada - claro! - e tomamos um ótimo vinho. Após a deliciosa janta a Giulia me levou a um bar próximo a casa dela, pegou o carro dos pais, um Fiat 500 amarelo mostarda, daqueles antigos, clássico, tipo fusquinha 69, lindo! Tomamos duas cervejinhas, conversamos mais um pouco, ela me falou o que tinha passado na vida dela desde a última vez que nos vimos e eu falei da minha aventura. Ficamos pouco por lá, ela estava cansada e eu exausto, longo dia! Ela me deixou no apartamento que eu dormiria e seguiu para a casa dela no andar de cima. Enfim eu poderia descansar um pouco após esse longo dia. Casa vazia, silêncio e cama limpa, ô coisa boa.

quinta-feira a sábado,
06 - 08 de Outubro de 2016
Verona

E depois de uma boa noite de sono numa ótima cama, com o silêncio de um cemitério, levantei e fui tomar um café com a Giulia, ela desceu até o apartamento que eu estava e tomamos café com biscoitos juntos, conversamos um pouco e logo decidimos pegar as bicicletas e sair para dar uma volta pelo centro de Verona, que era logo ali. Ficamos umas 3 horas fora, o clima estava ótimo, apesar do friozinho que fazia e que aumentava dia após dia. No passeio ela me mostrou todas as principais partes do centro, tais

quais a ponte vecchia - anota aí, em toda cidade da Itália tem uma "ponte vecchia" - o Castelvecchio (Museo), a Piazza dei Signori (Dante Alighieri), e ali na piazza paramos um pouco e sentamos sob o sol para mais conversa e absorver vitamina D. Na mesma piazza encontra-se uma estátua do escritor, poeta e político florentino Dante Alighieri, considerado o maior poeta da língua italiana e famoso mundialmente pela obra "A Divina Comédia", escrita no século XIV e dividida em três partes: o Inferno, o Purgatório e o Paraíso, e sua estátua ali não era apenas uma simples homenagem pelo clássico escrito, Verona foi um importante refúgio para o escritor, que em épocas difíceis teve a cidade como casa e ele pagou esse nobre ato de hospitalidade incluindo o Lorde de Verona como um dos personagens na passagem Paraíso de "Divina Comédia". Troppo bello, ahn?

E eu, um mero e simples mortal - e sua bicicleta - ali estava, mais uma vez fazendo história na história da minha vida.

E depois da "piazza da filosofia" seguimos à tão famigerada casa de Romeo e Giulietta, da qual eu só vi a varanda e nada mais. Embora não carregue nenhuma prova de que os Montecchios e os Capuletos realmente tenham morado por ali, o lugar tinha sim muitos visitantes, na maioria asiáticos e suas estranhas formas de tirar fotos. Eu, honestamente, nunca pagaria para entrar lá e não paguei, nem entrei, mas nada contra quem o faz.

E claro, o anfiteatro romano, uma versão "mini" do Coliseu de Roma, que também não entrei. Depois a Giulia me levou pra comer pizza de almoço, numa pizzaria famosa entre os estudantes universitários de Verona, pizza em pedaços, quadrada - do Quico? - sem muito recheio, mas muito saborosa... esse negócio de pizza cheia de recheio é coisa de brasileiro viu, só pra avisar.

Após a pizza quadrada seguimos para um café, e fomos numa pequena e simpática cafeteria um pouco mais distante do centro, onde uma amiga dela trabalhava, a Irene, un'altra bella ragazza italiana, e super simpática.

Ficamos por ali por uma hora mais ou menos, conversamos sobre a minha viagem e depois seguimos pedalando pelo gostoso frio vespertino veronês até a casa di Giulia. Já de volta, sentamos com a tia dela, a Rafaella e uma outra amiga, a Francesca, e um pouco depois, a Irene também apareceu por lá para uns queijos e vinhos. Não sou acostumado com queijos e vinhos, mas como era um convidado - estranho no ninho - seguia o fluxo dos acontecimentos, que só melhorava. Eu ia me enrolando com meu "Portuliano", e assim tentava explicar os fatos e acontecimentos da minha aventura, mostrava fotos, vídeos, meu mapa e todos iam na onda.

Um pouco mais tarde, para a janta, compareceram o tio da Giulia, irmão da Rafaella, dois outros amigos dela, Roberto e Tomi, e duas outras amigas,

Martina e Arianna, que também viriam a dormir no mesmo apartamento que eu. Eu sei o que vocês estão pensando, queridos leitores, mas não, não aconteceu nenhuma suruba no apartamento, sossega o periquito e a periquita aí. Ambas anche belle ragazze italiane - tutti belle e gente buona! - que estavam de viagem de carro pelo norte da Itália, e curiosamente estavam passando por Verona nas mesmas datas que eu. O jantar foi super agradável e depois eles me convidaram para dar um giro, para uma cerveja. Fomos à Osteria "Ai pretti Veronesa", lugar bem cara de bar alternativo, bem legal.

Por alguns instantes, principalmente quando eles ficavam falando com gíria em italiano, eu ficava bem perdido e me sentia um pouco deslocado do grupo, mas depois de algumas cervejas na cabeça eu ia me entrosando do jeito que dava e não ligava quando ficavam conversando entre eles em italiano.

Às vezes eles arriscavam um inglês para falar comigo, mas começava em inglês e logo extendia pro italiano, fazia sentido, primeiro porque não falavam bem em inglês e segundo que não ligavam muito para a língua inglesa. Não os culpava por isso, eu que estava no ninho deles, portanto, era a minha "obrigação" tentar entendê-los e não o contrário. Na volta fomos todos cantando no carro, eu que não era bobo ia no fluxo e por alguns momentos puxava a cantoria no banco da frente, repetia a música que tocava no rádio do carro (♫ che meraviglia, che meraviglia ♫) e a galera dentro ia a loucura, todos cantando junto e felizes... coisas que o álcool ajuda. Foi uma ótima noite, atmosfera bem parecida com as que eu tinha no Brasil, quando saía com os amigos e ficávamos na calçada bebendo e falando besteira até altas horas da noite. Onde o meu amigo morava - geralmente ficávamos na frente da casa dele - era meio "curva de rio", tinha um boteco na esquina e sempre passava um bêbado que caía na roda conosco pra papear, era cada história...

Na sexta-feira, dia 07, acordei, tomei um café sozinho e fiquei na mesa escrevendo por um bom tempo, depois o restante do pessoal acordou também e minutos depois fomos almoçar na casa dos pais da Giulia. Cláudia, Nino, Aurélio e a Rafaella, todos hiper-mega-super simpáticos! Me trataram hiper bem, desde o primeiro até o último dia! O almoço foi bem típico deles, primeio a pasta ao forno, depois carne e salada, queijo e frutas, sempre acompanhados de vinho e água. Como era também o aniversário da Martina, roulou um pequeno bolo para comemorar. Ali, sentado na mesma mesa que eles e fazendo parte do dia a dia dessa família, eu já conseguia sentir a semelhança enorme dos italianos com os brasileiros - aliás, o contrário, dos brasileiros com os italianos - pelo menos da parte do Brasil de onde sou, minha família. Era uma falação, todo mundo falando junto, alto, baixo, conversas cruzadas, e falava com a boca cheia, e ficava bravo, voltava, pedia isso, aquilo, NOSSA! Por um minuto achei que estava de volta no Brasil, sentado na mesa almoçando com a minha família num domingo... déjà vu!

Eu ficava sempre na minha e sempre atento ao que conversavam, tentava escolher um assunto - dos vários simultâneos falados na mesa - para tentar me entrosar. Num dado momento citei que a minha avó sempre me chamava

- depois que eu fazia algum favor pra ela - e me dizia "Sei un bravo toseto" e eles ficaram maravilhados, principalmente os mais velhos na mesa, pois isso que minha avó sempre me dizia era um ditado, dialeto, típico do norte da Itália, de onde ela era, da região de Vêneto. Só os mais velhos na mesa entenderam isso, reconheceram e ficaram super encantados comigo e a partir daí eu ganhei ainda mais a simpatia deles, e eles a minha.

Depois do almoço veio o cafezinho - ma che... altro? - e a coisa se estendeu para o andar de cima, onde Roberto mostrou seus dotes musicais e comandou a cantoria ítalo-veronesa que se estendeu por mais de 2 horas, teve até palinha de música brasileira! Eu, claro, fui no embalo, não entendia muito o que cantavam, mas tentava ao máximo ir junto com eles, e enquanto batucava um tamborzinho, eu ia filmando e registrando tudo. Eu era um estranho no ninho, um estranho que rapidamente se sentiu muito bem-vindo e acolhido por todos.

Novamente pela noite eles saíram para beber e eu fui no embalo. Linda noite em Verona, um frio gostoso e bastante vida pelas ruas. Primeiro fomos num pequeno restaurante comer algo, depois seguimos andando passando pelo anfiteatro romano, estava tendo algum evento por lá, algum concerto de algum famoso italiano, cheio dos famosos passando pelo tapete vermelho, eu que nada entendia, só observava. Continuamos andando, cruzamos a ponte Garibaldi e fomos lá no alto da cidade de onde se tem uma linda vista de cima de Verona, suas luzes amareladas de uma cidade cheia de histórias, amores e desamores... e por ali ficamos até cansar. Cada vez mais sair com eles em Verona, e a forma como eles curtiam a vida pela cidade, me traziam memórias de meus tempos na minha cidade natal com amigos, tirando a paisagem e a arquitetura, fazíamos as mesmas coisas, só faltou churrasco na calçada!

Já no sábado levantei sem pressa, conversei um pouco com o pessoal na cozinha e logo subimos até a casa da Giulia para almoçar, pela tarde eles (a Giulia e os amigos) seguiriam para Bolonha e eu tinha como plano seguir o meu rumo, como era o combinado. Mas a Giulia caridosamente me ofereceu para ficar por lá por mais um dia (se eu quisesse, claro), e óbvio que aceitei! Querendo ou não eu estava economizando muito nesses dias com eles, e isso sem dúvida nenhuma me ajudaria mais pra frente, e ao mesmo tempo me sentia bem, pois se ela me ofereceu pra ficar mais um dia por lá, mesmo ela não estando presente, era sinal que confiavam em mim.

Me despedi do pessoal e da Giulia, aliás, eles se despediram de mim, pois eles estavam indo e eu ficando... estranho, parecia que eu era o anfitrião e eles, meus hóspedes. Confesso que foi bom ter esse resto de dia sozinho, meu cérebro queimava! Eu vinha de um ritmo bem diferente do deles e acompanhá-los toda hora, falando em italiano o dia inteiro e perdido no meio me esforçando pra entender e queimando os neurônios, algumas vezes me cansava, era um belo esforço para quem vinha de 9000km pedalados e teria mais pela frente.

"I tosati 🖤 **come** noantri no ghen'è altri!"

Pela tarde escrevi um pouco e tentei dormir, mas como sempre não conseguia, ficava rolando na cama, relembrando o passado e imaginando o futuro... Sério, por mais que eu me esforçasse para não ficar criando minhocas na cabeça sobre o restante da viagem, ainda assim era difícil!

Horas depois, Rafaella e Aurélio apareceram por lá pra me convidarem para a cena (janta), e eu claro não poderia fazer desfeita, e lá fui. E não é que foi ótimo, de novo! Quando cheguei o Nino estava vendo TV, aliás, tinha TV pela casa inteira! Ele estava testando um equipamento novo que havia comprado que convertia o sinal e ele conseguia controlar a TV pelo celular. Estava ouvindo rádio online pela TV e ia me mostrando e me explicando tudo, super animado e atencioso. Eu entendia 70% do que ele falava, só na hora de responder em italiano que eu me enrolava um pouco, mas funcionava, e foi indo, ambos super animados. Me falava que podia ouvir rádio do mundo inteiro e colocou num canal de músicas brasileiras - Bossajazz - e ficou mara- vilhado com a rádio e adicionou nos favoritos dele e deixou a música rolando. E as mulheres, Cláudia e Rafaella, gritavam da cozinha chamando para ir jantar. Eu cheguei a pensar que sem a Giulia por lá o ambiente poderia ser meio chato, mas foi super o contrário, o dia fluiu fantasticamente bem, até aquele receio de arriscar o italiano já havia desaparecido e eu ia arriscando cada vez mais. Aurélio, não o tio, mas o irmão da Giulia, estava conosco na mesa, ele é professor de filosofia e super gente boa, também se mostrava super encantado com minha aventura e me falava sobre a sua recente via- gem com um Fiesta anos 80 pela ilha de Sardegna. Eles queriam saber mais da cidade de onde eu era no Brasil, mostrei um vídeo de Itapira pra eles, aí emendamos com vídeos sobre a imigração italiana no Brasil, mostrei meu mapa do percurso já feito de bicicleta, enfim, foi um fim de dia tranquilo e prazeroso. Definitivamente uns amores de pessoas! Fui tratado como um membro da família e esse tipo de gratidão levarei comigo para sempre!

domingo,
09 de Outubro de 2016
Verona → Lago di Garda

Mais uma manhã hiper tranquila de uma noite bem dormida. Tomei um café, arrumei as minhas coisas, falei com o Bruno, trocamos umas últimas mensagens antes dele embarcar para Milão e fui ao apartamento da Rafaella.

Ela - com toda a paciência do mundo - me mostrou e falou do apartamento e da história da família. Depois da conversa subimos até o apartamento do Nino e da Cláudia para o meu último almoço junto com eles. Mas antes de comermos o Nino me pegou e me levou até a garagem dele no prédio para me mostrar toda a parafernalha que ele tinha lá, 3 suportes de carro para bicicletas, não basta um, tinha que ter 3! Ficamos uns 40 minutos lá embaixo, com ele me explicando detalhe por detalhe dos suportes. Me lembrava muito o meu pai quando começava a falar das coisas de sítio que ele gosta.

Subimos de volta e almoçamos. Mais um ótimo almoço, ótima comida, mais um monte de perguntas sobre a minha pessoa, a minha vida, a viagem, pra onde iria, o que iria fazer quando a viagem acabasse... Eu ia tentando responder pacientemente e gostava do momento de "fama" com eles. Pra variar eles me entupiram de comida novamente - parecia minha mãe que sempre preparava tudo com amor e em boa quantia, pois sabia dos 3 filhos em "crescimento" que tinha - separavam do melhor para me dar e me ofereciam ajuda para tudo. Não tenho realmente palavras para descrever o que fizeram por mim e como me aceitaram e me receberam tão bem, sério, que sensação de não querer partir eu tinha naquele momento, foi difícil, mais uma vez...

Depois de almoçarmos - e tomarmos um super café - era hora de partir, dessa vez em definitivo, sem saber quando seria a próxima vez que voltaríamos a nos ver. Dei um super abraço apertado e muitos beijos em Cláudia e na Rafaella, sem elas, e Nino, essa passagem por Verona não seria a mesma.

Agradeci-os da forma que pude, com o italiano que tinha e parti, com um peso e sentimento bom enormes no peito. Mas o dia ainda não havia acabado, o Nino estava tão estusiasmado comigo que me propôs uma carona até o camping que eu passaria a noite no Lago di Garda, e assim foi. Desci todas minhas coisas e a Nhanderecó, ele instalou o porta-bicicletas na traseira do carro dele (todo feliz) coloquei a bicicleta lá, ele tirou fotos e seguimos pela estrada afora. O Nino estava muito feliz, era visível isso nos olhos dele. E conforme dirigia ia me falando das músicas que tocava no rádio do carro, fazia referências às músicas brasileiras e ia me mostrando e explicando sobre os lugares que íamos passando, todo o percurso de Verona até Peschiera, igualzinho meu pai sempre fazia comigo lá em Itapira, passeando pelos sítios e redondezas da cidade. Antes dele me deixar no camping paramos em Colà, que fica a uns 8km do Lago di Garda, o Nino tinha uma casa de campo lá, e ele me mostrava orgulhosamente tudo, toda a casa, que não era grande, mas era super simpática. Me mostrou a redondeza, as plantações de uva e até a garagem e as inúmeras coisas que lá tinha, mas muita coisa estocada na garagem, desde as bicicletas dos filhos de quando eram crianças até ferramentas de carro, bicicleta, de tudo mesmo! Como gostava de juntar coisas esse Nino! Depois ele me ofereceu um café e eu tive uma tremenda dor de barriga, destruí o banheiro e seguimos rumo ao camping.

Paramos no Lago di Garda, lá ele me mostrou e falou bastante do local, sempre muito entusiasmado, parecia que ele estava prolongando a despedida, parecia não querer que eu fosse...

Chegamos no camping e mais uma vez ele fez questão de ir comigo até o fim, me ajudou a descer tudo e a montar minha barraca. Conversamos mais um pouco e era hora de dizer tchau, realmente parecia não haver como prolongar mais, e assim foi... foi difícil, os olhos ficaram pesados, de ambos os lados, meu e dele.

Foi um abraço longo e apertado... e quando já partia em direção à saída do camping ele deu ré no carro e voltou para uma última foto minha com a minha bicicleta, acenou pela última vez e se foi.

> "Aurélio, Giulia, Rafaella, Claúdia i Nino... non ci sono parole per esprimere la mia gratitudine per quanto mi hanno aiutato. Grazie per tutto! Per avermi trattato come um membro della famiglia, tutto questo aiuto sarà molto importante per continuarei il mio viaggio! Del fondo del mio cuore. Grazie." **Mensagem que deixei escrito em italiano para eles.**

Pela noite me peguei novamente pensando na vida. Pensava muito, em tudo e todos que havia passado até então, tudo que larguei, deixei para trás, pessoas e coisas. Tudo que ganhei, que perdi... Afinal já eram 5 meses de estrada, 5 meses que - te juro por tudo que é mais sagrado nesse mundo e em outros mundos - pareciam 5 anos de tanta coisa que aconteceu, de incontáveis cidades e vilarejos que passei, momentos de solitude e companheirismo que tive, problemas resolvidos e novos criados...

O que seria eu se não tivesse tomado tamanha atitude?

O que seria eu se não tivesse tomado tamanha decisão?

O que foi e o que será?

Na minha humilde opnião só há - e sempre só haverá - uma única forma de saber...

> "Disse um dia Hilel, o ancião:
> - Se eu não for por mim, quem o será? Mas se eu for só por mim, que serei eu? Se não agora, quando?" **A Ética do Sinai.**

**segunda-feira,
10 de Outubro de 2016
Lago di Garda**

Levantei bem cedo, 6 horas da matina e muito frio! Ô preguiça da porra que eu tava... Peguei a Nhanderecó e segui até a estação de trem, depois trem até Milão e me encontrar com o Bruno no aeroporto de Linate.

E pontualmente lá estava eu, prendi a bicicleta no estacionamento do aeroporto - que é pequeno - e segui pra dentro do saguão. Minutos depois lá vinha o Bruno carregando em mãos a sua bicicleta desmontada e toda mal embalada com papelão, parecia um mendigo carregando a sua tralha.

Nos cumprimentamos e seguimos pro lado de fora para montar a bicicleta, nessa já tivemos o primeiro contratempo - de vários - da viagem com a bicicleta dele, o eixo do suporte de bagageiro quebrou quando ele pressionou pra fechar, fica tentando economizar comprando coisa porcaria dá nisso mesmo. Arrumamos do jeito que deu - gambiarra das boas - e seguimos para a estação de trem em direção ao camping onde eu estava e tinha deixado as minhas coisas. Claro que nesse meio tempo já fui dando sermão nele...

- Se tivesse ido na "oficina do Zé" e pedido pra soldar uma garupa de ferro pra tu seria muito melhor e mais barato que essa garupa lixo que tu comprou! - Falava pra ele rindo.

Depois de 30 minutos de atraso o trem apareceu, subimos com as bicicletas do jeito que dava - no meio entre vagões - e depois de mais 2 horas em pé no trem hiperlotado, cheirando o suvaco da galera - UFF! tava braba a coisa - chegamos em Peschiera, a pequena e quase abandonada estação ficava perto do camping.

Bruno fez o check-in e seguimos para o pedaço de terra dura onde a minha barraca e as coisas estavam, ele jogou as poucas coisas que tinha com ele e seguimos para um supermercado mais próximo para comprar comida.

No camping eram só nós dois de bicicleta, pois já era baixa temporada na Europa com o inverno batendo na porta e as únicas outras pessoas que víamos pelo camping estavam com seus superpotentes camper vans e se alojando nas casinhas que tinham por lá.

Retornamos ao parque campístico - único aberto na região - comemos pão com mortadela que compramos e fomos descansar cedo para oficialmente no próximo dia começarmos o pedal. O Bruno parecia um corpo em estado vegetativo, falou que não tinha dormido nada na viagem, percebi mesmo, o guri apagou em segundos na barraca.

3

OS PEDALEIROS
DO ZODÍACO

ITÁLIA

8159 KM

Oggi, 11 ottobre 2016,
Comincia il terzo capitolo del super viaggio di Lucas!

Siamo a Verona a bere un caffè! È appena arrivato
Bruno dal Brasile e tutti assieme stiamo facendo
un giro per la città!
Caro Lucas, questi giorni insieme sono stati super,
sei entrato nei cuori di tutti i miei familiari e amici!
Sono contenta di averti incontrato di nuovo e aver
capito ancora meglio che fantastica persona sei.
Ho scoperto un amico e una persona capace di
farmi stare davvero a mio agio! Spero tu sia stato
bene e spero di aver fatto abbastanza per farti sen-
tire a casa!

Ti voglio bene! Have a safe and lovely trip, Giulia.
(Mensagem escrita por Giulia no meu caderno)

terça-feira,
11 de Outubro de 2016
Lago di Garda → Vicenza

Levantamos cedo, comemos, organizamos tudo meio rápido, pois a ideia era partir o mais cedo possível, mas acabamos saindo por volta das 9h30, o que pra mim já era tarde. Pedalamos os primeiros 30km até Verona, já com o Bruno reclamando de dores, o que eu já imaginava que viria a acontecer no começo do pedal com ele. A ideia era passarmos rápido por Verona, só para o Bruno conhecer um pouco a cidade e pra entregar uns bombons que pedi pra ele trazer do Brasil pra eu dar de presente para a família da Giulia. Nos encontramos com ela na frente do anfiteatro romano, o Bruno deixou cair o celular dele no chão, sim, nem 2 horas de pedal e já tinha quebrado algo, normal. Primeiro o eixo, agora o celular...

Apresentei o Bruno à Giulia, conversamos um pouco e fomos mostrar a redondeza pra ele, pois para o Bruno a partir de hoje tudo seria novidade, na verdade pra mim também, pois eu nunca havia estado nesse lado "leste" da Europa. E o que era pra ser rápido se estendeu um pouco mais. Passamos na casa da Giulietta, apertamos as tetas da estátua para dar sorte e trazer uns "encôxo" europeu pro resto da viagem - só trouxe azar - depois seguimos na calma e paramos para um café, e lá sentados a Giulia carinhosamente escreveu no meu caderno uma bonita mensagem em italiano (a mesma que vocês podem ver no começo do capítulo), trocamos mais algumas palavras e nos despedimos.

Agora, oficialmente, estrada! Seguimos sentido a Vicenza com caminho tranquilo, mas já com um frio bem considerável. No meio do caminho paramos para comprar comida pra janta e café da manhã, depois continuamos. Tinha visto no mapa que não havia campings pela redondeza, a tarde já tinha ido e a noite dizia "Oi", portanto era hora de decidir onde pernoitar. A opção foi mesmo o selvagem, não dava pra fica rodando esperando encontrar um camping. Viramos sentido contrário ao da cidade, sentido a uma área verde que eu vi no mapa, na esperança de encontrar uma pequena floresta ou algo do tipo. E fomos seguindo contornando a mata, um pouco antes paramos num cemitério que tinha no caminho pra encher os cantis na torneira (água de defunto), depois continuamos, até que avistei uma entrada mais à frente que seguia montanha acima, parecia uma trilha e resolvemos ir checar. E foi ali mesmo! Pegamos um local mais descampado, limpamos bem e montei a barraca bem rapidamente para dar tempo de prepararmos a janta antes do sol se pôr. Tutto a posto e fomos comer um pão com qualquer coisa.

Isso tudo já era por volta das 19h30 e já estava noite! Bora cair pra dentro e tentar dormir um pouco. Talvez esse tenha sido o dia em que mais cedo fui dormir até então.

Estava muito frio! Pé gelado e encolhido no saco de dormir pra ver se esquentava um pouco.

quarta-feira,
12 de Outubro de 2016
Vicenza → Veneza

Muito frio! Certeza absoluta que chegou em temperatura negativa durante a madrugada anterior. Quando acordamos, por volta das 7 da manhã, o GPS da bicicleta indicava 1°C, parecia que o corpo tinha ficado numa posição só a noite inteira e quando acordei levou um tempinho para sentir os membros voltando ao funcionamento normal. Quase nem troquei a roupa que estava, dormi com minha roupa de frio pra pedalar, "warm-legs", blusa de frio, toca e com ela fiquei até esquentar novamente.

Durante a noite ouvimos alguns passos e barulho de folhas secas sendo pisadas no lado de fora, lembro de dar umas cotoveladas no Bruno e pedir - de forma irônica - pra ele ir lá ver... Claro que ele não foi e muito menos eu! Mas não durou muito, certeza que era algum animal silvestre, deve ter sentido o cheiro de comida e passado por lá para dar uma averiguada, ainda bem que suspendemos o saquinho com o resto de comida no alto de um galho de árvore, depois foi só pegar e deixar na primeira lixeira que vimos.

Enquanto eu preparava o fogareiro e o cafezinho, o Bruno desmontava a barraca toda molhada do sereno da noite anterior, e enquanto a água esquentava eu ajudava ele e montava tudo nas bicicletas. Com tudo já pronto pra partir, e tremendo que nem gato no banho, tomamos nosso cafezinho matinal, comemos umas bisnaguinhas que lotamos de Nutella pra dar aquela calibrada calórica pré-diabética e caímos na estrada.

Primeira parada, Padova! Finalmente eu estava entrando na região de onde meus antepassados de lado paterno eram, mas a passagem por lá não foi tão romântica como imaginei. O pedal até Padova foi tranquilo e bom pra aquecer as gambe, em pouco tempo já estávamos na cidade e fomos de mancinho pedalando e nos perdendo pela região central. Meu plano era tentar conhecer melhor a cidade, fazer um miniturismo, sem perder muito tempo. Passamos por um mercado de rua - Piazza dei Signori - descemos da bicicleta e fomos calmamente empurrando e aproveitando a caminhada.

Tinham muitos jovens pela rua, todos amontoados na praça perto das inúmeras barracas do mercado de rua, alguns monumentos e um relógio icônico bem bonito, com símbolos do zodíaco, na torre de uma anagrafe.

Fomos seguindo, dobramos à direita e vimos uma focacceria, um cheiro fenomenal saía do local, olhamos um pro outro e foi ali mesmo que tiramos a barriga da miséria. Focaccia deliciosa, devorei a primeira e já emendei uma segunda. Não sei se era a fome, mas o salgado estava delicioso!

Num outro ponto, pouco a frente de onde estávamos, tinha o mercadão oficial da cidade, o Bruno avistou uma loja de celulares e decidiu ir lá para averiguar algum com bom preço, já que o dele - novo! - estava quebrado. E depois de muito conversar com a bella ragazza da loja, ele comprou um novo celular, quer dizer, velho celular, um celular usado e barato. De lá fomos seguindo pelas ruas bem estreitas da região até a Basílica de Santo Antônio de Padova, bem bonita. Ali fizemos um revezamento para conhecer o interior da basílica, eu fiquei com as bicicletas e o Bruno foi primeiro para um passeio, depois fui eu. Nada muito longo.

Coloquei a minha câmera posicionada para tirar foto automática de nós dois e corri de volta para as bicicletas para a pose, eis que nisso passou uma família bem na frente na hora do "clic" da máquina, aí reclamei em alto e claro português:

- Mas que merda, será que não veem a câmera ali e passam na frente?

Eu bobão achando que falando em português ninguém entenderia, só que as pessoas que passavam ali naquele momento eram - claro, sempre! - brasileiras! Cara no chão e pedido de desculpas - sem muita culpa - para eles. E lá estava eu, passando vergonha na frente da igreja. Depois fui eu pra dentro da basílica, caminhava e ia reparando nos detalhes do lugar, de repente me peguei a imaginar como seria aquele local na época dos meus antepassados, pensando se o solo que naquele momento eu pisava um dia fora pisado por eles também, e me entusiasmava com essa ideia e as chances eram sim altíssimas! Mais altas ainda em Brugine, um vilarejo que fica a minutos de Padova, onde meus bisavós nasceram e viveram entre lá e Padova, até a coisa apertar e eles migrarem para o Brasil, descascando batatas no porão de um navio que zarpou de Gênova, cruzou o Atlântico em direção à América e depois de quase 40 dias aportou no porto de Santos, tudo isso em busca de uma vida melhor. E vejam só, a linhagem da família sobreviveu e aqui estou pra continuar a história. Era emocionante e mágico imaginar que por ali, há 100 anos atrás, naquele mesmo solo, hoje asfaltado e cheio de sinalizações, onde eu e a Nhanderecó naquele dia passamos, já passara sangue do meu sangue, gente da minha gente... O que será que acontecia ali naquela época? Como era? Como eles eram?

Confesso honestamente não acreditar em espíritos ou coisas do tipo, mas será que eles me vêm "lá de cima" ou de onde quer que estejam? Será que um dia eles imaginariam que um de seus descendentes voltaria pra lá? DE BICICLETA??? CARALHO! DE BICICLETA?? Enfim, coisas que passam pela cabeça e logo espairam no ar.

Confesso que eu me sentia mais orgulhoso do feito (deles e meu), da façanha alcançada, do que emocionado. Era felicidade o nome daquilo, coisa que de vez em quando teima em aparecer.

Mas era hora de ir seguir em frente, pois a noite já estava logo ali e o frio vinha junto. Prometi a mim mesmo retornar lá em uma outra oportunidade, com mais calma, e desfrutar melhor da história do lugar. E assim foi, tínhamos que seguir. No caminho até Piove di Sacco paramos num pequeno mercado para comermos algo, sentamos do lado de fora e devoramos um pão com qualquer coisa no meio e seguimos. Já em Piove di Sacco, vilarejo vizinho a Brugine, tentei achar algo que remetia à cidade, um brasão ou qualquer coisa para comprar como lembrança, mas o local era tão pequeno, simples e sem turismo nenhum que o máximo que encontrei foi um santinho com orações que peguei de dentro de uma igreja e um poster sobre algo aleatório que tirei da parede de uma biblioteca e que tem o brasão da comune impresso. Fiz algumas fotos e partimos. O Bruno começava com sua reclamação diária de dores e a noite já ia dando as caras, e nosso destino final planejado era Veneza Mestre, tinha uns campings ali na redondeza e decidimos apertar o passo e tentar chegar lá. Como já estava noite, tive que sacar a lanterna da bicicleta pra seguir, pegamos uma via horrível hipermovimentada e perigosa, sentia tanto o perigo da estrada que encontramos nessa insegurança a energia necessária para apertar o passo mais ainda e chegar o quanto antes numa região mais segura. Nos perdemos pra encontrar o lugar certo onde entrar, até o GPS da bicicleta se confundia, pois não nos permitia pedalar naquela estrada, mas depois do estresse conseguimos achar a entrada certa e saímos do pior.

Fomos seguindo em direção ao camping, chegamos às 19h30, parece cedo mas já estava noite desde às 19h. Era a mesma rede de campings que fiquei em Roma e resolvemos ficar no mesmo esquema que fiquei lá, ao invés de acampar, pegar um bungalow para 3 pessoas, ótimo camping e muito bom preço. Já mais aliviados, e sem pressa, fomos nos ajeitando no apertado bungalow. Um mexicano chamado Carlos chegou para dividir o mínusculo quarto conosco, e aqui se iniciaria a formação do trio cachaceiro que duraria apenas um dia, mas o suficiente para ficar na memória pra sempre.

Durante a noite, para dormir, tacamos as bicicletas pra dentro do jeito que dava, sem espaço elas ficavam do lado da cama. Nhanderecó praticamente dormiu comigo na cama e a primeira noite foi bem tranquila. Já os dois próximos dias, bem, continue lendo que saberás...

quinta e sexta-feira,
13 - 14 de Outubro de 2016
Veneza

Dia bem nublado. Pela manhã eu, mais Bruno, seguimos até a uma Decathlon que havia perto do camping, do outro lado da rodovia, para comprar

umas coisas e nos prepararmos melhor para o frio. Depois por volta das 12h pegamos uma van que levava o pessoal do camping para a parte central e turística de Veneza, Carlos foi conosco e saíram os 3 sem rumo.

A van nos deixou na estação onde pegamos um aerotrem que nos levou direto até dentro de Veneza, que, como todos sabem, é tipo uma ilha cercada de canais, mas não é um passeio longo, minutinhos depois já está no miolo turístico. E logo que pisamos naquele solo surrado já saímos em busca de um mercadinho, compramos umas cervejas em lata, um vinho e uns amendoins - sim, brasileiros fazendo brasileiragem, goste você ou não - e foi dada a largada, só lembrando que antes de sairmos do camping tomamos dois goles de cachaça cada um, cachaça que o Bruno trouxe do Brasil e que levamos conosco na bicicleta no lugar de cantil de água, então ao invés de água bebam cachaça!

Sentamos numa pracinha bonitinha e calminha para beber e comer, e em segundos um milhão de pombos - Columba livia, conhecida pelos nomes comuns de pombo-comum, pombo-doméstico ou pombo-das-rochas, é uma espécie de ave da família Columbidae. Distribuição geográfica: TODO O PLANETA TERRA! E quiçá, outras galáxias! - nos rodeou instantaneamente, fui sair correndo atrás desses malditos pra assustá-los e meu celular (que estava no bolso da camisa) caiu no chão, o bichinho já era velho e acabado, com esse tombo terminou de terminar, não funcionou mais, teclado dando problema, nada respondia e como eu já estava com nível de álcool acima do permitido, fui lá e taquei o celular no chão, terminando de quebrar e acabando com qualquer tipo de sofrimento a posteriori, meu e do celular.

E continuamos o passeio, seguimos andando e nos perdendo naquele labirinto chamado Veneza, e lógico, paramos para comprar mais cervejas. Bem, sobre Veneza todos já sabem como que é, ou pessoalmente ou virtualmente, dessa vez não vou perder tempo explicando. O que interessa é que continuamos bebendo e depois de várias tentativas rodando - e nos perdendo naquele labirinto - encontramos a tal praça de São Marco, toda rica e imponente, linda e gloriosa! O clima lá em cima virou de vez, começou uma chuvinha chata e um frio mais chato ainda, e mais pombos e mais vinho! Estávamos em Veneza, tinha que tomar um vinho no gargalo em frente a praça de São Marco, tenho certeza que até Marco Polo já fez isso! Voltava da Ásia, trazia um saquê e matava no gargalo na frente da Basílica pra comemorar, quem nunca?

Mas entrar mesmo não entramos em lugar algum, só num pub irlandês - lógico - que havíamos visto pelo caminho e que decidimos passar mais tarde, só que quem disse que acharíamos o pub novamente? Eram umas vielinhas que muitas vezes só passavam uma pessoa num só sentido e a caceta do pub era numa dessas vielas. E depois de rodar que nem barata tonta achamos o Devil´s Forest! Só fomos pra fazer graça mesmo, porque tomar ninguém tomou nada, uma pint de Guinness cada um e só, muito caro! A cerveja de lata e o vinho do mercado eram mais baratos.

Já estava ficando tarde e frio e era a deixa pra retornarmos ao camping e mais uma vez perdidos para tentar achar a saída... Sério, em sã consciência por lá tu já se perde, imagine bêbado!?

Saímos - UFA! - e seguimos até a piazzale Roma e paramos numa tabacccheria para comprar o bilhete de ônibus. Curioso que sem querer querendo encontramos no ônibus o mesmo pessoal que estava conosco (do camping) da ida, só que nós 3 estávamos bêbados, eles não. Já de volta ao campeggio, no caminho até o nosso apertado - e sujinho - bungalow, minhas anteninhas de vinil começaram a captar sinais de fêmeas num raio de alguns metros, e batata! Avistamos 3 belle ragazzi (3+3 se fizer certinho todo mundo transa) num outro bungalow quase vizinho e paramos para bater um papo rápido com elas. Eram neozelandesas, nem deram muita bola, mas conseguimos uma informação muito importante de que haveria uma festa no restaurante do camping nesta noite, hum... interessante.

Friozinho e chuvinha e seguimos para o nosso cafofo para tomar um banho, comer algo e nos prepararmos pra night que o bagulho ia ser louco. Preparei um gnocchi pra galera no meu fogareiro cicloturístico, uma verdadeira mistureba dos infernos, o nome do prato é "Gnocchi Mendigão", segue a receita:

¹ Pegue um amontoado de gnocchi - semipronto e marca mais barata possível - com a mão e taca numa panela com água fervendo, antes coloque seu dedo na água pra ver se já ferveu, se queimar teu dedo é porque está bom;

² Espere até cozinhar bem o gnocchi;

³ Depois pegue tudo o que tu tem de comer no alforje - serve remédio também - jogue a água da panela fora, espera um pouco, taque tudo dentro da panela, misture bem e mande guéla abaixo! Não tem erro.

Bebemos mais uma cachacinha amarelinha mineirinha e zarpamos pra festa. E bebemos cara, bebemos muito! Puta que paréu!

Começa sempre meio de leve com cerveja, depois vai migrando, até chegar na batida de melão - senhor pai todo poderoso - isso mesmo, não leu errado, melão! Tava rolando tipo uma festa à fantasia e óbvio que não tínhamos fantasia nenhuma, entramos de gaiato no rolê e a bebida principal parecia ser batidas servidas num baldinho colorido, batidas de diversos sabores misturados com alguma vodca barata, merda na certa, claro! Estômago foi virando uma mistureba só, sem contar que já estávamos bebendo desde cedo.

E não contente com as tais batidas no balde colorido, pedi pro Carlos ir até o quarto nosso e pegar mais cachaça para nós outros. E o menino foi, mas não voltou! Passados uns 30 minutos fiquei encasquetado e fui averiguar, abro a porta e o garoto estava estendido na cama com a garrafa de cachaça no colo! Dormindo! Ou seja, ele foi, pegou a garrafa e apagou! Que loucura! Acordei-o no grito - AOW! CARAIO! - e retornamos à festa.

A coisa foi indo, o Bruno pagou uma dose de alguma coisa que eu não me lembro, só lembro de pegar a dose que ele nos deu e jogar tudo no baldinho colorido de bebidas indefinidas, o guri ficou louco de raiva, segundo ele, pois eu ainda não me lembro, juro. A última coisa que me lembro da festa é de eu rodando pelo lugar procurando por baldinhos com restos de bebidas indefinidas para beber, sim, já percebestes o estado da pessoa aqui, certo? Ah, lembro do Carlos ficar nos perguntando pra escolher alguém, aí ele ia lá e buscava essa pessoa, mas só trazia "disgracêra" - claro, quem que ia ficar aceitando convite de um mexicano bêbado? - e também lembro de ter falado com alguma canadense... canadense? Só isso, não lembro mais nada!

Moral da bagunça, acordei com o banheiro todo rebosteado no dia

seguinte, sem fazer a mínima ideia de como, porque e quando retornei ao quarto, sem fazer a mínima ideia onde eu estava e com quem estava, sem fazer a mínima ideia que Marco Polo poderia estar vendo, sem fazer a mínima ideia que o lugar que nasci ficava a mais de 12.000km dali, e achando que as marretadas internas na minha cabeça eram ninfas venezianas virgens deferindo cantos harmônicos de dor e dúvidas em mim. Aos poucos fui me reconhecendo e percebi que não era um sonho... olhei pro lado, vi máscaras venezianas e logo pensei: - Seria eu um personagem da "Commedia Dell'Arte" perdido em meados do século XVI em Veneza?

Em seguida apareceram o Bruno e o Carlos com cara de maracujá passado e percebi que não, eu estava mesmo era com ressaca e sem saber o que tinha acontecido, ainda... Segundo Bruno, eu fiquei mucho-loco na festa, num certo momento falei pra irmos embora e no meio do caminho rumo ao bungalow eu travei e ele precisou me carregar até lá.

O filho de uma boa mãe me deixou largado no quarto e voltou pra farra (tem que curtir as "balada internacional" né), eu não lembrava de nada disso, mas, se ele disse que foi assim, foi assim. E a festa era referente ao carnaval de Veneza, por isso as máscaras apareceram no quarto, certeza que pegamos de alguém da festa.

Pela manhã, isso já na sexta-feira, dia 14, o Bruno havia limpado toda bagunça do quarto, Carlos se despediu e seguiu o rumo dele, eu tomei um super banho e a ressaca foi até à noite. E o dia foi praticamente me curar da ressaca, lavar roupa, descansar e me preparar para o dia seguinte, o famoso dia técnico. Pagamos mais um dia de camping e ficamos por lá, ainda bem, porque a chuva que tinha começado fraca em Veneza na quinta-feira se estendeu e virou uma tempestade na sexta-feira, choveu forte o dia inteiro e se estendeu até sábado de manhã.

O camping contava com uma ótima estrutura e com lavanderias novinhas, e isso salvou a nossa vida, pagamos 5 euros e lavamos e secamos todas nossas coisas para no dia seguinte continuarmos tranquilamente e com alforjes e roupas secas. E sexta-feira foi isso, pra janta fomos ao restaurante do camping comer uma pizza, eu já me sentia bem melhor e o Bruno ficava contando o que ele lembrava e chorando de rir zuando da minha cara.

Che sbornia noiosa.

sábado,
15 de Outubro de 2016
Veneza → Trieste

Sábado de manhã, eu já um pouco melhor, mas ainda com estômago ruim, seguimos pedalando até a estação de trem de Veneza e lá pegamos um trem até Trieste. Essa foi a melhor solução que encontramos, pois a ideia inicial era já estarmos em Trieste no sábado, mas com o dia anterior do jeito que foi, estava impossível de pedalar e para não sairmos do planejado decidimos então pegar o trem. Viagem com paisagens lindas e bem tranquila, vagão quase vazio e ali enquanto o trem fazia o trabalho dele, nós fazíamos o nosso, estudávamos o mapa. Descemos do trem, comemos um kebab no primeiro boteco que vimos e depois seguimos em direção ao camping que avistamos no mapa. Logo percebemos que parte central e turística da cidade fica num lugar plano rodeado de montanhas, era subida e descida, subida e descida! E, meus amigos, que subida! Puta merda, pra quê colocar um acampamento lá no céu? Era quase lá na Eslovênia já!

A subida era íngrime, tinha que empurrar a bicicleta, igual subir uma pedra maior que você morro acima, parecia Sísifo rolando sua pedra morro acima, mas pra nossa felicidade a pedra não rolou de volta morro abaixo, mas como Sísifo eu estava vivendo minha vida ao máximo, e põe máximo nisso. Suava que nem porco.

Enfim chegamos ao tal acampamento, meio que isolado no meio do mato e ainda bem que estava aberto e funcionando, pois nesse período do ano era sempre um tiro no escuro tentar encontrar um acampamento aberto.

As viagens de Luca Polo.

""

Parafraseando Marco Polo:
- Eu não contei nem metade do
que vi, porque sabia que não
acreditariam em mim.

Tomamos um cafezinho esperando a senhora abrir o escritório para pagarmos e aproveitamos a mesma simpática senhora para perguntar uma melhor forma de ir até ao centro sem as bicicletas, nem a pau que pedalaríamos naqueles morros. Ela nos recomendou o ônibus, nos vendeu dois bilhetes que ela tinha e mostrou no mapa onde pegá-lo. Ajeitamos a barraca, colocamos tudo pra dentro, tomei um banho e fomos. O gás para meu fogareiro tinha acabado, então a missão principal do dia era achar um novo para comprar, pois não sabíamos se seria possível comprar aquele gás específico para o meu fogareiro nos países adiante. A viagem de ida foi tranquila e achamos o gás aos 47 minutos do segundo tempo com a loja quase fechando. O mais importante feito aproveitamos o restante do dia para turistar pelo centro e seguimos andando e descendo até o porto de Trieste e a fontana dei quatro continenti, foi uma caminhada boa, mas valeu muito a pena, lugar lindo! Durante o percurso eu avistei uma loja de celular e resolvi dar uma olhada pra ver se encontrava algo barato, já que o meu havia falecido em Veneza. Comprei um chineizinho - novo - por 99 euros e saí quase feliz da loja, o celular durou um ano em minhas mãos.

O dia estava frio, mas lindo, muito lindo! Com aquele céu vermelho-roxo que fez o pôr do sol ser mais bonito do que já é, e vimos ali do porto de Trieste, onde enormes navios transatlânticos estavam atracados.

Na piazza central estava tendo um evento de carros antigos da Alfa Romeo, passamos por lá, sacamos algumas fotografias e por volta das 19h resolvemos pegar o rumo da roça de volta ao camping. Passamos num mercado antes para comprar comida pra janta e pro dia seguinte e fomos para o ponto de ônibus. Estava tudo bonitinho e tranquilo, até lembrar que não tínhamos o tal bilhete pra andar de ônibus, tinha que ser adquirido numa tabaccheria, e volta andar à procura da tal tabaccheria. E nada, os tabacchi estavam todos fechados já. Continuamos na procura, eis que vejo uma máquina velha perto do ponto, era a máquina para a compra dos ditos bilhetes, tentei comprar e não funcionou, o bilhete não saiu, mas minha moeda de 2 euros lá dentro ficara! Dei um tapa na máquina e ela cuspiu a moeda. Segui para a próxima máquina para tentar comprar e a mesma coisa, nada de bilhete e moeda engolida, só que dessa vez a máquina não queria me devolver a moeda, dava tapa e nada, dei até uma bicuda na lateral da mesma e nada! Sangue subiu! Me roubaram 2 euros! Coglioni!

Quarenta segundos depois da cena achamos um tabacchi aberto e compramos o bilhete, esperamos uns 25 minutos até o ônibus chegar e retornamos ao camping. Era para estarmos de volta mais ou menos às 19h30, só conseguimos chegar às 21 horas! No camping eu dei uma estresseadinha com o Bruno também, já aproveitei e soltei os cachorros, já era hora dele começar a me ajudar no quesito programar e decidir a viagem, onde ir, ver mapas, etc. Eu estava empenhado em ver a melhor opção para seguir e cruzar a Eslovênia e ele no celular fazendo coisas que poderia estar fazendo uma outra hora, estressei um pouco, mas logo fomos jantar e passou.

8492 KM

domingo,
16 de Outubro de 2016
Trieste → Rijeka

Antes de pegar estrada novamente tirei minhas últimas dúvidas com a simpática senhora da recepção do camping sobre a melhor forma de seguir sentido à Eslovênia, ela nos indicou seguir "por cima", pela E61 sentido Sežana, e dali seria praticamente plano e morro abaixo até Rijeka, cruzando a Eslovênia e fugindo de serras e do sobe e desce constante.

E fazia todo sentido mesmo, como já havia subido bastante até o camping, não seria necessário subir mais se eu seguisse as direções que ela falou, e assim foi. De onde acampamos até a borda com a Eslovênia foram só 6km e em poucos minutos após deixar o camping já estávamos em terras eslovenas, meu oitavo país nessa jornada sob duas rodas. Entramos sem problema nenhum e sem fiscalização nenhuma também. Foi um ótimo e tranquilo dia de pedal, friozinho gostoso com aquele sol que esquenta só o necessário, sem subidas, muito verde, macieras pelo caminho e sem o Bruno reclamar de dores, havia finalmente entrado no ritmo.

E a Eslovênia foi breve e linda! Pedalamos cerca de 70km pelo país, por caminhos mais alternativos cruzando de Sežana até Rupa. Quando estávamos passando por Jelšane paramos para comer um pão e esticar as pernas, e o Bruno aproveitou a deixa para ir dar uma cagada in natura, deixar a marca dele, como ele mesmo dizia. Depois seguimos pedalando até a divisa com a Croácia, lá os policiais pediram o nosso passaporte, e ali foi a primeira vez, em toda a viagem, que usei o meu. Mas foi tranquilo, simples e rápido. E algumas horas após ter deixado a linda, verde, calma e pequena Eslovênia, já estávamos na Croácia. Paramos para tirar uma foto da placa de "Dobrodošli" e seguimos país adentro descendo sentido litoral.

> "Em cada esquina que eu passava um guarda me parava, pedia os meus documentos e depois sorria, examinando o três-por-quatro da fotografia e estranhando o nome do lugar de onde eu vinha. Eu sou como você. Eu sou como você. Como Você." **Fotografia 3X4, BELCHIOR.**

De Rupa seguimos até Rijeka por outro caminho mais alternativo, chegando na cidade pela parte de "cima". No começo do pedal pela Croácia as coisas não mudaram muito, mas o que havia sido calmo durante o dia inteiro pedalando, ficou complicado assim que chegamos aos arredores de Rijeka, primeiro foi o trânsito, depois foi a falta de lugar para acampar, só nos restou seguir em busca de um hostel, mas o preço estava um tanto quanto salgado. Sugeri ao Bruno para que seguíssemos a estrada até sair do caos da cidade e acampar num lugar qualquer - não era tão tarde e tínhamos tempo para isso - mas o garoto não estava muito afim da ideia do selvagem naquele dia, se dizia cansado, ai ai...

Fomos então à procura de hostels, parávamos, perguntávamos, ou não tinha vagas ou era caro demais, até que achamos um que tinha vaga e que na minha opinião era caro, mas estávamos de saco cheio e optamos por esse mesmo, tá no inferno abraça o capeta, nesse caso o mordomo da família Adams, pois o cara da recepção do local parecia o tal. O lugar não era ruim, mas ó, durante essa viagem já fiquei em melhores e mais baratos, como em Granada, na Espanha, em alta temporada! Mas enfim, vida que segue...

Não tinha onde cozinhar no hostel, pois não havia cozinha, só uma salinha de estar com micro-ondas e lugar pra esquentar água, então decidimos sair pra comer algo e de quebra já aproveitamos para conhecer a parte central e turística da cidade pela noite. Parte bem pequena, não precisamos caminhar muito para ver tudo, o lugar lembra muito as pequenas vilas da Itália, fazia sentido, pois os romanos, os venezianos, todos já haviam passados por lá.

Num dos prédios tem o monumento/relógio da torre, Gradski Toranj em croata, e não tinha muito o que se fazer, a parte saborosa da noite ficou por conta das castanhas assadas que uma pessoa estava vendendo na rua. São castanhas que eles colocam num tipo de bandeja enorme de ferro, bem quente e as castanham ficam ali esquentando até se abrirem e assim estão prontas para comer, delicia e nutritiva! Me lembrou muito o sabor de batata doce. E lá se foi mais um dia, que começou verde, calmo e com um frio gostoso, e terminou azul, agitado e com gosto de batata doce.

CROÁCIA
PARTE I

8595 KM

segunda-feira,
17 de Outubro de 2016
Rijeka → Senj

Mesma praxe matinal, só que dessa vez a caminha dormida era boa e confortável. Ajeitamos nossas coisas, pagamos o mordomo e fomos nessa. E logo nos primeiros 10 minutos de pedal já estávamos perdidos, o GPS mandava pra um lado, depois pro outro, um monte de zig-zag morro acima, praticamente tudo que descemos no dia de ontem subimos novamente. E pra evitar a rodovia principal, o GPS foi nos levando por uma estrada paralela que passava por vários vilarejos, a diferença é que pela rodovia não tinha muita subida e curvas, pelas estradas paralelas era um monte de curvas e sobe e desce, plano quase não havia.

Moral da história: nessa estrada paralela fizemos 18km em 2h20 pedalando, sim, isso mesmo, nessa vocês têm uma ideia do quanto subimos e descemos nessa manhã, muito morro! No meu auge físico e com terreno plano eu já cheguei a fazer 110km em 4 horas pedalando direto sem parar!

E foi durante esse trajeto entre pequenos vilarejos que comecei a perceber a simplicidade das casas e das pessoas e notei que tinha oficialmente entrado no que eles - os europeus - chamam de leste europeu, termo usado com uma certa ironia quando querem mostrar ou falar da parte mais simples e pobre da Europa, e ali comecei a perceber isso, mas ainda assim tinha uma certa beleza em toda aquela simplicidade, e pra mim, como brasileiro, já vi coisas muito piores.

Em uma das inúmeras subidas que passamos avistei um mercadinho e paramos para ver se tinha algo para comer. Compramos um achocolatado com nome croata (parecia achocolatado pelo menos), umas bananas e chocolate, sentamos na calçada do outro lado da rua e comemos tudo. Continuamos, e depois de cansar de tanto subir, parei para ver de novo o mapa do GPS e decidimos cruzar a autoestrada paralela à que estávamos e pegar a estrada da costa adriática, a E65, só não tínhamos certeza como seria, pois a mesma estrada hora virava A7, depois E65. Enfim, arriscamos e foi melhor, o pedal melhorou muito e rendeu mais, comparado ao zig-zag e sobe e desce montanha das ruas auxiliares, o que piorou, e muito, foi o tráfego de carros e caminhões.

Seguindo, antes de chegar no vilarejo de Crikvenica avistamos um supermercado Lidl. Essa mesma pista E65 de repente virou uma avenida que passava dentro da cidade, seguiu e virou pista novamente que juntava com a rodovia, não entendia nada e ia seguindo em frente. Paramos no Lidl para o almoço e compras pra janta. Comemos super bem e barato e pegamos a estrada novamente, pedalando pela costa com o mar lindo à direita e montanhas de pedra à esquerda. Conforme seguia pela estrada vimos muitas placas com as mais variadas informações, numa delas dizia "AutoKamp", auto? Já era a hora de começarmos a pensar onde pernoitar, vimos a placa e decidimos ir averiguar o local e perguntar se era possível acampar por lá. Na boa, que lugar estranho, não era feio, era estranho, tipo uma praça aberta onde pessoas podiam passar normalmente, tinha um descampado pra estacionar as caravanas (por isso o nome de AutoKamp), tinha um banheiro onde poderíamos tomar banho e um restaurante aleatório que ficava ao lado, era isso. Perguntei para a senhora que trabalhava no local sobre como aquilo funciona e se podíamos acampar por lá, ela disse que o "AutoKamp" era para "AutoKamp", ou seja, para veículos poluidores, mas como já estava na baixa temporada e não tinha nenhuma no local, ela permitiu-nos pernoitar por lá. Ela também estava ciente que por ser baixa temporada não acharíamos campings abertos tão facilmente e por lá ficamos.

Com uma ou duas horas de luz do sol que nos sobrava, fomos montando e nos ajeitando sem muita pressa. Tomamos nossa primeira cerveja croata, a Karlovačko, tipo a Kaiser da Croácia, brincamos com uns filhotes de gato que estavam perdidos pela redondeza, uns sete, oito gatinhos e depois mais tarde fomos comer algo no restaurante ao lado e aproveitei para escrever e passar a limpo uma semana de viagem que não tinha escrito ainda.

Foi estranho na hora de dormir, escovei meus dentes e no caminho pra barraca eu via pessoas passando pela passarela ao lado e barulho de carro no alto que passavam pela rua, parecia que eu havia armado a barraca numa praça no meio da cidade e por lá ficado, parecia não, era exatamente isso que estava acontecendo. Depois a senhora que tomava conta do local veio até a gente falando sobre uma pequena taxa de 30 Kunas, pequena taxa de contribuição para ajudar a manter a limpeza do local (da praça) no qual estávamos. Kuna, moeda croata que valia algo em torno de 0,13 euros por Kuna, ou seja, ela pediu 30, são 4 euros, olhei pro Bruno, demos aquela balançadinha irônica com os ombros e pagamos.

terça-feira,
18 de Outubro de 2016
Senj → Novalja

E foi assim, os gatinhos começaram a nos atacar durante a noite, ficavam pulando na barraca pelo lado de fora e entrando na varandinha da frente onde eu deixo meus alforjes, tinha que ficar balançando a barraca pra eles irem embora. E pela manhã o bom dia veio do mesmo jeito, gatinhos ninjas voadores por toda a barraca! E com isso me levantei do meu super colchonete desinflado - sim, ainda usava o mesmo colchonete furado - e era hora de pegar o rumo da roça. O combinado era sair o mais cedo possível, pois segundo o climatempo das "internê" começaria a chover por volta das 10 horas da manhã e a ideia era pedalarmos até Prizna, que seria uns 50km da praça - camping - onde estávamos e lá pegar um barco pra ilha de Pag. No fim saímos por volta das 9 horas da manhã da praça, ops, camping.

A estrada estava boa, mas era muita subida, pegamos uma subida contínua de uns 8km que parecia não acabar nunca, não era íngreme, era longa! Aos poucos as gotas de chuva começaram a cair e havia muitas nuvens - todas carregadas - sob nossa cabeça, fora o frio que já tava e só iria piorar!

Já imaginando o pior dos cenários, paramos para nos equipar, coloquei meu super poncho de 3 euros que compramos na Decatlhon em Veneza (eu parecia uma versão pobre do Batman de bicicleta) e fomos pedalando e rezando pra coisa não piorar. Ao contrário da Itália, onde havia vida humana a cada 10km, na Croácia estava difícil de achar seres vivos pelo caminho, pelo menos a distância entre os vilarejos era maior, o que fazia parecer que pedalávamos por lugares inabitados, sei lá, talvez as pessoas ficassem lá só para o verão e depois voltassem embora pra hibernar em outro lugar, só pode.

Avistamos uma placa de posto de gasolina que ditava 13km de onde estávamos e me animei com a ideia de poder parar e tomar alguma bebida quente pra esquentar os ossos, pois não havia nada pelo caminho, só pedras na montanha e o mar do outro lado.

Só que foi um mero engano, pedalamos 13km salivando por um café quentinho, mas quando nos deparamos com o tal posto de gasolina foi tipo ver água no deserto, o tal posto era só duas bombas velhas pequeninas de gasolina e uma lojinha de conveniência tão pequena e velha quanto. Bebida quente não existia, nos contentamos com um salgadinho de isopor murcho, chocolate indefinido e suco de corante de laranja industrializado, era o melhor que tinha por lá.

E foi durante essa parada pra comer que a chuva engrossou e a neblina veio de vez, as nuvens que antes pareciam perto agora baixaram todas, dava pra sentir o peso carregado delas nas costas e não conseguíamos enxergar muito pela frente. E foram 12km pedalando nesse clima pesado, frio, molhado e perigoso até chegarmos em Prizna. Eu achava que o lugar seria tipo outro vilarejo, só que não havia nada lá, não consegui ver nada pelo menos, acho que eles colocam nomes só pra demarcar, as casas são tão espassadas umas das outras nessa região que nem sei como que chamam isso, vilarejo, bairro, sei lá. Só sei que da E65, onde vínhamos pedalando, começamos a ver placas mostrando um pictograma de navio e pedindo pra pegar a via 406 à direita, e foi isso o que fizemos, dobramos à direita e começamos a descer, e o vento molhado ia cortando o pouco da pele do meu rosto que ficava pra fora entre a toca que eu usava e o lenço que cobria o meu pescoço, boca e nariz.

Fomos descendo aquele zig-zag de estrada e eu não enxergava 15 metros na minha frente devido à neblina do mau tempo chuvoso que fazia, já quase no fim da rua avistei uma casinha com o logo da empresa de transporte fluvial, paramos e aos 50 minutos do segundo tempo conseguimos comprar os ingressos, pois o barco estava partindo em 4 minutos, foi o tempo de subirmos na bicicleta novamente e correr até o pequeno porto logo abaixo, o funcionário nos avistou de longe e segurou as comportas, ou a popa, aberta para que desse tempo de entrarmos no barco. Entramos, ufa!

Foram 15 minutos de percurso até a ilha, o Bruno estava tremendo de frio e ambos estávamos encharcados, o tempo da viagem foi suficiente para o Bruno dar uma secada e trocar as meias dele encharcadas por secas, eu não estava com o mesmo frio dele, coloquei mais camadas de roupas (apesar de já molhadas), o que segurou um pouco a friaca, fora a adrenalina que eu estava, sangue quente!

Paramos em Žigljen e a ideia era seguir até a cidade habitada mais próxima, que seria Novalja, ou achava que seria. Bruno lutava contra seu corpo, reclamava muito de frio. Demos um tempinho debaixo de um telhado num estacionamento que havia onde descemos, mas era preciso continuar rápido pra não esfriar e fuder mais ainda as coisas, e assim foi.

E mais subida! O lugar parecia uma ilha deserta e apesar da chuva deixá-la "molhada", era tudo árido, só pedra e terra! Imagino que tudo seja bem diferente durante o verão, pois ali naquele momento parecia cenário de filme de terror, Silent Hill! Certeza que seres humanos só habitam aquele lugar durante o verão, certeza absoluta!

Cansado de tanto subir, chegamos a Novalja, pra variar não havia uma alma viva pelo caminho e a água jorrava correndo fortemente pela sarjeta da calçada, a chuva veio forte mesmo, mas logo começaria a parar. Hotéis, hostels, tudo que poderia servir de abrigo, tudo fechado. E fomos descendo, adentrando a cidade e torcendo pra encontrar algo. Rodamos, rodamos, fomos descendo uma comprida estrada até que entre casas e pequenos prédios eu avistei uma porta e um carro velho azul estacionado. Na porta tinha uma plaquinha escrita "apartments rent", não tinha nada a perder, parei para bater na porta pra ver se tinha alguém e uma simpática senhora, de olhos bem arregalados, saiu e falou algo em alguma língua estranha, devia ser croata. Imagine a cena, meio de outubro, baixa temporada, puta frio e chuva lá fora e você escuta bater na porta, você vai, abre e vê um capiroto magrelo super encharcado com a cara enrrugada de tão molhado, com sua bicicleta, perguntando sobre lugar pra dormir. Pois é, foi o que aquela senhora presenciou naquele momento. Uma pessoa super gentil mas com cara de louca, não me perguntem o porquê... Talvez fosse pelos olhos esbugalhados, o cabelo despenteado e os gatos que começaram a aparecer aos montes do lado dela? Faz sentido vai...

Ela falava um pouco de inglês, o suficiente pra explicar que ela tinha uma apartamento vago ali no prédio e que o valor era de 50 euros por dia, hum... Falei com o Bruno e resolvemos ficar mesmo assim, não tínhamos outra opção, as condições climáticas não nos favoreciam e correr riscos não parecia muito inteligente naquele momento. Continuei conversando com a simpática senhora de cabelos revoltos e olhos bem abertos, ela morava na Croácia, mas nasceu na Bósnia, portanto ela era bosniana, certo? Pagamos e subimos as coisas pro apartamento.

Esqueci de perguntar o nome dela e imediatamente a chamei (na minha cabeça) de Mary, de Crazy Mary, em alusão à música do Pearl Jam, Crazy Mary, que não sei porquê, veio na minha cabeça depois do ocorrido.

> "Down a long dirt road, past the Parson's place. That old blue car we used to race. Little country store with a sign tacked to the side, said: No L-O-I-T-E-A-R-R-I-N-G allowed... Wild eyed, crazy Mary" **Crazy Mary, Pearl Jam.**

No final valeu super a pena, pois o apartmento era excelente e se for fazer as contas não saiu tão caro assim, 25 euros por pessoa, pagamos 15 no hostel em Rijeka que não era metade desse apartamento, vai vendo.

Aproveitamos que já estávamos encharcados e sujos, pegamos as bicicletas e fomos direto à procura de um supermercado, achamos um ótimo supermercado aberto e compramos a janta e comida pro dia seguinte. Retornamos ao apartamento e finalmente pude disfrutar de uma merecido banho quente! Depois foi tudo rolando com calma, fizemos um macarrão pra janta e fiquei boiando na internet, pesquisando coisas e esperando até cair no sono. Eu confesso que esperava gastar menos nessa terceira etapa da minha viagem, mas parece que as coisas estavam pegando um ritmo e padrão diferentes, e a imprevisibilidade do clima também estava tornando essa etapa mais desafiadora. Faz parte, se quer sair na chuva tem que se molhar.

quarta-feira,
19 de Outubro de 2016
Novalja → Zadar

Até que enfim Croácia, sol! Mas o país ainda saía mais caro, economicamente, do que eu havia imaginado. Depois do dia anterior horrível conversei com o Bruno e decidimos pegar um ônibus até Zadar para "agilizar" as coisas. E no fim foi uma das melhores escolhas dos últimos dias, apesar do ônibus ter saído mais caro do que imaginei, como tudo por aqui. O clima lá fora estava perfeito, céu azul e aquele friozinho matutino acompanhado de um sol fraco e suficiente, que esquentaria no decorrer do dia. Fizemos um ótimo e reforçado café da manhã, nos despedimos da senhora de nome indefinido - e seus gatos - e seguimos pedalando até a estação de ônibus de Novalja, que era simplesinha e pequenina.

De Novalja o ônibus seguiu por dentro da ilha, parando pelo caminho e passando por Pag, Rtina até Zadar, viagem que durou umas 2h30 com seus 75km. Pelo ônibus fui observando bem a ilha, lugar bem seco e árido, vegetação toda amarelada e pedra pra todo lado. Já na rodoviária de Zadar tiramos as bicicletas do bagageiro do ônibus e seguimos em direção à Old Town, ou apêndice, como passei a chamar, veja o mapa e entenderás. Já no apêndice fomos à procura do AirBnb que havíamos reservado.

Achado o lugar, fomos recepcionados pelo anfitrião do apartamento, mais conhecido por nós como "Dimitri Pó Royal" (logo logo entenderás) e imediatamente o apelidamos de Dimitri, já que todo mundo na Croácia tinha cara de quem se chama Dimitri, e não me pergunte o porquê.

Cara gente boa e amigável, mas muito louco das ideias, falava tanto, falava até o que não perguntava! Imagina um cara de 2 metros de altura com cara de mordomo da família Adams (todos aqui têm essa cara será?), suando que nem um porco (abstinência, óbvio) e falando bem rápido?! Sim, era esse mesmo! Enfim, falamos com ele, vimos o lugar, pagamos por duas noites, duas pessoas, alguns gatos e cachorro que frequentavam o local, o próprio Dimitri e seu amigo "subaqueira", esses últimos não estavam inclusos na diária, vieram de bônus mesmo. Na real a única coisa boa do apartamento era que ficava bem no coração "barzístico" do apêndice (Old Town), ótima localição pra quem curti uma noite de badalação, pena que a nossa noite nem teve tanta badalação assim, ou teve?

Depois de ajeitarmos as nossas coisas no quarto, e tirar os gatos que rodeavam pra todo lado, fomos visitar os arredores, a parte turística, que é bem pequena, em 5 horas tu vê tudo e sobra. A grande atração fica por conta do Sea Organ e do pôr do sol assistido dele, que foi realmente belíssimo!

O órgão marítimo - ou Sea Organ, como é conhecido - é uma obra no mínimo interessante, foi projetada por Nikola Basic em 2005 como uma das estratégias para recuperar a costa de Zadar dos estragos da II Guerra Mundial e assim atrair mais turistas, e funcionou! Trata-se de um instrumento musical experimental feito com degraus de mármore branco e um conjunto de tubos que fica debaixo d'água. Assim as ondas do mar e o vento batem nos degraus e nas cavidades e formam sons harmônicos que são perfeitos para se acompanhar o incrível pôr do sol no final da tarde.

Ficamos umas 2 horas sentados nas escadas musicais de Zadar, conversamos bastante, sempre na companhia dos asiáticos, que surgiam de monte de todos os lados e em todos os lugares. E depois das luzes do sol vieram as luzes geradas pelo sol, que é o painel solar "Saudação ao sol" que fica ali mesmo, ao lado do Sea Organ e que é outra atração que merece destaque. É um painel solar de leds em formato circular que absorve energia do sol durante o dia e se acende à noite em milhares de cores iluminando o ambiente e fazendo par com a harmonia vindo do Sea Organ, muito legal as luzes psicodélicas que vinham de lá, nos divertimos bastante. O dia estava realmente agradável e o clima finalmente decidiu cooperar conosco.

Após o turismo local seguimos de volta ao apartamento, passamos antes num mercado para compar o que comer e retornamos ao chiqueirinho. Lá o Bruno preparou um risoto "mendigão style" muito bem feito. Comemos, fui me banhar e me trocar pois era hora de ver como era a noite na vila. É, foi fraca, apesar de o lugar à noite ser tão bonito quanto pela manhã.

Fomos a uma discoteca, lugar bem legal, mas totalmente vazio, o melhor da noite foi o Bruno tropeçando na escada e caindo que nem uma pamonha no chão. E depois de rodar pela Old Town e não ver muito movimento, acabamos voltando pra região do apartamento e paramos num bar que ficava exatamente debaixo do prédio que estávamos e por lá ficamos, até trombamos com o Dimitri e sua trupe por lá. E foi isso, tomei duas pints de cerveja, mais conversas e memórias das aventuras do passado - isso eu e Bruno vínhamos fazendo bastante - e seguimos de volta para o apartamento, que era exatamente em cima do bar.

E enquanto o Bruno foi direto dormir eu aproveitei pra matar o restante de risoto que sobrou da janta... não, não fumei nada, aliás, nem fumo... era lombriga mesmo.

quinta-feira,
20 de Outubro de 2016
Zadar

Dia técnico Zadariano!

Noite muito bem dormida. Cafezão da manhã turbinado e bora pra parte técnica do dia, limpar e dar uma regulada na Nhanderecó! Fiz tudo isso no quarto mesmo, já que não havia outra forma, espalhei jornais embaixo dela pra não sujar o chão e fui limpado e ajustando a magrela.

Mas no geral foi um dia bem parado, tudo foi rolando com calma e sem planejar. O que era muito estranho no apartamento - e nos incomodou muito - era o fato do Dimitri e seus amigos ficarem entrando e saindo toda hora, isso não estava escrito na página do AirBnb. Ele (Dimitri), entrava no apartamento e ia direto pro quarto ao lado do nosso, certeza que ia consumir algo lá (lê-se "dorgas"), faziam o que tinha que fazer e vazavam, trancando o quarto, e deixavam os gatos lá trancados, devia ser porque eu e Bruno estávamos lá, então não queria deixar os gatos nos incomodar, mas quem incomodava eram eles, os gatos eram muito bem-vindos, a não ser por um que cagou no nosso quarto, maldito.

Conforme a viagem foi acontecendo, eu ia tentando registrá-la pelo Facebook, e recentemente pelo Instagram também, mas confesso que não tinha muito saco pra ficar postando coisas diariamente, e só o fazia quando achava wi-fi, pois não tinha crédito no meu celular pra usar o 4G. E por que estou comentando isso? Porque numa dessas postagens no Facebook, um ex-colega de trabalho, de Dublin - o Tom - viu que eu estava em Zadar e me mandou uma mensagem perguntando como eu estava, eu sabia que ele era croata, mas não sabia que era de Zadar. Conversa vai, conversa vem, ele me convidou para passar na hamburgueria de um amigo dele, que não era longe de onde eu estava, falou pra eu ir lá e comer o melhor hambúrguer da cidade - Paprica Hamburguers - e que a comida seria por conta dele. Opa, bora lá então! Saímos da Old Town, cruzamos a ponte Gradski Most e saboreamos um delicioso lanche de cortesia do grande Tomislav. Hvala Tom!

E após o almoço grátis retornamos para o apêndice e suas clássicas ruas de mármore, herança deixada pela suruba romana, veneziana, bizantina, extra-terrestres, pela Croácia, as clássicas Old Towns que tanto falo aqui.

Fazíamos tudo andando mesmo, as bicicletas ficaram guardadinhas descansando no apartamento. Passamos pela Crkva sv. Donata (igreja de São Donato), outra atração dessa Old Town, construída no século IX e um grande exemplo da arquitetura bizantina deixada por ali, naquele lado

Saudação
ao Sol.

""

Saudação ao amigo mais inimigo que o homem pode ter,
o Sol. O mesmo prova que se
souber respeitá-lo a recíproca
será verdadeira.

Adriático da Europa. E a vista lá de cima da torre de Santa Anastacia fazia esse apêndice medieval ainda mais lindo, e aquele sol lá em cima ajudava e muito a garantir essa beleza! E era hora daquela passada pelo mercadinho para comprar aquela cervejinha e ir no Sea Organ prosear, fitar e fazer nada. Ficamos sentados por lá aguardando por mais um pôr do sol, fitando lindas meninas que passavam e falando mal dos asiáticos que apareciam do nada e ficavam tirando foto de tudo e de todos.

E após mais um lindo pôr de sol "Croata-Zadariano" fomos lentamente em direção de volta ao apartamento, passamos por algumas barracas de souvenirs, comprei aquele famoso souvenir pequeno e barato (lê-se imã de geladeira), e para o restante de tarde passei um café de filtro na linda e limpinha - ironia detectada - cozinha do Dimitri. E entre um cafezinho quente e fazer nada, eu ia lendo meu caderno e mapa, batutando ideias novas. E foi assim o resto da tarde técnica.

Por volta das 19h decidimos sair para dar mais uma volta pela noite da Old Town de Zadar, eu meio que não queria pois a ideia seria sairmos cedo no dia seguinte pedalando até Split, mas o Bruno insistiu e aceitei, só que tínhamos que voltar cedo pra dormir cedo e acordar cedo! É, tínhamos...

No começo foi aquele mesmo marasmo do dia anterior, andamos, rodamos, tomamos uma cerveja e como estava tudo meio morto, decidimos voltar ao apartamento, e foi aí que a coisa mudou. Já conformados em retornar e dormir, fomos caminhando sem muitas pretenções, viramos à direita e comecei a ouvir barulhos de pessoas conversando, de repente a conversa virou música que vinha de um pub à nossa esquerda, chegamos mais perto e o pub estava lotado de gente, olhei para o Bruno, o Bruno olhou pra mim, fizemos aquele sinal com os ombros mexendo com a cabeça e resolvemos adentrar no recinto para averiguar.

E não é que a coisa rolou e foi divertido? O lugar não era grande, mas estava lotado, demorou um pouco pra entender o que estava acontecendo, enquanto isso entramos na fila para uma cerveja e enquanto esperávamos a cerveja chegar em mãos fitávamos várias e lindas meninas e vários e feios meninos, todos jovens, média de 18-23 anos de idade, pegamos nossa pint de alguma cerveja croata qualquer e continuamos a fitação. Eis que entendo o rolê, era noite de karaokê no pub, e muita música estranha croata rolando solto, a música era horrível, mas as cervejas e as mulheres compensavam.

Cerveja vai, cerveja vem, o álcool subiu e a vergonha se foi, era hora de mostrar presença no local, e nada melhor que cantar no karaokê na frente de todo mundo, sim, o nível do álcool bateu mesmo! E lá fui eu falar com o "DJ", perguntei se ele tinha alguma música brasileira no computador, imaginando que não teria e eu ficaria com o sentimento de "pelo menos eu tentei" e pronto, só que ele tinha! Óbvio que não seria Sepultura ou Ratos de Porão as músicas brasileiras, óbvio que seria sertanejo universitário e mais óbvio ainda que seria Michel Teló e "Ai se eu te pego". Como eu estava num lugar longe da minha casa - bem longe - onde ninguém fazia a mínima ideia de quem eu era, mandei o "DJ" soltar o som, peguei o microfone e fui seguindo a canção, e assim que começou todo mundo do pub entrou em êxtase, sim, a porra da música tocava mais que Beatles nas rádios croatas e europeias em geral, acredite, fui prova ocular e sonora disso nesses últimos anos.

Eu e Bruno não fazíamos ideia da letra e íamos seguindo e cantando junto ao monitor que mostrava o escrito, e o pessoal do pub cantava junto - te juro, por Zeus! - a parte do refrão era uníssono! Fizemos a festa geral do pub e por 5 minutos éramos a atração principal do local, até duas gurias subiram para cantar junto a música. Pra quem estava indo embora dormir, se tornar a atração da noite não era nada mal, certo?

O bar fecharia por volta da 1 hora da manhã e esse horário já deveríamos estar dormindo e descansando se quiséssemos pedalar cedo no dia seguinte, então tínhamos que ir embora, só que a coisa ficou tão boa depois do "Ai se eu te pego" que um pessoal se aproximou de nós no bar e nos convidou para seguirmos com eles para outra festa que estava começando numa discoteca ali perto e todos que estavam no bar saíram em marcha para lá, óbvio que seguimos juntos com eles, e eis que descobri que era um bar universitário e todos que lá estavam em plena quinta-feira eram também universitários, agora tudo fazia sentido.

Enfim, a festa continuou e eu, mais Bruno, bem bêbados, seguindo o fluxo. A música na festa seguiu horrivelmente horrível, só que as mulheres bonitas continuavam brotando de cantos e metros quadrados do local, pena que elas não estavam muito pra "pegação", gostavam de dançar, de serem atraídas pelos moçoilos, só que na hora do "tchurubidum uaca-uaca" saíam andando e seguiam pro próximo babaca. Fui observando isso e nem quis arriscar muito, fitava uma aqui, outra ali, mas não senti firmeza em nenhuma para um bote certeiro, enfim, elas não queriam nada com nada, só dançar e pegar bebida - e drogas - dos machos do recinto, nada diferente de qualquer outro lugar no mundo... segue o jogo.

O ponto negativo da Croácia é que lá é permitido fumar dentro dos estabelecimentos, então sabe aquela fumada de tabela e cheiro de cigarro nas roupas, cabelo, pele e alma que tu - da geração dos anos 2000 pra baixo - sentia quando ia pra qualquer barzinho ou festa naquela época? Pois é, era isso que rolava comigo naquele momento. O banheiro do local também não era o lugar mais agradável do mundo, e não é nem pelo cheiro de mijo no chão, é pela quantidade de gente entrando - juntos - onde fica a privada para cheirar e usar outras drogas que não fossem álcool. Rolava muito o que eles chamam de "speed" aqui na Europa, é muito comum ver pessoas usando isso nas baladas por aqui, depois ficam suando igual porcos e fedem pra caralho. Aquela situação, e a música ruim do local, me desanimaram muito e toda animação que a droga líquida chamada álcool havia me dado foi indo embora. E o sinal pra deixar o recinto viria logo em seguida. Numa dessas voltas pela pista de dança trombamos com o Dimitri - todo locão e suando - e aquilo selou a noite, era o sinal, precisávamos ir embora.

Nossa!

Nossa!

Enfim, moral da história foi que chegamos de volta ao apartamento por volta das 6 horas manhã. Sim, era pra ter ido dormir cedo pra descansar pro pedal, realmente acabou sendo cedo, bem cedo! Mas calma que ainda não acabou, chegando no apartamento demos de cara com o Dimitri e sua trupe, sentados na mesa da cozinha, conversando e cheirando suas carreiras de farinha de mandioca.

Tristeza e dó, era o que eu sentia assistindo àquela cena, 2 garotas e 3 caras se deteriorando em troco de quê? Bem, tem gente que acha que viajar de bicicleta também é loucura e deteriozação do corpo... cada qual com a sua loucura. Eu e Bruno não tínhamos nada a ver com aquilo, fizemos um social bem rápido só pra sermos educados, o Bruno e o Dimitri ficaram conversando um pouco sobre UFC (estava passando algo sobre isso na TV), eu não entendia nada de UFC e pra mim já bastava, 6 horas da manhã, não tava mais com saco pra nenhum tipo de conversa e fui dormir com a porta trancada, bem trancada!

E infelizmente o plano de seguir cedo pedalando até Split tinha ido por água abaixo, malditas bucephalus iliolombar!

sexta-feira,
21 de Outubro de 2016
Zadar → Split

Dormimos só 2 horas e com o plano anterior já perdido, o jeito era apelar novamente para o ônibus para ganhar tempo. Estava pensando aqui, se não tivéssemos pegado os transportes que pegamos, desde o trem lá em Veneza e agora os ônibus aqui na Croácia, provavelmente estaríamos uns 3, 4 dias pra trás, ou mais. Óbvio que muito disso pela falta de planejamento e contratempos que ocorreram, faz parte, segue o jogo. Tomamos café da manhã, aguentamos o Dimitri falando abobrinha pela última vez e saímos. A ideia inicial era seguir pedalando até Šibenik nesse dia e dia seguinte pedalar até Split, só que devido a causas técnicas (lê-se ressaca e falta de vergonha na cara), foi necessário pular para o plano B.

Dia com clima meio fechado lá fora e seguimos pedalando até a estação de ônibus, totalmente quebrado e sem ânimo nenhum fui falar com a atendente no guichê, comprei passagem e sentamos para esperar o transporte chegar.

O suspense ficou pelas bicicletas, pois não seria garantido que levariam elas no ônibus, e o meu receio tornou-se verdade quando o busão chegou e fui falar com o motorista. Ele ficou de cara fechada e já foi logo apontando e avisando que não tinha como levar a bicicleta, eu todo cansado fiquei insistindo com ele em inglês e ele respondendo em croata, as pessoas foram entrando e colocando as malas no bagageiro, eu já tinha desistido quando vi que a última pessoa entrou no ônibus e percebi que ainda sobrava um espaço no bagageiro, suficiente para duas bicicletas.

Aproveitei a deixa e fui de novo chorar pro cara, ele ficou bravo e acei-tou, mas antes quis cobrar pra carregar as bicicletas, ou seja, suborno! Eu já tinha jogado as duas bicicletas no bagageiro e colocado os alforjes sob elas e tivemos que pagar 100 Kunas - algo em torno de 30 euros - a mais pelas bicicletas, fomos subornados e roubados na maior cara de pau!

Claro que não fomos obrigados a ir no ônibus, poderia ter falado não e tentar outra forma, só que por transporte público a única forma era ônibus e não tinha ônibus toda hora pra Split e pedalar seria impossível naquelas condições que estávamos, era ou ficar mais um dia em Zadar ou seguir com o ônibus. Estávamos pagando pelo nosso próprio erro.

Depois dessa manhã agitada, a viagem em si foi tranquila, do lado de fora rolava uma chuva e um friozinho de leve. Já em Split seguimos para o endereço de outro AirBnb que tínhamos reservado online, AirBnb nos salvava nesses momentos, evitava ter que ficar rodando procurando lugar pra ficar e muitas vezes saía o mesmo preço (ou até mais barato) que hostels. Nesse pagamos barato, mas o local era bem ruim, era um bar antigo que transformaram num quarto com duas camas.

E o dia no geral foi isso mesmo, não fizemos muita coisa, o plano foi recuperar as energias e descansar para tentar aproveitar melhor os próximos dias, ou seja, foi uma sexta-feira praticamente perdida.

sábado,
22 de Outubro de 2016
Split → Trogir

Estava sentindo falta de um dia produtivo e até que enfim ele veio! Foi um dia técnico turístico, portanto dormir até um pouco mais tarde era permitido. E depois a ideia foi pegar as bicicletas e seguir pedalando até Trogir e almoçar por lá. Trogir fica na Dalmácia, a região mais visitada da Croácia, logo acima de Split, que é a segunda maior cidade do país.

De Split são apenas 28 quilômetros até lá, que fizemos num pedal tran-quilo e plano em exatas 1 hora e 20 minutos. Lugar lindo e muito charmoso. Em poucas horas dá para circular pela ilhota toda, pois Trogir fica numa ilhota conectada ao continente por uma ponte. Seus traços históricos são fortes, os primeiros indícios da existência de Trogir datam de 2000 a.C., daí pra frente a pequena cidade murada teve uma trajetória sinuosa e passou por muitas mãos diferentes. Ao redor de 300 a.C. foi a vez dos gregos da ilha de Vis se fixarem na pequena ilhota que na época se chamava Tragyrion (Ilha das Cabras), dessa época sobrou um altar à deusa Hera que foi encontrado perto da catedral. Depois foi a vez dos romanos no século I, que detiveram o controle e encheram a cidade de mármore branco, assim como fizeram em Zadar e na maioria das Old Towns por onde passaram.

A cidade prosperou nas mãos do romanos e chegou na Idade Média

TROGIR

SPLIT

sendo protegida pela tropa bizantina, na famosa suruba de domínios que rolou pela Europa.

No século XII foi atacada pelos sarracenos, destruída e abandonada. Alguns anos mais tarde, Trogir renasceu sob o comando dos reis da Hungria. Depois, seu domínio passou para as mãos dos venezianos. Até que finalmente, em 1997, com tanta história para contar, foi declarada pela Unesco como Patrimônio da Humanidade. Ufa! Estávamos mais uma vez diante de muita história, quem diria que onde hoje passavam eu e a Nhanderecó um dia já foi campo de muita dor e felicidade, arte e destruição. E maravilhados, fomos pedalando lentamente entre ruelas estreitas e casas antigas, tudo isso cercados pelo lindo azul do mar Adriático.

Havia também muitos gatos pra todo lado, parecia o "Éden" dos gatos, aliás, o que se via de gatos na Croácia era acima da média, até comprei um imã de geladeira pintado à mão que tem um gato, escrito Trogir. Passamos pelo Castelo Kamerlengo, depois pela principal praça da ilhota, onde tem uma torre do relógio com várias bandeiras da Croácia flamulando com o vento, a igreja de São João Batista - do século XIII - e o restaurante do século XXI que paramos para o almoço e não me lembro nome. Almoçamos 1kg de carne com batatas e panquecas de sobremesa, não muito barato, 110 Kunas por pessoa, mas estavam ótimos e valeu pelo lugar.

E por volta das 16 horas já estávamos cruzando a ponte e pedalando de volta a Split, o retorno pareceu ainda mais rápido e antes das 17h30 já estávamos perdidos pela segunda maior cidade da Croácia novamente.

Banho tomado, era hora de adentrar os muros do Palácio de Diocleciano, ou Old Town, como venho falando de outras por onde já passei e passarei. Lugar mais uma vez muito bem preservado e mais um rastro romano pelo Adriático. Split é também declarada pela Unesco como Patrimônio Histórico da Humanidade, logo percebe-se o porquê disso entre as construções que são na maioria da Idade Média e do Renascimento. O lugar ainda conta com porões e passagens subterrâneas que foram encontrados em escavações relativamente recentes e atualmente são ocupados por lojas de sourvenirs e suas lindas vendedoras, eu e Bruno passamos umas 3 vezes por lá só pra admirar as belezas da Croácia. Quanta beleza...

Olha, se não fosse por esses lugares fantásticos e cheio de histórias deixados e preservados por esses povos antigos (gregos, romanos, bizantinos e por aí vai), não sei o que seria do turismo da Europa, porque na minha humilde opinião esse é o maior fator de turismo nesse continente, o passado. É muita coisa antiga preservada! E olha que o que aconteceu de merda e guerra por aqui não foi brincadeira! E Split foi isso, mais uma linda volta ao tempo.

E por volta das 20h30 já caminhávamos de volta ao quarto para preparar as coisas pro dia seguinte, não queria correr o mesmo risco do dia anterior, a ideia era dormir cedo e acordar cedo no dia seguinte e pegar um barco até a ilha de Hvar.

E Hvar foi bem Hvar.

domingo,
23 de Outubro de 2016
Split → Hvar (ilha)

O dia começou bem nublado e com uma viagem de 2 horas num barco, de Split até a famigerada ilha de Hvar. Colocamos as bicicletas pra dentro, subimos pro saguão e sentamos por lá aguardando a viagem. E entre um café e outro íamos checando o mapa, conversando sobre os próximos destinos e observando a bunda da garçonete, que, meu senhor, era de outro planeta, eu me sentia o personagem Lourenço (Selton Mello), no filme "O Cheiro do Ralo", apaixonado por uma bunda de uma garçonete, quer dizer, A BUNDA, uma entidade quase autônoma e metafísica... Nos despedimos com muitos suspiros e com um olhar emaranhado da BUNDA e seguimos nossos caminhos solitários de sonhos pelo Adriático.

Atracamos no porto de Stari Grad já na ilha, o clima ameaçou piorar, uma leve chuva veio, mas logo se foi, porém o tempo nublado e aquele friozinho se mantiveram dia adentro. E como estávamos no ilha de Hvar, tínhamos que ir até o vilarejo de Hvar que era no sentido contrário do continente, veja o mapa que entenderás. E foi aí que entrou a bobeira nossa na pesquisa do dia anterior, quando fomos pesquisar por Hvar, as primeiras fotos que apareceram foram de praias, iates, loiras, gente feliz e drogadas e nem demos conta que por lá tem um vilarejo bonitinho e tals, junta isso ao dia nublado e frio que fazia, o que aconteceu foi que quando, depois de muita subida e descida, chegamos numa encruzilhada, onde à direita via-se o forte (Fortica) lá no alto da montanha e mais descidas e subidas e à esquerda via-se o mar, ao invés de pegarmos à direita pra descer e depois subir tudo de novo, pegamos à esquerda e descemos um pouco mais até a região de Križna Luka-Križna Rat, pois queríamos ver o mar e não sabíamos do vilarejo que tinha logo adiante. Enfim, descemos e fomos pedalando pela beira-mar num caminho muito bonito, passando entre árvores até chegar num restaurante onde dali não havia mais caminho, tinha umas trilhas para fazer a pé, mas não era o caso. E por ali ficamos um pouco, tava frio, mas tinha que pôr o pé naquela água cristalina! Ficamos que nem tonto pulando na água filmando e tirando fotos, enquanto vez ou outra passava alguma alma andando por ali perdida e com certeza imaginando o que aqueles dois loucos estavam fazendo naquele lugar fantasma nessa época do ano de bicicleta. O quê!?

Não tinha muito o que se fazer por lá, o sol ameaçou sair e clareou ainda mais aquele mar azul verde esmeralda ao nosso lado. Mas o sol não durou muito e logo as nuvens voltaram e nós também. Voltamos tudo até Stari Grad, e se tinha uma coisa que eu não gostava era ter que voltar, e pelo mesmo caminho, mas era necessário, pois não havia outro. Em Stari Grad paramos no mercado, único e solitário mercado por lá e fomos seguindo sentido Sućuraj, onde no dia seguinte pegaríamos outro barco de volta ao continente. Durante essa parte do pedal a paisagem melhorou bastante e tudo seguia muito, mas muito tranquilo, quase não havia carro ou seres humanos pelo caminho, era uma ilha fantasma, mais uma...

Tinham muitas oliveiras e videiras pelo caminho, até pegamos alguns cachos de uva para sobremesa pós-almoço (lê-se pão com presunto e queijo), e numa dessas plantações paramos para comer e descansar. A ilha não oferecia muito, na real não era nada diferente de onde já havíamos passado na Croácia, mas sentíamos felizes e muito bem dispostos, afinal, não é sempre que se está perdido de bicicleta numa ilha da região costeira da Dalmácia, rodeado pelo mar Adriático.

E a noite vinha caindo e nós com os olhos atentos pra achar um esconderijo para passar a noite, e nem foi tão difícil assim, logo encontramos uma passagem que daria pra lugar nenhum, mas todo escondido e que da estrada ninguém conseguiria nos ver, e o acampamento foi montado por ali mesmo, mas não antes do Bruno se assustar e reclamar de aranhas que ele viu nos galhos das árvores. Acampamento montado, bicicletas descansando, era hora de fazer uma jantinha, rolou até uma fogueira "pré-dormir" pra esquentar um pouco. E a noite estava estupidamente linda (e gelada), muito estrelada e perfeita para uma bela noite de sono e descanso para no dia seguinte seguir pedalando até Deus sabe onde. E a noite foi seguida por grilos que cantarolavam livremente lá fora.

segunda-feira,
24 de Outubro de 2016
Gdinj → Neum

Pensa num dia produtivo! 6h30 da matina já de pé, com a barraca e o gramado todos molhados pelo orvalho da noite, um frio da porra e sem nada para comer. Fizemos um café com leite em pó só pra dar uma aquecida interna corporal e caímos na estrada rumo a Sućuraj para pegar o barco até Drvenik. Pedal hipertranquilo e hiperbonito, principalmente na parte que começamos a descer rumo ao destino final e conseguíamos ver todo o continente dali, montanhas lindas que iam aparecendo aos poucos conforme o sol ia aquecendo e o nublado ia sumindo. Pedalamos 27km em 1h20 e logo já estávamos no nível do mar e com sinal de vida na pequena vila, e alguns turistas asíaticos também, eles brotam do nada. Fui até a pequena cabine da Jadrolonija comprar as passagens e minutos depois já partimos em direção ao continente. Viagem curta de 30 minutos, mas com linda paisagem ao redor, só nessa manhã já havíamos visto e vislumbrados muito mais que o dia inteiro de ontem!

Já em terra firme paramos no primeiro restaurante que vimos, ali mesmo na chegada, e tivemos finalmente um bom café da manhã, perdemos uma horinha lá comendo com calma, ainda era cedo. Na saída do vilarejo de Drvenik, subindo em direção à estrada que ia sentido à Bósnia, vimos muitos, mas muitos pés de mexerica na calçada, a maioria das frutas tudo já tão maduras que caíram no chão. Enchi uma sacola inteira com mexericas (bergamotas, tangerinas, pocãs, como quiserem chamar), amarrei na parte de trás da bicicleta e fomos embora cheio de bolas laranjas e saborosas, sobremesa pra 3 dias! Tinha muita romã pelo caminho também.

E a estrada continuou plana e com uma paisagem estupidamente linda, linda mesmo, montanhas maravilhosas, que - ainda bem - só via de longe, e o mar à direita refletindo a luz do sol lindo que vinha pra aquecer e iluminar o trajeto. E claro que tudo isso facilitou muito a nossa vida nesse dia e conseguimos pedalar 90km tranquilamente sem muito esforço. Logo passamos por Klek e seguimos para a pequena e singela borda da Croácia

Hrvatska.

———

"”

Frequentemente as pessoas me
perguntavam quando essas minhas
"férias" acabariam. Acontece que essa
aventura não se tratava de "férias" e sim
de conhecimento, e descanso era totalmente o oposto disso tudo.

com a Bósnia, pequena porque é pequena mesmo, entra na Bósnia ali pela costa e alguns quilômetros depois já cruza de volta pra Croácia, parece estranho, mas com certeza fizeram algum acordo político pra Bósnia poder ter saída para o mar. Porém, de acordo com o que eu li, Neum, a cidade que acabávamos de entrar, não tinha importância como porto comercial, e foi fácil perceber isso enquanto pedalava por lá, entre outras razões, porque as rodovias que ligam Neum com o resto da Bósnia e Herzegovina não suportam tráfego de veículos pesados, também não foi difícil de perceber isso pedalando por lá.

Neum era praticamente uma estrada que cortava a cidade sentido a Dubrovnik, e que tinha algumas casas e restaurantes morro abaixo. Paramos num desses restaurantes para descansar. Tomamos uma cerveja e usamos o wi-fi para tentar achar algum hostel para passar a noite, e batata! Coloquei o endereço da guest house no GPS, que me deu um caminho muito louco pra seguir, descemos até quase entrar no mar, entramos numa rua sem saída, o asfalto acabou e nada do lugar, como para voltar tinha que subir uns morros bem chatos, optei por cruzar uns terrenos baldios com estrada de terra pra encurtar o caminho e ainda nada da tal guest house, eis que do nada uma pessoa da varanda de uma casa viu eu e o Bruno perdidos tentando entender onde estávamos, nos acenou e falou em inglês se era a guest house que estávamos procurando, respondemos que sim e era ali o local, o cara acenando era o Milan, o dono da guest house.

Pensa num cara gente boa?! Milan era o cara! Ele nos recepcionou muito bem e logo já estávamos num ótimo quarto por 8 euros, de banho tomado e já aconchegados! Por volta das 20h, descemos até a cozinha da casa para falar com Milan e buscar mais informações de transporte para Sarajevo, e mais uma vez o cara foi super atencioso, nos passou tudo certinho e de quebra ainda ofereceu uns mexilhões que ele e o irmão estavam cozinhando, comemos, e ó, estavam ótimos! Mas não foi o suficiente, tínhamos fome.

Retornamos ao quarto e preparamos um gnocchi para nós outros, coloquei o fogareiro na varanda do quarto e foi ali mesmo a preparação. Depois a anta do Bruno foi escorrer o gnocchi na pia do banheiro e fez o favor de deixar cair tudo da panela e tivemos que refazer a comida.

No dia seguinte, dia técnico turístico Sarajevístico!

BÓSNIA
HERZEGOVINA

9128 KM

terça-feira,
25 de Outubro de 2016
Neum → Sarajevo

Pulamos cedo da cama, ajeitamos nossas coisas e as bicicletas num quartinho da casa para pegarmos no dia seguinte, e Milan nos levou de carro até o ponto onde pegamos o ônibus. Optamos pelo ônibus porque Sarajevo é bem fora de mão, o que faria com que nosso plano de viagem mudasse bastante, mas não podíamos deixar Sarajevo de fora, já que pela costa a passagem pela Bósnia seria bem curta, mais curta que na Eslovênia por onde passamos, então optamos por esse dia de turismo até lá e o ônibus foi a melhor e única opção. E assim foi, ônibus previsto para às 9 da manhã e com 38 minutos de atraso, lá estava ele, imaginei um ônibus no mínimo novo ou grande para uma viagem de 5 horas, mas não foi bem isso que vi ali, mas era o que tinha. Pagamos 135Km (Konvertibilna Marka), moeda da Bósnia e que logo começamos a chamar de "quilômetros" devido ao "Km", ou seja, pagamos 135 quilômetros da passagem, algo como 19 euros, e subimos à bordo. Viagem um tanto quanto longa. Sai da Bósnia, entra na Croácia, sai da Croácia, entra na Bósnia...

Essa divisão maluca entre os dois países é devido ao tratado de Schengen do qual a Bósnia não faz parte e a Croácia começou a fazer parte em 2013, e o caminho normal por rodovia entre Neum e os demais pontos da Bósnia atravessa a Croácia, portanto era necessário parar toda vez que cruzava de um país para o outro para fiscalizar passaportes.

A viagem foi longa, mas a paisagem fazia valer o tempo, maravilhosas vistas do lado de fora! E logo já era possível ver aquela mistura de grupos étnicos e religiosos que lá habitam, principalmente da parte mulçumana, com suas mesquitas e vestimentas específicas. Minha expectativa com a cidade de Sarajevo confesso que não era alta, não tinha a cidade em mente quando ia planejando a viagem, mas conforme fui chegando por esses lados da Europa a ideia foi parecendo mais viável e a escolha por essa visita valeu cada segundo! Logo na primeira vista da cidade, ainda dentro do ônibus a caminho da rodoviária, já era possível ver a marca da pobreza e do terror que assolou o país até pouco tempo atrás, era tudo evidente por onde passávamos. Sarajevo de cara parecia parada no tempo, e não falo do tempo de séculos atrás, onde romanos e otomanos dominaram tudo por lá, falo de tempos próximos, parecia que eu havia retornado à Europa dos anos 40, tudo era de uma simplicidade comparado ao restante do continente de onde vínhamos passando, casas, carros, meios de transportes, o rosto das pessoas, aquele ar bucólico e cinza das ruas... Aquele era finalmente o "leste europeu" que tanto falam, a diferença entre oeste e leste da Europa em termos econômicos se tornava evidente a partir deste dia, na Croácia já era possível ver evidências disso, mas a Bósnia mostrou de vez a realidade dessa parte europeia que quase ninguém fala e muito menos mostram. Mas aos poucos Sarajevo se reestrutura e toma de volta seu espaço no tempo e no turismo europeu.

Conforme íamos adentrando e caminhando pela cidade, fomos nos encantando ainda mais com o lugar, e aquela expectativa baixa deu lugar a olhos bem abertos e atentos a cada sinal e vestígio de terror deixado pela recente Guerra Civil e a esperança que brotava nos olhos das crianças e pessoas ali trabalhando para um futuro melhor. Após almoçarmos - já era 16h - uma super e deliciosa pizza, era hora de imergirmos de vez pela parte antiga e central da cidade, que continha muitas mesquitas mulçumanas e memoriais da guerra recente que passou por lá (1992-1995), e as marcas dessa violência eram evidentes pra todo lado. Marcas de tiro nas paredes dos prédios mais antigos, muitas casas ainda destruídas e por lá ficaram, marcas de fogo nas paredes, tinha até uma placa enorme na frente da biblioteca central falando do ocorrido e do fogo que atearam no local, destruindo todo o acervo histórico do prédio. Eram memórias, muitas delas talvez deixadas de propósito para lembrar do ocorrido e nunca mais repeti-lo.

Antes de continuar com a visita seguimos de hostel em hostel que achamos pelo caminho para perguntar sobre valores e disposição, e no terceiro que batemos tinha vaga, pagamos para garanti-las e saímos de volta para mais um giro. Passamos por uma enorme mesquita, foi curioso ver que enquanto os fiéis se ajoelhavam e rezavam, os turistas iam passando e tirando fotos, inclusive eu.

E sem querer acabamos indo na época certa para Sarajevo, aquele clima de outono, bucólico e frio, dava um ar de história e suspense ainda maior pelas ruas e ruínas que passávamos, e lugares como a Ponte Latina e a esquina do famoso atentado do arquiduque austro-húngaro, Francisco Ferdinando, quando ele foi assassinado pelo estudante sérvio Gavrilo Princip, se tornando o estopim da I Guerra Mundial. Lugares como esse, junto àquele clima bucólico no ar, davam ares ainda mais surreais a Sarajevo.

Perdidos nas ruas "sarajevanas" vimos um charmoso bar-café e decidimos parar para uma cerveja, ali começaria nossa via-sacra sarajeviana. O local parecia um antiquário, cheio de coisas que remetiam à antiguidade, bem legal mesmo. As pessoas deixavam notas de dinheiro, ou coisas que remetiam ao local de origem delas, debaixo do vidro das mesas, eu não tinha nada do Brasil comigo, Bruno tinha um comprovante da última eleição que ele tinha votado, escrevemos nossos nomes, data e colocamos debaixo do vidro, era a prova da nossa jornada ciclística pelo leste europeu! Logo após seguimos andando até pararmos em outro bar, e com isso o turismo de cervejas locais bosnianas se tornou intenso. Eu não me sentia muito bem fisicamente desde o ônibus, sentia a gripe se aproximando - o corpo dava sinais disso - e tinha mais medo da sinusite minha atacar junto e isso não era nada legal, me sentia um pouco fraco e tudo que comia não tinha muito gosto, sem paladar, merda! Mas a viagem tinha que continuar e a bebedeira também. As coisas em Sarajevo eram bem baratas, uma pint de cerveja local era algo em torno de 1,30 euro - aí fode o rolê - como não continuar bebendo?! E fomos indo, entre uma breja e outra, experimentamos também um destilado de pêra que o rapaz do bar disse ser específico ali da região, em termos de gosto eu não sentia muito, mas o álcool foi batendo até começarmos a ficar alegres demais... Era onde morava o perigo, última vez que isso aconteceu foi em Zadar e perdemos o dia seguinte por causa de bebedeira. Atenção ligada.

Seguimos nossa via-sacra, parei para sacar mais uns "quilômetros" (lê-se dinheiro bosniano), para pagar o ônibus do dia seguinte, beber e comer algo mais tarde. Seguimos andando até que achamos uma rua mais agitada, com alguns bares e mais barulho pelo ar, entramos num desses, o mais barulhento, e a noite não estava nada mal para uma terça-feira. Mais duas cervejas e logo fomos percebendo que as meninas iam se retirando do local e os meninos ficando, esse foi o alerta que precisávamos para acordar e perceber que se continuasse bebendo o dia seguinte não seria nada bom e o epsódio de Zadar veio na cabeça novamente, demos risada, decidimos parar e saímos à procura de algo para comer antes de retornar ao hostel.

Paramos perto do Sebilj, uma icônica fonte de madeira do século XVIII que fica num tipo de praça e cheio de lanchonetes ao redor com comidas típicas daquela região.

Pegamos um döner kebab pra cada um, que aliás estava deliciosíssimo e barato, e sentamos na fonte para comer. Eis que tinha duas garotas muito bonitas por ali também. Duas... Bosnianas?

Super simpáticas, batemos um papo com elas, que eram estudantes da universidade de Sarajevo, uma delas me achava "cute" (bonitinho), óbvio que numa dessas já me animei, mas no fim foram só abraços apertados e elas se foram, e nós também. Na trave!

Seguimos com calma andando de volta ao hostel, isso já passava das 23h30 e no dia seguinte o ônibus de volta para Neum sairia às 7h15 da matina! Já no hostel tomei um banho quente e um chá pra ver se melhorava minha pré-gripe-sinusite, mas acordei várias vezes durante a noite com o nariz entupido e escorrendo. E Sarajevo veio a ser uma especial e ótima surpresa nessa louca aventura de bicicleta pela Europa, sem dúvida eu super recomendo.

> "On this place Serbian criminals in the night of 25th-26th August 1992, set on fire the National and University's library of Bosnia and Herzegovina. Over 2 millions of books, periodicals and documents vanished in the flame. Do not forget, remember and warn!" (**Palavras escritas numa placa na parte frontal da biblioteca de Sarajevo**).

**quarta-feira,
26 de Outubro de 2016
Sarajevo → Neum**

5h55 da manhã de pé! Difícil e penoso, assim foi ter que levantar tão cedo após a noite mal dormida devido aos problemas nasais decorrentes de uma gripe-sinusite que estava a caminho. E logo já saímos caminhando em direção à rodoviária da cidade, e a histórica e judiada cidade de Sarajevo e suas 4 religiões, católica, cristã ortodoxa, islâmica e judaica (70% da população segue o islamismo), ia ficando para trás, mas não antes de mostrar o porquê da maioria lá ser mulçumana.

Logo pela manhã já era possível ouvir o chamado das mesquitas em alto e bom som, "AHHH-AHH-AH-AHHHH-AHHH", confesso não saber exatamente como isso funcionava, se eram auto-falantes com sons já gravados que só reverberavam o áudio ou se era alguém, os Muezim - ou também conhecidos como Almuadem - que faziam o canto ao vivo in loco, nesse caso o canto pela manhã era para a primeira reza do dia, o Fajr. E ao som desse chamado, junto àquela melancolia no ar e o frio do outono já quebrando forte, seguimos andando por aquelas ruas judiadas pela história de glórias e derrotas.

Já na estação, e com o céu claro, compramos nossas passagens e esperamos, naquela modesta estação rodoviária, pelo nosso meio de transporte

pelas próximas horas até Neum, de volta ao litoral da Bósnia. E dessa vez sem atrasos, o ônibus apareceu, embarcamos e seguimos viagem. Viagem que foi bem tranquila e pareceu ser mais rápida também.

Único problema ficou pelo meu corpo querendo estragar o clima, usei uns 2 rolos de papel higiênico para assoar e limpar meu nariz que não parava de escorrer, estava bem chato isso, e também quando o ônibus parava em algum lugar eu tinha que descer pra mijar, parecia um idoso.

O ônibus parou em Mostar, para mais uma parada antes de continuar, aproveitei que estava quase vazio e cochilei um pouco, infelizmente não deu pra conhecer Mostar, mas deve ser uma outra ótima pedida, a cidade e a visita ficarão para um futuro próximo. E depois de pegar mais passageiros, seguimos até Neum, mas não sem antes passar pela imigração entre a Bósnia e a Croácia, novamente, só o que seria tranquilo e rápido, demorou um pouco. A polícia entrou pedindo o passaporte, mas numa dessas tinha uma mulher asiática que devia ter algum problema e alguns minutos após tentar conversar, pediram pra ela sair do ônibus. Asiática fora, o ônibus seguiu viagem.

A ideia, há dois dias atrás quando decidimos ir pra Sarajevo, era seguir de ônibus até Sarajevo, voltar na quarta-feira até no máximo na hora do almoço, pegar as nossas coisas, onde estivesem, e seguir pedalando até onde desse. Só que tivemos que adiar isso, chegamos de volta a Neum já era quase 14h da tarde e eu ainda não me sentia forte suficiente para pedalar, então decidimos ficar mais esse dia por lá, descansar bem, pra no dia seguinte continuar o pedal. Passamos num mercado para comprar algo para comer e seguimos até a guest house onde deixamos nossas coisas e falar para o Milan que ficaríamos mais uma noite. Tudo bem, tudo certo, até o Milan falar que não havia mais quartos vagos... Estranho que o lugar parecia deserto, parecia não, estava! Mas ele falou que uma excursão de idosos estava a caminho e chegariam mais tarde e os quartos já estavam todos reservados, merda! E os velhotes apareceram mesmo, eu vi o ônibus chegando. Mas Milan e sua gentileza mais uma vez nos ajudou, ele fez umas ligações para conhecidos, que também tinham guest houses, e conseguiu um quarto pra gente na mesma rua da casa dele, boa Milan! O lugar era menor e mais simples, mas estava ótimo, era só pra descansar uma noite mesmo. Milan nos ajudou movendo nossas coisas de carro pra lá.

Já no novo quarto, arrumamos nossas coisas, ajeitamos as bicicletas num cantinho e fui para um banho quente e cama. Apaguei e fui acordar já era noite, já me sentia bem melhor, ainda bem, e não fiz muito além de dormir nesse dia.

Depois do sono vespertino fizemos uma janta ali mesmo na varanda e planejamos o dia seguinte. Confesso que estava com medo da minha sinusite atacar e estragar todo o resto da viagem, mas o plano de ficar por lá e descansar tinha dado certo, me sentia melhor e mais disposto. E fui dormir de novo.

CROÁCIA PARTE II

9211 KM

quinta-feira,
27 de Outubro de 2016
Neum → Dubrovnik

Ter o dia de ontem para descanso foi de longe uma ótima ideia, acordei super bem e disposto, logo cedo pulei da cama e já comecei o ritual de saída para mais um novo dia. Tchau, Bósnia e Herzegovina, fostes uma surpresa adorável! Não quis arriscar e me agasalhei bem antes de cair na estrada e dar de cara com aquele frio matutino. E mais uma vez o percurso foi ótimo e com mais lindas paisagens pelo caminho. Seguimos pela E65 e logo já estávamos cruzando para o lado croata do mapa, passamos por uma simples fronteira com fiscalização e vualá, de volta à Republika Hrvatska, que até 1991 era parte da chamada Iugoslávia.

Oi novamente, Croácia, quanto tempo?!

A parte legal e bonita de pedalar por essa costa adriática era que da pista era possível - na maioria das vezes - olhar para o lado direito e avistar muitas das penínsulas, baías e mais de 1.000 ilhas (óbvio que não vi todas) que se formam pela costa e que se estendem até o mar Iônico e, consequentemente, o Mediterrâneo com a Grécia. E com essa costa toda cheia de ilhas, com o clima, corpo e mente ajudando, fizemos um ótimo e produtivo percurso e em 4 horas de pedal já estávamos em Dubrovnik, foram 74km numa pedalada só, sem pressa, só no fluxo da brisa do Adriático. Antes de entrar oficialmente na cidade, ainda na pista, passamos pela ponte de Dubrovnik, uma grande ponte estaiada, e dali era possível ver o mar entrando para o interior do continente e formando a baía da cidade, linda vista do mar com lindas casas nos morros paralelos, e lindos transatlânticos atracados no porto prontos para receber vários velhos aposentados esperando para gastar o fôlego que lhes resta.

Continuamos pela Jadranska cesta (nome da rua/pista), e foi aí que veio a cagadinha do dia, pra variar entramos na cidade e fomos seguindo onde o nariz apontava, acabou que dobramos à direita numa rua e começamos a descer, e fomos descendo, embalou tão bem que nem reparamos para onde estávamos indo, quando parou de descer que fomos perceber que tínhamos voltado uma parte do percurso que havíamos feito, sim, ao invés de seguir para a Old Town de Dubrovnik (exato, mais uma Old Town), que era o nosso objetivo, seguimos o contrário pela parte de "baixo" da cidade, enfim, não foi um grande problema, só tivemos que subir novamente pra depois descer até a Old Town e por lá nos estabelecermos. Nessa conhecemos um pouco mais da cidade, mas o grande barato ficava por conta da parte medieval, com sua fortaleza, muros e portões, história, muita história, sangue e glórias por onde pedalávamos... Mas antes de pisarmos em mais um ponto histórico da Europa, paramos num bar pra tomar um cafezinho e tentar usar a internet do local, a ideia era ver se tinha hostels baratos e vagos e já reservar uma ou duas noites. A internet era tão ruim que só tomamos o café mesmo e resolvemos partir pro ataque e sair perguntando de porta em porta se tinha vaga e preços. E deu certo! Logo que fomos adentrando a parte histórica da cidade já era evidente a diferença, lotado de pessoas pelas ruas, na sua esmagadora parte turistas, claro, e o caos foi tomando forma. Descemos das bicicletas e fomos empurrando, logo já avistei uma placa apontando pra minha esquerda escrito "Hostel", e já fomos direto pra lá perguntar, descemos uma escadaria, toquei a campainha, a pessoa nos atendeu gentilmente e em menos de 2 minutos depois já tínhamos onde passar a noite! Mais fácil impossível, e com localização ultra previlegiada, com preço acessível para onde estávamos, não era barato, mas em plena Pérola do Adriático (como Dubrovnik é chamada), do lado da muralha e da parte principal da cidade, no pé do Fort Lovrijenac onde foi gravado Game of Thrones, 100 kunas era pagável! De quebra, por ser baixa temporada o hostel estava vazio, era como alugar uma casa inteira e ter como jardim o King´s Landing e como piscina o mar onde gravaram a batalha de Black Water. Realmente muito foda o lugar!

Meu aniversário seria no dia seguinte e não queria passar o dia pedalando, portanto pegamos duas noite em Dubrovnik, também tínhamos roupas para lavar e já aproveitamos o serviço do hostel para tal, caiu tudo como uma luva. E com tudo já ajeitado, era hora de um giro rápido pela Old Town, nem precisou de muito para nos depararmos com um local extremamente lindo! Tudo lá parecia intacto, não eram ruínas, tudo estava perfeitamente conservado, não foi a toa que grandes séries e filmes escolherem esse local para filmagem, depois de estar ali - in loco - era fácil perceber isso. O local é bem pequeno, nada que um dia inteiro bem andado ou dois dias tranquilo, não resolva. E de longe foi o local onde mais avistei turistas por metro quadrado, isso na baixa temporada, nem quero imaginar na alta temporada.

Mas depois de ler um pouco sobre a cidade, eu descobri porque parece estar tão intacta depois de séculos de vida. Na verdade a cidade foi reconstruída. Dubrovnik foi fundada na primeira metade do século VII, mas muitas teorias contradizem este fato, dizendo ser possível que a cidade já existisse antes mesmo de Cristo. As famosas muralhas e torres de Dubrovnik foram construídas entre os séculos X e XIII com o objetivo de proteger a cidade, como qualquer outra muralha pelo mundo. Em 1667, Dubrovnik sofreu um terremoto e foi bastante afetada. Muito tempo depois, em 1991 e 1992, a cidade foi uma das áreas da Croácia mais afetadas pelos bombardeiros por parte das tropas iugoslavas, mais da metade dos monumentos e construções foram danificados e o turismo sofreu um grande baque. A cidade foi reconstruída a partir de 1995 devido a um acordo entre a Unesco e a União Europeia, que ajudaram a reparar todos os danos deixados pela guerra e o turismo floresceu novamente, e lá estava eu passeando, contemplando e aprendendo.

Só que bem diferente da grande maioria dos turistas por lá - que chegaram na cidade atráves de veículos motorizados - eu, mais Bruno, chegamos através de veículos não motorizados, ou seja, o gostinho que eu tinha de estar naquele lugar pelo esforço das minhas pernas e corpo fazia tudo aquilo parecer ainda mais mágico, não só em Dubrovnik, mas por tudo onde passei! E pra comemorar nada melhor que uma cerveja no gargalo!

Como tradição, eu e o Bruno compramos duas cervejas de garrafa e saímos bebendo no gargalo... Coisa feia e deselegante vocês pensam, certo? Não! Era legal! Até brindamos nossa aventura segurando as garrafas bem na escadaria onde foi gravada a icônica cena do "Shame, Shame, Shame" da série Game of Thrones, se você não assistiu a série e não sabe do que estou falando, coloca no seu computador e logo saberás, se não quiser também não importa, foi legal mesmo assim. Retornamos ao hostel, passamos para pegar as roupas que deixamos para lavar, que por sinal lavaram muito bem e até secaram bunitinho, cheirosinhas, fazia tempo que não sentia minhas roupas tão cheirosas! A ideia para a noite seria achar algum bar/festa para irmos, para celebrar a nossa aventura e o meu aniversário, só que nesse quesito Dubronivik nos decepcionou, não era culpa da cidade, era culpa da baixa temporada. Nossa indagação enquanto andávamos pelas ruelas pela noite era onde se encontravam todas aquelas pessoas que vimos durante o dia?

Vimos tanta gente pela rua que a expectativa para a noite só podia ser uma, alta! Como num passe de mágica todos sumiram pela noite. Só nos sobrou sentar e bebemorar com muita conversa e risada entre nós mesmos.

Como de praxe, paramos no primeiro pub irlandês que vimos, e como de praxe, quase infartamos com o preço da cerveja. Bateu uma saudade de Sarajevo na hora, onde numa terça-feira tinham mais pessoas e vida pela rua durante a noite e a cerveja, além de boa, não custava mais de 2 euros!

Eu e Bruno íamos lembrando disso chorando e rindo ao mesmo tempo, e bebendo também! Como a esperança é a última que morre, tentamos então ir até uma discoteca que o cara do hostel havia nos indicado, que ficava do lado de fora da fortaleza, passamos por um dos vários portões que tem na fortaleza e caminhamos até lá. E claro, a discoteca estava fechada, como tudo na cidade, só faltava passar uns fenos voando e escutar o assobio do vento.

Já com a ideia de retornar ao hostel e dormir na cabeça, no caminho de volta o Bruno falou pra entrarmos novamente na Old Town e tentar uma última vez, como diz o poeta "já que está no inferno, abraça o capeta".

E lá no finzinho da viela avistamos uma luzinha fraca acesa, era um outro pub irlandês com algum resquício de vida dentro e tentamos a sorte. Entramos e fomos direto ao balcão, pedi uma pitcher (jarra de 1,5l) de cerveja, a mais barata - e mais ruim - e por ali ficamos. Eis que de repente surgiu um grupo de pessoas da nossa idade, o que estava raro naquela noite, seis pessoas passaram pela porta e vieram em direção ao balcão. E como mandada pelos deuses da Dalmácia, com eles estava a Sabrina, uma alemã que estava junto ao grupo recém-chegado ao pub, ela parou do meu lado no balcão para pedir algo, falei "Oi", ela respondeu e logo começamos a conversar, mal eu sabia que com ela tinha um neozelandês ciumento. Expliquei pra ela que estávamos pedalando pela Europa e blá-blá-blá... Ela adorou, e conversa vai, conversa vem, o relógio apitou ooh e eu soltei um envergonhado "Happy Birthday to me", e curiosamente ela me disse que um amigo dela também comemorava o aniversário dele, por isso estavam ali. Eita! Ela o chamou, era o neozelandês ciumento que mencionei acima, rapaz gente boa, mas que demonstrou alguns momentos de ciúme quando eu conversava com a Sabrina e ela respondia com alegria e cheio de "toques" pra cima de mim, enfim, peguei uma velinha que tinha comprado, acendi e o convidei para assoprarmos juntos. Sabrina ainda conseguiu uma dose de alguma bebida indefinida de graça para nós, guria animada sô! E a noite que parecia morta deu uma acordada, óbvio que o álcool subiu um pouco em todos, depois apareceu uma holandesa na roda e ficamos todos lá conversando, tentando pelo menos, mas ficou nisso, cada um foi pro seu canto e a noite acabara por ali, mas não sem antes tentar achar algo para comer. Achamos só lá do lado de fora das muralhas, comemos um pedaço de pizza-fria-murcha e tchau e bença.

sexta-feira,
28 de Outubro de 2016
Dubrovnik

Vinte e oito de outubro de mil novecentos e oitenta e seis, há 30 anos atrás nascia esse magrelo, caipira e teimoso que vos escreve. Quem diria, me tornei um homem de 30 na cidade de Dubrovnik, na Croácia, perdido pela costa do mar Adriático, em meio a minha aventura pedalando pela Europa, após milhares de quilômetros percorridos com minhas próprias pernas e a mais de 12.000km de distância da minha terra natal... Lá estava, numa manhã de sexta-feira, sentado numa singela mesa da cozinha de um singelo hostel, de uma cidade com mais de 4 mil anos de história, conquistada e desbravada por muitos. Todos esses desbravadores se foram, mas a marca e história deles ficaram... E que história, meus amigos, que beleza, a Pérola do Adriático, assim era chamada essa parte que eu pisara no meu trigéssimo aniversário, celebrando mais um ano de vida... Ou menos um ano de vida?

A ideia de vida eu sei que é limitada, mas o que fazemos com ela, o que criamos e passamos nela, se bem vivida, toda essa história, ela é imortal. Assim como todos os povos que por aquele lugar já passaram e já se foram, suas histórias e marcas por lá continuam, e sempre o será. Nunca gostei de comemorar aniversários (os meus) apesar de eu ter convicção que essa é sim uma data digna de comemoração, mas esse negócio de "feliz aniversário, parabéns por mais um ano de vida" nunca me convenceu...

(...) Um ano a menos de vida. Gosto muito do que Fernando Pessoa diz ser a maior certeza do ente humano, a morte. Ele diz que "O homem é um cadáver adiado", e assim somos. Um dia a menos a cada dia que passa, e as pessoas dizem "Parabéns, feliz aniversário. Mais um ano de vida", mas se parar pra pensar, na realidade, é menos um ano de vida. Claro que falando assim soa como algo triste, depressivo ou negativo, mas pelo contrário, talvez essa seja uma das ideias mais engrandecedoras que existem pra vida, pois a partir do momento que tomamos consciência que é um dia a menos a cada dia que passa, que somos um cadáver adiado, cada dia, cada momento é um investimento e vale por ele mesmo. E pensando assim, com um ponto de vista mais filosófico, eu me vejo hoje uma pessoa mais consciente de que a vida é um período limitado e que um dia irá acabar, claro, tendo noção de que nem tudo são flores, ainda bem, senão a vida seria muito chata. Bônus e ônus. E parte deste processo que venho passando, que tento aproveitar ao máximo, está o conhecimento, adquirir conhecimento, isso sempre me alegrou e me engrandeceu, apesar de dar um trabalho danado. Bônus e ônus. E quando penso num lado mais científico e físico da coisa, com esse universo infinito com bilhões de galáxias e cada galáxia com bilhões de estrelas, no final não temos assim toda essa importância, e não tendo toda essa importância me sinto livre para a minha construção e a construção da minha história. Feliz aniversário, Lucas, e parabéns por um ano a menos de vida, menos um ano muito bem vivido. (...)

E o dia - o meu dia - continuou muito especial, lugar extraordinariamente especial, momentos especiais e pessoas especiais. E já que estava alojado no pé de King's Landing, bora lá para uma visita.

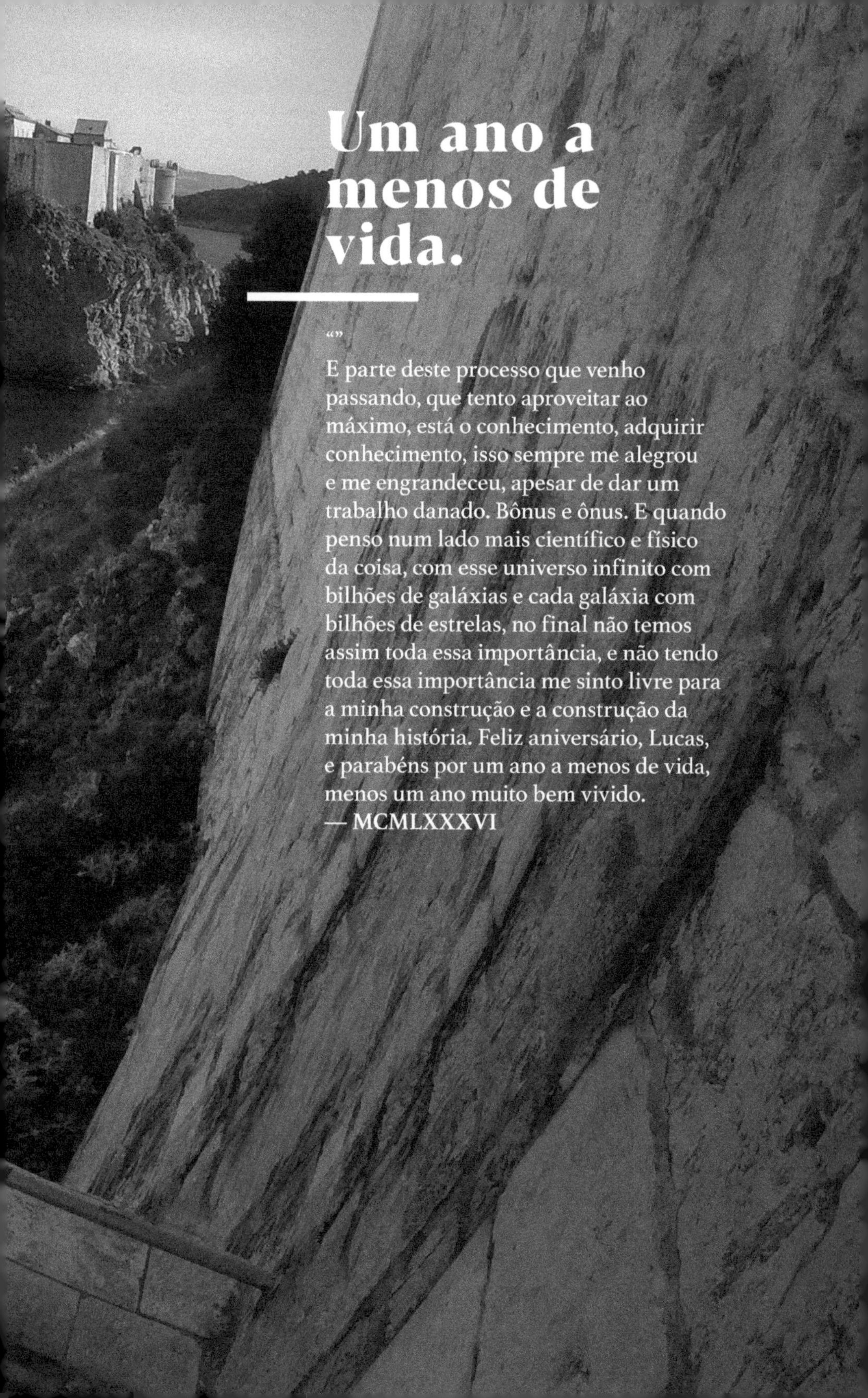

Um ano a menos de vida.

———

"

E parte deste processo que venho passando, que tento aproveitar ao máximo, está o conhecimento, adquirir conhecimento, isso sempre me alegrou e me engrandeceu, apesar de dar um trabalho danado. Bônus e ônus. E quando penso num lado mais científico e físico da coisa, com esse universo infinito com bilhões de galáxias e cada galáxia com bilhões de estrelas, no final não temos assim toda essa importância, e não tendo toda essa importância me sinto livre para a minha construção e a construção da minha história. Feliz aniversário, Lucas, e parabéns por um ano a menos de vida, menos um ano muito bem vivido.
— MCMLXXXVI

E o local também não poderia ser diferente, lindo! Subimos até o forte, vislumbramos as águas límpidas que banhavam ao redor, pagamos 4 euros e entramos no castelo para uma visita. Até encenamos uma batalha icônica - e cômica - entre eu e Bruno no mesmo cenário onde ocorreram muitas das batalhas da série da HBO. Depois de brincar e explorar no Fort Lovrijenac, descemos e retornamos à Old Town e por lá ficamos por horas.

Almoçamos qualquer coisa (sério, não me lembro o que comemos) e passamos num mercadinho para comprar duas cervejas e ir tomando enquanto caminhávamos pela vila, assim como fizemos no dia anterior - Shame, Shame, Shame - só que dessa vez foi "SHAME (vergonha)" mesmo o que passamos. Não contávamos que no caminho haveria um policial, feliz da vida cumprindo seu compromisso e disposto a tirar as garrafas de cerveja da nossa mão. Sim! E já de longe ele nos fitava com as garrafas nas mãos e veio andando em nossa direção fazendo sinal de negativo com a mão direita e pedindo para jogar as cervejas fora...

- Not allowed to drink, right? - Perguntei para o oficial.

- No! - Respondeu o seu guarda. Merda!

Jogamos uma garrafa inteira - e gelada - de boa cerveja no lixo! Eu até salivava de tesão por aquela cerveja e não tinha dado nem uma golada! Raios! Raios duplos! Ô seu guarda, somos apenas dois rapazes

latino-tupi-americanos sem dinheiro no bolso, sem parentes importantes e vindo do "interiô", usando o que tinha pra saborear o meu dia... E continuamos a andança murmurando e salivano a perda de um ente importante, a cevada. De repente avistamos, numa das várias vielas de pedra e suas escadarias muito loca, uma plaquinha escrito "craft beers", mas não pensamos duas vezes e descemos para encontrar com aquelas belezuras. Oito garrafas de ótimas cervejas artesanais croatas depois, e muita - e ótima - conversa, causos, risadas e nostalgias da parte da vida que já passou entre eu e Bruno, decidimos retornar ao hostel. De volta ao hostel, preparei uma gororoba de arroz com atum e legumes. Comemos e saímos novamente para a "night", dessa vez com expectativa zero! E foi a mesma coisa. Sei lá, durante o dia lindas mulheres desfilavam pelas ruas, durante a noite elas sumiam, ou viravam homens! E fomos a passos tranquilos - e meio tortos - caminhando de volta, vislumbrando pela última vez a beleza daquele lugar.

Luzes alaranjadas, vermelhas e amarelas. Túneis e passagens tão antigos que sentia no ar gélido entre as paredes, o passado de tribos e pessoas já ausentes. Olhava cada luz, da mais fraca até a mais forte...

E era apreciando essas pequenas belezas que terminava mais um dia, o meu dia. E devo admitir que não era um jeito tão ruim de riscar mais um dia na vida.

DUBROVNIK

MONTENEGRO

9317 KM

sábado,
29 de Outubro de 2016
Dubrovnik → Kotor

Levanta! Acorda! Bora! Prepara o café da manhã, assiste TV - ruim, nossa, ruim - croata. Prepara as coisas, monta na bicicleta... Fui pegar a minha barraca que estava jogada na parte de cima de uma beliche desmontada e quando puxei veio umas grades da cama junto, que caíram em cima de mim, puta barulheira! Ainda bem que virei a tempo e os ferros caíram nas minhas costas e não aconteceu nada. Go! Go! Go!

Sobe. Subida. Sobe. Calor. Gatos. Nossa, quantos gatos pelo caminho, parecia um zoológico só de felinos, o paraíso felino, felinolândia! Se eu fosse um amaria viver por ali também. E continuamos subindo, com aquela manhã de sol lindíssima, com aquele mar mais lindo ainda do nosso lado, fomos subindo em direção à Jadranska cesta, nome da pista/rua/rodovia, que traduzindo literalmente significa "Adriático é frequente", faz sentido.

Fomos seguindo até chegar numa parte que não tinha saída, só que já dava pra ver a pista, pegamos as bicicletas e passamos por cima do guardirreio, cortamos caminho e finalmente pegamos a estrada em direção a Montenegro, o meu décimo primeiro país, contando Mônaco e Vaticano como países, que estranhamento são chamados como tais. Paramos num mercadinho de beira de estrada, na frente de um posto de gasolina, perto do aeroporto de Dubrovnik (Zračna luka Dubrovnik doo), compramos um jogú (o nosso querido iogurte), comida e seguimos.

E logo outra fronteira se aproximava, dessa vez Croácia-Montenegro. Cortamos fila e cruzamos o paranauê para o lado montenegrense da força. Ê linda Montenegro, e muita montanha, devia se chamar Montanha e não, Montenegro. Seguimos pedalando pela E65, passando por vários vilarejos em direção a Kotor, outro lugar que eu nem fazia ideia que existia, um local histórico chamado Kotor, graças à Sabrina, a alemã do bar em Dubrovnik, que nos indicou passar por lá, e assim foi e logo já entrávamos pedalando pela baía de Kotor, mais uma baía, mais uma Old Town!

Mas antes de ir seguindo até lá, resolvemos parar para comer algo, avistamos alguém fazendo algo numa churrasqueira num local que parecia um restaurante, açougue, não sei. Vimos pessoas parando lá para comer e resolvemos parar também.

O local parecia aqueles botecos de estrada, simples de tudo, mas, meu filho... que lanchão delicioso que comemos, e só 2 euros custava, delicioso! Antes de comer o LANCHÃO delicioso que comemos, estava eu sentado esperando pelo LANCHÃO e observei que tinha um homem reparando nas nossas bicicletas e com um inglês bem ruim, mas conversável, ele se aproximou bem animado e começou a me fazer perguntas, logo falei que éramos do Brasil e ele soltou o sorriso e a conversa fluiu como se nos conhecêssemos há anos!

Moral da história, além daquele LANCHÃO que comemos, ele deu uma Coca-Cola pra cada e nos levou para conhecer o escritório dele, mostrou as fotos e os documentos que ele tinha do Estrela Vermelha, famoso time de futebol soviético, hoje com sede em Belgrado na Sérvia. Falou também orgulhosamente que conheceu o ex-jogador de futebol do Vitória e do Flamengo, o Dejan Petković, mais conhecido como Petković, quando ele começava a sua carreira no futebol, quando tudo ali ainda fazia parte da antiga Iugoslávia. Mostrou fotos e nos pediu carinhosamente se era possível escrevermos alguma mensagem em português para ele no caderno de memórias que ele tinha numa gaveta. Tinha toda a história em retratos pela parede do bar/açougue/restaurante, sei lá o que era, só sei que... LANCHÃO!

Deixamos pra ele a garrafa de cachaça artesanal que trazíamos conosco, a mesma que o Bruno trouxe do Brasil e que começamos a beber lá em Veneza e ainda trazíamos no porta cantil da bicicleta. A garrafa estava pela metade, mas mesmo assim ele ficou feliz da vida com a lembrança que deixamos, espero que ele guarde a garrafa pelo menos, porque o líquido deve ter ido embora guela abaixo no mesmo dia. Grande Beja - ele falou o nome dele, não sei se escreve assim, mas entendi isso - ótima e simples pessoa!

(...) ó querida Montenegro, que grande recepção essa que dares tu, agora só nos faltam as ninfas, oréades em grande júbilo, saltitando em nossa direção (...)

E depois de sonhar acordado com ninfas montenegrenses, seguimos em direção ao barco que o Beja tinha nos indicado e que nos adiantou a vida.

Kotor fica do outro lado da baía onde nos encontrávamos, portanto teria que pedalar, contornando a baía até chegar no vilarejo. De onde estávamos até lá seria algo em torno de 27km de pedal. Mas o nosso amigo Beja nos disse para pegar um barco que cruzava essa baía em 10 minutos, e que o local para pegá-lo era ali do lado - era muita sorte pra um dia só - e lá fomos nós! Compramos o bilhete, Kamenari-Lepetane - 1 euro - e logo o barquinho estava ali, jogamos as bicicleta pra dentro e 10 minutos depois já estávamos do outro lado da baía. Pedalamos mais uns 14km até Kotor, mas claro, não poderia faltar adrenalina e perigo nesses quilômetros finais!

Antes de chegar em mais uma Old Town passamos por 2km de túnel horrível, perigoso e mal sinalizado, com uma barulheira de carro passando que os tímpanos até doíam! Medo! E muito tempo depois, visualizando o mapa, vi que tinha outro caminho que contornava a baía, muito mais bonito e hipertranquilo para bicicletas. Burro!

E alguns quilômetros adiante surgiu Kotor, uma cidade fortificada que se escondia entre muralhas imponentes desenhadas em forma triangular e com arquitetura medieval também muito bem conservada. Lá dentro carros não circulam e também não podia andar em cima da bicicleta, portanto descemos e seguimos empurrando até encontrarmos um hostel, perguntamos o preço e por lá ficamos, ótimo e diferente hostel.

Enquanto me ajeitava no quarto dividido, mais 4 pessoas chegavam, eram dois alemães e dois neozelandeses. Conversando com um dos alemães, ele me disse que acabava de retornar de uma viagem de 8 meses pelo Brasil. A conversa foi muito boa, ele se mostrou surpreso de saber que em certa parte do Brasil - algum lugar do sul - as pessoas também falavam o alemão e também provou que conhecia mais do Brasil, turisticamente falando, do que yo aqui. Conversa terminada e banho tomado, era hora daquele rolê noturno pelas vielas escuras da vila medieval de Kotor!

Muitos prédios antigos, palácios, fortificações, igrejas e monastérios, alguns apenas marcados por ruínas e assim fomos nos perdendo pelos becos e ruelas, observando as fachadas de pedras e forte influência veneziana na cidade, que pertenceu a Serenissima Republica di Venezia por quase 300 anos, assim como praticamente todo o Adriático! Como não havia muito o que fazer (baixa temporada), quase tudo já fechando, comprei um souvenir de memória de Kotor e seguimos para comer algo.

Jantamos uma ótima lasagna e, acompanhados de um frio que pegou forte, voltamos sem pressa a caminho do hostel para mais uma noite de sono numa beliche onde tantos já dormiram.

domingo,
30 de Outubro de 2016
Kotor → Sutomore (Cутоморе)

Pela manhã, enquanto tomava meu café lindo e quentinho, trombamos com um senhor da Malásia que curiosamente também viajava com sua magrela, mas ele estava fazendo o caminho oposto ao nosso, ele vinha da Turquia pedalando e iria até a Suíça! Ou seja, eu estava correndo do frio em direção ao sul e ele, seguindo de encontro ao frio em direção ao norte!

Grande Foo C Young ou mestre Miyagi (óbvio que tínhamos que dar um apelido pra ele), de 55 anos e mais um exemplo de que tem como!

Comi um sonho - o doce - murcho com café e seguimos para visitar a linda muralha de Kotor. Subimos por uma escadaria de pedras escorregadias e bastante íngreme, paramos no meio do caminho para descansar um pouco numa igrejinha e a vista de lá já era compensadora, sacamos algumas fotos e continuamos subindo. Foram nada mais nada menos do que 1350 degraus - bem cansativos - até o topo da muralha que serpenteia o Monte St. Ivan, chegamos a 1200 metros de altura com uma vista deslumbrante da baía de Kotor e seus fodásticos fiordes!

Essa região de Kotor, que já foi habitada por trilhões de povos diferentes, foi primeiramente habitada pelos ilírios (que deram o nome "Dalmácia" pra essa região. [Os cães dálmatas têm origem por aquela região também]), do século III a.C. até o ano de 168 a.C., quando os romanos fizeram a ocupação que durou até a queda do império em 476 d.C. Já no período dos ilírios várias fortificações nas montanhas foram construídas. No período romano, Kotor era conhecida como "Ascrivium", depois da queda do império romano, a área passou para a influência do império bizantino e Kotor assumiu um papel de relevância principalmente devido à estrada para caravanas construída com direção ao interior da região.

Com o nome de Cátaro (em italiano: Cattaro), a cidade e a região circundante fez parte, entre 1420 e 1797, da República "Sereníssima" de Veneza, período que influenciou de forma ainda hoje visível na arquitetura da cidade. Em 1797 a área passou para o domínio dos Habsburgos (Império Austro-Húngaro), os mesmos que, em homenagem à esposa de Dom Pedro I, a D. Leopoldina da casa de Habsburgos, deram a cor amarela à bandeira do Brasil. Achava que a cor amarela era por causa do ouro? Achou errado!

Depois Kotor mudou para o domínio de franceses e ingleses e voltou posteriormente para os Habsburgos até a eclosão da I Guerra Mundial. Com o fim da primeira guerra toda a área passou a fazer parte da Iugoslávia e depois da república da Sérvia e Montenegro até a proclamação da independência em junho de 2006. Um país e lugar tão pequeno assim em território e que tem uma história que daria pra escrever vários livros.

De volta à parte baixa de Kotor, trombamos sem querer querendo com a alemã Sabrina, lembram dela? A mesma que nos indicou Kotor.

Sr. Miyagi

""

Nunca coloque paixão
acima do princípio, mesmo
quando você ganha, perde.
— Miyagi, Sr.

Trocamos umas rápidas palavras, agradecemos ela novamente pela indicação da cidade e seguimos para pegar as nossas bicicletas para darmos rumo
aos bois. Mas não antes sem tomar um grande esporro de uma senhora - já
bem velhinha e caduca - que morava escadaria acima do hostel. Ela tacou
uns prendedores de roupa em mim, eu óbvio que não estava entendendo
nada que estava acontecendo, imagina a cena: uma velhinha que aparece
do nada pra fora da janela da casa em que mora e começa a falar alto numa
língua alienígena e a tacar prendedores de roupa na tua cabeça. Pois é...

Ouvindo toda a gritaria, o rapaz da recepção do hostel saiu para averiguar,
começou a rir e me disse que ela estava brava porque eu tinha encostado a
minha bicicleta na parede do prédio antigo. Mamma mia! Ele falou pra não
ligar. Acenei pedindo desculpa pra senhora e segui empurrando a Nhanderecó Kotor afora. No caminho, empurrando as bicicletas, trombamos
novamente com o senhor Miyagi e paramos para registrar o momento com
uma fotografia em frente à igreja de São Lucas. Simpático senhor Miyagi!

Já do lado de fora do forte, fomos pedalando e paramos para tirar fotos
e vislumbrar mais uma vez a baía e os fiordes de Kotor, depois seguimos
nosso rumo, mas não sem antes pararmos para o almoço, sim já era hora
do almoço quando começamos a pedalar. Avistamos tipo um açougue, sei
lá, parecia um açougue, tudo parecia açougue... e eles também estavam
servindo almoço, e meus amigos, que almoço! Finalmente carne de vaca,
nem lembrava a última vez que tinha comido uma. E mais uma vez comida
boa e barata! Energia renovada, muita gordura pra dentro, bora cair na
estrada pra valer!

Saímos um pouco tarde de Kotor, por volta da 13h, e reparei que o horário
do relógio estava diferente, estava adiantado, o GPS mostrava o pôr do sol
começando às 16h42, como assim? Na Croácia no dia anterior mostrava às
17h42, agora no dia seguinte caiu uma hora? Isso não era legal.

Primeira coisa foi passar o maldito túnel de 2km, desta vez era necessário
passar pelo túnel pra cortar caminho, mesmo sabendo de outro caminho
que contornava a baía, mas esse fazia o caminho inverso na volta e como
queríamos adiantar, decidimos passar pelo túnel novamente, e novamente
com medo passamos. Passando a adrenalina do túnel o restante do dia seguiu
tudo dentro dos conformes, mais uma vez estava perfeito para pedalar, sol
lindo lá em cima e não muito calor aqui embaixo, temperatura perfeita.
Também mais uma vez muita subida e paisagens lindas pela estrada. E
fomos seguindo pelo lindo percurso de estrada simples, mas paisagem
ímpar, e pela primeira vez na minha viagem eu avistei uma mina de água
natural saindo da montanha, água geladinha. Obrigado, mãe natureza!

Subimos mais montanhas e continuamos pedalando, nem tínhamos
pedalado tanto e o dia já estava escurecendo, muito estranho. Nisso já era
hora de abrir o olho e pensar em onde, ou como, passar a noite.

Percebi nuvens bem carregadas no céu e acampar começou a virar uma
dúvida importante, o Bruno nem precisava perguntar, ele optava por achar

um hostel ou albergue, eu não ligava de acampar, só que aquele clima que deu uma reviravolta não me trazia confiança e com isso seguimos o plano B, albergues! O problema é que era domingo e estávamos praticamente no meio do nada. Praticamente não, estávamos no meio do nada! E como achar algo aberto num domingo de baixa temporada no meio do nada? Batendo na porta e rezando pra ter gente! Vai anotando aí as dicas do tio, cambada.

E depois de algumas tentativas, avistamos numa rua à nossa direita um pequeno prédio com uma placa grande escrito "Hotel"... Vamos lá, né, mas claro, estava fechado também. Apertei a campainha numa esperança quase mínima de alguém morar ali... E não é que me respoderam?! Uma senhora saiu para nos recepcionar, foi super gentil e nos deixou ficar num quarto.

Não tinha ninguém no hotel, que estava fechado para o inverno, mas acho que ela viu a nossa condição - de mendigos - e ficou com dó. Cobrou bem menos que o valor normal, segundo ela, 12 euros pra um quarto novo de hotel, com duas camonas de casal, não estava caro mesmo.

E realmente aquele hotel nos salvou o dia, uns 40 minutos após nos instalarmos o céu veio abaixo lá fora, caiu uma chuva forte com um vento mais forte ainda, se tivéssemos acampados estaríamos voando por aí até hoje.

E como já era noite, e o mundo revolto lá fora, só que ainda cedo devido à troca do horário, tive tempo de sentar com calma e pôr em dia o meu mapa e o caderno de viagem.

O clima ficou fechado e hostil quase a noite inteira e os jornais na TV já anunciavam neve no norte de Montenegro... #medo.

9465 KM

segunda-feira,
31 de Outubro de 2016
Sutomore (Сутомоpe) → Shkodër

Montenegro foi outro belo encontro com o acaso. Definitivamente um país que nunca me passou pela cabeça conhecer. Pequenino e montanhoso, bem preservado, principalmente em sua veia medieval - como presenciei na bela Kotor - e repleto de belezas naturais, claro que não tão diferente da Croácia no quesito beleza natural, pelo menos onde passei, mas ainda assim super bonito. Também parte da antiga Iugoslávia e com apenas 10 anos de vida (independente da Sérvia em 2006), uma nação que quer a paz. Pena que passamos só pela parte mais litorânea e pulamos a capital Podgorica, mesmo assim valeu cada instante. Mas a aventura tinha que continuar rumo ao próximo país, mais um que nunca me passou pela cabeça conhecer, a Albânia!

Logo cedo já pulei da cama e a primeira coisa que fiz foi averiguar lá fora como que estava o clima, estava tenso esperando um clima ruim, mas tudo parecia ter se acalmado em relação à noite passada, quando os deuses ilíricos brigavam entre si com vento, raios e trovões!

E continuamos nossa jornada pelo "temido e pobre" leste europeu, forma geopolítica que gostam de dizer e generalizar por aí, mas que tecnicamente é o sudeste europeu. Agora era a vez de entrar na Albânia e ver o que esse país, praticamente esquecido nos guias de viagens, tinha (ou não tinha) a oferecer. O percurso matinal foi até tranquilo, a estrada foi alternando entre estradas bem simples, onde cabe um carro e meio na rua (quando vinha um de cada lado um tinha que esperar o outro passar) e depois estradas do tipo secundárias, com faixas pintadas no chão, mas ainda pequenas e estreitas. Muitas casinhas solitárias e simplesinhas também pelo caminho, carros antigos e bem velhinhos, gente passando com carrocinha, cachorros soltos pelas ruas... até me lembrava um certo país do qual sou nascido.

Eu, mais Bruno, seguíamos pedalando e adentrando o reino das "pekaras", que é como eles chamam as padarias por aqui, pelo menos era o que parecia. Começamos a notar que havia várias pelo caminho e óbvio que começamos a fazer piadas e falar "pekara" pra tudo e pra todos, não me pergunte o porquê, a palavra apenas soava engraçada naquele momento da viagem... "Bora pra uma pekara comer um frango". E entre uma pekara e outra cruzamos mais uma fronteira e demos adeus à querida Montenegro e um olá à ainda desconhecida Albânia.

O território albanês foi local de diversas colônias gregas e assim como os territórios reais da Dalmácia - Croácia, Bósnia e Herzegovina, Montenegro e uma grande parte da moderna Sérvia - a Albânia também fez parte do reino da Ilíria. Shkodër ou Shkodra (Scutari) seria nosso primeiro destino no país, depois seguimos para a capital Tirana e depois sentido à Macedônia.

A história """"mais recente"""" (muitas aspas por que todos esses lugares têm história pra caralho!) da Albânia, como em toda Europa, vai longe, presenciou a guerra balcânica, se declarou independente do Império Otomano, foi ocupada pela Itália na II Guerra Mundial e, até 1990, foi um estado isolado do ocidente e dos outros estados situados no outro lado da

Guerra Fria, como a União Soviética e a China. O país ainda sofre muito com problemas econômicos e tem problemas com o crime organizado e com os refugiados do Kosovo, e tudo isso ficou bem visível já na hora que cruzamos a fronteira.

Quando estávamos passando pela imigração, veio um guri branquelo, apareceu do nada e veio em minha direção com a sua bicicleta, era um alemão, só por Deus o que ele estava fazendo ali. Parecia ser bem novo e estar se aventurando de bicicleta pela Europa também, ele apareceu com seu inglês bem ruinzinho, nariz cheio de narótchio (ranho), e tentou nos ajudar, perguntei pra ele se sabia onde tinha algum hostel em Shkodër, ele nos mostrou mais ou menos no mapa onde encontrar um e nos despedimos.

Desde a Croácia, a diferença com o resto da Europa, ou o oeste europeu, já era visível, mas na Croácia, pelo menos nos pontos turísticos, nada mudou muito, muito menos os preços das coisas! Na Bósnia sentimos bem essa diferença econômica, mas foi na Albânia que vivemos de verdade isso e onde caiu a ficha de vez. Parecia que estávamos entrando num bairro mais pobre do Brasil, não favela - que é um certo extremo da pobreza - mas um bairro pobre com suas muitas deficiências, aliás foi uma das primeiras coisas que veio em minha mente, e foi o que eu e Bruno falamos um para o outro logo nos primeiros quilômetros no país.

Logo que cruzamos a fronteira já trombamos com uma galerinha de crianças, acho que estavam indo pra escola, ou esperando o transporte pra escola, eles nos viram com nossas bicicletas cheias de parafernália - e todas diferentonas - e começaram a nos acenar e correr atrás de nós, todos felizes e curiosos para saber de onde éramos. Claro que falavam na língua deles, eu não fazia ideia do que falavam, mas imaginei isso e acenava de volta sorrindo. Muitas pessoas que passavam de carro buzinavam e sorriam pra gente, ou seja, coisa de países pobres mesmo, pois em países ricos eles nem te olham na cara, quiçá querem saber quem você é. Não que as pessoas de países mais ricos sejam mal-educadas ou não se importem, é simplesmente pelo fato de que fazer isso o que eu vinha fazendo (viajando de bicicleta e com uma bicicleta moderna) não seja nada novo e diferente pra eles, então automaticamente isso não os impressiona muito. Agora tenta fazer uma viagem dessas de jegue e passe pelos países ricos, tenho certeza que terão curiosidades e irão te parar para perguntas e estranhamentos.

Seguimos estrada até cruzarmos a Buna Bridge e chegar oficialmente em Shkodër, cidade de nome bonito, repita comigo "Shkodër (issxiróder)", e as coisas pareciam estar melhorando, ruas sinalizadas, estabelecimentos comerciais, era um Brasilzão da vida mesmo! Da ponte avistamos lá no alto da montanha um pequeno castelo, o Rozafa Castle, eram ruínas venezianas na Albânia. Dobramos à esquerda, passamos no pé da montanha e seguimos até a região do hostel indicado pelo alemão ranhento. E oficialmente estávamos no caos albanês, que era uma mistura de Brasil com Egito... não, com Sérvia comunista.

E pra achar o maldito hostel? O Bruno viu escrito na parede de um prédio, pixado com tinta spray, alguma coisa "Hostel" apontando com uma seta pra esquerda, fizemos o sinal da cruz - in nomine Patris et Filii et Spiritus Sancti (†) - e seguimos a seta. De repente o asfalto deu lugar a um chão de terra - ê brasilzão - e mais pixações na parede confirmaram que estávamos no caminho certo e segundos depois um "smile" pixado em outra parede confirmava o local, um sorriso simpático na parede. Falei com a "recepcionista" que morava lá, pagamos 5 euros e estávamos dentro do hostel. Quando mostrei meu documento pra moça ela ficou toda ouriçada com a minha pessoa, ela viu que eu era um tupi-latino-ítalo-americano e foi só elogios:

- "Nossa que mistura bonita". Só que não, filha, paramos por aí, sou um homem casado, de compromissos e a minha religião não permite (cof-cof).

Ajeitamos nossas cositas por lá, trancamos as bicicletas e saímos pra um rolê vespertino pela região. Avistamos uma grande mesquita branca e reparamos que por ali tinha uma passagem só para pedestres, com lojas e restaurantes. Pegamos o calçadão e fomos andando entre casas antigas e restaurantes bonitinhos, e seguindo a passos curtos avistamos um pub, olhou um para a cara do outro ¯_(¬_¬)_/¯ ¯_(╥_╥)_/¯ e adentramos ao recinto, claro, esperando pelo melhor, aquela expectativa inútil de sempre.

Estava rolando Halloween no local, decorações e tals, e estava vazio, mas como ainda era cedo, decidimos ficar e dar uma chance ao acaso. Nos ajeitamos numa mesa e pedimos duas cervejas albanesas... E o garçom perguntou de onde éramos:

- Brasil! - Disse pro garçom enquanto fitava uma garota no balcão.

- Ah o Brasil... Praia... Futebol... Mulheres gostosas (HOT)... - Responderam o garçom e as moças do recinto (lê-se garçonetes), que também perceberam o "Brasil" saindo da minha boca.

- Gostaria um dia de morar lá... - Continuou o rapaz enquanto abria as duas garrafas de cervejas albanesas e com os olhos brilhando.

Mal ele imagina que toda essa mítica criada pelo Zé Carioca era parte falsa e parte verdadeira (pensaba yo con la mia cabecita), mas comparado com a Albânia, sei lá, eu sentia uma certa verdade vindo dele.

Logo deixamos o pub - que era bem legal por sinal, só que bem vazio também, segunda-feira não dava pra esperar outra coisa - e seguimos achar algo para comer. Paramos num desses bares/restaurantes de rua - estilo churrasquinho de gato - que ficava debaixo de uma escadaria e pedimos uma pizza. Comemos uma boa pizza grande por 700 lek (5 euros), óbvio que a palavra "lek", moeda da Albânia, virou sinônimo pra tudo relacionado a dinheiro a partir de então, assim como as "pekaras" e os "quilômetro" da Bósnia... Trocamos alguns euros na casa de câmbio e ficamos cheios de lêkes! Ah mu-lêke!

Retornamos ao hostel, tinha uma nova hospede por lá no quarto, Martina, uma polonesa perdida pela Albânia, como nosotros. E por volta das 20h30 da noite eu já estava apagado na cama, no meu trigésimo quarto sono, sonhando com carneirinhos verde limão saltitando sob ninfas nuas semi-virgens no Butão.

terça-feira,
01 de Novembro de 2016
Shkodër → Tirana

Resumo do pedal nesse dia: Da lama ao caos, do caos a lama. Numa histeria coletiva pela estrada, pedalando junto a carros, caminhões, jegues, espaçonaves alienígenas... e comendo poeira que nem camelo no Saara, assim se resume o dia pedalando pelas estradas albanesas. E ainda assim conseguimos a façanha de pedalar 97km até Tirana, de forma descontraída - com muita sátira e ironia - eu e Bruno íamos tocando o barco rumo ao inesperado. Seguíamos pela E762, que parecia ser a estrada principal que ligava até Tirana, observamos no mapa que tinha umas ruas paralelas, mas pareciam caminhos tão estranhos, cheio de altos e baixos e que desimbocavam sempre nessa mesma estrada principal, preferimos, portanto, pedalar só por ela e fosse o que tinha de ser. Era tanto buraco - buraco não, cratera! - pela estrada que a cada pancada na bicicleta meu coração saía pela boca de medo da Nhanderecó quebrar.

- Ai, carai. Ai, porra. Ai, caceta! - Gaguejava eu entre um buraco e outro.

Eis que de repente a estrada E762 se torna A1 e muda completamente por uns 14km de extensão, a estrada se duplica com pavimento novo e sinalização pelo caminho, tinha até uma placa escrito que bicicletas não eram permitido, como assim? Do nada uma estrada comum vira uma rodovia? Enfim, como era um lugar sem lei, pelo menos assim o parecia, seguimos em frente pedalando e pelos próximos 14km tivemos a parte mais segura do dia em estradas albanesas, mas logo o caos voltou.

Paramos num daqueles clássicos mercadinhos de beira de estrada, onde até galinha viva tu encontra pra comprar, mas não tinha muita opção de coisas "normais", compramos uma bolacha recheada aleatória e dois energéticos, viciamos em energéticos depois disso e de ver que o preço era 62 Lek ou 0,50 centavos de euro!

E horas depois de pedalar mais alguns quilômetros, paramos para almoçar, e se tem uma coisa que a Albânia ficará na memória é o custo-benefício da comida que comemos por lá. Avistamos um posto de gasolina bonitão e um restaurante ao lado, igualzinho tu vê pelo Brasil, aliás, isso tinha de monte por onde passamos na Albânia, o que para nós ajudava muito. Paramos nesse restaurante beira de estrada, fui dar uma verificada dentro e parecia justo e limpinho, trancamos as bicicletas lá fora e bora cair pra dentro. Inglês não falavam uma palavra, mas o chef do local falava italiano e veio nos recepcionar, nessa tive que gastar meu ótimo (cof-cof), italiano com ele, funcionou e todos saíram felizes. Ele achou que o Bruno era holandês e eu norueguês, vai vendo as nóia...

Enfim, comemos bem pra caralho, comida pra cacete e até uma cervejinha nos acompanhou e cafezinho pós-almoço e pasmem, tudo 8 euros cada, 999 Lêke Lêke! Claro que depois dessa comilança toda, voltar a pedalar seria um desafio um tanto quanto sonolento, mas alguns quilômetros de poeira na cara depois já estávamos no ritmo pedalando em direção a Tirana novamente. Mas a pior parte só estava começando, ó senhor!

Eram só aqueles carros Mercedes antigos pelas estradas, parecia que todo refugo da Mercedes na Europa estavam ali na Albânia. Nos ultrapassavam sem dó nem medo, pra todo lado, tinha que pedalar com um olho no gato e outro no peixe e com a minha proteção no rosto pra não comer toda poeira que subia do asfalto. E conforme chegávamos perto de Tirana o fluxo só ia aumentando. O país cada vez mais me trazia lembranças de algumas partes do Brasil, Bolívia... Onde a lei é dada e obedecida, mas não se aplica.

O plano na Albânia foi entrar pelo noroeste, seguir pela parte mais central do país e sair pelo sudeste sentido sudoeste da Macedônia, cortando assim o litoral albanês, e acampamento por onde vínhamos passando parecia totalmente fora de cogitação, tanto pelos locais que passávamos quanto pelo preço das coisas que eram baratos e compensava mais pegar hostel do que acampar. E assim foi em Tirana, já tínhamos pesquisado um hostel antes de sair pedalando pela manhã e logo que entramos na cidade fomos em sua direção, era nessa hora que meu GPS no guidão da bicicleta nos salvava, pois era só ir seguindo e rezando pra estar certo. O problema era só encontrar os endereços estranhos nele, às vezes eu tinha que usar o bom senso e ler o mapa "mentalmente" e seguir meu instinto.

E apesar do hostel ficar num lugar bem estranho - caótico e sujo - o ambiente dentro conseguia ser bem legal e ajeitadinho, um bom achado. Tomei um banho, ajeitei as coisas no quarto e descemos na sala comum que tinha na casa, até cerveja própria artesanal eles tinham lá, muito legal e boa cerveja. Dois copos de cerveja depois, era hora daquele passeio vespertino pela região central.

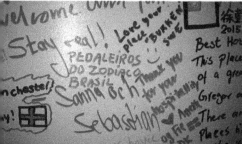

E eis que algumas quadras caminhadas depois, Tirana se mostrava uma outra cidade, um tanto confusa, confesso, e eu como brasileiro sou meio suspeito para falar isso. Em uma cidade com ruas caóticas, estreitas, sujas e esburacadas, do nada surgiam ruas largas, praças bonitas, mesquitas proeminentes - e muito bem iluminadas - e até semáforos tinha, e todos respeitavam! O que aconteceu? Entrei em outra dimensão, atravessei um portal? Brincadeiras à parte, a cidade nos surpreendia a cada passo dado, íamos caminhando super tranquilos pela noite, passamos até pela versão "mini da Vila Madalena" de Tirana, lugares charmosos, arborizados, cheios de lojas de consumo, carros importados, tudo aquilo eram evidências de uma reestruturação e modernização pelas quais o país passava, mesmo que os sinais das crises passadas e da desigualdade ainda estivessem fortemente visíveis por lá. Não sei se isso era bom ou ruim, mas espero um dia poder ver uma Albânia rejuvenescida e moderna e ter todo o sofrimento e destruição que via pedalando pelo país apenas na memória e no passado.

quarta-feira,
02 de Novembro de 2016
Tirana → Elbasan

Ótimo café da manhã que estava incluso no hostel e bora cair na estrada, e olha, cair - literalmente falando - naquela estrada não era muito difícil não.

Fomos seguindo meu GPS até sair do caos da cidade e entrar no caos do resto do país. Fomos pedalando pela via paralela à principal, sentido Elbasan. Pedalamos por vias paralelas até onde deu, depois elas se misturavam com a principal e vamos que vamos entre carros, caminhões, jegues, ETs, mulas sem cabeça... Fomos indo até chegar num trecho - mais um - que estavam reestruturando, aumentando e recapeando. Região chamada de Mushqeta, pouco antes do limite entre Tirana e Elbasan. Reparei que tinha uns policias por ali, abaixei a cabeça e fingi que nem vi, continuamos pedalando, passamos pelos policiais e eles não disseram nada e assim fomos seguindo, de repente percebemos que um túnel grande se aproximava e a placa avisava "túnel 3km". Mierda! Só que metros depois um outro policial, lá do outro lado da pista, já gritava e acenava pra gente mostrando que não era permitido bicicletas ali e que teríamos que voltar e cruzar "por cima", pelas montanhas... É, tentamos.

Mas o que parecia desafiador, e na verdade foi, nos mostrou um outro lado da Albânia que quase perdemos, o lado natural do país. E até hoje agradeço àquele policial por estar lá e não nos permitir seguir pelo caminho mais fácil. Retornamos um pouco e viramos à esquerda, começando assim a subida, e que subida! Saímos de 400 metros e subimos até 1000 metros de altitude, com temperatura que variou de 14 graus até 19 graus, tudo isso em 2 horas desse trecho pedalado.

Eram tantas subidas cheias de curva que até paramos numa pra fazer um café e descansar um pouco.

Já no topo da montanha a estrada seguiu plana e dali vimos uma Albânia selvagem, linda e montanhosa! Outra face daquele país, longe daquele caos empoeirado deixado pelo rastro humano e perto da natureza e a paz que isso nos proporcionava. Foram quase 2 horas de silêncio durante o pedal, algumas poucas casinhas simples pelo caminho e senhores e senhoras velhinhos pastorando seus carneiros e sorrindo quando passávamos, um senhor até nos mostrou uma bica d'água que tinha perto da casa dele para caso precisássemos. Depois foi a hora de descer tudo que havíamos subido, e que descida!

Foram 11 minutos contados de descida super íngreme e cheia de curvas "cotovelos"! Quase atropelei um bando de ovelhas que cruzavam a rua quando descia! Béééh...

Segundo os estoicos, nada acontece sem razão, há um príncipio por traz de tudo. E aquele policial nos proibindo de seguir em frente pelo túnel foi o príncipio e a razão para termos que subir e atravessar aquelas montanhas e com isso ter - de longe - a minha melhor experiência na Albânia. Dito e feito!

Já de volta à parte debaixo da montanha, pegamos a estrada novamente e uma placa informava "Elbasan 6km" e seguimos, entrando na cidade pela mesma rua que parecia ser a sua avenida principal, ali avistamos alguns bares e restaurantes e paramos para comer algo, devoramos uma bela e gostosa pizza, e já começamos a pensar onde pernoitar, como tudo parecia barato, a melhor opção era achar um albergue mesmo, só que ao invés de fazer isso em Elbasan, preferimos seguir estrada afora e ver no que dava.

Dez minutos depois da conversa o pneu do Bruno furou, paramos, encostamos as magrelas num canto para consertar e logo já estávamos rodando novamente, seguindo pela E852 ou SH3, sei lá como chamam.

Com a temperatura já começando a cair, e o sol dizendo tchau, as opções de local pra passar a noite começaram a diminuir. Quando passávamos pela região de Labinot-Fushë, pela estrada, de um lado tinham casas abandonadas não terminadas junto a outras casas de 2-3 andares e do outro lado tinha um posto de gasolina com um hotel de beira de estrada e um restaurante ao lado, tinha uma placa escrito "hotel 24 hours" e fomos lá bater na porta pra ver o que aconteceria.

Uma senhora nos recebeu, não falava absolutamente nada de inglês e a conversa foi na mímica mesmo, até ela ligar pra alguém que viria falar conosco em inglês... O guri chegou, falava 5% de inglês, escreveu num papel o preço da noite, nem me lembro quanto foi (alguns Lek), era barato. Fomos ver o quarto e decidimos ficar por ali mesmo, não tinha opção, portanto, abraçamos o tinhoso. Já no quarto arrumando meus alforjes e me preparando para um banho, do nada eu e o Bruno começamos a ouvir vozes pelo corredor, uma masculina e uma feminina - até aí tudo bem - eis que minutos depois começam a vir gemidos altos do quarto ao lado, olhei

para o Bruno, Bruno olhou pra mim e começamos a chorar de rir. O lugar falava hotel, mas acho que estávamos mesmo era num motel! Ou os hotéis de beira de estrada por lá também devem ser usados como motel, ou sei lá. Enfim, alguém do quarto ao lado estava fornicando e devia estar bom.

- "Minha primeira vez num motel - mentiroso! - e tinha que ser na Albânia junto a um barbado, peludo cheirando a graxa..." - Grasnava Bruno enquanto ria e arrumava as coisas dele. Oxê.

Noite lá fora e um breu típico de filme de terror "O massacre da serra elétrica", mas era preciso sair e verificar se o restaurante do lado do posto de gasolina estava aberto para comermos algo, pois não tinha nada no alforje para comer, esquecemos de fazer a nossa "dispensa", ou seja, de passar no mercado, como fazíamos todo santo dia, certo, caro leitor? Decorou certinho o livro já?

De volta ao filme de terror, não, ao restaurante... Fomos lá, tinha uma luzinha fraca acessa... Porta aberta, mas ninguém por perto... E fomos entrando com passos mansos e com o olhar de desconfiados no restaurante:

- Hello? - Disse eu.
- Hellou? - Novamente eu.
- Hi. - Responde alguém uns 15 segundos depois.

Estava só eu e o Bruno no recinto, o senhor saiu lá de trás respondendo, com seu bigode e um sorriso meio baixo. Perguntei se estavam servindo comida, ele respondeu que sim, pra nos ajeitarmos numa mesa e escolher no cardápio. Bruno e eu, eu e Bruno, olhamos - de novo - um para o outro e já lembramos do que o Dimitri, lá em Zadar, na Croácia, falou quando dissemos que iríamos atravessar pela Albânia até a Grécia:

- Albânia? Cuidado lá, falam que eles pegam turistas para retirar os orgãos e vender no mercado negro. - Disse nosso amigo zadariano, o Dimitri pó royal, o rei da vida noturna de Zadar.

Naturalmente seguimos o roteiro, pedimos a comida... uma coquinha de garrafa... comida chegou, comemos e era boa a comida. Esperamos alguns minutos pra ver se não estava envenenada, não estava, juntamos algumas últimas moedas e notas de Lek que tínhamos para pagar a janta e saímos do restaurante ilesos, vivos e com os nossos rins, tutto a posto. Mas calma que ainda tinha mais um dia de pedal pela Albânia e assim veremos se a lenda Dimitriana do mercado negro de órgãos Albânês seria verdade ou não.

De volta pelo breu da noite ao hotel, agora sem gemidos ou barulhos estranhos no quarto ao lado. Dormir cedo que o dia seguinte prometia mais subidas e montanhas! Dormir cedo, certo? Pois é... Eu não conseguia dormir tão cedo sempre, já o Bruno quando o quesito era dormir, o bicho desmaiava, qualquer que fosse o lugar. Fiquei assistindo coisas aleatórias na TV, estava passando Super Campeões num canal, lembram? Aquele desenho japonês de futebol dos anos 90? Dá um Google aí e veja. Fiquei uns 5 minutos assistindo e tentando entender o que eles falavam naquela língua do demônio, até que cansei e apaguei.

A calma no meio do caos.

"”

Segundo os estoicos, nada acontece sem razão, há
um príncipio por traz de tudo. E aquele policial nos
proibindo de seguir em frente pelo túnel foi o príncipio
e a razão para termos que subir e atravessar aquelas
montanhas e com isso ter - de longe - a minha melhor
experiência na Albânia.

MACEDÔNIA

9798 KM

quinta-feira,
03 de Novembro de 2016
Elbasan → Ohrid

"„

Ai de mim... que dor! Montanhas!
Um dia pra começar com gemido grego...
Ai me! Montanhas! E mais montanhas!
Assim se abrevia mais um ensejo.

Não sei se o gemido era grego, ou se vinha da mitológica Medeia, mas sem dúvida o ato de fornicar acontecia novamente no quarto ao lado. Nós que não tínhamos nada a ver com isso, ajeitamos nossas bicicletas e caímos na estrada bem cedo. Não tomamos café, pois não havia. De barriga vazia, e menos de uma hora de pedal, paramos num outro mercadinho de beira de estrada que vendem de tudo, ou quase tudo, tomamos novamente um cancerígeno energético de alguns centavos de euros, compramos chocolates e algumas maçãs.

Era o que de melhor o mercadinho tinha a nos oferecer e foi o que nos salvou e manteve as minhas pernas se movendo durante o dia.

E o sobe e desce começou tranquilo, com subidas longas e descidas bem curtas, tudo isso acompanhado daquele frio matutino e muita gente estranha pelo caminho. Nessa já tínhamos subido uns 500 metros na altitude e pedalados quase 40km, isso já era algo em torno das 10h30 da manhã.

Avistamos um posto de gasolina com um restaurante e decidimos parar para um merecido café e descanso. Sentado ali no posto vi um casal de cicloviajantes passando lá na rua, eles carregavam a vida deles na bicicleta de tanta coisa que vi, deviam estar dando volta ao mundo pra carregar tanta coisa daquele jeito. Eles passaram, nós acenamos, eles acenaram de volta e vida que segue. Tomamos o café e seguimos também. Dez minutos depois o pneu da bicicleta do Bruno furou de novo - ô carroça - consertamos e continuamos. Outra coisa que havia bastante na Albânia, além de postos de gasolina, eram minas naturais de água, o que nos ajudavam muito, assim como os postos de gasolina.

Quinze quilômetros depois do pneu furado, quando passávamos por um local chamado Prrenjas, antes de enfrentarmos as últimas grandes montanhas e subidas que já eram possíveis de ser vistas de longe (e quanto mais perto chegava mais alto ia ficando), presenciei algo no mínimo curioso e inusitado. Subindo pedalando, "zigzagueando", do meu lado direito haviam estacionamentos, ou mecânicas, não sei ao certo o que eram, mas o curioso é que na frente, no pátio desses estacionamentos, tinham mangueiras de água, dessas de quintal de casa. Até aí tudo bem, o estranho era que elas ficavam apontadas pra cima jorrando água sem parar e no fundo ficavam uns homens esperando por algo, que eu não sabia exatamente o que era.

Vi isso várias vezes seguidas enquanto subia e logo imaginei que aqueles lugares deveriam ser tipo lava-rápido pra automóveis, e a mangueira com água jorrando era pra mostrar que eles estavam "abertos". De duas uma, ou a água vem direto das minas naturais da montanha e aí eles "só" conectam um cano e uma mangueira e a mesma fica jorrando lá, ou eles gostam mesmo de desperdiçar água. Enfim, vida que segue.

Quando dei por certo que passaria pela Albânia, eu esperava sim ver um país pobre e sofrido, mas não imaginava que seria tanto e super visível por onde passasse, como brasileiro imaginei que não ficaria muito chocado, mas fiquei. E fui pensando nisso enquanto subia morro acima, a estrada ia serpenteando a montanha e parecia não ter mais fim, olhava pra trás dava pra ver todo o trajeto que fizemos e uma camada de fumaça e poeira solta no ar. E conforme ia seguindo a estrada, curva após curva, caminhões iam subindo junto e tirando fina da minha pessoa, a estrada não tinha acostamento, só me restava então subir rezando.

Mil quatrocentos e oito metros de elevação depois, lá de cima, dei uma última olhada para trás, suspirei, alonguei meu corpo dolorido e disse adeus à Albânia. Até nunca mais.

Mirupafshim Shqipëri.

"

Adeus, Albânia.
Quinze quilômetros depois do pneu furado,
quando passávamos por um local chamado
Prrenjas, antes de enfrentarmos as últimas
grandes montanhas e subidas que já eram
possíveis de ser vistas de longe (e quanto
mais perto chegava mais alto ia ficando),
presenciei algo no mínimo curioso
e inusitado...

Na fronteira prestes a cruzar para a Macedônia, dois caminhões enormes do exército norte-americano nos acompanhavam na travessia, deviam estar carregando problemas, e muitos, porque os caminhões eram enormes!

Passaporte apresentado e passaporte aceito. Estávamos oficialmente em terras macedônicas, meu décimo terceiro país e vai saber lá quantas inúmeras cidades e vilarejos já havia passado. E da fronteira com a Albânia até a região do lago Ohrid foi só descida, e lá na frente era possível ver uma nuvem totalmente escura, carregada, exatamente na direção para onde estavámos indo. Já na altura do lago, perto de um local chamado Struga, a chuva caiu e o frio apertou mais ainda. Bruno já vinha reclamando a um bom tempo de dores e cansaço e por ele parava em Struga mesmo, mas nossa ideia inicial era seguir até Ohrid, pois as chances de achar abrigo lá eram maiores. Bruno teimou um pouco no começo por causa das nuvens carregadas que vimos, depois a chuva veio e ele teimou mais ainda... Saímos pedalando com força e rápido à procura de um local para nos escondermos, vimos um restaurante aberto e corremos pra lá, demos sorte nessa. O pedal do dia foi tão forte e a adrenalina estava tão alta que quando parei e desci da bicicleta eu comecei a sentir tonturas e fiquei imediatamente sem forças, não era pra menos, fizemos 70km direto de pedal sem comer muita coisa e com subidas e curvas que faziam parecer que o percurso tinha 300km!

Já mais calmos, nos ajeitamos numa mesa dentro do restaurante, que estava quentinho e seco, aproveitei pra ir ao banheiro e lavar as minhas mãos e o rosto que estavam uma carniça de sujeira, a água descia cinza de tanta fumaça que absorvi pelo trajeto. Depois já com corpo restaurado, fui comer algo, uma ótima refeição veio à mesa, batata, arroz, muita carne e muita salada, comida dos deuses macedônicos! E mais uma vez tudo muito barato, bem feito e outra vez fomos bem recebidos num país que recém chegávamos! Ô coisa linda!

Mas ainda tinha um pouco mais de estrada pela frente, aproveitamos que o mal tempo tinha passado, e alguns raios de sol resolveram dar o último ar da graça do dia, e saímos em direção a Ohrid. Pedalamos uns 15km, dessa vez um pedal plano e bonito contornando o grande lago ao nosso lado. Paramos num deck que tinha no lago para tirarmos fotos nossas e do lindo astro-rei que se punha entre as mesmas montanhas que tínhamos acabado de cruzar. Foi praticamente uma benção e um prêmio pelo dia difícil e montanhoso que tivemos. Em poucos quilômetros de Macedônia, pelo menos naquela parte em que passavámos, já era bem notável a diferença com a Albânia, os lugares eram mais organizados e até respirar parecia mais fácil. Talvez fosse eu e minha mente que era diferente e não o lugar... não sei.

Na entrada de Ohrid fomos recebidos com uma carreata de carros oficiais da polícia ou exército macedônico. Não, não era em referência à heroica jornada de bicicleta que fazia, certamente era algum político ou bandido (pleonasmo) muito perigoso envolvido. Os carros passaram com suas AK-47 de fora da janela e sirenes estridentes rumo a algum lugar. E curiosamente este lugar viria a ser em frente ao hostel onde ficaríamos, quando dobramos à direita sentido ao hostel, estavam os carros e policiais na porta do prédio, que era uma delegacia de plantão, mas não fazia e nem queria fazer ideia do que estava acontecendo e ficou por isso mesmo.

E depois de um longo e produtivo dia, chegou a hora do merecido descanso. O hostel nos surpreendeu positivamente, e o preço continuou ótimo, 6 euros com café incluso, o que fazia valer mais a pena pagar por um local para passar a noite do que se aventurar pelo frio à procura de um acampamento selvagem. Depois de um bom banho decidimos sair para um giro rápido pela noite de Ohrid, não tinha muito o que ver e o que fazer, paramos para comer um lanche aleatório que vimos num lugar aleatório pelo centrinho da cidade e retornamos andando naquele frio chato até o hostel. De volta no quarto tinha um cara novo por lá, e também era brasileiro, de Fortaleza, perdido pela Macedônia, ele estava fazendo um tour de carro pela região dos Balcãs e passando pelo país, seguindo sentido contrário ao nosso. Trocamos algumas dicas e logo fui dormir.

sexta-feira,
04 de Novembro de 2016
Ohrid

Café da manhã incluso na diária do hostel, então bora lá deliciá-lo! O café foi servido num restaurante que ficava na parte de baixo do prédio, devia ser tudo do mesmo dono. Tudo muito bem servido, teve até o tradicional café turco (Türk kahvesi), assim como na Turquia, muito tradicional e ainda servido em todos os diversos territórios que outrora integraram o Império Otomano, tais como a Grécia e a Macedônia, ou a antiga Macedônia, que tem a sua história vinculada aos povos que habitavam a região grega. Café bem forte e concentrado. Adiciona o café na água, ferve e serve direto no copo, sem filtrar. Espera o pó descer um pouco e vai bebendo, nessa sobra uma borra no fundo do copo, o senhor do bigode que nos servia disse que dava pra ler a sorte com o desenho que a borra forma no fundo do copo, depois que bebi fui ler minha sorte, parafraseando Lenine:

"Este marco que faz é fortaleza
Elevando ao quadrado em pedalar!
Trovões, suores, raio-laser...
E um sistema GPS e sem radar.

O meu marco tem rosto de pessoas,
Tem ruínas, ruas e cidades...
Constrói seu marco gigantesco,
Pelo efêmero pó das tempestades."

Após poetizar essa aventura num borrão de pó de café, subi de volta ao quarto e quebrei a cabeça tentando planejar a Grécia, e o que faríamos por lá, pois devido ao clima que ficava cada vez mais frio, era necessário pensar numa alternativa para conseguirmos pedalar um pouco pelo país e tentar pegar os últimos raios quentes de sol que restava pelo Mediterrâneo.

Era chegada a hora do passeio recreativo-turístico-técnico pela bela e simpática Ohrid, ou Ócrida, em português. Infelizmente o sol não nos acompanhou nesse dia e aquele friozinho chato ficava nos perseguindo.

E assim fomos nos perdendo entre ruelas estreitas de pedras e suas casas e muros também de pedra. Entre as casas, encontramos um antigo e pequeno anfiteatro grego totalmente abandonado, depois seguimos e passamos pela Fortaleza de Samuel, que foi a capital do Primeiro Império Búlgaro durante o governo do czar Samuel da Bulgária na virada do século X e que, de acordo com recentes escavações feitas por arqueólogos, foi construída no lugar de uma fortificação anterior, datada do século IV a.C., provavelmente obra do rei Filipe II, que foi rei da Macedônia de 359 a 336 a.C. e pai de nada mais nada menos que Alexandre III da Macedônia, mais conhecido como Alexandre, o Grande... Ufa! Uma pausa para respirar.

Alexandre nasceu numa antiga cidade chamada Pella, que fazia parte do antigo reino da Macedônia e hoje é parte da atual Grécia, mas a Macedônia antes de se tornar um império liderado por Filipe e posteriormente Alexandre, era vista com desprezo e o povo chamado de bárbaros pelos antigos povos gregos. Depois houve um verdadeiro bacanal, um comendo o outro e tanta história que se passou que até cansa a retina.

Seguimos o passeio pelo forte, fomos descendo pela trilha até ter uma linda vista do enorme lago Ohrid e de uma pequena igreja que ali fica, a igreja ortodoxa de São João, o teólogo. Creio que com um dia de sol a vista do local seja ainda mais linda!

Fomos seguindo pela trilha entre as árvores e contornando o lago, curiosamente tinham dois cachorros aleatórios que começaram a nos seguir desde o começo do passeio e continuaram nos seguindo, assim sendo tínhamos que nomeá-los, um veio a ser o Miroslavo e o outro passou a ser o Serginho. Miroslavo e Serginho foram seguindo conosco, entravam no meio do mato e sumiam, de repente apareciam novamente correndo e brincando, dois cães fanfarrões, iam fazendo arruaça por todo lado que passavam. A vila era cheia de gatos e Miroslavo, junto a Sérgio, não os deixavam em paz, corriam atrás dos gatos como se não houvesse o amanhã! Foi a alegria do dia esses dois canis lupus.

Já no caminho de volta para o hostel nos despedimos do Serginho e do Miroslavo, e também do fraquinho sol lá em cima, que se foi, dando lugar a uma lua enorme e muito bonita. Seguimos para a parte central e mais moderna da cidade e paramos para comer. Matamos duas pizzas deliciosas e ficamos sentados por ali um pouco vendo as pessoas vivendo e trabalhando.

Depois era hora de passar no mercado e comprar coisas para o dia seguinte, compramos uns amendoins e umas cervejas também, retornamos ao hostel e enquanto jogávamos conversa fora, íamos bebendo uma cerveja com amendoins macedônios! Como era sexta-feira até cogitamos a ideia de sair e ver como era a vida noturna Ohridiana, mas logo o passado noturno recente veio à tona, pensamos melhor e decidimos não arriscar, já que no dia seguinte de manhã seria pé na estrada novamente!

sábado,
05 de Novembro de 2016
Ohrid → Bitola

Pula boi, pula cavalo, pula cavalo e boi... e assim pulei cedo da cama direto pro cafezão da manhã incluso! Ótimo café da manhã depois, subimos de volta para arrumar as nossas coisas, montar tudo nas bicicletas, cair na estrada e marchar em direção à conquista da Grécia!

Frio. Subida. Frio. Subida.

Subida. Calor. Calor. Subida.

Descida. Frio. Frio. Frio!

Descida. Frio. Porra, que frio!

Em meio a caminhões, carros, frio, calor, subida, descida, num local indefinido do percurso, avistamos de um longe um gramado com uma mesa quebrada e uma cadeira velha, e paramos para fazer um café e comer um pão com creme de avelã. Tinha uma casinha numa pilastra ao lado da mesa caindo aos pedaços, tinha uns santos dentro, bem sinistro por sinal, uma vela acessa e um pires com moedas aleatórias, devia ser alguma oferenda pra algum santo dos Balcãs, deixei uma moeda de oferenda lá também, para os erês mitológicos da Macedônia. Depois começamos a descer um

vale e caímos no meio de uma neblina e a temperatura caiu junto, minutos depois já estávamos em Bitola, foram aproximadamente umas 5 horas de viagem, com algumas paradas curtas, num total de 70km pedalados em temperaturas e altitudes que foram variando no decorrer do dia.

Охридско Езеро.

"

... do lindo astro-rei que se punha entre as mesmas montanhas que tínhamos acabado de cruzar.

Lago
Ohrid

"
Declarado património
mundial pela Unesco e o lago
mais antigo da Europa com
dois milhões de anos.

Ainda perdidos sem muita direção, e com placas e escritos que nada entendíamos, fomos seguindo para onde apontava o nariz. Anotei num papel o endereço de um hostel em Bitola, coloquei no GPS e fui seguindo. Umas ruas estranhas depois e lá estava o hostel, um prédio reformado, o único com aparência um pouco mais nova da rua Slavko Lumbarko e seu emaranhado de fios entre postes que me lembrava um certo país sul-americano...

De longe o hostel parecia estar fechado, nenhuma alma viva ao redor, já olhava apreensivo para o Bruno, mas o azar do azar que vira e mexe aparecia pela frente deu lugar à sorte, depois de tocarmos a campainha e ver só gatos aparecendo pelos muros, a porta de trás (ou lateral) do hostel se abriu e um rapaz apareceu, perguntei se estava aberto e ele respondeu que sim. Boa!

Tinha só o rapaz, sua mulher e dois gatos lá dentro, o lugar era praticamente uma casa que transformaram num albergue. Vimos o quarto e ficamos por lá mesmo, não tínha muito o que fazer, era barato e tava frio. Deixamos tudo no quarto e já saímos direto para a rua pra conhecer um pouco do centro de cidade. Bitola é a segunda maior cidade do país, e não muito longe dali já era a fronteira com a Grécia, e também não muito longe do centro onde estávamos, algo em torno de 5km, se encontravam as ruínas Heraclea Lyncestis e seus mosaicos, o local foi uma antiga cidade grega na Macedônia, posteriormente sob domínio romano. O lugar foi fundado por Filipe II em meados do século IV a.C., após ter conquistado as regiões circundantes e as ter incorporado no seu reino Macedônico. A cidade foi nomeada em honra do herói mitológico Heracles e o nome Lynkestis tem origem no nome do antigo reino, conquistado por Filipe, onde a cidade foi construída. Passamos por lá no dia seguinte pedalando, não paramos para visitar, mas foi possível ver referências dos mosaicos por toda parte.

Não tínhamos muito tempo em Bitola, chegamos no hostel por volta das 16h, então saímos sem compromisso, andando ao longo do rio Dragor e suas árvores todas já amareladas, em muitas delas nem folhas havia mais, o lugar tinha um ar bem bucólico com aquele clima de inverno e carros e casas antigas. Fomos seguindo e nos perdendo entre o mercadão antigo e suas ruas cheias de lojinhas onde vendiam de tudo, desde frutas e legumes até equipamentos para casa. Fizemos um contorno e encontramos um extenso calçadão com suas lojas e restaurantes. Paramos para comer um lanche que estava muito bom e continuamos andando, tinha uma feirinha de artesanato num dos pontos, parei pra ver algumas coisas e ia conversando em português com o Bruno, até que alguém reconheceu a língua e nos cumprimentou, era um brasileiro, o Bolinha (que era magro), ele morou em Atenas por 11 anos e estava morando ali em Bitola por um tempo. Bolinha vivia da venda de seus artesanatos, aproveitei e comprei uma pulseirinha para pôr no punho com ele, e essa pulseirinha veio a ser minha marca macedônica. Depois fizemos aquele ritual de passar num mercado para comprar coisas pro dia seguinte e fomos caminhando de volta ao hostel na companhia de muitos corvos no céu e um ar tão gélido que se fazia necessário o uso das luvas e toucas.

Na ponta do calçadão tinha um monumento para Filipe II, todo imponente em seu cavalo e logo atrás uma grande mesquita e uma outra mais atrás e a praça com a torre do relógio ao lado, tudo isso ao som dos corvos no céu, que grasnavam loucamente enquanto ficavam rodeando toda a região. Na Suécia, segundo histórias antigas, eles diziam que os corvos que grasnavam durante a noite eram considerados as almas das pessoas assassinadas que não tiveram direito a um funeral católico, em outros países europeus também têm histórias nada agradáveis dessas inteligentes aves, já na Grécia, as pessoas acreditavam que os corvos eram mensageiros dos deuses. Agora, junta essas histórias com uma noite gélida num local onde muita merda já aconteceu e saberás o que passava na minha cabeça naquele momento.

Com corvo ou sem corvo a jornada tinha que continuar, e já de volta ao hostel, eu e Bruno nunca imaginávamos que poderia vir mais pessoas para visitar Bitola naquela época do ano e ficar no hostel no mesmo quarto que nós, então simplesmente jogamos tudo no quarto de qualquer jeito antes de sair para conhecer a cidade, só que na volta demos de frente com mais duas pessoas no quarto, aí passamos vergonha, claro. Era um casal, um espanhol (espanhol não, catalão) e uma polonesa, que falavam português! Logo no começo da conversa eles já falaram que se lembravam de mim e do Bruno lá do hostel em Ohrid. Sério? E que almoçamos no mesmo restaurante que eles. Nossa! Será que disse algo de ruim sobre eles no restaurante e eles ouviram? Talvez não, já que não falo mal de ninguém (risos).

O nome dele era Miky (sim, estranho) e o dela, Doroti, eram super boas pessoas, ele já havia morado por 6 meses em Florianópolis - ou Floripa, como ele mesmo disse - e ela, em Portugal, por isso eu notei a diferença no sotaque português deles. Foi legal ter conhecido eles e ver o entusiasmo dele falando sobre o Brasil e de ter encontrado dois brasileiros perdidos em Bitola, no cu do mundo. Só que eles conseguiam ser mais loucos que nós, ou parecidos, pois estavam viajando só de mochila e pedindo carona, vai vendo!

E assim como Alexandre III da Macedônia, que contribuiu para a difusão da cultura grega no Oriente e que suas conquistas aproximaram Ocidente e Oriente, dando origem a uma nova cultura, a Helenística, eu ia dando passos para as minhas conquistas pessoais, que não exigiam derramamento de sangue, mas que tinham em minhas pernas e corpo as mesmas Falanges necessárias para Alexandre vencer suas batalhas. E com bravura também era necessário algumas vezes sair de padrões para desatar um ou outro "nó górdio" que aparecia pelo caminho, e sem um tutor como Aristóteles ao meu lado, fui aprendendo aos trancos e barrancos o jogo mental das interpéries dessa aventura de muito conhecimento, de uma forma diferente, é verdade, mas que me proporcionava liberdade de escolha e tempo, numa velocidade e ritmo que só dependiam de mim e só de mim!

E entre Cronos e Kairós, com suas personificações de tempo, eu seguia pedalando até o que viria a ser o último capítulo dessa aventura, seguindo em marchas helenísticas até Hellas!

Битола.
Bitola.

───────────

"”

O Rei Filipe II da Macedônia
(pai de Alexandre, o Grande), foi
o fundador da antiga cidade de
Heraclea, que foi a precursora da
atual cidade de Bitola.

10.024KM

domingo,
06 de Novembro de 2016
Bitola → Edessa

Alexandre e Diógenes: o Grande e o Cínico.
Conta-se que, certa feita, Alexandre da Macedônia, o Grande, após
triunfar sobre os gregos e entrar em Atenas como conquistador, ali
soube da existência daquele considerado um verdadeiro sábio pelos
atenienses, o mais sábio dentre os homens: Diógenes de Sínope.
Segundo relataram ao Grande, Diógenes fora pupilo do célebre
Antístenes de Atenas, por sua vez fundador do Cinismo e notável
discípulo de ninguém menos do que o próprio Sócrates. Diógenes
era natural de Sínope, hoje uma cidade da Turquia, mas quando
questionado sobre a sua naturalidade, se havia ou não nascido em
Atenas, respondia simplesmente que era "uma criatura natural do
cosmos, e não de uma cidade nem de um estado". Conforme as lendas
que cercam o seu nome, Diógenes, por desprezar praticamente tudo
o que considerava mundano, vivia em trapos e perambulava pelas

ruas atenienses carregando uma pequena lamparina acesa. Falava que estava a procurar pelo menos um homem de verdade, um que vivesse por si mesmo, que não fosse apenas membro de um rebanho. Ao perguntar onde poderia encontrar o tal sábio, Alexandre escutou que Diógenes morava num barril, nas proximidades de um porto, diziam. Alexandre, sabendo da enigmática busca empreendida por aquele estranho sábio, apressou-se em procurá-lo. Encontrando Diógenes sentado no chão ao lado de seu barril, tomando sol, o imperador, extasiado, apressou-se em lhe dizer: "Sou Alexandre, aquele que conquistou todas as terras. Peça-me o que quiser que eu lhe darei. Palácios, terras, honrarias, escravos ou tesouros jamais vistos. O que você quer, ó Sábio?". Diógenes levantou os olhos e respondeu: "Senhor, apenas não tire de mim o que não pode me dar" (referindo-se ao sol do qual Alexandre se posicionara entre). Essa resposta impressionou vivamente Alexandre, que, na volta, ouvindo seus oficiais zombarem de Diógenes, disse: "Não fosse eu Alexandre, que era Diógenes que eu seria." **Diógenes Laércio, Vidas e Doutrinas dos Filósofos Ilustres.**

N o conto acima, o Sábio cedia a vez ao rei na sua escolha: "Não fosse eu Alexandre, que era Diógenes que eu seria". Em definitivo, no meu caso: "Não fosse eu um Pedaleiro do Zodíaco, que era uma cama quente que eu queria". Frio. Frio. Muito frio e neblina! Assim foi o começo da manhã pedalando pelos últimos quilômetros da Macedônia!

Mas antes de seguir até a fronteira, paramos num mercadinho para gastarmos as últimas estalecas macedônicas, compramos coisas aleatórias, tipo barrinhas de chocolate de marca aleatória e amendoim de gosto indefinido. Mais 15 quilômetros de reta curvada sob neblina e a última fronteira dessa jornada europeia, quase uma diáspora grega ao contrário, atravessada na perna! Estava finalmente em Hellas (Grécia), ou Ελλάς em grego. Agora era só subir as 12 casas do zodíaco e correr para salvar Saori em Atenas! Não, péra...

O começo do pedal no meu país XIV° foi de terreno plano, o frio da Macedônia aos poucos ficava para trás e o calor grego ia dando as caras, acreditem se quiser, começamos o pedal em Bitola com o meu GPS marcando 6 graus de temperatura, mas a sensação térmica era bem inferior, e uns 15km depois de atravessar a fronteira com a Grécia, os termômetros já marcavam 14 graus celsius, temperatura que foi variando no decorrer do dia chegando a bater 23 graus e no final do dia voltando a cair para 13 graus celsius.

O frio e a neblina se foram para dar lugar ao vento! O que ventou nessa parte do pedal até Edessa era visível na velocidade média que mostrava no GPS, que variava entre 20kph e 5kph! Claro que teve alguns morros pelo caminho, mas o maior desafio desse dia foi mesmo o vento, quando pedalava no plano, o vento vinha contra e parecia que estava subindo uma montanha!

Para ajudar o pneu dianteiro do Bruno furou de novo, e arrumamos com um remendo que foi mal feito e o mesmo pneu ficava esvaziando toda hora, ele não tinha câmara de ar reserva, minha roda era 29" e a dele 26", portanto não tinha como eu dar uma câmara minha pra ele, e só tínhamos alguns remendos sobrando, nessa brincadeira perdemos alguns bons minutos e remendos tentando arrumar aquela câmara que estava mais remendada que espartano depois da guerra de Peloponeso! Era domingo e não havia nada aberto por onde passávamos, portanto tinha que ir seguindo remendando do jeito que dava até achar alguma cidade com alguma loja de reparo para comprar uma nova câmara pro senhorito.

Outra coisa que percebi pelo caminho enquanto pedalava, olhando no GPS da bicicleta, era que o horário havia mudado novamente, voltou uma hora, não, aumentou uma hora, ou seja, na divisa entre a Macedônia e a Grécia eu tinha uma roda da Nhanderecó às 10 horas da manhã e outra roda adiantada às 11 horas da manhã e o sol que se punha a partir das 16h21 até o dia anterior, e passou a se por às 17h21 quando cruzamos a fronteira com a Grécia, olha que maravilha, primeiro a temperatura melhorando e agora ganhamos uma horinha a mais de sol! Obrigado, ou melhor, Ευχαριστώ Helius!

Depois quando o vento finalmente deu uma trégua, eram as montanhas que davam as caras! E devido a várias variáveis acabamos que não paramos em lugar nenhum para comer, não vimos nada aberto, e continuamos pedalando sem "almoço". Mas, mais uma vez os deuses pedalavam a nosso favor e pelo caminho fomos avistando muitas, mas muitas macieiras! De todas as cores e tamanhos! Verde, vermelha, amarela, azul fluorescente... era a estrada das maçãs! Tinha tanta maçã que nem foi preciso pegar do pé, pegamos as que estavam caídas no chão, deliciosas, suculentas! Enchi um saco de maçã e amarrei na traseira da Nhanderecó, aquilo me lembrou do episódio das mexericas lá na Croácia.

E no final, após 92km pedalados com muitas maçãs, vento, remendo e montanhas, avistamos uma placa escrito "Edessa" à esquerda e seguimos até a cidade na tentativa de encontrar vida humana e cama limpa.

Logo percebemos que a cidade não tinha muito a oferecer, rodamos na tentativa de achar algo barato, encontramos um hostel, bonitinho, fui perguntar preço e não, obrigado. Seguimos de volta à pracinha central, sentamos num banco pra pensar, ali vi que tinha um hotel, simples, do lado de um terreno com muros pichados e fui lá perguntar. Preço de hostel, 10 euros pra um quarto com duas camas de solteiro, é... "tá ruim mai ta bão".

Mais tarde saímos em busca de algo para jantarmos, comemos um lanche numa lanchonete qualquer, rodamos mais um pouquinho pelas redondezas e não tinha muito o que se ver ou fazer, retornamos e aproveitei para ajeitar umas coisas no meu alforje e pesquisar mais sobre os dias seguintes.

segunda-feira,
07 de Novembro de 2016
Edessa → Tessalônica (Θεσσαλονίκη)

Pular cedo pra mais um dia de pedaladas. Como não tinha nada pra comer preparei só um café, ali mesmo no chiqueirinho (lê-se quarto), tinha um resto de leite ninho na lata dentro do alforje, misturei no café, ficou uma merda, mas tomei tudo e salvou a manhã. Preparamos tudo e vazamos o quanto antes. Descemos para arrumar e montar as coisas nas bicicletas e pneu vazio de novo, dessa vez até o meu estava vazio, os pneus fizeram um complô e esvaziaram juntos! O furo parecia ser pequeno, deu pra encher e rodar até encontrar uma bicicletaria. Rodamos toda redondeza do hotel e nada de bicicletarias. Desistimos de procurar e fomos em direção à saída da cidade, erramos o caminho que queríamos seguir, que seria por baixo, cortando umas vias e saindo na estrada principal, aí voltamos por onde descemos no dia anterior subindo até a estrada principal, e foi quando os anjos dos pedaleiros mais uma vez escreveram reto por linhas tortas e avistamos uma bicicletaria à nossa esquerda.

Um rapaz gente boa nos atendeu muito bem, o Bruno trocou a câmara velha e remendada dele e aproveitou pra comprar uma reserva e eu calibrei os meus pneus para seguir viagem. Depois fomos seguindo com o pedal bem tranquilo, a estrada era boa, e como tinha observado no mapa, essa região por onde passaríamos era bem plana, talvez a parte mais plana de

todo o país que é terrivelmente montanhoso. Uns 40km pedalados depois de Edessa, eu avistei lá de longe uma placa grande azul e amarela escrito "Lidl" - êêêêêê! - acabara de encontrar a felicidade do ciclista! Ou pelo menos a minha... Meu supermercado preferido nessa aventura europeia, barato e ótima qualidade, fazia um bom tempo que não via um. Dobramos à esquerda, estacionamos as magrelas e adentramos ao recinto, almoço e janta estavam garantidos. Sem pressa nenhuma, sentamos no estacionamento perto das bicicletas e devoramos dois pães cada com crosta de queijo, presunto, mais queijo, muito humus, matamos 1 litro de danone, e ainda comemos os restos de maçãs do dia anterior. Tudo isso que comemos de almoço não deu nem 5 euros cada, pra terem uma ideia. Com 15 euros tínhamos um bom almoço, uma boa janta e café da manhã para duas pessoas, sem contar o café, que quando não tinha o solúvel, parávamos para tomar em qualquer esquina.

Uns quilômetros mais à frente, de onde paramos para comer, ficava a cidade de Pella (Πέλλα), local conhecido por ter sido a capital do antigo reino grego da Macedônia, e onde nasceram o rei Filipe II, e seu célebre filho, Alexandre III, o Grande. Também dizem que foi o local onde ele recebeu a tutoria do filósofo Aristóteles, ou seja, tínhamos que passar ali e pisar nesse mesmo solo onde há mais de 2 milênios atrás - nossa! - viveram esses seres imortais! Fui chegando perto e percebi que nada de mais tinha por lá e toda a excitação foi esvaecendo. Aliás, se eu não tivesse lido isso, que Pella estava no caminho e que tinha sido super importante no passado, talvez passaríamos ali e nem notaríamos, pois não tinha nada indicando isso, pelo menos eu não vi. Se fosse na França, ou nos EUA, fariam uma disneylândia do local e até o que não existiu eles criariam e fariam existir.

Pela rua dava pra ver meio de longe as ruínas do parque arqueológico do local, o que parecia ser a antiga Ágora de Pella, alguns últimos pilares, que pareciam ser Jônicos, ainda em pé, e na cidade que um dia foi a capital de um império, agora tinha casas, ruas e pracinhas, como qualquer outra cidade civilizada no mundo. Depois de tomar a benção de Alexandre Magno retornamos ao nosso destino rumo a Thessaloniki!

A estrada continuou boa e plana, o que piorou foi o trânsito de carros e caminhões, e quando chegamos nas proximidades da cidade tornou-se aquele caos de sempre.

Thessaloniki, também conhecida como Salonica ou Tessalônica, ou em grego Θεσσαλονίκη, chame-a como quiser, é a segunda maior cidade da Grécia e a principal cidade da região grega da Macedônia, então o caos no trânsito e os carros e caminhões tirando fina já era previsível. Fomos seguindo a linha de trem até a parte da estação, pelo caminho já ia aparecendo placas de hotéis, albergues e hostels, dobramos à esquerda e paramos para perguntar o preço. Sem muita paciência e já imaginando que os preços não mudariam muito, pegamos o primeiro que perguntamos, preço já de nível "Europa" novamente (ai, ai, ai Grécia!), mas pelo menos era um quarto para duas pessoas e tinha café - ruim - grátis.

As ruas e arquiteturas das casas, e também toda aquela desorganização e fios elétricos nos postes, fazia-me lembrar cidades como Campinas, no Brasil, onde morei por 5 anos. Essa parte leste da Europa muitas vezes me fez lembrar partes de cidades brasileiras, mais pela desorganização mesmo.

Depois de umas 4-5 noites tentando planejar e pensando em como faríamos na Grécia, averiguar mapas, previsões climáticas de diferentes regiões do país, ou seja, tentar advinhar o futuro (perda de tempo chama isso), ainda havia muitas dúvidas sobre qual decisão tomar. Decidi então consultar o oráculo e me tranquei com diarreia no banheiro mais próximo, minutos depois os deuses com sua sabedoria divina me disseram que se quiséssemos desfrutar um pouco do sol que ainda esquentava a Grécia, teríamos que pular o pedal pelo norte e correr para o sul do país, e depois seguir mais ao sul ainda, para uma ilha do Mediterrâneo, a ilha dos egeus, ou pelasgos, a ilha da civilização minoica, e que era lá, onde desfrutaríamos do restante de calor da estrela-mor e onde as temperaturas ainda se mantinham a níveis calorosos. E decidido isso, resolvemos seguir de trem até Atenas e depois pegar um navio para a ilha de Creta e tentar por lá curtir o último pôr de sol quente de 2016. Esse seria nosso presente e recompensa depois de tantos dias pedalando. Decidido isso, próxima missão foi deixar as nossas coisas no hostel e seguir direto para a estação e garantir os bilhetes, os mais baratos possíveis, para o dia seguinte. Claro que com o mais barato viria o pior horário e as consequências disso.

Retornamos ao hostel, que não era longe da estação, e com calma fui fazendo as minhas coisas. Cozinhamos uma janta com as coisas que compramos mais cedo, e de bucho cheio decidimos sair para dar uma caminhada noturna pela região e conhecer a histórica cidade. E olha, não decepcionou! Em plena segunda-feira a cidade estava viva pela ruas, muitos jovens perambulando e bares em funcionamento. E acreditem ou não, com seus 28 graus de temperatura, que loucura! Te amo, Grécia!

Fomos seguindo caminhando pela orla da avenida, com o mar Egeu à nossa direita e a vibrante avenida à esquerda. Como de praxe para comemoração paramos num pub irlandês que tinha no caminho para pelo menos uma pint de Guinnes, ficamos ali degustando aquele néctar negro enquanto lindas gregas iam e vinham na nossa frente, não conseguia não olhar para aquela garçonete linda, minha Helena de Troia. Será que se eu desse uma de Páris e raptasse a garçonete grega, a minha Helena de Troia, eu iria causar uma outra guerra de dez anos e posteriormente teria livros do tipo Ilíada e Odisseia sobre isso? No mínimo eu levaria um chute no saco da garçonete e ficaria rolando de dor e chorando a noite inteira e acabaria por isso mesmo. Montarei uma Nhanderecó gigante de madeira e deixarei de isca para conquistar todas essas gregas lindas! Um presente latino-tupi-greco-americano...

De volta à vida real, a ideia depois de tomar uma cerveja, e apreciar a beleza grega, era retornar ao hostel e dormir como um anjo, mas...

No caminho de volta, assim como Odisseu, ou Ulisses, como era chamado no mito romano, e sua Odisseia, fomos tentados pelos demônios do rock'n'roll. Quando passávamos por uma rua estreita, percebemos boa música vindo de uma taverna obscura e sua pequena e simples porta de entrada. A música e a entrada de duas deusas gregas, que passaram na nossa frente, no recinto nos atormentou mais ainda:

- Saideira? - Perguntei para o Bruno com uma voz áspera de segundas, terceiras e quartas intenções.

- Com a benção de Dioniso e outros deuses... bora! - Respondeu o Bruno salivando e de olhos arregalados.

- Mas só mais uma! - Afirmávamos eu e o Bruno quase simultaneamente.

Moral da história, tomamos mais 5 pints de cerveja cada e saímos do bar mais de 3 horas da manhã mais tortos que o "bátima"! Claro que tudo isso teve uma razão, e das boas, gregas! No vai e vem do jogo de bar, conhecemos duas gregas que ali estavam, Maria e "Ranha" ou "Lhanha", não faço a mínima ideia de como se escreve o nome da garota, mas se pronuncia assim mesmo... Acho, estava bêbado pô! E papo vai, papo vem, risos aqui, risos acolá, álcool subindo no encéfalo, e um copo quebrado depois, com a esperança (maldita esperança) de um gol aos 45" bem alta, só que mais uma vez a bola batia na trave e cada um pegou o rumo da casa, no nosso caso, do hostel. Mas não antes sem parar numa lanchonete na esquina para comer um saboroso, barato, apimentado e tradicional gyros grego, o primeiro de muitos que viríamos a comer nessa estadia grega!

Bêbado e perambulando pelas escuras ruas tessalônicas, assim retornava Páris, o tupi-latino-americano, sem sua Helena de Troia, a mais um quarto frio e escuro de um hostel qualquer.

terça-feira,
08 de Novembro de 2016
Tessalônica (Θεσσαλονίκη)

Dia técnico-ressaca-turístico Tessalônico!

Puta dor de cabeça e mal estar que eu acordei, malditas misturas cevalícias! O Bruno acordou um pouco mais disposto e aproveitou pra preparar um omeletão caprichado gigante com tudo que tínhamos no alforje, no melhor estilo Mendigão's Style, pra comer, e aos poucos fui me recuperando.

Meio-dia fizemos o check out do hostel e fomos ajeitar as bicicletas, pneu da bicicleta do Bruno furado mais uma vez (ô diacho), arrumamos e seguimos para um giro tranquilo pela cidade. O clima lá fora estava meio estranho, parecia que ia chover, mas não chovia, e ficou o dia inteiro nesse "não caga e nem desocupa a moita", e o vento soprava forte, vinha de lado, quase que como socos de ar, pois é, não era só eu que estava de ressaca, o Egeu também!

Quando seguia pela orla pedalando veio uma rajada de vento forte e muita água do mar, que bateu na parede e explodiu pra cima, tomei um semibanho de água salgada! Paramos em frente ao que eles chamam de "Torre Branca", uma torre cilíndrica usada pelos otomanos há trocentos anos atrás, tiramos umas fotos e continuamos seguindo a ciclovia beirando o mar, paramos num amontoado de guarda-chuvas que formavam algum tipo de arte de rua, mais fotos, seguimos pela ciclovia, paramos na frente de um museu bizantino, não entramos, só ficamos ali na frente sentados descansando e comendo chocolate, ou como dizem por aí "matando tempo".

Sentei do lado da Nhanderecó e olhando no pneu vi um pequeno objeto de cor diferente da cor preta do pneu, fui mexer pra ver o que era, com a unha eu tirei o objeto indefinido e PUFFF!, era um espinho enorme cravado no pneu, que murchou em segundos, merda. E lá vai eu arrumar pneu de novo. Nunca demorei tanto pra arrumar uma câmara de ar na vida, a pressa era nenhuma. Nosso trem noturno para Atenas só saíria às 23h da noite, portanto tínhamos tempo de sobra ainda para "matar", e com isso, ia fazendo tudo com muita calma. Pneu já consertado, fui enchendo de ar, e do nada ouço um estralo, PÁH!, raio da roda quebrado! E quebrado ficou.

Fomos seguindo sem rumo pela cidade e trombamos com um arco bonito, o arco de Galerius (que foi um antigo imperador de Roma), o arco foi construído para celebrar a vitória sobre os Persas. Logo mais à frente tinha uma outra grande construção em formato circular, a Rotunda de Galerius, que no passado fazia conexão com o arco, mas hoje em dia, não mais. A Rotunda de Galerius é também conhecida, pela sua consagração e uso, como a Igreja Ortodoxa Grega de Agios Georgios, o famoso São Jorge (sim, esse mesmo), que foi um soldado romano de origem grega e virou santo. Mas o local, além de igreja ortodoxa, também já foi uma igreja cristã e é a mais antiga das igrejas de Thessaloniki, chegam a dizer que é a igreja cristã mais antiga do mundo, o mais importante exemplo sobrevivente de uma igreja do período cristão primitivo da parte de língua grega do Império Romano. E já que estávamos de bobeira, e o ingresso para vê-la por dentro era baratinho, deixamos as bicicletas estacionadas junto com os vários gatos que ali estavam e fomos ao rápido passeio. Na parte de dentro tem tipo uma doma, uma cúpula de tijolos e um óculo central, lá em cima, lembra muito o formato do Panteão de Roma. Tinha alguns mosaicos preservados pelas paredes e uma TV que ficava repetindo um vídeo com tudo isso que falei aqui. Apesar da visita ser rápida, ela é bem interessante e vale a pena fazer.

Depois gravamos um vídeo dançando a dança do lango-lango (tu vais procurar o que é isso, né? Sei que vai.) e fomos embora.

E após o giro pela Rotunda ficamos panguando pelas redondezas, passando as horas, observando o movimento nas ruas. Paramos para comer um gyros - 1 hora pra comer - depois um café - mais duas horas pra beber - e depois outro café. Choveu um pouco, parou, e mais tarde outro gyros... é.

E cansados de panguar, era hora de seguir em direção à estação de trem,

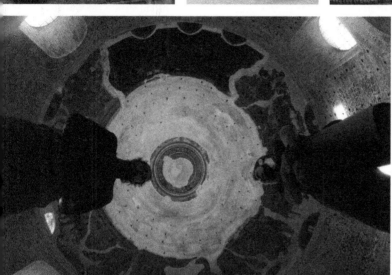

estávamos também despreocupados com isso e sem pressa, pois pelo horário que partiria o trem achávamos que não teria ninguém na estação, seria só nós e alguns zombies... só que não. O bagulho estava lotado! A estação de trem fervia igual o inferno de Dante, e para ajudar a desorganização e a loucura também tomavam conta dos espaços. Para começar o trem atrasou 1 hora pra chegar, aí enquanto esperávamos na plataforma, havia uma galera, um monte de marmanjo, acho que eram torcedores de algum time, fazendo uma puta arruaça na estação, tacando garrafas de vidro no trilho e queimando ascendedores, tipo aqueles de estádio, e tudo isso em grego! Eu e Bruno não fazíamos ideia do que estava acontecendo e só queríamos entrar logo no trem e descansar.

Uma hora depois, o trem chegou, fui até a funcionária perguntar onde colocar as bicicletas e ela nos levou lá pro último vagão, que era um vagão só para colocar malas, etc. O trem, bem velho, ainda teria que esperar o outro vagão chegar. Um novo vagão de passageiros chegou, o nosso vagão, número 6, e acoplou no trem e nisso foi dada a largada para que pudéssemos adentrar, foi uma correria, parecia a estação da Sé, em plena 24h, mais conhecida como meia-noite. Cansado, eu me sentia cansado.

quarta-feira,
09 de Novembro de 2016
Tessalônica → Atenas (Αθήνα)

E a noite no trem foi uma merda, chegamos em Atenas por volta das 7 horas da manhã, eu estava muito cansado e sem dormir. Na estação tivemos que esperar um pouco e rezar para que nossas bicicletas e coisas estivessem ainda por lá, e como últimos na fila, pegamos as coisas e saímos à procura de algum lugar para podermos tomar um café da manhã. Paramos no primeiro boteco/padaria de esquina que vimos. Nem lembro mais o que eu comi, só lembro que tomei uns 3 cafés. Usei o banheiro do local pra tomar um semibanho e aproveitamos também para usar o wi-fi do estabelecimento para coletar informações importantes. Fizemos uma pesquisa rápida sobre como proceder e resolvemos seguir direto para a região de Pireas, que é tipo um distrito de Atenas, mais especificamente para o porto de Pireaus, que ficava a uns 17km de onde estávamos, e lá comprarmos as passagens do navio que nos levaria até Creta, e assim deixaríamos para turistar e nos aprofundarmos pela cidade de Atenas depois que retornássemos da ilha minoica. Ingressos comprados, saída no mesmo dia as 21h da noite, ou seja, tinha o dia inteiro para ficar rodando avulso pela região antes do embarque.

E depois de usufruir 100% do estabelecimento, começamos a pedalar pelas redondezas. Contornamos a região do porto, e fomos seguindo junto a orla. Paramos numa praça, comemos um bagulho por ali, eu estava praticamente sem dormir por mais de um dia já, então qualquer parada dessas eu desmontava de canseira. E acreditem ou não, a temperatura no dia chegou a bater incríveis 35 graus! Isso mesmo, há 4 dias atrás eu andava cheio de roupas e batendo o queixo, e do nada voltei a colocar camiseta e shorts, é a previsão do oráculo acontecendo!

E a maldição do pneu havia voltado, pneu traseiro novamente murcho, novamente furado. E vai lá eu trocá-lo novamente, já aproveitei e tirei fora o raio quebrado que estava na roda balançado a cada giro. Tutto cambiato e continuamos nosso giro contornando a região de Piraiki (Πειραϊκή - legal escrever em grego), e continuamos beirando a praia.

Paramos mais uma vez para contemplar o mar, perto de um museu náutico em uma outra pracinha, e ali sentados, panguando, eis que de repente começo a ouvir alguém falando em português, olhei pro lado e tinham dois caras tomando cerveja no gargalo, falando em português e fomos lá falar com eles, papear um pouco com os conterrâneos.

E vejam só, um deles era lá da cidade de Campinas, onde morei por 5 anos, ambos trabalhavam num navio de cruzeiro que estava atracado no porto de Pireaus, nos disseram que sempre que o navio atracava em algum lugar, eles pegavam as bicicletas e saíam de rolê por onde paravam, e era o que eles estavam fazendo. Seguimos papeando com eles, boas pessoas, também já viajaram bastante, contei sobre a aventura que eu vinha fazendo e eles ficaram maravilhados e falavam que vinham planejando o mesmo e que me encontrar ali daquela forma era um sinal pra cair na estrada. Boa!

Mas enquanto o papo continuava, nessa eu e o Bruno também já tínhamos nossas garrafas de cerveja em mãos (e bebendo no gargalo) bebemorando como dizem por aí... Mas papo vai, papo vem, olhei pro céu e percebi uma nuvem gigantesca e negra pairando no ar, bom sinal não era.

Todo aquele calor deu lugar a um vento forte e carregado de poeira, os dois guris, que não me lembro os nomes, retornaram em direção ao navio que eles trabalhavam e eu, mais Bruno, fomos em busca de um teto pra nos salvar da tempestade que se aproximava, nessa já juntamos o útil ao agradável e paramos num restaurante para almoçar. E a chuva veio muito forte, comemos e ficamos por lá dando um tempo entre um cafezinho e outro, até a chuva passar.

Menos de uma hora depois o pior já havia passado, só ficou aquela chuvinha chata e a temperatura que caiu razoavelmente. Pegamos as magrelas e voltamos em direção à região do porto. Por volta das 18h, já de noite, sentamos debaixo da entrada de um prédio que parecia abandonado para esperar até por volta das 20h para irmos para o navio. Nesse meio tempo eu saquei meu fogareiro pra fora do alforje e montei tudo, coloquei água na panela, acendi o fogo, fervi a água e preparei um cafezinho para nós enquanto esperávamos. Pedaleiros do Zodíaco Mendigão Style, fazendo café no melhor estilo Diógenes de Sínope.

Tinha um pessoal do prédio ao lado que saía pra fumar na calçada e ficava fitando eu e o Bruno largado ao lado, nos vendo fervendo água e passando o café, certeza que não devia entender nada do que tava acontecendo. Nessa eu já comecei a prosear com o Bruno: - Que que é? Pago imposto pra Europa faz 3 anos, tenho direito de fazer um café na sarjeta...

E finalmente, depois de enrolar bastante, era hora de seguir para o bendito navio. Recolhemos as nossas coisas e fomos caminhando até lá, adentramos empurrando as bicicletas e junto conosco, paralelamente, subiam caminhões enormes e carros, pela proa do barco gigante. Eu já tinha passado por isso quando fui de Rosslare, na Irlanda, para França, lá no começo da jornada... Mas para o Bruno era a primeira vez.

Atracamos nossas bicicletas num canto dentro do navio, dessa vez não cometi o mesmo erro de iniciante e já peguei tudo que iria precisar e levei comigo pra cima, saco de dormir, comidinhas, água e subimos para a parte dos plebeus. Ficamos lá enrolando até o navio zarpar e ativarmos novamente o modo mendigão e corremos atrás de um canto no chão para dormir. Bastante gente opta por essa opção "mais barata" de viajar de navio, tu fica no saguão e dorme no chão, tava cheio o local e ficamos caçando um lugar menos pior para deitar, descemos umas escadas e achamos um canto no corredor, peguei o meu colchonete, o saco de dormir, o protetor auricular, coloquei minha touca cobrindo todo o rosto e apaguei no cantinho. Morri!

Estava cansadíssimo e sem dormir direito por 2 dias, apaguei e fui acordar por volta das 5h30 da manhã com um funcionário do navio apitando e me cotucando para levantar, que já havia chegado em Creta.

quinta-feira,
10 de Novembro de 2016
Creta (Κρήτη) | Chania → Falasarna

Mais de 6 horas de viagem, e 300km depois, atracamos no porto de Chania na ilha de Creta, a famosa e maior ilha do mar Egeu, que fica no

Café cretino.

""

Nesse meio tempo eu saquei meu fogareiro pra fora do alforje e montei tudo, coloquei água na panela, acendi o fogo, fervi a água e preparei um cafezinho para nós enquanto esperávamos. Pedaleiros do Zodíaco Mendigão Style, fazendo café no melhor estilo Diógenes de Sínope.

Mediterrâneo entre a África, a Ásia e a Europa, junto de outras famosas ilhas, tais como Santorini, Mykonos, Delos - as famosas Cíclades - mais ao norte do mar Egeu e onde não passaríamos devido ao tempo estabelecido por Chronos, que ficara curto. E como os pelasgos, povos ancestrais dessa região, ou posteriormente os minoicos, devido ao rei Minos, que por lá reinou com seu povo há mais de 3000 anos atrás, ou como os chamamos hoje em dia, os Cretenses, ou melhor ainda, como eu e Bruno passamos a chamá-los, os "Cretinos", era hora de desbravar aquela ilha mitológica e ver o que ela tinha a nos oferecer.

E como era ainda madrugada, 5h30 da matina, descemos do navio e fomos para uma padaria perto do porto que já encontrava-se aberta para um super café da manhã, que pelasgo vazio não para em pé.

O plano que traçamos para a ilha era de alugar um carro e tentar conhecer o máximo possível do lugar, pois de bicicleta seria impossível de conhecer em 5 dias/4 noites, que foi o período que ficaríamos por lá, muitas montanhas e a ilha é grande! Assim sendo, fomos até a locadora, que também ficava ali na região do porto (como vêm, tudo muito estratégico), por volta das 7h e fomos direto falar com o tio que trabalhava por lá. Pegamos o carro mais barato, pagamos 125 euros por 5 dias com o carro (preço bom) e deixamos as nossas bicicletas num quartinho abandonado de um terreno que o cara da loja disse que era deles, o estacionamento dos carros. Deixamos elas lá na proteção de Zeus e seguimos ilha adentro com o carango.

A primeira parada na ilha seria a pequenina praia de Balos, praia da qual vimos um poster na parede lá na loja onde compramos o bilhete do navio e perguntei para a atendente onde ficava, ela disse que era Balos em Creta, e pela foto o lugar era animal! Bora pra lá. No caminho paramos num mercado para comprar mantimentos para o dia e o café da manhã seguinte, pois não fazíamos a mínima ideia como era essa ilha e se teria seres humanos por lá nessa época do ano. E na fila do caixa do mercado nossa primeira surpresa na ilha, um brasileiro! Não, péra, surpresa? Eu sei que tem brasileiro pra todo que é lugar desse planeta, mas na ilha minoica em pleno novembro, baixa temporada, eu não imaginava não, enfim... Estava com o Bruno na fila esperando a nossa vez de pagar, e claro, falando em português com ele, aí um rapaz na nossa frente virou com olhos arregalados e gritou:

- BRASILEIROS?!!

- SIM, SOMOS. - Respondi assustado.

- Caralho, que bom falar em português, cara, estava com saudade da minha língua nativa! - Respondeu o guri segurando uma criança no colo.

O nome dele era Vinícius, que estava acompanhado de sua mulher e sua filhinha. Depois fui entender o porquê de encontrar um brasileiro perdido em Creta naquela época do ano... Vinícius estava num mochilão pela Thailândia há anos atrás e lá conheceu a Maya, que hoje é a sua esposa, e acabou que ela engravidou dele. Com a novidade, eles decidiram morar lá em Chania, que é de onde ela é nativa.

Eles se empolgaram tanto de nos ver perdidos por ali que depois de 20 minutos de conversa o Vinícius já estava convidando a gente pra ir na casa deles tomar uma cerveja e que poderíamos dormir lá também, combinamos de fazer isso na volta do passeio pela ilha, teríamos que retornar a Chania pra pegar o navio de volta e assim podíamos parar na casa deles para uma cerveja, trocamos telefone e um até breve. Casal ultra simpático e gente boa! Assim sendo, adentramos o carango e seguimos dirigindo até Balos, ou quase até lá. Num dado momento a estrada vira um off-road e tem um estacionamento uns quilômetros antes da praia, deixamos o carro e seguimos a pé por uma trilha. Não tinha uma alma humana pelo caminho, só uns bodes de montanha gritando BÉH-MÉH-BÉÉH.

Vualá, chegamos! Lá de cima já dava pra ver a praia, só que estava um puta vento - Irlanda feelings - e o sol escondido atrás das nuvens, e isso fez com que aquela praia de águas clarinhas e cintilantes perdesse um pouco o charme, foi decepcionante, mas quando planejamos essa aventura minoica já sabíamos que as chances da ilha se tornar uma experiência "Hvar" seriam grandes. Em Balos foi o famoso azar do azar, a praia era linda, só o clima que não estava lindo. Mas como num piscar de Zeus, as nuvens malditas se dissiparam e na insistência de Perseus seguimos para a próxima parada, Falasarna, que era uns 20km de Balos, e aí sim, finalmente a recompensa tão desejada, um verdadeiro banho de mar, depois de muito tempo! Foi realmente um banho, pois meu último banho havia sido há 2 dias atrás!

Praia totalmente vazia, ficamos lá por umas 3 horas, parecia uma criança brincando na água, e aquilo já me trazia um sentimento de já ter valido a pena ir para Creta! A temperatura não era a mais alta do mundo, com certeza aquele lugar no verão deve pegar seus 40 graus tranquilo, mas pra baixa temporada, novembro, outono, sem vento e sem nuvem, ter 23 graus na cabeça é praticamente a mesma coisa que 40 graus! A água estava uma delícia e o mar bem agitado, com muitas ondas fortes e altas, perfeito! Foi pra lavar a alma, até a canseira que vinha me assombrando sumiu!

A praia era extensa, saí sozinho andando pra desbravar a redondeza e achei um chuveiro na areia, fui verificar se tinha água, e tinha! Aproveitei e já tomei uma duchada peladão como vim ao mundo! Mas era hora de partir, tínhamos que ir seguindo que tinha muito da ilha ainda pra ver, depois do banho de mar a ideia foi achar um lugar pra passar a noite, e conforme íamos seguindo eu avistava placas de "rent a room" pelo caminho, na frente das casas, só que as casas pareciam abandonadas... Numa dessas avistamos um carro na frente, paramos e fui perguntar se era possível passar uma noite, nos cobraram 6 euros cada, ok, ficamos.

Estava bem claro quando chegamos que a casa já estava inabitada e pronta pro inverno, todos os móveis fora de lugar e tudo desarrumado, deve ser por isso que cobraram pouco de nós. Mas nessa altura do campeonato e hipercansados, o que precisávamos era só uma cama e um banheiro, estava de bom tamanho.

Tempo fechou novamente lá fora por volta das 18h30, achamos o lugar na hora certa! Me ajeitei no local, fui para um banho e depois deitei para descansar um pouco por volta das 19h30, a ideia era só descansar, mas apaguei e acordei às 9h da manhã do dia seguinte!

sexta-feira,
11 de Novembro de 2016
Creta (Κρήτη) | Chania → Rethimno

O clima vinha variando bastante no decorrer do dia, nada muito extremo, quando percorria mais a parte costeira da ilha, a temperatura tendia a ser amena e o sol dava um sorriso maroto, mas conforme subíamos e atravessávamos montanhas e picos, a temperatura chegava a cair uns 6 graus no termômetro e até chuviscos e neblina pegamos um pouco, era o minotauro se revirando lá no labirinto e causando náuseas na ilha.

Ideia inicial do dia era seguir para Elafonisi, mas logo que acordamos e vimos o clima revolto lá fora decidimos não seguir nesse trajeto, a praia ficava meio fora de mão e as chances de perder tempo até lá e o clima piorar eram altas, portanto caímos na estrada e seguimos montanha acima, direção a Omalos e em seguida ao desfiladeiro de Samaria, que pelas fotos na internet parecia ser fodástico! Mas quando chegamos demos de cara com o portão fechado, o motivo era a baixa temporada, o lugar só é aberto para percorrer a trilha durante a primavera-verão, uma pena.

E com aquele clima que não cagava nem desocupava a moita, e com o portão fechado do desfiladeiro, só nos sobrou fazer um almoço e foi por ali mesmo. Entramos debaixo de uma garagem da loja de conveniência do parque, que claro, também estava fechada. Saquei meu kit de cozinha portátil mendigão's style, algumas coisas que tínhamos comprado no mercado e preparamos um macarrão com sardinha que no final parecia mais uma sopa, mas estava saboroso e quentinho. De barriga cheia pegamos o carango e dirigimos em direção ao próximo destino. Cruzamos a ilha de sul a norte em direção a Chania, dobramos à direita e seguimos até Rethimno, ou "Arritmia" como eu e Bruno passamos a chamar, e a única coisa que se via pelo caminho eram os bodes pelas estradas. Já em Rethimno demoramos um pouco para achar um lugar para estacionar a carroça. Carroça estacionada fomos à procura de um local para passar a noite, como a cidade é pequenina era só ir pro centrinho e procurar na redondeza. Batata! Encontramos um albergue e por lá ficamos. Cidadezinha com o centro bem charmoso, e claro, recheado de história!

No giro pela noite "Rethimniana" logo vimos uma hamburgueria, daquelas que o cheiro te carrega que nem em desenho animado, era necessário devorar um bacon, e assim foi! Gordura minoica ingerida e cerveja cretina bebida, continuamos o nosso giro de raposa atrás da noite perfeita.

Ao longo da avenida do mar tinham vários barzinhos e todos em pleno funcionamento e cheios, pareciam ser todas pessoas locais que frequentavam os bares, de turista mesmo via-se mais os de terceira idade curtindo um vinho e a brisa da noite, dava pra reconhecer eles pelas vestimentas específicas de turista. E como bons brasileiros, cicloviajantes e pé rapados, paramos em um mercado qualquer e compramos duas latinhas de cerveja cada, baratas e boas, sentamos na pracinha do outro lado da avenida e ficamos bebendo e vendo a vida cretina dos cretinos acontecer. Gregas indo. Gregas vindo.

E o dia acabou por isso mesmo. Clima do dia não ajudou nas aventuras e o dia foi bem tranquilo. Acontece.

sábado,
12 de Novembro de 2016
Creta (Κρήτη) | Rethimno → (Preveli, Mátala) Heraklion

Eita dia produtivo da porra! Foi o famoso trançar da ilha, tricotamos ela de um lado para o outro. Saímos mais uma vez do lado do Egeu e cruzamos pro lado do Mediterrâneo, depois voltamos pro Egeu, suruba de mares! Falando assim parece que é muito, mas foi só 40km de sobe e desce. Pegamos a carroça e seguimos até a praia de Preveli, "The palm beach". É, não foi NOSSA QUE PUTA PRAIA, mas deu pra brincar um pouco por lá. Mas nada de mais, tinha um rio (lago) que corre e deságua no mar e junto tinham as "palmeiras" que da nome ao local.

De Preveli seguimos até Mátala. Pelo caminho tivemos que parar o carro pra eu poder ir consultar o oráculo com uma diarreia no meio do mato, a famosa descarregada residual in natura. Dica do tio: existem regrinhas básicas para uma descarregada residual (necessidades fisiológicas) in natura, hein amiguinhos... Nunca deixe rastros de dejetos, mantenha-se longe de rios, lagos e trilhas, no mínimo uns 60 metros, entre o local escolhido e a fonte de água ou trilha, para preservação da qualidade da mesma e salubridade do ambiente, e se possível evite o papel higiênico, ou guarde o papel usado e jogue no local certo. E se for limpar com folhas, tome cuidado com folhas de urtiga, essas queimam a busanfa, experiência própria.

E depois do depósito residual 100% orgânico e gluten free, continuamos o giro e eu seguia brigando com o rádio do carro e as músicas do inferno que de lá saíam. Por Zeus! Só música ruim! Tava esperando ouvir um Pan (ser mitológico), com suas ninfas e sua flauta reverberando pela estrada afora, só que não. Falando em Zeus, segundo a mitologia grega, Zeus (o barbudão) teria sido mandado para as montanhas de Creta por sua esposa-irmã, Reia, para fugir das garras do pai, Chronos, que comia todos os seus filhos.

E quem cuidou de Zeus em Creta foi Adamanteia, amamentando-o com leite, ou ambrosia, da cabra Amalteia, que consequentemente veio a ter um filho com Zeus (sim, a cabra!).

Φαλάσαρνα.
Falasarna.

"""

Mas como num piscar de Zeus
as nuvens malditas se dissiparam
e na insistência de Perseus seguimos
para a próxima parada, Falasarna,
que era uns 20km de Balos, e aí sim,
finalmente a recompensa tão desejada,
um verdadeiro banho de mar, depois
de muito tempo!

Samaria
e suas
montanhas.

"""

Samaria e as montanhas brancas,
o maior desfiladeiro da Europa. A lenda
conta que foi um Titã, com sua espada,
que rasgou as montanhas e criou esse
lindo e alto desfiladeiro.

Mátala, de porto minoico a praia hippie.

A famosa praia
de mundo que
com

O filho seria Pan, daí a razão dele ter metade do corpo humano e metade de bode... zoofilia, Zeus praticava.

Tem algumas outras versões da origem de Pan, que é uma verdadeira suruba, mas que no final quem o pegou pra criar foi o grande Dioniso e juntos tacavam o putero por onde passavam... bons tempos.

E assim chegamos na dita praia hippie, como disse o rapaz do hostel que nos indicou. Acho que o guri viu nosso estilo meio barbudo, sujo e roupa rasgada e logo sugeriu irmos na tal praia hippie, certeza! E olha, o safado acertou! A praia em si mais uma vez nada de mais, mas a água, e o principal de lá, as cavernas e as grutas, são sensacionais! Parecíamos criancinhas pulando na água e brincando como se não houvesse o amanhã!

Tinha um grupo aqui, outro acolá, de pessoas na praia, mas no mais a praia estava mais uma vez inteira para nós. Mais tarde fui descobrir por que o rapaz do hostel chamava de praia hippie, não era porque parecíamos tais, era porque, segundo um senhor nos falou, a praia antigamente era frequentada e foi ocupada, na década de 60, por hippies, muitos deles famosos, como Cat Stevens, Bob Dylan, etc. Mas creio que hoje em dia ficou só o nome mesmo, porque eu não via hippie nenhum ali.

Claro que não nos contentamos apenas com a praia em si, fomos nadando até as cavernas e grutas que costeavam as falésias do lugar, grutas que segundo eu li são artificiais, ou seja, foram construídas por humanos, e eram usadas como cemitérios há muito, muito tempo atrás. O lugar também já teria sido porto no período minoico (porto de Phaestus) e no dos romanos (porto de Gortys), inclusive uma das cavernas diziam ser usada pelo general romano Bruto, o que ele fazia lá eu já não sei. Eu que nada tinha a ver com aquilo adentrei o local, fui nadando pelo mar e subi pelas pedras, para depois mergulhar de volta naquele lindo mar. Fiz isso umas 10 vezes!

Veja bem, pessoalmente o que me atraiu pela escolha da ilha de Creta, e me fazia brilhar os olhos, era toda a história e mitologia que rodeiam aquele lugar - como vocês podem perceber na leitura, adoro a mitologia grega! - e as praias vinham de bônus. E tinha mais ainda por vir!

Depois da fodástica tarde em Mátala, e suas grutas e cavernas minoicas /hippies/romanas, foi a hora de pegar o carango e seguir até a cereja do bolo e capital de Creta, a cidade de Ἡράκλειον! Ou Heraklion, ou Heraclião, ou Iráclio... Como quiserem chamar.

Setenta quilômetros, muitas músicas ruins e quase 2 horas depois, chegamos na cidade e seguimos à procura de algum hostel para tacarmos nossas tralhas e nos ajeitarmos por dois dias. Tudo feito, hostel bem ruim, cozinha não existia, chuveiro quebrado, água gelada, mas era barato, então cala-te, Lucas... Saudade de um banhão quente e longo que bateu em mim.

Improvisamos uma janta com o que tinha no alforje e com aquela cozinha que não dava pra chamar de cozinha, até meu fogareiro mendigão style cozinhava melhor e mais rápido, tá bom, paro de reclamar... Mas não tinha nem talher pra comer!

Dia super produtivo e um descanso prolongado era merecido, nadar e ficar subindo naquelas cavernas me deram uma canseira, parecia que tinha pedalado 150km! Καληνύχτα (Boa noite).

domingo,
13 de Novembro de 2016
Creta (Κρήτη) | Heraklion → Knossos

Super ultra bacon café da manhã e estava pronto para um dia técnico turístico dos mais fodas de todos os tempos!

E a próxima parada foi nada mais nada menos que o lugar, ou cidade, ou vilarejo, ou civilização, considerado o mais antigo, economicamente, politicamente, culturalmente e socialmente falando, da Europa, Knossos e os minoicos! O nome "minoicos" foi cunhado pela primeira vez por um pesquisador inglês no século XIX, deu-se devido à reputação mítica e ao reinado do rei, semi-deus, Minos, há mais de 3500 anos atrás, meu chapa!

E foi ali, onde eu pisava naquele momento, em Knossos, que tudo aconteceu. Aliás, muita coisa que tenho certeza que você aí, caro leitor, já ouviu falar, aconteceu nesse lugar. Começaremos pelo começo.

Minos era filho de Zeus e da princesa Europa, sim, a mesma que deu nome ao continente que eu acabara de percorrer de bicicleta. Europa aliás foi seduzida por Zeus - em forma de touro - e levada até Mátala, a praia hippie das cavernas, e por lá a senhorita Europa fornicou loucamente com o senhorito Zeus e tiveram 3 filhos, Minos, Rhadamanthys e Sarpedon.

Outra grande história da qual tu se lembrarás agora e também aconteceu ali no palácio de Knossos, onde eu estava, coletava e absorvia toda essa mitologia, é a história do minotauro. Já ouviu falar do minotauro?

Segundo a mitologia, Poseidon, deus dos mares, havia dado a Minos um touro para sacrificar em seu nome, mas Minos, ao invés de sacrificar o touro que Poseidon havia dado, sacrificou outro touro. Em represália, Poseidon fez com que a mulher de Minos se apaixonasse pelo touro. Nisso entra em cena outro grande personagem, Dédalo, o famoso arquiteto e inventor ateniense, que estava refugiado em Creta. Dédalo, com suas peripécias, ajudou a esposa de Minos a copular com o touro e desse amor carnal sexual zoofílico nasceu Astério, o monstruoso homem com cabeça de touro: o minotauro. O rei Minos ficou puto com isso e mandou Dédalo construir um labirinto debaixo do palácio e prender o minotauro lá, daí o mito do labirinto do minotauro que por séculos ainda é comentado e falado pelo mundo afora. Bacana né, amiguinhos?

E tudo isso que eu ia lendo era possível ver referências claras conforme íamos andando pelo palácio, nos afrescos que decoravam as paredes e nos objetos dispostos pelo local, eram muitos relacionadas com touros e jovens brigando contra um touro, e a prova do labirinto surgiu depois que um arqueólogo descobriu que debaixo do palácio havia uma estrutura arquite-tônica muito complexa e cheia de caminhos que não havia saídas, daí dando o nome de labirinto do minotauro. Mas calma que ainda tem mais! O filho de Minos havia sido assassinado em Atenas. Na ira, o rei Minos invadiu a Ática e conquistou todo o local, e como castigo ele ordenou que 7 moçoilos e 7 moçoilas fossem mandados para Knossos todo ano para alimentar o cabeça de touro.

Disposto a pôr um fim a essa situação, o herói ateniense Teseu - sim, o próprio - foi para Creta junto com outros jovens destinados a morrer nas mãos do minotauro. Mas lá o guri deu sorte, pois a filha de Minos se apaixonou por ele e seu corpo musculoso e o ajudou a se safar dessa, dando a Teseu uma espada mágica para matar o homem-touro. Mas só isso não bastava, pois o labirinto foi feito de uma forma que homem nenhum pudesse sair... Então o criador do labirinto, Dédalo, deu a ele um novilho de lã para que fosse deixando um rastro por onde passasse e assim, com a ajuda da espada para matar o minotauro e do novilho para sair do labirinto, Teseu triunfou! Amor salvando vidas desde sempre. Só que como muita história de amor, essa entre Teseu e Ariadne também não durou muito.

Quando Teseu saiu de Atenas sentido a Creta, ele prometeu a seu pai, Egeu, que se caso saísse vitorioso, ele trocaria as velas de cores pretas do barco por velas de cores brancas. Mas na sua volta triunfante de Creta, ele esqueceu de trocar as velas, e seu pai Egeu, lá de Atenas, olhando pro mar na direção de Creta e esperando por seu filho, viu o barco chegando com velas pretas, e desesperado com o que via ele se atirou ao mar e morreu afogado, e daí vem o nome de Mar Egeu, em honra ao pai de Teseu, legal né?

O que gosto muito nessas histórias são os valores de ética e moral que surgem delas, no caso de Teseu, muitos usam essa história como referência sobre as vontades humanas e como devemos continuar frente às batalhas.

Nessa jornada do herói, resumida aqui, por exemplo, percebe-se uma necessidade latente de buscar a si mesmo e de compreender de onde as suas ações vinham, ou seja, o autoconhecimento. E na hora eu já assimilava isso ao que eu vinha fazendo, a minha jornada em busca de algo que não sei dar nome, continuando frente às batalhas e aos desafios que o meu corpo e a minha mente impunham, também com os meus "minotauros" para enfrentar e a minha Ariadne, que ficou para trás...

Lembra de Dédalo? Pois é, ele e seu filho Ícaro, que tenho certeza que tu também já ouvistes falar (Ícarus), saíram fugidos da ilha de Creta depois que Minos descobriu que foi ele quem ajudou a sua esposa a copular com o touro, dando à luz o minotauro, e essa fuga deu origem ao mito que inspirou o homem a voar: o Voo de Ícaro.

Dédalo alertou ao filho que não voasse muito perto do sol, para que não derretesse a cera que segurava as suas asas. No entanto Ícaro não ouviu os conselhos do pai e tomado pela beleza do céu, voou alto e os raios quentes do sol derreteram a cera das asas e Ícaro despencou do céu e caiu no mar.

Dédalo lamentou que a sua invenção tenha causado a morte de seu amado filho e seguiu aos prantos para Sicília. Portanto a liberdade das asas de Dédalo também foi o início de sua escravidão.

Essa história de Ícaro e Dédalo passa essa mensagem muito bem, mostrando que toda liberdade tem o seu limite e que quando se ultrapassa, terá suas consequências. E mais uma vez me pegava viajando e fazendo analogias dessa história com a minha aventura. Eu tinha a liberdade que sempre quis, mas toda cautela era pouca, se ao invés de usar a cabeça eu usasse o coração, eu poderia muitas vezes acabar em maus lençóis. Por isso, certas escolhas que fiz durante meu caminho tive que ter consciência que elas poderiam ter consequências, e tiveram, algumas boas e outras ruins. E saber a hora certa de parar de pedalar e perceber que deveria retornar e me reestruturar novamente foi a liberdade mostrando o seu limite, e eu, sabiamente ou não, soube obedecê-la.

E mais uma vez foi uma volta ao tempo, algumas horas que eu completamente esqueci do mundo a minha volta, e passou tão rápido. Vale muito a pena a visita em Creta e principalmente em Knossos, e se você conhece a mitologia que se passa pela ilha, a visita se torna ainda mais mágica, assim como por toda a Grécia! Ou Europa! Ou mundo!

Na saída do palácio tinha uma loja de souvenir e muitas coisas lindas em referência ao local para comprar. Pena que eu não tinha espaço, nem dinheiro, para comprar algo grande, mas caminhando pela loja vi algumas joias, todas com relação a algo que se passou ali em Knossos.

Uma delas me encantou, um colarzinho simples com um cordão encerado preto e um artefato de arestas arredondadas, do tamanho da ponta de um polegar adulto, com um círculo central banhado a prata amarrado no cordão. Do lado uma plaquinha descrevia o objeto, citava que a referência para a sua confecção foi uma peça de prata achada por arqueólogos durante a escavação e que datava mais de 2 mil anos de existência. O artefato em si e sua história me chamou a atenção e comprei. O transformei em minha recompensa e símbolo final da minha jornada, o tesouro que vim buscar pedalando lá da Irlanda, conquistei e agora o levo comigo! E não paguei caro pelo colar - foram 15 euros - que pelo significado que aquilo adquiriu passou a valer 3000 euros!

De 3500 anos atrás, voltamos a 2016 e ao centro de Heraklion para visitar e turistar por mais uma Old Town europeia, talvez a mais antiga ou definitivamente uma das mais antigas do mundo. E claro, toda aquela suruba de povos que dominaram pelas redondezas eram claras também em Heraklion, influências minoicas, assim como venezianas, otomanas, romanas e bizantinas eram claras por lá, até vestígios da II Guerra existiam também, não só em Heraklion como por muitas partes da ilha por onde passamos.

E depois desse dia intenso intracultural, era hora do descanso e de refrescar a cabeça, seguimos andando e nos perdendo por uma região bem bonita e contemporânea da cidade.

Palácio minoico de Knossos.

""

O local foi descoberto em 1878 por Minos Kalokairinos, e as escavações começaram em 1900 com o arqueólogo inglês Arthur Evans e sua equipe, e duraram 35 anos. E durante as escavações foram encontradas provas de linguagens escritas da Idade do Bronze grega, assim como a estranha arquitetura do local, que iluminou ainda mais toda a mitologia ao redor do palácio e da ilha de Creta.

Avistamos um bar-café onde produziam suas próprias cervejas. Cervejaria artesanal Cretina! Borá lá! Ótimo lugar com ótimas cervejas e muitas gregas minoicas deusas cretinas de Creta! Mas era "ver com o olho e lamber com a testa". Mas por volta das 20h eu já me sentia totalmente cansado e sonolento, últimamente vinha sendo assim, talvez todo o cansaço físico desses meses de estrada resolveu abater sob mim.

E assim sendo, retornamos ao hostel e por lá ficamos. O Bruno nesse meio período já tinha ido ao banheiro consultar o oráculo umas 7 vezes, a diarreia dos deuses abatia o guri.

E assim foi esse domingão, que parecia sábado, mas era domingo, não sei porque eu e Bruno achamos que era sábado, quando vimos que era domingo foi estranho, ficamos em choque. Com isso você percebe o quão fora estávamos dessa relação de tempo contado em dias e horas.

segunda-feira,
14 de Novembro de 2016
Creta (Κρήτη) | Heraklion → Chania

"...se tu te vas, yo también me voy. Se tu me das, yo también te doy, amor..." sim, essa era a única coisa que tocava nas rádios Cretenianas, triste, eu sei. Aquilo impregnou na cabeça que escrevi isso aqui sem pensar, foi um movimento autônomo da minha mão, seguido por pensamentos demoníacos intraencefalianos traumáticos!

E com ela tocando a cada 30 minutos, em todas as estações de rádios possíveis, seguimos de Heraklion de volta a Chania, para às 21h pegarmos o navio de volta a Atenas. Mas antes de pisar em Chania novamente, dobramos à direita em direção ao que viria a ser a grande surpresa natural dessa nossa jornada pela ilha e seguimos até Seitan Limania, ou "Porto do Satã", ou garganta do satã, é isso mesmo que tu lestes, mas não é praia de macumba não, na real, foi uma puta e acertada surpresa ter decidido ir até lá! Aliás, nem fazia ideia que esse local existia, quem deu a dica foi o grande e simpático Vinícius, lembram-se dele? O brasileiro que conhecemos lá no primeiro dia na ilha, no mercado. Lembrou? Então...

E meus amiguinhos, que lugar! Finalmente pude ver o paraíso grego azul mar que todos falam e ainda não tinha visto. Lugar aliás bem escondido, e de certa forma, bem difícil de chegar. Só fomos mesmo porque estávamos com o carro. A estrada num certo momento acaba e vira uma estrada mais simples com um zig-zag da porra, depois chega lá, estaciona o carango e tu tens que descer a montanha, que não é tão alta, cheia de pedra pontiaguda, descer na raça mesmo, não tem escada nenhuma, vai no tato, na fé e na coragem. Pelo caminho, descendo a pirambeira, tinha uns bodes perdidos e entalados no paredão, sabe aqueles bodes de montanha? Fiquei olhando pra um deles e imaginando... por quê?

Já lá embaixo foi só alegria, a praia em si é pequeníssima, algo como uns 20 metros de largura e um pouco de areia, um canal entre duas montanhas que metros adiantes já desemboca em alto-mar e o restante só montanhas e suas pedras lisas e afiadas e um mar azul que até ardia o zóio! E o melhor de tudo, só para nós dois! Água super limpa e super clara, parecia uma piscina, muito lindo! Tudo é lindo! O mundo é lindo!

E claro, o modo criança feliz de ser foi ativado e a brincadeira correu solta, nadamos e pulamos dos penhascos mergulhando naquela água linda e cristalina que formava até sombra do corpo debaixo d'água! Nem tinha ido embora e já estava com saudades! Tem coisas que são impagáveis mesmo, realmente, tem coisas na vida que... sei lá, só vivendo mesmo.

Mais tarde apareceu um casal lá em cima nos acenando, talvez queriam saber como descemos até lá, mostramos que não tinha caminho certo, tinha que ir descendo na sorte, ou seguindo os bodes das montanhas, eles desistiram e retornaram. Viram que tinham dois tontos pulando que nem anencéfalos na água lá embaixo e desistiram? Bem provável.

E o dia foi assim, eu, Bruno e os bodes da montanha, no paraíso escondido de Creta, a ilha de Zeus e Europa, de Minos e Teseu, de Dédalo e Ícaro e dos Pedaleiros do Zodíaco! Despedida com chave de ouro, definitivamente a "Praia do Satã" ficará em minha memória para todo o sempre.

O sol ia se movendo e com ele vinha a sombra, que encobria pouco a pouco o local e trazia aquele friozinho imediato, subimos a montanha até o carango e seguimos rumo a Chania. Já na cidade, estacionamos o carango e seguimos caminhar por mais uma Old Town, mais um centro antigo e charmoso da Europa. Como já estava tarde, e o tempo na praia nos consumiu praticamente o dia inteiro, não houve jeito de passarmos para visitar o Vinícius e a sua mulher na casa deles em Chania como havíamos prometido, mandei uma mensagem pra ele quando estava no navio, ele entendeu, agradeci muito pelas dicas e pela simpatia. Ficará para a próxima.

E em Chania fomos andando, rodando e passando o tempo com visitas e mais restos e sinais de povos antigos que ficavam pelo caminho, ruazinhas de pedras, fortaleza bizantina, porto veneziano... Lugar muito bonito e super charmoso, e nessa época do ano estava muito calmo, perfeito para sentar numa mesa do lado de fora, acompanhado de um ótimo cafezinho, enquanto observava o crepúsculo ao poente no horizonte do Egeu.

Na volta ao carro tinha um papel no para-brisas, peguei pra ver, não entendia nada, tudo escrito em grego, só vi que tinha um número €20, certeza que era uma multa. Talvez porque paramos em local que não devia? Mas como iria saber, era tudo em grego! Mais 7km depois e estávamos de volta ao porto de onde havíamos partido dias atrás. Deixamos o carro no seu devido lugar, recuperamos nossas bicicletas, Nhanderecó ficou sozinha num quartinho de um terreno qualquer, coitada. O senhor da loja onde alugamos o carro também não entendeu o porquê da multa e decidiu não cobrar de nós os €20, boa! Obrigado, senhor minoico.

Montei os alforjes de volta na Nhanderecó e fomos para o navio que já se encontrava atracado no porto. No barco já fomos direto para um local certeiro com um canto aconchegante no chão para colocar o colchão inflável e não passar pelo mesmo desconforto da viagem de ida. Comemos um pão com presunto e requeijão e ficamos esperando o barco dar partida pra eu poder entrar no saco de dormir com meu protetor auricular, venda nos olhos e apagar. E assim foi. Eis que me toco que era segunda-feira. Quando que numa segunda-feira eu pensaria estar dormindo no chão de um navio depois de passar o dia na praia do satã? Que loucura essa vida, amiguinhos.

terça-feira,
15 de Novembro de 2016
Piraeus → Atenas

Seis horas da manhã, ainda noite lá fora, o navio da Hellenic Seaways atracou no porto ateniense de Piraeus, de onde zarpamos há 5 dias atrás.

Rapaz, só de pensar que ali do lado onde eu estava, no golfo de Elefsina, entre Salamina e Pireas (Atenas), ocorreu uma das batalhas navais mais fodásticas de todos os tempos, onde os Persas foram afunilados e tomaram uma puta surra dos atenienses, de novo, e Xerxes tremendo na base teve que retornar pro Oriente com o rabo entre as pernas. Depois Sparta, que era ali do lado também, se juntou a Atenas pra expulsar de vez os Persas da Grécia. Só de ficar imaginando isso até arrepiava o pelo do suvaco! Mas essa união que daria o auge a Atenas-Grécia, mais pra frente também selaria a divisão da mesma e da própria Grécia.

Mas como eu, que não acredito em reencarnação, não tenho nada a ver com isso, peguei as minhas coisas, desci a Nhanderecó, montei-a e fui à padaria mais próxima para esperar o nascer do astro mor tomando um cafezinho, assistindo TV grega e comendo pão com manteiga. Por voltas das 8 horas da manhã seguimos em direção a Atenas, que era uns 11km de onde estávamos. Tem a grande Atenas, que é a parte mais turística e central da cidade, e tem os arredores de Atenas, ou o subúrbio, onde a vida segue normal sem muito charme. Quando passávamos pelo subúrbio até o centro parecia que eu tava pedalando por algum subúrbio brasileiro, até os cachorros de rua eram iguais, inclusive 4 deles correram atrás de mim, filhos da mãe, no fim da viagem eles decidem me atacar?!

E rapidamente já era possível ver as ruínas e sítios arqueológicos, que eram muitos, espelhados por onde passava, a vontade já era de ir parando

Seitan
limania.

_""_

O verdadeiro "porto do satã" escondido entre falésias, bodes e muita mitologia.

O símbolo de
dois mil anos.

""

Uma delas me encantou, um colarzinho simples
com um cordão enceirado preto e um artefato de
arestas arredondadas com um círculo central,
amarrado no cordão. Do lado uma plaquinha citava
que foi usado como referência para a confecção
dele uma peça de prata achada por arqueólogos
durante a escavação e que datava mais de 2 mil
anos de existência. O artefato em si e sua história
me chamou a atenção e comprei. O transformei
em minha recompensa e símbolo final da minha
jornada, o tesouro que vim buscar pedalando lá da
Irlanda, conquistei e agora o levo comigo!

em todos para visitar, só que teríamos mais tempo pra fazer isso com calma, portanto paramos só no arco de Hadrian, perto do templo de Zeus, para uma fotografia ateniense oficial com as bicicletas e logo depois já seguimos procurar onde ficar. Paramos para perguntar em alguns hostels até que encontramos um bom com preço razoável, pegamos duas noites. Nesse primeiro dia em Atenas não fizemos muito, o objetivo era descansar e planejar os dias seguintes.

O hostel contava com lavanderia, fomos levar as roupas, de mais de uma semana de uso, que estavam imundas pra lavar, e tinha incluso também café da manhã e duas bebidas no bar, e enquanto esperávamos as roupas, ficamos bebendo e assistindo a qualquer coisa na televisão já planejando o dia seguinte. E decidimos que dia seguinte partiríamos para Meteora, lá no noroeste da Grécia, 360km de distância, para conhecer os grandes e míticos monastérios, passar uma noite por lá, e aí sim retornar para Atenas para enfim desfrutá-la! Θα σας δούμε σύντομα (Nos vemos em breve).

quarta-feira,
16 de Novembro de 2016
Atenas → Meteora (de Pégasus?)

Para começar, reparem no nome do lugar, Meteora! Nossa! Eu tinha que visitar esse lugar só pelo nome! E assim sendo, por volta das 10h30 da manhã pegamos o ônibus e quase 6 horas depois chegamos em Trikala, onde passamos a noite no hostel Meteora, para no dia seguinte seguir até os famosos mosteiros suspensos junto a um conjunto de maravilhosas montanhas/rochas que ali se formaram, e a esse conjunto dá-se o nome de Meteora, que significa "O que está suspenso no céu".

Trikala é pequenina e não tinha muito a oferecer, saímos para procurar algo para comer e aproveitamos para dar um giro pela redondeza. Jantamos um prato estupidamente ótimo, olha, fazia uns dias que eu não saboreava um caprichado e saboroso prato de comida, e barato! A parte curiosa foi quando o garçom veio nos atender e perguntou de onde éramos:

- Brasil. - Repliquei.
- Brasil? Ohh wonderfull!! - Mudou até a cor do rosto do guri.

E ele continuou:

- Palmeiras! Botafogo!
- Eu... Ahn? HA-HA.

Geralmente quando você diz que é brasileiro eles citam Pelé, praias, bundas, samba, Amazônia, favela, perguntam se tem carro no país ou se nos transportamos como o Tarzan (ultimamente andam citando corrupção também), mas nessa o guri ganhou ponto comigo, apesar de ainda ficar no tema futebolístico.

Na volta para o hostel passamos num mercado para comprar umas cervejas, me deu uma ultra mega dor de barriga, daquelas que vem do nada cheio de agulhadas, ainda bem que os deuses colocaram um banheiro que ficava no mesmo corredor onde eu estava, corri até lá e explodi a privada, deve ter infectado o mercado inteiro!

Já de volta ao hostel ficamos na sala com umas outras pessoas, uma inglesa, a Shona, com cara de indiana e nome irlandês, muito simpática, depois apareceu um canadense, um outro inglês, gregos e o Alexandre, um brasileiro muito firmeza que conhecemos no hostel em Atenas. Ficamos todos ali na sala, bebendo e jogando papo fora, e a inglesa comandou o som colocando um Marcelo D2 pro pessoal ouvir, vai vendo.

quinta-feira,
17 de Novembro de 2016
Meteora → Atenas

Bem de manhãzinha seguiu eu, Bruno e a Shona, que fez companhia pra gente no dia, até o ponto de ônibus e dali seguimos até Kalabáka.

De pé aguardando o ônibus, uma mulher, moradora de Trikala, me abordou e perguntou da onde eu era, assim que soltei um "Brasil", foi "Oh, Brasil! Lindo Brasil! Praias, futebol..." Mas essa não mencionou corrupção nem favela, devia estar desatualizada. Eu sentia muita sinceridade vindo dos elogios dela, ela realmente queria dizer aquilo. Agradeci, retribui com a mesma simpatia e subi no ônibus.

Quase chegando em Kalabáka, da estrada já era possível ver as imponentes montanhas lá no fundo. Kalabáka fica num plano e as montanhas parecem pedras gigantes colocadas à mão, muito interessante. Como eu estava lendo muito sobre a mitologia grega nesses dias, vendo aquele cenário me fez lembrar das guerras entre Zeus e Chronos, a Titanomaquia, pela dominação do Cosmos (mundo), e aquelas pedras enormes ali dispostas pareciam estraçalhos e sobras das brigas dos gigantes!

Por volta das 9h30, já em Kalabáka, seguimos andando pelas trilhas contornando as montanhas rumo ao topo! Lugar surreal! Os primeiros que começaram a viver lá são datados do século II, período que ainda não havia monastérios construídos, então eles viviam nas cavernas feitas nas montanhas, e era possível ver, enquanto andávamos, buracos enormes cravados nas montanhas, eu acamparia ali tranquilo. Mas quando os otomanos começaram a invadir a Grécia e tocar o terror geral no país, esses monges precisavam se proteger, e a partir do século XII eles começaram a construir os mosteiros, e construí-los em lugares que só eles conseguissem chegar. Foram construídos vários mosteiros no decorrer do tempo, mas só alguns deles ainda funcionam e são divididos entre mosteiros de monges e mosteiros de monjas, todos eles de origem greco-ortodoxa. Eles praticam o monasticismo, que vem da palavra grega "monachos" e significa uma pessoa solitária, uma pessoa que larga tudo para dedicar-se somente à prática religiosa. Nesse caso, além do monasticismo, eles tinham os turcos os ameaçando, então juntaram o útil ao agradável, ou desagradável nesse caso, já que eles precisavam de isolamento e precisavam de proteção contra os turcos, e construíram os mosteiros nos topos das montanhas, praticamente esculpidos nas rochas que parecem uma coisa só, e a única forma de subir era através de cestas amarradas em cordas que eram puxadas lá de cima, suspendendo os caras até o mosteiro. Não me pergunte como faziam isso, mas faziam!

Hoje em dia tem estradas e escadas que fazem o percurso muito mais fácil, óbvio, mas eles ainda usam o mesmo sistema para subir produtos e mantimentos pesados lá do pé da rocha até o topo. Quando entramos no Mosteiro de Vaarlam foi possível ver esse sistema, é tipo uma coluna de madeira com uma corda super grossa amarrada nela, dois monges giram a coluna, que vai puxando a corda e suspendendo os mantimentos na rede lá embaixo até subir e chegar no mosteiro lá em cima, louco não? Lá também se encontra um barril enorme e antigaço de vinho, com capacidade para 12 mil litros de vinho, dá pra manguaçar geral e curtir o inverno bem tranquilo.

Outra curiosidade também fica por conta das vestimentas, para entrar e visitar os monastérios tinha que seguir muitas regras e vestir roupas "adequadas" era uma delas, mulheres de calça nem pensar, nenhum tipo de calça, se fosse justa ou curta então, menos ainda! A Shona estava com aquelas calças tipo de ginástica e fizeram ela amarrar um pano na cintura que cobria tudo até os pés, outra coisa que não podia era filmar ou fotografar certas partes do monastério, e com isso veio a parte mais engraçada do dia que valeu o ingresso, eu vi uma monja correndo atrás de um turista teimoso que estava filmando e fotografando lugares proibidos, ela ficou putinha com ele e eu dei risadas internas diabólicas.

Depois fomos para outro mosteiro, o maior e mais famoso, o Gran Meteora. Escadaria grande e caminho que passa por dentro das rochas que tiveram que cortar, ou perfurar, na montanha. A cada dez passos eu parava para apreciar a linda paisagem ao redor e admirar a forma como aquilo foi feito. Já dentro do mosteiro ia vislumbrando cada sala e pedaço de história que tinha por lá, eram muitas coisas ainda do século XIV muito bem conservadas, utensílios de cozinha, roupas, ferramentas, armas, esqueletos humanos...

Outra coisa que me chamou a atenção foi um afresco no qual no centro da pintura estava Jesus acompanhado do apóstolo Paulo, depois vinha a parte curiosa, na pintura também tinha Platão, Aristósteles, Sócrates, Homero e Pitágoras! Ou seja, religião e ciência juntas! No mínimo interessante.

Depois de visitar o lindo monastério, descemos as escadarias e seguimos por uma trilha que adentrava a mata, no "pé" da montanha, e ia contornando, descendo até o centrinho de Kastraki e de lá se obtinha mais uma incrível vista com as rochas gigantes atrás e os monastérios no topo. Shona correu para pegar o ônibus de volta para Trikala, pois ela voltaria de trem para

Atenas no mesmo dia e tinha hora marcada, não podia perder pois era um trem só que passava por dia. Eu e o Bruno pegamos um café e com calma esperamos ali mesmo, sentados numa mesinha na calçada, pelo ônibus que nos levaria direto até Atenas.

E cinco horas e trinta minutos depois estávamos de volta à Ática. Já passava da meia-noite e não tínhamos muitas escolhas, nem energia e nem paciência para mais nada, retornamos ao hostel para descansar, pois o dia seguinte viria a ser uma dia técnico daqueles!

sexta-feira,
18 de Novembro de 2016
Atenas - Αθήνα (Dia 1)

Dia ultra cansativo e mega técnico. Era chegada a hora de decidir como seguiria a viagem daqui pra frente, as bicicletas já não vinham sendo usadas e tinha que decidir até que dia ficar em Atenas e pra onde - e como - ir depois.

Bruno estava pela primeira vez na Europa, o plano dele era terminar a cicloviagem comigo e depois pegar os dias restantes para dar um pulo em algumas outras cidades europeias antes de retornar ao Brasil, e pro meu lado a ideia era retornar para qualquer lugar que eu pudesse trabalhar e fazer dinheiro de novo, pois a minha grana, que nunca foi muita, era ainda menos. No final optei por retornar a Dublin, talvez fosse a opção mais viável e inteligente naquele momento. Decidido isso, fui pesquisar a melhor forma e mais barata. Pesquisei a volta de navio, mas o preço não estava nada interessante e as datas totalmente aleatórias, a única vantagem do navio era que podia levar a bicicleta e minhas coisas sem problema nenhum e sem a necessidade de embalar e desmontar nada. Outra opção era avião, que acabou sendo a mais barata e "sensata" no final das contas.

O Bruno me sugeriu ir com ele para um minimochilão, voar de Atenas até Bruxelas, depois ir pra Amsterdam, Roma, Barcelona e no final ele retornaria comigo para Dublin e ficaria lá até o dia da volta para o Brasil. Fazendo as contas e conversando direitinho acabamos fechando por isso mesmo. Só que tinham as bicicletas, nem a pau que levaria as bicicletas nesse minimochilão, e pensamos na ideia de despachá-las por alguma transportadora, com isso saímos por Atenas à procura de uma. Paramos na DHL e perguntamos o valor, €350 - OLOCO MEU! - cada bicicleta de Atenas até Dublin, e só transportavam de avião. Saímos assustados e chorando da loja. Minutos depois veio a ideia de ir no correio perguntar se eles faziam o serviço... vai que né?

No correio fui esperto, ao invés de perguntar se eles entregam bicicletas, cheguei no caixa e perguntei:

- Bom dia, gostaria de saber qual a medida máxima e o peso máximo de pacote que vocês entregam? - Perguntei de forma mansa e sorridente.

Μετέωρα.
Meteora.

""

... vendo aquele cenário me fez lembrar das guerras entre Zeus e Cronos - a Titanomaquia - pela dominação do Cosmos (mundo), e aquelas pedras enormes ali dispostas pareciam estraçalhos e sobras das brigas dos gigantes!

- Medida máxima é 1,50 metros, peso 20kg e tem que estar bem embalado, senhor. - Respondeu a moça de forma mansa e sorridente.

- Ok, muito obrigado. - Respondi e saí com planos malévolos na caixola.

A estimativa de entrega pelos correios seria uns dias a mais comparado à DHL, só que o preço era bem mais barato e como não estava preocupado com data de entrega, contanto que entregassem, o plano foi traçado! E saí do correio sorridente e feliz da vida.

Próxima batalha foi procurar papelão para embalar as bicicletas, nessa vai eu e o Bruno andando pelas ruas atenienses à procura de papéis compostos das fibras da celulose. Fomos revirando fundo de lojas, cutucando o lixo alheio... e batata! Atrás de uma grande loja de eletrodomésticos achamos o lixão deles, tinha de tudo, e muito papelão! Catamos uma penca de papelão e saímos andando com aquilo na cabeça, imagine aí a cena... Chegando no hostel o cara da recepção já nos parou e perguntou o que tava rolando, expliquei e ele deixou passar, seguimos até o fundo do prédio onde estavam as bicicletas para começar o serviço. Rapaz, desmontar as bicicletas não foi o problema, o problema foi montar o quebra cabeça de embalar elas dentro das especificações do correio, olha, deu trabalho!

E tira uma coisa daqui, coloca outra ali... A bicicleta do Bruno era mais leve e ele tinha bem menos coisas, então taquei um alforje meu e algumas outras coisas junto com a bicicleta dele, já que mandamos elas para o mesmo endereço. Tudo embalado, daquele jeito, pegamos emprestado um carrinho tipo de supermercado que tinha lá no hostel, tacamos as magrelas em cima e seguimos empurrando em direção ao correio, que ficava uns 2km do hostel.

Já no bendito correio... Quando adentramos o mesmo todo o pessoal que lá estava começou a nos olhar com cara de espanto, os funcionários então até gelaram, não entendiam o que dois moleques barbudos com um carrinho de supermercado e duas enormes caixas estavam fazendo por ali, mas ninguém falou nada e segui em direção de uma maquininha e retirei a minha senha para ser atendido. Chegou a minha vez e fui em direção à moça do caixa:

- Olá, eu gostaria de enviar esses dois pacotes para Dublin, na Irlanda, por favor. - Falei bunitinho em inglês e com olhar feliz e sorrindo.

- Ahn, o que é isso? - Perguntou a moça um tanto espantada.

- São bicicletas. Duas. Desmontadas, embaladas e dentro das especificações de entrega. - Retruquei confiante do que falava e das informações recolhidas mais cedo no mesmo recinto.

Não deu outra, a mulher ficou atônita e sem reação, ela claramente não sabia o que fazer e começou a falar em grego - literalmente - com o pessoal ao lado. Devia estar perguntando o que fazer ou como proceder. Cinco minutos depois... Olhei para o Bruno, Bruno olhou pra mim, com cara de cu, e eis que aparece um senhor lá do fundo pra nos atender, bem mal humorado e mal educado. Quando ele viu a situação ele quase pariu um bezerro e começou a falar que não seria possível enviar aquilo pelo correio, etc, etc.

Nessa quem começou a ficar puto e a parir um bezerro fui eu, expliquei pra eles que já tinha ido lá no correio mais cedo e que tinha sido informado das dimensões e peso máximo que eles entregam pacotes internacionais, e que as duas bicicletas embaladas estavam exatamente dentro do informado, e iríamos pagar pelo serviço, portanto não interessa, teriam que entregar... Lendo assim parece que eu estava soltando fogo pelas ventas, tava não, mas falei tudo isso sim.

Ele mudou a fala, mediu e pesou os pacotes e viu que eu tinha razão, mas começou a encanar que as bicicletas estavam muito mal embaladas, não podem entregar assim. Não seja por isso "senhô", encostei as bicicletas num canto e falei que iria comprar mais fitas adesivas e embalar melhor, eles concordaram. Bruno ficou com as bicicletas no correio e eu fui à procura de fita adesiva para comprar. Rodei, rodei e encontrei, comprei 3 rolos grandes daquelas fitas industriais e voltei para o correio, e lá começamos a passar fitas nas embalagens. Uma puta barulheira de fita no correio, era eu e o Bruno fazendo sujeira lá no fundo. Todo mundo nos assistindo e o senhor grego do balcão bufava, que nem touro no cio, com a situação.

Três rolos de fita, e mais de 3 horas depois, voltei para ser atendido, e todos os funcionários estavam atônitos e com medo de receber meus singe-los e "pequeninos" pacotes. Foi quando apareceu uma luz no meio daquele pandemônio grego, uma senhora veio lá dos fundos, ela devia ser a gerente ou algo assim, e foi nos atender, super simpática e atenciosa, resolveu o nosso "problema" em 20 minutos, só questinou o peso e a medida da embalagem, pediu informações de endereço, nos fez assinar um formulário com as infor-mações e foi isso. Pagamos um total €300 para enviar as duas bicicletas até Dublin de avião, parece caro, mas de todas as formas que pesquisei essa foi de longe a mais barata, e quando comecei a viagem já imaginava que teria esse dia lá no fim, e teve. O "senhô" nervosinho que teve que carregar as bicicletas pra dentro e pesá-las, ficou bufando em grego junto à gerente simpática, certeza que lá dentro ele jogou as bicicletas de qualquer jeito, só de raiva de nós. Depois disso me sentia como se tivesse tirado um peso das costas, um problema a menos. Agora a angústia ficava só pela chegada da Nhanderecó, se chegaria inteira em Dublin.

sábado,
19 de Novembro de 2016
Atenas - Αθήνα (Dia 2)

Oficialmente sem a Nhanderecó :(

Descansado do dia burocrático anterior, chegou a hora do turismo oficial ateniense, os últimos dias dessa jornada europeia. As bicicletas se foram, desmontadas, embaladas e enviadas por correio para a Irlanda, só me restava rezar para chegarem intactas, ou rezar para chegarem pelo menos, pois se dependesse do senhor que nos atendeu no correio, ele tacaria fogo nelas e oferecería aos deuses.

A parte curiosa desse dia foi durante as minhas andadas pelas ruas de Atenas, na região central da cidade, havia um certo fuzuê pra lá e pra cá, carros pretos da mesma marca andando enfileirados e policiais fazendo escolta e abrindo caminho, no dia anterior também havíamos notado essa mesma movimentação pelas ruas, fiquei encasquetado e me perguntava o que poderia ser aquele furduço todo. Seriam alienígenas que finalmente vieram nos dominar? Infelizmente não, era apenas a visita do presidente norte-americano Barack Obama em Atenas e naquele exato momento ele passava com a sua trupi pelas mesmas ruas que eu tentava circular. Ainda bem que era uma visita amigável e só para cumprir agenda, pois ele já não viria mais a ser presidente de seu país, fora substituído por Donald Trump... A internet e toda mídia mundial borbulhava tentando advinhar o futuro do planeta nesse momento, eu só queria mesmo era andar pelo passado, o passado grego, e foi isso que fiz nessas minhas últimas horas de Grécia, me banhei de história!

Outra coisa que fizemos foi trocar de hostel, o que estávamos era bom, mas encontramos um bem mais simples e bem mais barato na região de Monastiraki. Mais barato e com um quarto com só duas camas, e não mais 10 camas como no outro, melhor assim porque era só chegar e jogar as coisas de qualquer jeito e deixar lá, depois era só trancar a porta e sair sem precisar pensar nas coisas, que não eram muitas, mas era o que tínhamos.

O sábado continuou bem produtivo, passamos a tarde inteira conhecendo os arredores e fuçando em cada esquininha que passávamos, tentando ler quando tinha algo pra ler em inglês, e imaginando tudo aquilo há 3000 anos atrás. Sempre com a Acrópole e o lindo - e imponente - Partenon lá em cima, mas esse aí deixaremos para o final, será a cereja do bolo.

E olha, meus amigos, que viagem no tempo, eu achava que andando pela Europa já seria o suficiente para me imaginar no passado, mas Atenas conseguia ir além, imagino aqui como seria na África, no Oriente Médio ou na Ásia... talvez uma próxima aventura? Os Pedaleiros Kublai Khan? Ou melhor, Os Pedaleiros Mongoloides?

E nada melhor para se ter uma boa noção de um país ou cultura do que ir ao museu, o principal museu, e foi isso que fizemos, fomos ao museu da Acrópole, o maior da Grécia. Fiquei boquiaberto com o tanto de coisa que vi por lá, começando que o museu foi construído sob algumas ruínas da antiga Atenas romana e bizantina e é possível ver parte dessas ruínas através de pisos de vidro transparente no chão. O museu e suas galerias são simplesmente incríveis! A estrutura retangular do Partenon foi recriada com as medidas exatas do original, de modo que você vai caminhando e imaginando como era essa imensa estrutura no passado. O espaçamento das colunas da Galeria do Partenon é o mesmo do antigo templo, e o uso de paredes de vidro em todas as quatro paredes externas permite que a luz natural ilumine os mármores como acontecia no antigo templo. Todos os principais monumentos que constituem a Acrópole Clássica estavam lá, o Propylaia, o Templo de Atena Niké e o Korai do Erecteion. Não vou entrar em mais detalhes sobre o museu aqui, tu tens que ir. Vá!

Ok, vamos lá, não vou mentir... Esse meu amor pela Grécia veio lá de quando eu era criança, sim, isso mesmo amiguinhos, Os Cavaleiros do Zodíaco, me influenciou muito (e a todo mundo da língua latina), aquilo era uma febre entre a criançada da minha época, até quem não gostava conhecia, aprendi mais sobre mitologia grega com o desenho do que sobre a religião católica com a catequese. E claro, no nome deste último capítulo foi possível perceber essa "influência", tenho certeza que pensou nisso quando leu "Os Pedaleiros do Zodíaco", certo? Se sim, tu tens a minha idade, se não, tu és novo e talvez não entenda direito. Mas enfim, constelações do zodíaco à parte, vamos retornar à Grécia de 2016.

Ainda bem que fomos ao museu primeiro, antes de qualquer outra coisa em Atenas, pois lá explica tudo e mostra toda a história de Atenas e da Grécia, dali em diante todo lugar que andava eu lembrava que tinha visto e lido sobre no museu. Foram várias horas perambulando que nem criança por aquele mar de história. Por volta das 18h saímos e seguimos para o areópago, que era logo ali na colina, tudo aos pés do Partenon, que se iluminava e brilhava ainda mais com o cair da noite.

O areópago (colina de Ares), funcionava antigamente como tribunal de justiça, ou conselho, era - é ainda - em céu aberto e desempenhou um papel importantíssimo na política e em assuntos religiosos do país no passado, foi ali que muitos filósofos discutiam e debatiam sobre temas como ciência e educação. Enfim, muita, mas muita conversa e muita treta rolou nessa colina de Ares. E eis que agora era eu e Bruno que lá estávamos, discursando sobre nossas histórias recentes e passadas. Junto a nós haviam alguns turistas meio aleatórios também, uns só tirando fotos sem fazer ideia de onde estavam e outros contemplando e apenas observando o lindo pôr do sol que caía no horizonte do mar Mediterrâneo, lá na frente. Ficamos lá até o sol finalmente desaparecer e dar lugar a uma enorme lua no céu, junto ao vento que cortava gelado e nos convidava a sair.

De volta ao hostel para um banho e era hora de conhecer a noite ateniense, tomamos umas golada de Ouzo, bebida alcoólica grega feita com anis, e saímos pra "náitchí". E andamos, andamos, e como estava no desconhecido era até interessante ir andando e se perdendo, mas a noite não era a mais agitada, ou estávamos andando nas ruas erradas. Encontramos um bar, que parecia uma casa de família normal, mas tinha um rock ecoando que vinha lá de dentro e decidimos entrar. Começo foi como todo bar, meio vazio e com sinais de fracasso, mas aos poucos gregas foram entrando no recinto e fazendo com que o ambiente bucólico ganhasse cores, mas em seguida vinham os respectivos namorados das gregas e murchava as expectativas latino-tupi-americanas de uma grega por uma noite.

O ápice da noite ficou por conta da banda tocando "she's a maniac" do Flashdance e o vocalista fazendo a performance da dancinha, com aquele rebolado grego meio jônico ao quadrado, depois saímos de retirada de volta ao hostel e fechamos a noite com chave de ouro, não com uma grega no colo, mas sim com uma perua (o veículo) que vendia lanches na rua perto do hostel, meus irmãos, que delícia de lanche! Delicioso e barato! Dormi satisfeito e de barriga cheia.

domingo,
20 de Novembro de 2016
Atenas - Αθήνα (Dia 3)

Dormida boa e sem pressa pra acordar. E para o domingo ficou decidido andar pela região da Ágora ateniense, no centro de Atenas. Na face leste da Ágora ateniense encontra-se mercados, feiras livres e muitos restaurantes para satisfazer todo tipo de turista, e como num dia clássico de turista, foi ali mesmo que sentamos numa das várias mesas em um dos vários restaurantes, escolhemos um com fachada mais simples, com cara mais grega e com um garçom bigodudo. E antes de voltar no tempo e adentrar a Stoa de Átalos, devoramos um pratão caprichado de comida.

Já de bucho cheio fomos andando até, finalmente, adentrarmos a Ágora de Atenas. Ágora era o nome que se dava as praças públicas na Grécia antiga, onde as pessoas se reuniam e discutiam assuntos ligados à comunidade, à vida da cidade, ou pólis como chamavam na época. Diferente do Areópago, onde uma ou mais pessoas discursavam para outras, na Ágora elas se encontravam em grupos e iam debatendo assuntos cotidiano da vida, também com muito cunho político, aliás, principalmente com cunho político. Assim como sempre rolou nas grandes "piazzas" e praças das capitais de toda Europa, que aliás vieram das Ágoras gregas.

Eu ia lendo as informações contidas nos museus e placas turísticas por toda Atenas e conforme lia ia seguindo, tentando entender e imaginar tudo aquilo há milênios atrás. Um dos templos originais e melhor conservado se encontra ali na Ágora ateniense, era o templo de Hefesto, em perfeitas condições, uma joia rara! Nesse momento passei a entender melhor as 12 casas do zodíaco. E o calor do novembro grego ia fritando nossos miolos, não podia reclamar, enquanto ali eu ainda usava bermuda e camiseta, amigos que moravam mais pelo norte da Europa já postavam fotos de neve, sai de mim, frio nórdico! Por final, depois de muito conversar e andar pela Ágora, seguimos até a Stoa de Átalo, centro comercial construído pelo rei Átalo de Pergamon, entre 159 e 138 a.C., e que foi reconstruído e transformado em museu com peças e artefatos encontrados na Ágora durante escavações. A coleção do museu e da Acrópole carregam as mais importantes peças de toda a Grécia, englobando descobertas relacionadas à vida social e política do local onde eu pisara naquele momento, ou seja, é uma volta no tempo, com provas de tudo que você lê e ouve, na tua fuça. Imagino no futuro, se colocarem hologramas pelo lugar e enquanto você anda você vai assistindo a vida das pessoas como era antigamente, de forma virtual e simultânea, seria fodástico! Muitas peças e artefatos da idade do bronze, período geométrico, helenístico, da era romana, tinha até um escudo espartano, meio desconfigurado, mas com formas e tamanhos intactos, que te dá uma dimensão exata de como poderiam ser as suas vestimentas e os seus armamentos, muito bacana! Moral da história, perdemos o domingo inteiro dentro da Ágora e valeu cada segundo. Grécia vinha valendo cada centavo gasto!

E depois de explodir o cérebro lendo e tentando imaginar o passado, era hora de relaxar um pouco e seguir pro lado boêmio ateniense, que era ali mesmo, nas redondezas da Ágora. Fomos andando sem rumo e nos perdendo nas vielas e escadarias da região de Monastiraki, muitos restaurantes usavam as escadarias como parte do estabelecimento e assim as pessoas iam se amontuando e formavam uma subida com pessoas pra todo lado, e quando olha pra cima o Partenon lá pra te proteger, visão única! E a noite ia caindo e deixando tudo por onde passava ainda mais charmoso, o céu era de um roxo-azulado-negro, e as luzes amarelas bem fortes, contrastando com o branco do mármore dos templos e ruínas atenienses... ah Atenas, como te desejei por muito tempo!

segunda-feira,
21 de Novembro de 2016
Atenas - Αθήνα (Dia 4)

Penúltimo dia em Hellas, e era a hora da cereja do bolo, do gran finale, do masterpiece! Situado lá no alto da cidade, que nem é tão alto assim, o Partenon é um exemplo máximo da sobrevivência e da perfeição da arquitetura grega daquela época. O templo foi construído a pedido de Péricles, um influente estadista, orador e general da Grécia antiga, principal contribuidor e artífice do poder da cidade de Atenas. Ele queria dar um recado ao mundo, o de que Atenas era suprema, a capital de um novo império! E uma das formas dele mostrar isso era através de construções, aí amiguinhos, tu já imaginas o que ele mandou construir... Na época foi a mais custosa e ambiciosa construção conhecida do mundo ocidental.

Erguido em homenagem a Atena Partenos ("Athena Pallas, Pallas Athenaie, Athena Parthenos"), deusa dos atributos guerreiros e da sabedoria, guardiã e protetora da cidade de Atenas, o templo veio a se tornar o mais imitado da história, inspiração para engenheiros e arquitetos que rodou o mundo inteiro. O monumento pretendia ainda simbolizar a hegemonia da cidade-estado de Atenas sob as demais cidades gregas no que se referia à cultura, à capacidade naval, ao comércio e à política em que se destacava

τα λέμε αργότερα.
Até breve.

""

Últimos quilômetros pela Ática antes de nos
despedirmos de nossas fiéis companheiras de
duas rodas. Bravas guerreiras que, assim como as
minhas pernas e mente, foram ultra importantes
para a peroração dessa jornada.

a sua organização democrática, estamos falando de 432 a.C. aproximadamente. Lá também se encontra o templo da Atena Niké (lê-se "Nikê"), ou
Niké Áptera, que significa vitória, ou vitória sem asas, e sim, é daí também
que vem o nome da famosa marca de produtos esportivos que tu vê por aí...
Não sabiam, né? Pois é, eu também não.

Enfim, não entrarei em mais detalhes de ordem jônica, nem dórica,
muito menos coríntia aqui, a questão é que uma vez lá, tu entenderás o
porquê desse lugar ser - e sempre será - o símbolo eterno da civilização
grega-europeia-ocidental! Mais um lugar espetacular, que fica ainda mais
espetacular depois que se lê e vê a história de tudo que já se passou naquele
local, as guerras, invasões, incêndio, destruição... Um verdadeiro monumento camaleão, falo assim pois o mesmo já foi invadido e conquistado
por diversas tribos e impérios, transformado em mesquita pelos otomanos,
igreja cristã pelos bizantinos, e também já serviu como tesouraria, onde se
guardavam as reservas de moeda e metais preciosos da cidade e da Liga
de Delos. Claro que muito do que eu via ali foi reconstruído, o Partenon
já foi destruído inúmeras vezes, talvez a destruição mor veio quando os
venezianos atacaram Atenas em 1687, e explodiram tudo por lá, sem dó.
E depois de todo esse tempo, e graças a novas reconstruções, misturadas
com muito do que sobrou, a bagaça estava ainda ali, em pé e imponente!

O templo ainda estava em reformas, penso que são e serão constantes tais
reformas, muitos andaimes, guindastes e estruturas metálicas que seguram
aquele gigante mitológico, assegurando que assim possamos ver e vislumbrar
tamanha beleza e marco na história da humanidade. Lá no topo, junto à
bandeira grega estendida no ponto mais alto, tremulando ao vento, com um
sol fraco e suficiente, montanhas ao norte e o mar Egeu que se estendia no
horizonte, se tinha visão e controle total da cidade de Atenas e com certeza
foi o principal motivo de ser o lugar escolhido para a construção do templo de
Athenas Pallas. Foi mais uma vez um dia intenso, me embebedando de história
pelo território sagrado da Acrópole, pelos slopes do sul onde se encontra o
teatro de Dioniso, onde dizem ter nascido o drama, o berço do drama, ou seja,
do teatro! Das tragédias e comédias gregas, de Ésquilo, Sófocles, Eurípedes
e sua Medeia. E eu, um mero e simples mortal, seguia andando, queimando
neurônios, gastando energia, queimando meu cosmos, tentando entender
e me ver naquela época, naquelas situações, naquele cenário milenar. Sem
dúvida um desses lugares que tens que ver com os próprios olhos, e vá, mas
vá preparado, leia um pouco sobre, vá no museu ao lado do Partenon antes de
qualquer passeio turístico histórico por Atenas, e vá! E com grande prazer e
honra eu terminava essa minha primeira epopeia ciclística em terras gregas,
num lugar como esse, símbolo da sobrevivência, de tragédias, de alegrias,
derrotas e vitórias, assim como a vida é.

Quão grandes são os perigos que enfrento para ganhar
um bom nome em Atenas! **Alexandre, o Grande.**

Passada a euforia Partenoica que tomava conta do meu ser, de mais um sonho realizado, era a hora de voltar à vida real, voltar pra 2016, e seguir desbravando, com o pouco de tempo de luz do sol que restava, pelas redondezas da antiga pólis grega.

Eu e Bruno, Bruno e eu, continuamos a nossa jornada caminhando pelos arredores centrais atenienses e seguimos em direção à região que eles chamam de Pnyx, que era logo ali do lado. Pnyx é uma colina com cerca de 400 metros de altura, onde a assembleia ou Eclésia ateniense se reunia. Ali foi, nada mais nada menos, o lugar onde dizem ter nascido a democracia, o berço da democracia, sim, essa mesma que ainda usamos - ou fingimos que usamos - hoje em dia. É verdade que a democracia pensada, por exemplo, por Platão, é um pouco diferente da que vemos por aí.

Importantes oradores e políticos passaram e andaram por essa colina, Demosthenes, o mesmo Péricles que falei anteriormente, Themístocles... vai pesquisar lá que tu saberás quem são eles.

Subimos até a parte mais alta, onde se encontra o monumento de Filopapo, de lá era possível avistar toda a cidade e ter toda a Acrópole e o Partenon todo imponente lá na frente. O Partenon foi atingido durante uma batalha entre turcos e venezianos há vários anos atrás e dizem que aquela colina foi um dos pontos estratégicos dos venezianos para atacar loucamente quem estava na frente, claro que nessa o Partenon também tomou tiro e, mais uma vez na sua história, ficou em chamas. Pobres Cariátides, divas gregas que sofreram com essa guerra.

Seguindo colina abaixo era possível ver grades e um buraco cravado nas paredes, e segundo Arístocles, Platão, na obra Fédon, aquela seria a prisão de Sócrates, era onde o filósofo foi preso, na colina de Filopapos. E lá foi o lugar onde Sócrates ficou antes de beber cicuta e morrer envenenado.

Sócrates foi indiciado e acusado do crime de não reconhecer os deuses reconhecidos pelo estado na época e também acusado de corromper a juventude, e seu castigo foi a morte. Lugar nada mal para sentar e ler um pouco das palavras deixadas por ele:

> "Eu predigo-vos portanto, a vós juízes, que me fazeis morrer, que tereis de sofrer, logo após a minha morte, um castigo muito mais penoso, por Zeus, que aquele que me infligis matando-me. Acabais de condenar-me na esperança de ficardes livres de dar contas da vossa vida; ora é exactamente o contrário que vos acontecerá, asseguro-vos (...) Pois se vós pensardes que matando as pessoas, impedireis que vos reprovem por viverem mal, estais em erro. Esta forma de se desembaraçarem daqueles que criticam não é nem muito eficaz nem muito honrosa." **(in Jean Brun, página 40).**

De volta e perdidos pelas ruas atenieneses de 2016, terminamos o dia com chave de ouro, paramos num pequeno mercado, pequeno mesmo, e pedimos o melhor vinho que a moça tinha, e curiosamente esse vinho que ela nos ofereceu como o melhor era de Creta, um vinho cretino, pagamos incríveis 4 euros pela garrafa (barato demais) e seguimos até o Areópago, nosso palco de despedida, nos ajeitamos entre as pedras e ficamos por lá.

Em minhas mãos um livro que contava a história da Grécia e a sua mitologia dava vez a uma garrafa de vinho cretino minoico, degustado no gargalo e que descia como ambrosia dos deuses por minhas papilas degustativas e faringe seca. E foi entre goles de vinho cretino e palavras gregas de história, que Helius - o sol - seguiu o seu rumo descendo no horizonte, uma coroação, um prêmio de Apolo por todo o nosso esforço nessa aventura cicloturística europeia. Mágico!

"entre uma oliveira e um mito, o sol se põe..."

terça-feira,
22 de Novembro de 2016
Atenas - Αθήνα (Dia 5)

Último dia em solo ateniense. Último dia oficial dessa ciclo-aventura percorrida pelos cafundós do velho continente. Último dia bem tranquilo e com sentimento de missão cumprida.

Como o nosso voo sairia só pela tarde, decidimos dar mais um "rolê" pela região de Monastiraki onde estávamos. Ficamos zanzando sem pressa pelas mesmas ruas que inúmeras vezes passamos durante nossa estadia em Atenas, nas feiras livres, o mercado de pulgas como falam, e suas várias lojinhas de sourvenirs. Numa delas havia uma garota grega, vendedora, linda de tudo, que nos ouviu falando português e começou a responder e falar em português conosco, sim, grega falando português com aquele sotaque forte, ganhou nosso dinheiro, óbvio!

Depois passamos para comer nosso último gyros - guíros - in loco original grego da Grécia, gyros foi praticamente nossa dieta básica em toda a estadia por essa antiga cidade-estado, comida boa e barata (saudável eu já não sei) no melhor estilo mendigão grego. E seguimos encerrar nossa aventura com um último brinde alcoólico greco-latino-tupi-americano, paramos num bar chamado Beer Time... Pensando em brindar nosso esforço e logo à frente um bar chamado Beer Time? Óbvio que paramos nele!

Moral da história, saímos de lá bêbados e com fotos e vídeos na companhia de felinos que ficavam na praça em frente e vinham zanzar pelas mesas do bar. Deixamos os felinos, pagamos a conta e tínhamos que correr até o metrô para pegar o trem até o aeroporto, mas não antes sem passar numa lojinha de conveniência e pegar mais duas cervejas gregas super deliciosas! Saímos na pressa, no melhor estilo "Brasil" de ser, entramos na estação ainda com as cervejas em mãos, um minuto depois o trem chegou,

Ἄρειος Πάγος.
Colina de
Ares.

"

Epicuristas. Cínicos. Sofistas.
Estoicos. Católicos Apostólicos
Romanos. Ortodoxos... e mais
recentemente Os Pedaleiros
do Zodíaco. É, essa colina teve
de tudo mesmo, não tem
como negar tal importância.

matamos o que restava dos líquidos e deixando a lata e a garrafa no chão da estação, do lado do lixo e adentramos ao trem. (...)

Ω

É, era hora de dar um tempo e me despedir das aventuras pelo desconhecido. O sentimento era sim de despedida. Despedida da minha grande aventura, e Atenas acabou sendo o último destino desta jornada que começou lá atrás, na Irlanda, passando por França, Portugal, Espanha, Mônaco, Itália, Eslovênia, Croácia, Bósnia, Montenegro, Albânia, Macedônia e Grécia. É andei, andei muito! Lá se foram onze meses da minha vida, onze meses recheados com inúmeras cidades e vilarejos, inúmeros "oi" e "tchau", "obrigado(s)" e "foda-se(s)", prazeres e desprazeres, verdades e mentiras, novo e velho, dor e alívio, descobertas e redescobertas... e tudo mais que uma vida nômade pode te proporcionar. Mais de 10.000 quilômetros pedalados e caminhados com as minhas próprias pernas e esforço físico. Foram tantos mares e solos, chuvas e soles, ruas e avenidas, ruínas e monumentos, dores e suores, sorrisos e lágrimas que fizeram onze meses parecerem onze anos!

Já era decidido que Atenas seria o último ponto dessa jornada europeia ciclística, o que eu ainda não tinha decidido era onde ir depois de Atenas... E após relutar bastante decidi retornar a Dublin, quase como em um ato cíclico, um ciclo. Retornar para procurar trabalho e tentar me reerguer economicamente. Decisão tomada não pela emoção, mas totalmente pela razão.

Razão... Explicações para causa e efeito e definidor do ser humano... E tomado por aquele ar mitológico e filosófico que eu vivia, me pegava a pensar muito nessa "razão", e num desses devaneios me encontrei com Aristóteles, que me dizia que a felicidade de cada um de nós é a racionalidade de acordo com a virtude, isso significa que para sermos felizes na especificidade e singularidade da nossa vida, temos que ser virtuosos na razão, ou seja, temos que pensar bem! Hum... Depois trombei com o signor Niccolò Machiavelli, que estava a passeio por Atenas e ouvindo a minha conversa com Aristóteles se aproximou e continuou - de forma diferente de Aristóteles - explicando mais sobre a virtude com um foco maior na coragem, com a sua estratégia de *virtù* e *fortuna*, e segundo as suas palavras: "É preciso que o príncipe saiba mudar conforme exijam os ventos cambiantes da fortuna". Ou seja, era preciso pra mim, ter a inteligência de uma raposa e a astúcia, ou força, de um leão para me adaptar, entender e enfrentar as mudanças, e que a fortuna (oportunidade) gosta de quem a desafia.

Adaptar para mudar... Mudança... era o que eu sentia, mudança pelo sentido próprio da palavra, de mudar, deslocamento, de ir de um estado para o outro, seja ele físico ou mental, eu me sentia mudado, eu sentia a mudança. Tudo muda e continua mudando, não é difícil perceber que tudo tem uma unidade fundamental, que é a mudança, para o bem ou para o mal, mudar... Todos os seres e coisas possuem algo em comum que é o fato de estarem continuamente mudando...

E por que as coisas mudam? Por que decidi viajar? De bicicleta?

E o que havia mudado em mim desde que decidi isso e parti em direção ao incomum, ao incerto? Acreditem, nunca tive sonho nenhum de fazer grandes viagens quando eu era mais novo, muito menos de bicicleta! Conhecer pessoas e lugares sob duas rodas! E sozinho!

Talvez fosse meu inconsciente? Era isso! Meu inconsciente sonhava por mim enquanto eu estava ocupado com afazeres do dia a dia, ele se encarregava com os sonhos e as utopias enquanto meu consciente se encarregava da chatice, burocracia e de uma certa hipocrisia exacerbada dessa minha geração.

Mas por que as coisas mudam?... Num outro devaneio em meio à inquietude dessa minha alma, me pego junto a outro filósofo grego, Heráclito de Éfeso, nascido há mais de 2 milênios atrás, mas sua alma ainda perambulava pelas ruas maltratadas da Atenas de 2016 e ele veio me fazer companhia naquele momento de reflexão. Ele me dizia que o cosmos, que para os gregos da antiguidade era sinônimo de "ordem", "organização", "beleza" e "harmonia", é formado de duplas de contrários: bem x mal, preto x branco, par x ímpar, ir x vir, nascer x morrer, jovem x velho, homem x mulher, bicicleta x carro (essa é minha), etc.

> "Em nós, manifesta-se sempre uma e a mesma coisa: vida e morte, vigília e sono, juventude e velhice. Pois a mudança de um dá o outro e reciprocamente." **Heráclito de Éfeso. Fragmento 88.**

Ele continuava dizendo que entre esses contrários haveria um conflito, e que este conflito entre os opostos geraria o movimento do cosmos e, além disso, harmonizaria o cosmos. Heráclito chama de "harmonia dos contrários". De fato, em todos os seres do universo que se desenvolvem e se movem, notamos a existência de forças opostas sem as quais não seriam possíveis o movimento e o desenvolvimento... Olha eu aqui como um exemplo concreto disso. Na Odisseia, Ulisses sai da desarmonia de estar fora de lugar, lutando em Troia e enfrentando o caos posto por Poseidon em sua jornada de volta, para enfim retornar a Ítaca, onde ele restabeleceu a sua ordem cósmica, a sua harmonia. Eu, antes dessa aventura, enfrentava o caos do obsoleto, do marasmo diário de repetir o mesmo e de me sentir meio deslocado, fora de lugar mesmo, inútil! Só que a questão era: qual seria o meu lugar? Ulisses sabia que o dele era Ítaca e para lá tinha que retornar, eu ainda construía a minha "Ítaca" e por isso dúvidas havia de ter... Eureka! Eis que o óbvio me vem em mente!

Isso um pouco explica a mudança e a minha mudança. O meu conflito era, até antes de começar essa aventura, ou até mesmo antes, quando ainda morava no Brasil, sempre estar estagnado ou parecer tal como na minha cabeça. Sempre me perguntava e me atormentava o fato de me sentir "preso", seja num trabalho que não gosto ou numa outra tarefa qualquer sobre a qual eu não tinha muita escolha, e com isso sabendo que tudo "lá fora" mudava numa verdadeira metamorfose acelerada multiplicada por dez!

Então nesse caso, com a força do conflito de estagnação que eu tinha, junto à vontade de conhecer que eu sentia, ou seja, forças opostas, surgiram o movimento e o desenvolvimento, nesse caso, a minha viagem de bicicleta pela Europa!

Para Heráclito, "a doença faz da saúde algo agradável e bom", pois na ausência de doenças jamais iríamos valorizar a saúde, pois não saberíamos o que seria algo agradável (saúde) em comparação a algo ruim (doença). Para comigo a mesma teoria se aplicava.

Sempre fui uma pessoa que preferia arriscar, mesmo se falhasse, pois a consciência de ter ao menos tentado me satisfazia, e com essa cicloaventura não foi diferente. Só havia uma forma de saber como seria, de saber se eu conseguiria, e por final, de saber como seria sentir "preso", com trabalho, tarefas, ou "livre e solto" no mundo, pedalando e descobrindo, tudo no meu tempo. Ou seja, foi só com a "prisão" e a rotina da vida burocrática que eu descobri o quão "desatado" me sentia viajando de bicicleta, e foi só com a "liberdade" dessa aventura que eu descobri que a vida não é só flores, e vice-versa. Tão vice-versa que vendo o meu dinheiro acabar o fato de trabalhar e ter uma vida "regrada" novamente veio à tona, e sem sustos, pois trabalhar não é necessariamente ruim, muito pelo contrário. O fato é que tudo na vida muda e estamos sempre em constante mudança e era isso que eu sentia em mim, sentia que muito havia mudado, mas também percebi que muito havia permanecido, mudar nunca é fácil, mesmo que às vezes seja necessário.

Quando optei por essa aventura, optei pela presença, pelo desafio e simplicidade do instante vivido, pela dúvida e pela incerteza, pelo real.

E foi assim que descobri que a vida é boa como ela é, sem escapar para o passado ou para o futuro, apenas o momento. Com tudo isso ficam para trás histórias e memórias reais, com pessoas e momentos de um passado transformado aqui em palavras, e não quero com essas palavras e fotografias ficar lamentando um tempo que nunca mais irá voltar, pois realmente não irá, o que passou, passou.

Aprendi e melhorei a não viver muito em nostalgia e a não carregar tanta esperança. Esperança aqui não pelo seu sinônimo, mas pelo ato de esperar por alguma coisa, de ficar esperando. Aprendi também a desejar menos, a desejar pouco, o necessário... O desejo é perigoso, te dá a ilusão de que quando o mundo for diferente do que é a nossa vida será melhor. Aproveitei o que pude, da forma que pude. Aproveitei o instante, aproveitei o presente e o que o mundo ali, naquele momento, me deu de melhor.

E mudei, definitivamente eu mudei.

Ω

(...) Já no aeroporto de Atenas seguimos até o portão de embarque, com o álcool ainda em níveis elevados no meu corpo, linguagem relaxada e muita sensação de confiança, fui seguindo, passando pelos seguranças e pelos detectores de metais. Sentado ao lado de uma máquina de café, na companhia de Bruno também com níveis alcoólicos nada normais, se aproximou de mim uma oficial da segurança do aeroporto e - !DO NADA! - me sugeriu tomar um café antes de seguir viagem no avião. Eu não entendendo porra nenhuma, e não querendo transparecer minha leve embriaguez, apenas recusei com um "I am fine, thanks" e continuei sentadinho bonitinho esperando. Olhei para o Bruno... Bruno olhou pra mim... Demorou umas centenas de anos-luz para tentar entender o que apenas havia ocorrido ali, naquele chão de aeroporto. Primeiro pensamos na hipótese de terem nos visto meio cambaleando enquanto andávamos pelo salão, e assim acharam que estávamos bêbados, por isso a segurança veio com a ideia do café, mas percebemos que tudo ali foi até rápido e realmente não demos motivos para eles acharem isso, atuamos bem a nossa sã forma de caminhar pelo aeroporto, não trançamos as pernas andando, nem nada disso... Enfim, a outra hipótese que veio minutos depois, e que fez mais sentido, foi de que talvez eles nos rastrearam desde lá da estação de metrô, através de camêras de vigilância, pelo fato de termos deixado as garrafas no chão da estação. Caramba! No final foi tudo tranquilo e seguimos para o voo. Um final um tanto quanto embriagado, eu diria...

"Io! Io! Dionysus! Io! Io! Bacchus!"
(Bacchae - Euripides)

Τελικός από τον εαυτό του.
Final por si mesmo.

""

O final que se elegeu
por si mesmo.

Então se você, caro leitor, acompanhou essa aventura até o fim e ficou na espera de dicas e/ou fórmulas mágicas de felicidade e de como viajar sem dinheiro ou se aventurar de bicicleta (ou sem ela), ou mesmo de como se desprender da "sociedade", de suas amarras e rotina esmagadora desenfreada, sinto lhe dizer, mas você não entendeu nada! Sua história, sua eudaimonia, compete apenas a você, e só a você!

"Ora, ao que se busca por si mesmo, chamamos mais final que ao que se busca por causa de outra coisa, e ao que nunca se elege por causa de outra coisa, consideramos mais final que aqueles que se elegem, ou por si mesmos, ou por outra coisa. Finalmente, chamamos final ao que sempre se elege por si mesmo e nunca por outra coisa. Tal parece ser, sobretudo, a felicidade [eudaimonia]." **Aristóteles - Ética a Nicômaco.**

Logo que a Aurora, de
dedos de rosa, surgiu
matutina, prestes se
ergueu o Gerênio Lucas,
condutor de cavalos.

...

NOTAS DE ALGUMAS INSPIRAÇÕES E LEITURAS FEITAS DURANTE A AVENTURA PELA EUROPA E DURANTE A DIAGRAMAÇÃO DO LIVRO

OBS: Muitas das informações obtidas nesse livro foram tiradas de leitura de murais e registros encontrados nos vários museus e sítios arqueológicos dos quais passei durante minha aventura pelo velho continente.

- Homero, *Odisseia* (Rio de Janeiro: Nova Fronteira, 2015).

- Homero, *Ilíada* (Rio de Janeiro: Nova Fronteira, 2015).

- Greek Mythology (Athens: Papadimas Ekdotiki, 2015).

- Ferry, L., *A sabedoria dos mitos gregos* (Rio de Janeiro: Versão Digital - Objetiva, 2012).

- Plato, *Socrates' Defense* (London: Penguin Classics, 2015).

- Plato, *Briefly: Plato's The Republic* (London: SCM Press, 2006).

- Platão, *A república* (São Paulo: Versão Digital - Difusão Européia do livro, 1965).

- Platão, *Fédon - A imortalidade da alma* (Versão Digital - Grupo Acrópolis, http://br.egroups.com/group/acropolis/).

- Aristotle, *Briefly: Aristotle's Nicomachean Ethics* (London: SCM Press, 2007).

- Clovis B. Filho e Arthur Meucci, *A vida que vale a pena ser vivida* (Rio de Janeiro: Vozes, 2010).

- Clovis B. Filho e Pedro Calabrez, *Em busca de nós mesmos* (Porto Alegre: Citadel, 2017).

- Seneca, *Dialogues and Letters* (London: Penguin Classics, 2005).

- Marco Polo, *The Travels* (London: Penguin Classics, 2015).

- Marcus Aurelius, *Meditations* (London: Penguin Books - Great Ideas, 2004).

- Niccolò Machiavelli, *The Prince* (London: Penguin Books - Great Ideas, 2004).

- Fernando Pessoa, *Poesia de Fernando P.* (Lisboa: Editorial Presença, 2006).

- Amyr Klink, *Não há tempo a perder* (Rio de Janeiro: Foz Tordesilhas, 2016).

- Amyr Klink, *Mar sem fim* (São Paulo: Companhia das Letras, 2000).

- Amyr Klink, *Cem dias entre céu e mar* (São Paulo: Companhia de bolso, 2005).

- Miguel de Cervantes, *Dom Quixote de la Mancha* (São Paulo: Penguin Classics Companhia da Letra, 2012).

- Grécia, Mitos e História - acessado em Dezembro de 2018 em http://hellenicfoundation.com.

- Grécia, Ancient-Greece - acessado em Dezembro de 2018 em http://ancient-greece.org.

PROMESSA DADA É PROMESSA CUMPRIDA!

Visita ao nosso querido Josep, o Garoto Jogù!

José Luis Fabregat completa el recorregut fins a Roma

José Luis Fabregat va completar el 25 de setembre el recorregut en bicicleta fins a la ciutat italiana de Roma. El veí de la nostra localitat va sortir de la plaça d'Antoni Baqué el 10 de setembre i, després de més de 1.400 quilòmetres, va complir el repte esportiu en bicicleta. El 27 de setembre va arribar en vaixell a Barcelona.

Quinze etapes

Fabregat, de 69 anys, va fer un total de 15 etapes en 16 dies, ja que a la setena jornada no va poder sortir en bicicleta per una pluja intensa quan es trobava a França. A banda d'això i del cansament físic, el llagostenc va haver de superar altres problemes, com el de la llengua, ja que no parla francès ni italià o haver de modificar sobre la marxa el seu recorregut. El llagostenc va completar part del recorregut amb dos cicloturistes que es va trobar i que el van acabar acompanyant fins a Roma. "Ho d'agrair l'ajut que vaig rebre de dos viatgers joves, que feien el mateix que jo. Ells en sabien més i vam parar en molts llocs, per aprofitar per veure coses", explica Fabregat, que l'any 2010 va anar en bicicleta fins a Xerez, on va néixer.

J.J. RODRÍGUEZ BELTRÁN

José Luis Fabregat, a la Ciutat del Vaticà.

THE KIDS ARE BACK!

Sãs e salvos!